U0513053

[美] 查尔斯·蒂利 著

Charles Tilly

熊俊诚 译

蒂利作品集

旺代
1793年反法国大革命运动的社会学分析

THE VENDEE:
A SOCIOLOGICAL ANALYSIS OF
THE COUNTER-REVOLUTION
OF 1793

格致出版社   上海人民出版社

献给社会学大师

皮季里姆·亚历山德罗维奇·索罗金
(Pitirim Alexandrovich Sorokin)

目 录

序　　言

　　旺代之乱是欧洲最后的大规模农村叛乱之一。虽然之后还有很多叛乱,如持续到 20 世纪的西班牙起义、俄国革命期间兴起的农民运动、法国农村对 1851 年拿破仑三世政变的大规模抵抗,以及其他地方的叛乱,但在 1793 年时,旺代这一脉的叛乱已经日趋衰落。农村叛乱曾是一个庞大的家族。在漆黑大厅中的先辈肖像中,好奇的访客会看到 1358 年法国的扎克雷起义、1381 年英国的农民起义、15 世纪 20 年代波希米亚的胡斯派(Hussite)和塔博尔派(Taborite)的叛乱以及 1525 年德国的农民战争。可以辨认出这些古人虽然一脉相承,但其服饰的细节往往赋予了他们一种陌生的感觉。虽然这听上去像是一个悖论,但千禧年的愿景、对平等主义的呼吁和对自由的要求,更像是中世纪叛乱而非现代叛乱的特征。

　　当我们这位虚构的访客继续漫步在这一幅幅 17 世纪的油画之间时,他能更加清楚地看出旺代之乱与这一家族的相似性。仅在法国的这一分支中,他便会注意到“赤足汉”(Nu-Pieds)起义、乡巴佬(Croquants)起义和红帽(Bonnets Rouges)起义。在那里,他会看到许多 1793年旺代之乱的显著特征:它反对资产者(anti-bourgeois)、反对资本家(anti-capitalist)与反对国家的敌意,它把不同社区动员成为整个社群,它依赖于那些几乎所有的社会关系和领导能力都超越了单个社区层面

1

的贵族、教士和职业人员。所以旺代之乱虽然出现较晚,但并不缺少其渊源谱系。

从表面上看,19世纪的农村叛乱貌似在减少,但实际上,它们只不过是进行了一场洲际迁徙。当农村叛乱在欧洲消失的时候,亚洲和拉丁美洲的农村叛乱却愈演愈烈。这绝非简单的巧合,因为农村叛乱追溯了民族国家、市场和资产阶级所有权的兴起。到了19世纪,民族国家、市场和资产阶级所有权已经战胜了欧洲大部分农村社区的特权和自由。欧洲乡村的抵抗能力已经崩溃。北美的大部分地区也是如此。但是在世界其他地方,国家建构和资本主义的扩张依然在飞速进行。当它们遭遇确立已久的农村社区,并且侵犯这些社区的现存权利时,叛乱就会接踵而至。

并非所有的农村叛乱都有相似之处。近年来有关农村历史的研究让我们得到了一个最重要的经验,即引发反叛的不满因素既是具体的,也是多变的。过去,研究者常把农村叛乱描述为对苦难或快速变化的社会无的放矢的反应,但与之相反,近二十年来对这一主题的研究揭示了一种对明确侵犯既定权利的普遍反应模式。在欧洲,而且很有可能在世界的其他地方也是如此,即新增的和加剧的税收一直是促使大规模的而非单独某个乡村进行农村反叛的最重要的因素。税收叛乱传递了一个重要的经验教训。从表面上看,它们似乎是对苦难的直接而简单的反应。有人可能会认为,新增的税收仅仅是压死骆驼的最后一根稻草。然而细究之后就会发现,这些叛乱的焦点实际上恰恰在于税收:税收不仅侵犯了现有的地方性权利,还对农村社区开展其重要活动的能力造成了威胁。

税收叛乱往往并不会在苦难最为深重、矛盾最为尖锐的时刻最为频繁而迅猛地爆发。因为真正悲惨的人将其绝大部分的精力用在了艰难求存上,没有多余的精力去反叛。为了理解为什么在美国革命爆发的前十年,北美的殖民者们被大规模地动员起来以抵抗不公正的税收,我们其实无需援引物质的匮乏、巧妙的操控或贪婪的短视这些原因,而是可以直接采纳殖民者们自己的说辞:他们认为英国强加的新税收侵犯了美洲的权利和善政的原则。基于这样的信念,他们抵挡住了英国对美洲权利的侵犯。

这种普遍的观察同样适用于其他典型的农村叛乱形式:粮食暴动、土地占领和反征兵运动。它们的共同特征在于对侵犯农村权利的特定行为进行纠正。在这些情况中,村庄对当地粮食的生产或储存、对当地的土地以及对其年轻男性劳动力所具有的优先权是问题的关键所在。当这些权利早已得到了充分的确立,但商人、地主或者官员却想要侵犯这些权利,而这些村庄又有足够的组织和资源去反抗的时候,就会爆发某种形式的叛乱。这些不满因素是具体的、特定的、定义明确的。然而,正如地方性权利和剥削的形式因地而异一样,每场叛乱的具体情况也会有所不同。

上述论断似乎在说农村叛乱总是防御性的,总是对别人破坏既定秩序的行为做出反应。"总是"这个说法过于绝对了。因为对过去几个世纪以来的欧洲农村而言,防御性的叛乱是一个一般性规则,但并非铁律。我们需要用两个重要的条件加以限定。

第一个限定条件是,一些最初是防御性的农村叛乱会改变方向,或者通过联合农村地区之外的其他具有不同不满因素的反叛群体,从而与社会或政治变革的主要运动联系在一起。在《20 世纪的农民战争》(*Peasant Wars of the Twentieth Century*)一书中,埃里克·沃尔夫(Eric Wolf)展示了我们时代一些最伟大的农村运动——包括俄罗斯、中国、墨西哥和越南——如何在最初以纠正当地的不满因素为主要导向,但通过联合与对抗的互动,逐渐发展成为强有力的革命力量。沃尔夫的分析能够解释农村在主要的欧洲革命中所发挥的作用。

第二个限定条件是,在一些农村地区确实**出现过**一些真正具有进攻性和前瞻性的运动,它们主张新的权利而不仅仅是捍卫旧的权利,有时甚至为重要的农村叛乱提供了基础。西班牙农村的无政府主义和意大利农村的社会主义就是例子。在这些案例以及其他类似的案例中,这些运动本身最初是防御性的,但是在叛乱爆发前就已经取得了新的进攻方向。同样,与外部人士,尤其是与有组织的工匠和激进的知识阶层的联盟,在农村反叛从防御性转向进攻性的过程中也发挥了至关重要的作用。

然而,在旺代之乱中发生了一个相反的过程。一系列的地方性冲突不仅与那些在旧制度中标准的地方性冲突存在许多相似之处,而且逐渐演变并合并成了一场明显反对法国大革命的叛乱。本书追溯了从 1789 年到 1793 年反法国大革命运动的发展,并将其模式与法国西部地方性社区的社会结构联系在一起,意在展现那些类似于长期激起税收叛乱、粮食暴动和反征兵运动的不满因素,如何变成驱动一场反对法国大革命的大规模运动的动力。换言之,它揭示了那些在法国农村其他地区为大革命发挥作用的不满因素和行动方式,实际上大力推动了旺代地区反对法国大革命的叛乱。

本书对这一矛盾的解答并非那种显而易见的观点,即认为这些不满因素和行动方式的确与农村运动的革命特征或反革命特征毫不相关——这可能是因为农村地区的人员将他们特定的不满因素融入了他们已经确立的世界观之中,也可能是因为那些善于摆布他人的领导者利用农民身上的愤怒来达到这些领导者自身的目的。实际上,本书含蓄地援引了一条古老的政治原则:敌人的敌人便是朋友。它描绘了一个由农民、农村工匠、教士和贵族组成的联盟,他们以不同的方式、在不同的时期、基于不同的理由而联合起来,去反抗在 18 世纪就已经获得了经济权力,并且在法国大革命初期迅速掌控地方和区域政治机器的资产阶级。正如在法国其他地方那样,在旺代地区掌权的资产者得到了来自全国的政府中的资产者同僚们的大力支持,但是与其他大部分地区的同僚们不同,旺代的资产者在农村缺乏盟友和权力基础,无法镇压他们的敌人、缓和不满者的情绪以及在剩下的人群中获得积极的支持。这种情况为何以及如何发生,便是本书探讨的核心问题。

就这一研究领域而言,本书自出版以后经受住了十多年来学术研究和批评的考验。之后的学术研究普遍证实了本书对其主要集中研究的区域——安茹南部地区——的结论。例如,珀蒂弗雷尔(C. Petitfrère)对1793年反法国大革命运动的参与者进行了新的分析,他将大革命后的津贴申请作为新的证据,添加进了我所研究过的1793年的文献之中,并且仔细检验了这两部分的证据。珀蒂弗雷尔得出的有关安茹南部地区参与反法国大革命运动的结论,与你们在本书中看到的基本一致。

然而,要想简单地将本书的发现推广到其他关于法国西部地区反法国大革命的学术研究中,就相对希望渺茫了。尽管其他研究该主题的学者们也证实了当地反对资产者联盟的重要性,但是他们指出,那些成群结队反对农村资产阶级的人员基于不同的区域特征而表现得大不相同。例如,勒高夫(T. J. A. LeGoff)和萨瑟兰(D. N. G. Sutherland)发现,在布列塔尼(Brittany),整个农村社区都倾向于反对那些选择投身于大革命的"小贵族"。

本书的批评者们主要对本书的分析结构和它的不完善颇有微词。我有意将本书定位为一种对社区结构、城市化以及相关政治进程的分析。一些历史学家认为,书中的定义、类比、模型和反复重申的论点,使原本可以理解的对这场反法国大革命运动的分析变得杂乱无章。许多社会科学家也声称,对城市化的强调扭曲了对现代化、中央集权或其他主要社会进程及其政治影响的有趣描述。

经过多年的反思,我发现自己对第一个指责丝毫没有动摇,但是对第二个指责却感到有些失悔。一方面,要是我今天重新写这本书,我仍会至少像从前一样仔细地去明确描述定义、类比、模型和论点。一位作者需要通过说明问题的性质,界定那些他与该问题的现有研究之间所希望建立的联系,以及列出他认为合适的证据和反证的标准,以帮助他的读者——包括该主题的其他研究者们——更好地理解他的作品。因此本书对概念的关注是正确的。

不过另一方面,我对城市化是最佳的分析重心这一点丧失了一些信心。毫无疑问,城市不断增长和变化的影响力在塑造法国西部对大革命的反应中起到了非常重要的作用。然而,我现在认为,对城市化的强调掩盖了另外两个过程对旺代地区所施加的影响,那就是资本主义的扩张和民族国家的集权,它们在很大程度上影响了西方世界中农村叛乱的发展。尽管城市和城市化在这两个过程中也发挥了根本性的作用,但是对城市化的过分关注(或对城市化的定义过于宽泛)会使人们忽视资本主义和国家建构的独立影响。在旺代这个地方,了解城市以及以城市为基础的商人在家庭纺织业发展中的地位是非常重要的。而同样重要的是,要认识到发展起来的财产关系并不是"城市"或"乡村"的财产关系,而是典型的商业资本主义的财产关系。

至于本书的不完善性,我是第一个对此表示惋惜的人。在本书的字里行间,你们都能发现我对此表达的歉意,因为我未能对18世纪安茹地区不断变化的财产关系、教会地产的革命性出售以及其他一些重要的主题进行更为细致的分析。现在令我感到遗憾的是,本书没有更充分地讨论旺代地区所发生的事情对我们理解整个法国大革命进程的意义。如果它能包含更多对同一时期法国其他地区反大革命运动的持续分析,那么我会更高兴。然而,任何一项上述的改进工作,都将会使我这本已经花了八年工夫准备的书,要再过数月,甚至数年的时间才能真正面世。而为这样的改进工作投入更多的时间是否合情合理,也是不确定的。

　　自本书问世之后，一些有关农村历史和叛乱的研究也相继出版了。有鉴于这些出色的研究，现在还应该关注本书所忽略的其他一些问题。我仅提及两例。

　　第一个问题是，农村的无产阶级从何而来，以及在叛乱爆发前的几年，他们身上究竟发生了什么？本书不仅用了大量篇幅记录农村纺织工匠在旺代人口和反革命运动中的重要性，还顺便指出了大约 1/10 的成年男性人口基本上是没有土地的农业劳动者。然而，对欧洲其他地区农村人口中无产阶级不断深化的研究越发表明，我的处理忽略了一个重要问题，并且错失了一次好机会。这些失地的工作者究竟从何而来？是因为人口的快速增长，还是因为土地集中在了贵族和拥有产权的资产者手中，从而迫使农民的子女们在移民、单独留在他们的家庭农场以及充当纺织工或日薪劳工之间做出选择？如果本书能够对这个问题给予更多的关注，那么我们就能更好地理解在法国大革命初期农村人口所面临的压力，以及农民和工匠在反革命运动中的合作。

　　另一个问题是，本书忽略了法国大革命的革命者们从 1791 年到 1793 年试图完成的对中央政府的大胆扩张。他们不仅将天主教会的结构整合进了法国政府的结构之中（书中确实详细讨论了这一狂风暴雨般的过程），而且前无古人地将国家政府的权限扩展到了地方性的日常生活之中。尽管路易十四曾赢得"国家缔造者"（state-builder）的盛名，而他的继任者们也在继续中央集权的工作，但他们向地方社区渗透的努力是局部性的、试探性的，而且往往是失败的。他们主要在税收领域取得了成功，然而即便在税收领域，其主要税收的征收方式也只是向整个社区分配定额，然后由地方议会进行征纳和收缴。至于在其他领域，则是通过当地的地主、教士和职业人员施行的一种间接统治，以使农村社区从属于君主。

自 1789 年以来，以直接统治取代间接的地方统治，这在许多地方屡见不鲜。在欧洲殖民地独立前后，这一过程也引发了许多冲突。大革命时期的法国是第一个在全国范围内进行这种尝试的西方大国。尽管本书描述了这一努力对地方选举、宗教行为、日常活动的记录与保存以及其他一些活动的影响，但是没有认真分析这一努力取得成功所需要的技术和政治条件。例如，对恐怖统治时期法国其他地区的研究，揭示了两种临时方案的广泛运用（无论是有意还是无意的）：其一是动员地方人员去反对少数大革命的假想敌；其二是用可信赖的资产者的地方性网络去取代由教士和贵族施行的间接统治。

无产阶级化和国家集权是本书所涉及的重要问题，但本书也仅是涉及而已。还有其他一些重要的问题有待讨论，比如革命领导权的性质、暴力的根源、镇压的影响以及政治权利的兴衰。的确，本书遗留了大量未完成的议题，然而请允许我借用一句自卖自夸的老话：一本好书开启诸妙法门，使人皆欲入乎其内。如果本书开辟了通往其他人想要探索的地方的道路，那这就足以成为它被写就的理由。

查尔斯·蒂利

1975 年 10 月

致　谢

　　许多个人和组织机构帮助我完成了本书的写作。其中，社会科学研究委员会（Social Science Research Council）、美国学术团体协会（American Council of Learned Societies）、特拉华大学研究委员会（Faculty Research Committee of the University of Delaware）和特拉华大学图书馆协会（University of Delaware Library Associates）都为本书必要的研究工作提供了资助，普林斯顿大学国际问题研究中心（Princeton's Center of International Studies）则使我得以有暇完成这份书稿。安茹地区舍米耶（Chemillé）的大学讲师居伊·弗勒里（Guy Fleury）、南特的吉勒·德莫普先生（M. Gilles de Maupéou）和安德烈·巴雷先生（M. André Barré），特拉华大学的约瑟夫·桑尼菲尔德教授（Professor Joseph Sunnyfield），曼恩和卢瓦尔省档案馆馆长德埃尔贝古先生（M. d'Herbécourt）以及他的两位助手——贝尼耶先生（M. Bernier）和埃诺小姐（Mlle. Héno），昂热主教区的档案员特里夸尔神甫（abbé Tricoire）以及我在特拉华大学的一些学生，特别是南希·兰伯特（Nancy Lambert）、罗杰·凯尔西（Roger Kesley）和帕特里夏·麦基（Patricia Mackey），他们以各种方式为本书资料的收集和分析贡献了不可或缺的力量。同时，巴黎的国家档案馆、图尔的安德尔和卢瓦尔省档案馆、永河畔拉罗什的旺代省档案馆以及南特的大西洋岸卢瓦尔省档案馆的工作人员也对本书给予了大力的支持。

我要感谢阿尔曼-科林出版社(Librairie Armand Colin)允许我引用勒内·缪塞(René Musset)所著的《下曼恩地区》(*Le Bas-Maine*，1917)以及安德烈·西格弗里德(André Siegfried)所著的《第三共和国时期法国西部的政治图表》(*Tableau politique de la France l'Ouest sous la troisième république*，1960)，感谢保罗·布瓦(Paul Bois)教授允许我引用他的《法国西部的农民》(*Paysans de l'Ouest*，1960)，还要感谢《法国历史研究》(*French Historical Studies*)的编辑允许我引用该期刊发表的两篇文章中的材料，这两篇文章分别是 1959 年的《安茹南部地区的公民组织法与反法国大革命运动》(Civil Constitution and Counter-Revolution in Southern Anjou)和 1961 年的《1793 年叛乱之前旺代地区的地方性冲突》(Local Conflicts in the Vendée before the Rebellion of 1793)。

至于对本书的建议、批评和鼓励，我所要感谢的恩人们的名单就更长了。乔治·霍曼斯(George C. Homans)和小巴林顿·摩尔(Barrington Moore, Jr.)共同承担了我的论文指导工作，并在我的论文完成之后继续给予我帮助。劳伦斯·怀利(Lawrence Wylie)和他的一大批学生，通过对我这项工作鞭辟入里的回应以及他们自身对法国西部令人兴奋的研究，为我对旺代地区的考察提供了无限的动力。1961 年夏，在哈佛大学举行了一次愉快的专门研讨会，与会者包括萨缪尔·比尔(Samuel Beer)、诺曼·伯恩鲍姆(Norman Birnbaum)、威廉·钱伯斯(William Chambers)、哈里·埃克斯坦(Harry Eckstein)、克劳斯·爱波斯坦(Klauss Epstein)、乔治·纳德尔(Geroge Nadel)、梅尔文·里希特(Melvin Richter)以及迈克尔·沃尔泽(Michel Walzer)，他们成功地质疑了本书中许多含混不清的提法和研究结果。在特拉华大学，我的同事小伯恩斯(R. K. Burns, Jr.)、罗杰·哈恩(Roger Hahn)、沃尔瑟·基希纳(Walther Kirchner)、阿诺德·费尔德曼(Arnold Feld-man)、帕克(F. B. Parker)和欧文·戈夫曼(Irwin Goffman)对本书的许多草稿和段落提出了宝贵的批评意见,贡献了他们的聪明才智。在普林斯顿大学,罗伯特·帕尔默(Robert Palmer)、吉尔·阿尔罗伊(Gil Alroy)、卡尔·冯·沃里斯(Karl Von Vorys)和克劳斯·克诺尔(Klauss Knorr)帮助我完成了本书最后阶段的工作。还有许多法国学者对本书也提供了慷慨的帮助,其中特别值得一提的是马塞尔·福舍(Marcel Faucheux)、弗朗索瓦·勒布伦(Fraonçois Lebrun)、保罗·布瓦和路易·梅尔(Louis Merle)。

我的妻子露易丝(Louise)陪我度过了枯燥冗长的研究准备阶段。她不仅将她非凡的毅力、机灵巧思和聪明才智结合起来去审查我的研究进展情况,还承担了非常重要的核验、统计、校对和编辑工作。在此,我向她和所有人表示最衷心的感谢。

第一章　导　　论

　　1793 年,法国的西部爆发了一场大起义,它将法国大革命逼到了生死存亡的境地。毗邻普瓦图(Poitou)、安茹(Anjou)和布列塔尼(Brittany)地区的农村人纷纷拿起棍棒、镰刀、干草叉和火枪,联合起来攻击共和国的军队。这些农村人在长达 6 个多月的时间里一直是自己领地的主人,并在 6 年甚至更久的时间里对法国西部历任政治权威都构成了威胁。我们将这场 1793 年的起义及其余波称为旺代战争、旺代的反法国大革命运动,或者简而言之——旺代之乱。

　　旺代之乱的记忆一直在不断激发人们写下有关这段历史的各种鸿篇巨制。在其众多狂热的历史爱好者心目中,这场赫然出现的事件的重要性堪比南北战争之于美国。毫无疑问,无论在他们狂热的爱好之中还是在关于整个法国大革命的专业性著作中,始终可以追求对旺代之乱更为新颖、更为准确的整体描述。然而本书对反法国大革命运动开始之后的事情着墨甚少,相反,它着重描述了 18 世纪法国西部地区的社会性质,以及从 1789 年大革命的降临到 1793 年反大革命运动的爆发期间法国西部的地方性发展。

　　旺代之乱的研究通常是一份背景资料加上十份军事史资料,而我颠覆了这种常规做法,主要是出于对这三个重要影响的关注:现代化对农村地区的影响、反抗法国大革命的根源以及旺代之乱的起源。乍看之下，这些重要影响之间的关系似乎显而易见，但实际上这三者之间的关系相当复杂。它们不断交织、重叠、融合在一起。当我们问出"为什么在旺代，而非其他地方？"这一尖锐的问题时，我们会发现它们是难以区分的。因为对这些重要影响的关注促成了本书的出现，所以本书的大部分篇幅都涉及这场大规模叛乱之前的一些事件和社会安排。不过，不妨以旺代之乱中那些令人难忘的事件作为开篇，因为对这些事件的回顾可能有利于本书论述的展开。

反法国大革命运动简述

这场被称为"旺代之乱"的反法国大革命运动起始于1793年3月中旬，在南特（Nantes）、拉罗谢尔（La Rochelle）、普瓦捷（Poitiers）和昂热（Angers）之间的多个地区几乎同时爆发了叛乱。尽管观察家们惊讶于其爆发之迅速、其力量之强大及其明显带有的自发性特征，但它不过是大革命四年以来持续紧张的局势日益累积所达到的高潮而已。与其他地方一样，1788年底召集三级会议的布告在法国西部引起了巨大的骚动。1787年各省级会议（Provincial Assemblies）的建立已经帮助革命党派组建起自己的核心，而1789年的地方性和区域性会议也使"资产者"（bourgeois）和"贵族"的派系逐渐成形。尽管法国西部地区的一些人民，尤其是城市的人民对大革命表示了热烈的欢迎，但是在卢瓦尔河以南的农村区域，很快就出现了对这场政治变革的抵抗。教会地产的出售只激发了极少数人的热情，而大革命对教会的重组却引发了广泛的反对。当地教区的神职人员很快就一致地反对大革命，绝大多数教区居民也站在了他们的一边。

在 1791 年和 1792 年,许多地方性事件——集会、游行甚至武装袭击——展现了当地居民日益增长的不满情绪。这些争斗大多涉及那些在大革命期间被任命的教士,他们被指派过来取代那些不接受教会改革的教士们,而几乎所有的争斗都表明,负责地方管理的官员们缺乏农村人员的信任和支持。

这些行政官员将许多他们自身的问题归咎于叛乱的神职人员。因此,为了控制住这些神职人员,法令层出不穷,直至 1792 年 8 月达到高潮:政府下令驱逐所有拒绝宣誓服从的教士。但是,随着一大批不服从的神职人员被驱逐出境,以及其余的神职人员东躲西藏、销声匿迹,骚乱不仅没有消失,反而愈演愈烈。旺代地区的大革命首脑们早在 1793 年 3 月之前的很长一段时间里就曾颇为担心地讨论过反法国大革命的运动。事实上,在那之前的六个月,一场对布雷叙尔(Bressuire)和沙蒂永(Chatillon)的全面袭击就已经证实了他们的顾虑并非杞人忧天,因为这次袭击无论是在动机上还是在人员上,都预示了反法国大革命运动的到来。

这场大规模的叛乱以迅雷不及掩耳之势爆发了。在 1793 年 3 月初,政府下令征召 30 万人以应对法国边境的威胁,这在旺代地区引发了激烈的骚动。征兵的布告一经颁布,便引发了武装示威和暴乱,当地的革命爱国者放下了武器,符合征兵条件的年轻人也飞速逃往乡下。

在 3 月初的几天中,一切都在暗地里酝酿发酵,但没有爆炸性的事件发生。4 日,在绍莱(Cholet)发生的一些骚乱导致了少数人员伤亡,但没有演变成公开的战争。而到了 11 日、12 日和 13 日,一切都似乎箭在弦上,一触即发。一些武装部队出现在了圣弗洛朗(St. Florent)、尚佐(Chanzeaux)、马什库勒(Machecoul)和沙朗(Challans)地区,在警钟声中,他们高喊着战争和复仇。这场叛乱很快出现了一些领导者,并且迅速地席卷了整个区域。

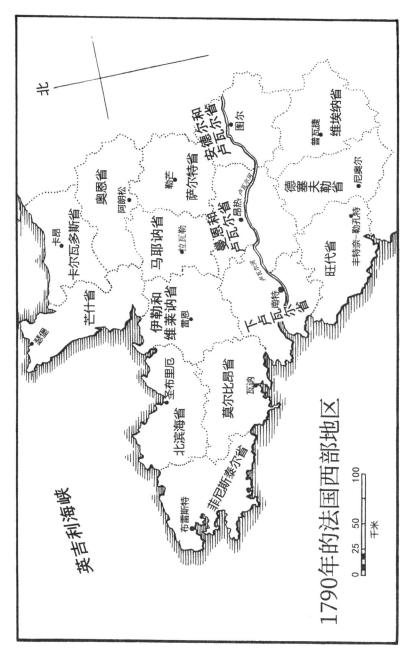

图 1.1 1790 年的法国西部地区

　　如果说叛军在最初几天里就急风暴雨般地攻城略地,那不免有些夸大其词。事实上,他们几乎毫无阻力地蜂拥进这些城镇。到第五天,他们已经进入了圣弗洛朗、蒂福热(Tiffauges)、博普雷欧(Beaupréau)、蒙泰居(Montaigu)、莫尔塔涅(Mortagne)、舍米耶(Chemillé)、绍莱、沙朗、永河畔拉罗什(La Roche-sur-Yon)、克利松(Clisson)、拉罗什贝尔纳(La Roche-Bernard)和维耶(Vihiers)——几乎占领了整个法国西部地区所有的重要城镇。当时造反群众不仅有一个称呼,唤作“天主教军”(Catholic Army)或“天主教王军”(Catholic and Royal Army),还有一个公认的领导团体,其中包含邦尚(Bonchamp)、埃尔贝(Elbée)和斯托夫莱(Stofflet)等人。

　　1793年的旺代大战分为三个阶段:(1)叛军的扩张阶段(直到6月末);(2)牵制与消耗阶段(直到8月中旬);(3)溃逃阶段(直到年底)。两个分界点分别是旺代叛军在南特(6月29日)和绍莱(8月17日)的战败。

　　事实上,叛军的扩张在起义的最初几周里就受到了相当程度的遏制。在那之后,这基本上就是一个关于叛军沿着旺代地区的边界夺取、放弃和重新夺取城市的故事,最终在6月9日索米尔(Saumur)和6月12日昂热的争夺战中达到高潮。旺代叛军没有占领这些城市,他们攻陷了这些城池,将它们洗劫一空,建立了虚无缥缈的临时政府,然后就拔营撤离了。在此期间,共和国政府一直在改弦更张,不断调动和撤换将领,对那些反对大革命的人高呼叛国罪,并派出调查团赶赴这些叛乱的地区,但总而言之,就是没有坚定而直接地应付这场叛乱。

　　在牵制与消耗阶段,从旺代叛军试图攻陷南特但铩羽而归之后,共和军变得更加果断而成功。叛军再也没有在他们自己的领地之外取得任何重大的胜利。天主教王军的指挥高层组织愈发严密,胆量却越来越小。旺代叛军逐渐陷入四面楚歌、弹尽粮绝的处境,最终在绍莱一败涂地,绝望之下被迫流亡至卢瓦尔河以北。

然后就是溃逃阶段。反法国大革命的希望破灭了,叛军的队伍也七零八落、溃不成军。在盲目地向格朗维尔(Granville)开拔去"和英国人会师"的途中,这些反叛者们已经成为由拖家带口的男女老幼组成的一盘散沙。他们途经拉瓦勒(Laval),穿过马耶讷省(Mayenne),进入阿夫朗什(Avranches),然后又离开,向北进发。在格朗维尔损兵折将之后,叛军残部向卢瓦尔河回撤。尽管在昂热又吃了败仗,但他们仍能接连攻克拉弗莱什(La Flèche)和勒芒(Le Mans)。在试图重新渡过卢瓦尔河回到他们的家乡之后,就在圣诞节前,剩下的旺代叛军在萨沃奈(Savenay)被彻底击溃。至此,大战结束。

但是,旺代之乱并未就此落下帷幕。剩下的领导者又拉拢了一支军队,与共和军陷入了又一年的苦战。这场"第二次旺代战争"以大赦和 1795 年 2 月《拉若奈条约》(the treaty of La Jaunais)的签订告终。但不久之后,流亡分子(émigré)和英国人所承诺的援助促使这些叛军领袖卷土重来。在接连的惨败之后,叛军最终在 1796 年 3 月被平定。然而,无论是这些叛乱还是随后发生的那些叛乱,其规模都无法与第一次旺代战争相比。

在卢瓦尔河以北,旺代之乱留下的不仅仅是回忆。当叛军残部在那附近游荡的时候,也就是 1793 年末,朱安党叛乱(Chouanerie)爆发了。朱安党人(Chouans)是游击队,旨在尽可能随时袭击共和国的军队。在人员结构及(对大革命的)情绪态度方面,朱安党叛乱与卢瓦尔河以南更为普遍的战争有许多共同之处,但它的形式更加多样,规模也更加小巧。与旺代这场大规模的反革命运动不同,朱安党叛乱在布列塔尼、曼恩(Maine)、诺曼底和安茹北部地区蓬勃发展。

在军事史上,朱安党叛乱几乎可以忽略不谈。它的鼎盛时期是1794—1796 年,而它可以说起始于 1791 年的一些事件,终结于法兰西第一共和国的崩溃。1795 年 6 月,流亡分子在布列塔尼的基伯龙(Qui-beron)登陆。这场灾难性的登陆是朱安党人对共和国构成威胁的顶点,也是其瓦解的关键时刻。其实在那之前,卢瓦尔河右岸的这些叛军并非一个,而是两个团体:一部分高级领导者忙于运筹帷幄、执行任务、制定组织计划,并与英国人互通情报;另一部分则是大批独立行动的地方游击队。随着这些组织的分崩离析,尤其在 1796 年之后,朱安党人表现得越来越像强盗土匪。

在卢瓦尔河以南,叛乱其实也没有在 1796 年被彻底平息。在 1799 年、1815 年和 1832 年,旺代之乱的呼声再次回荡在法国的土地上。1799 年的旺代之乱是对早先起义的拙劣模仿,1815 年的旺代之乱是百日王朝(the Hundred Days)期间的一场混乱的抗议,而 1832 年的旺代之乱则是一场"轻谋浅虑"的正统派(Legitimist)起义。后面这些叛乱都是由某个具有特定政治目标的小团体所煽动的小规模事件,而引起我们关注的是 1793 年在旺代地区爆发的那场大规模的叛乱。尽管后来这些动乱是它的结果、反映以及对它的模仿,但它们都不能与旺代之乱相提并论。

旺代之乱的传统史学研究

既然旺代之乱有如此精彩纷呈的曲折经历,那么涌现出大量关于它的民间传说和文学作品也就不足为奇。巴尔扎克、雨果、大仲马、司各特、特罗洛普、儒勒·米什莱、托马斯·卡莱尔和伊波利特·丹纳都曾用戏剧性的文笔去描绘它的盛况。专家学者和门外汉都在竞相讨论他们最爱的那些英雄、旺代之乱中那些大大小小的战役以及旺代之乱的各种原因。然而,这场反法国大革命运动的重要性并不仅仅在于它的内容丰富多彩。1793 年,贝特朗·巴雷尔(Bertrand Barère)称它为"吞噬法兰西民族(nation)心脏的政治之火"(Walter,1953:225)。阿尔贝·马蒂耶认为,这场反革命运动给"大革命的进一步发展造成了最严重的后果"(Albert Mathiez,1954:II,201)。夏尔·塞尼奥博斯认为,这场反法国大革命运动以及导致它爆发的那些事件是后续法国政治中一个基本分歧的根源,即法国"革命的"东部与"反革命的"西部之间的分歧(Charles Seignobos,1934:359)。阿方斯·奥拉尔更是断言,"这是一句经典名言,而且真实不虚:在共和国与外国军队及流亡分子正面作战的时候,旺代之乱可以说是从背后捅了共和国一刀"(Alphonse Aulard,1910:II,306)。仅凭上述这些理由,便足以使本书对这场反法国大革命运动的系统性研究有其价值。

初看之下,要解释清楚旺代之乱这件事似乎并不算非常困难。为什么呢?最简单的回答就是认为该地区所有农民的脑中都被塞入了一种标准化的心态和一套标准化的动机,这种心态主要来自人们对农民特征的一般性看法,而这些动机也主要来自那些可能使他们反对大革命的动机(参阅 Tilly,1963)。然而,分析者对整个法国大革命的态度可能会影响他对相应动机的选择。

这一步骤的假设是,这场反法国大革命运动是由农民在反叛时的精神状态所产生的结果,而分析者必须寻找的那些引发旺代之乱的原因,其实是那些带来了这种精神状态的影响或事件。目击者的观察和反叛者自身的陈述可以作为心态史方面的证据而被历史学家所采用。传统的历史研究只承认少数几种可能导致反法国大革命运动的"动机":(1)保王主义(royalism);(2)对强制征兵的抵抗情绪;(3)对宗教的支持(各种所谓"忠贞""迷信"和"卑顺"等心理);(4)领导者自身的利益,以及叛乱者中大部分人的愚忠(参见 Bois,1960b:579—594)。每位分析者都在这些"动机"中选择他认为合理的部分,或者对这些动机进行某种形式的组合。

在这场反法国大革命运动爆发之后,厘清其成因的工作并没有被耽搁太久。在共和三年(即 1795 年),国民公会的成员马里·约瑟夫·莱奎尼奥(Marie Joseph Lequinio)就曾宣称:

> 众所周知,这场灾难性战争的首要原因是:(1)农村人的无知、狂热和卑顺;(2)前任贵族的傲慢、为富不仁和背信弃义;(3)政府行政的软弱无力、行政人员的特殊利益以及他们对其亲戚、农户和朋友的法外开恩。(Lequinio,Year III:10—11)

这种说法,即断言反法国大革命运动的原因"众所周知",是有关旺代之乱的历史研究中最常见的导言。然而,正是在其诱因的问题上,关于旺代之乱的大辩论才应运而生。

保王主义的论点如下:这些农民受到了新政权的压迫,并对废除君主制和处死国王感到震惊,因此他们起义了。我们可以想见,只有那些强烈认同贵族和这场反法国大革命运动的分析者,才会以如此抽象的形式陈述这一理论(例如 de Beauchamp,1820;Lucas de la Championnière,1904;Poirier de Beauvais,1893)。

与之相对,强制征兵是一个相对超越了党派之见的原因。然而一方面,它偶尔会被研究者用来阐明,农民的动机并非像这场反法国大革命运动中的抒情诗人所歌颂的那样高尚。爱德华·洛克鲁瓦曾如是说:"起初,旺代叛军既不为上帝而战,也不为国王而战。他们只是单纯地反对祖国,他们不想被征兵。"(Edouard Lockroy,1893:vi)另一方面,叛军对强制兵役的厌恶,也会被研究者视作这些农民不愿为邪恶的共和国效力的标志,或者用来证明他们对其乡土抱有朴实无华的眷恋之情（例如 Baguénier- Desormeaux，1916；de Romain，n.d.）。

此外，各种形式的宗教论点也一直是最受人欢迎的，但对支持或反对神职人员的不同分析者来说，这些宗教论述的意义可谓大相径庭。笔耕不辍的修道院长乌祖罗（Uzureau）在四十多年里几乎独自一人出版了两种历史期刊——《历史悠久的安茹》（Anjou historique）和《安茹志》（Andegaviana），而这些期刊中最为持续关注的主题依然是 1793 年安茹农民自发地捍卫在大革命中"负屈含冤"的宗教。反神职人员的观点同样是将农民的立场归因于他们对宗教的依恋，但它强调这种依恋是盲目而愚蠢的（例如 Bonnemère，1866；Dubreuil，1929—1930；Savary，1824）。这些宗教论述中还有一个特殊的观点，即认为这些农民对宗教的依恋一般要少于他们对自己教区的教士们的依恋。这同样是一个既可以用来支持，也可以用来反对法国大革命的论据，因为这种依恋之情既可以被称为"忠贞"，也可以被称为"奴性"。

上述关于这场反法国大革命运动的动机的争论，尤其是宗教论中的最后一个说法，距离更复杂的分析仅一步之遥。这种更为复杂的分析区分了领导者和追随者的不同心态。尽管它通常将领导者（以各种形式联合起来的教士和贵族）的参与归因于其自身利益，但它解释了大多数反叛者参与叛乱是出于他们的愚忠或轻信。这一论点有几种可能的变体，取决于研究者在这些教士和贵族中分辨出了多少他们共同为反革命运动所做的准备。在这方面，研究者也许会讨论：（1）这些贵族和教士在农村地区所具有的广泛影响力；（2）他们煽动农民发起了这场反法国大革命的叛乱；或者（3）这场反法国大革命运动是他们的一场阴谋。明辨而理智的莱昂·迪布勒伊断定，这场反法国大革命运动的罪魁祸首，归根结底是"渴望神权统治"的神职人员（Léon Dubreuil，1929—1930：I，20）。欧仁·博纳梅尔，尽管他不以明辨或理智著称，也曾断言："贵族和神职人员将农民推向了一场其苦难无以复加而且闻所未闻的全面战争之中,从而使农民能够继续向他们缴纳什一税和服徭役,而农民由于其自身的无知,也就开展了这场反对法国大革命的运动,并认为自己是为了宗教和饱受威胁的社会秩序而战。"(Eugene Bonnemère,1866:19)还有一种传统的说法是在布列塔尼地区遍布的贵族阴谋论:"在大革命初期,布列塔尼地区出现了一个巨大而可怕的保王党同谋……由该地区及其邻近省份的贵族组成。其分支遍布整个法国西部地区。"(Jeanvrot,1894:2)无需多言,这种理论显然是那些支持大革命的研究者所特有的观点。

上述各种对旺代之乱的解释,其统一之处在于,它们都声称能够确认那些参与1793年3月叛乱的反叛者们的动机,而且在大体上都是有意识的动机。毫无疑问,对历史事件的重构意味着对人类行为的动机做出一些假设。毫无疑问,历史学家的部分职责就是描述过去那些关键行动的参与者们的动机。然而,我们可以将研究旺代之乱的重点进行转移。分析者可以从以下这些问题入手:支持法国大革命和反对法国大革命的团体的组织及其构成,在大革命之前以及大革命期间的相关主要人员之间的关系,大革命与反大革命运动的快速巨变,以及它们和18世纪法国更为普遍而渐进的社会变革之间的联系。面对一场如此轰轰烈烈的社会运动,上述这些问题自然而然地出现在了社会学家的视野中。它们引导着我对旺代之乱的起源进行探究。

一个社会学视角

对社会组织的关注需要运用一种比较的方法。我们需要将法国西部参与反大革命运动的地区与其他支持大革命的法国部分地区进行系统性的比较。这种比较至少应该包含三个要素:(1)在最普遍的意义上,那些酝酿了法国大革命的重大社会变革如何影响了(反大革命的)旺代地区以及法国的革命地区;(2)在这些区域内的人员的主要分工以及这些人员之间的关系;(3)那些支持以及反对大革命的人员的组织、构成及其内部关系;旺代叛乱的分析中还有一个无需此类直接比较的更重要的部分,那就是(4)1793 年之前的事件与这场反大革命运动本身的爆发之间的关系。这是在研究旺代之乱中需要解决的四个问题。

这种提出有关革命与反革命问题的方式有一个特殊优点。它更容易引起人们对与旺代之乱相关的,对农村社会及社会变迁性质的许多社会学思考。将当代的研究成果应用于 18 世纪的法国社会,有助于阐明其革命史中的某些特征。同时,当代研究还提出了一些有益的建议,那就是将 18 世纪的法国社会与那些远离法国的社会进行比较。其反向过程同样是有意义的。如果我们将现代观察家的结论与法国大革命的事实结合起来,那么我们就有机会去判断这些结论是否具有普遍性,或许还能对其加以修正。至少,这一步骤为我们提供了一次冒险的机会,使我们对熟悉的事物提出一些稀奇古怪的问题。这些离奇的问题往往会揭露出人们意想不到的无知,也会使人们受到启发,恍然大悟。

有两种思考现代社会的方式构成了我对旺代之乱的分析框架。第一种方式涉及一系列广泛的社会变革,这些社会变革往往伴随着城市的规模和影响力的扩大,换言之,即城市化的过程。第二种方式涉及农村社区的组织。由于我将在后面的章节中详细讨论这些问题,所以在此只需简单陈述这些主题即可。

城市的规模、数量和影响力的增长只是交织在现代社会发展过程中的一系列变化中的一环。尽管我将这一系列的变化统称为"城市化",但这并不意味着我认为城市的发展是其他所有变化的原因。在本书所呈现的研究中,我选择使用这个术语,而非另一个与其构成竞争性的术语——"工业化",主要基于三个强有力的理由。首先,尽管近年来工业的扩张与城市的发展密切相关,但是在过去,除了工业化之外,还有其他重要的集中化活动,它们与我们将要讨论的其他一些社会变革一起促进了城市的发展。其次,"工业化"一词给18世纪法国绝大部分地区的经济改革蒙上了一层时空错乱的奇怪色彩。最后,对"城市化"的强调将使我们注意到那些在法国西部城市中出现的最早且最强烈的变化,以及该地区以城市为基础的各种活动的特殊重要性。然而,读者无疑会发现我在本书有关城市化的讨论中,对许多相关主题进行了重新表述,其中包括大规模、集中化活动的增长,日益增长的差异化,理性化的、非个人的行为规则的发展,等等。而在其他研究中,读者会发现这些主题被放在了"工业化""现代化""集中化/中央集权""理性化"或"民族国家的发展"等题目之下。

本书的首要任务是展现这一系列被称为"城市化"的变化如何影响了法国西部的社会结构。其中关键性的问题将涉及城市化对法国西部不同地区和不同人群的影响方式的差异。

在分析法国西部社会组织的一般性特征与其对大革命反应的特点之间的关系时,城市化的一般性观点非常有效。但是,它忽略了社会的总体变化究竟以什么样的方式触及个体层面,而通过"社会组织"这一概念去处理这一部分的分析是比较方便的。法国西部绝大多数公民生活在以农村为主、以农民为主体的社区之中。因此,我将强调法国西部农村社区内部的社会分工和社会关系,以及它们在不同类型的社区中、在不同区域之间所呈现的各种形式。

上述做法正是我将两种分析方式结合在一起的地方。城市化意味着社区组织的变化。而我们需要关注到的变化是,农村社区的成员越来越多地参与一系列超出其聚居地范围的活动、规范和社会关系。例如,从事全国性的市场生产活动,参与政治活动以及接触大众传媒,这些活动似乎都对农村社区的组织产生了大致有规律的影响。

为了确定这些影响的普遍性及其与农村地区政治倾向的相关性,最好对社会的城市化过程中农村社区的长时段变化进行研究。出于必要,本书采用更为静态也更为常见的步骤,对大致在同一时刻的不同社区进行比较,就好像它们处在同一起源的不同阶段一样。

现在我们来审视一下需要解释哪些现象,以及如何去解释它们。问题的关键在于,要确认哪些因素将法国西部的社会分割为反对和支持法国大革命的两部分。我们可以从地理的角度去考察这些"部分",因为有些区域中绝大多数人员参与了反法国大革命的运动,而另一些区域中的绝大部分人员却在配合法国大革命的开展。他们有何不同?我们可以从社会的角度,即从各重要阶层的人员对大革命的反应这一角度去审视这些"部分"。他们又有何不同? 我们还可以从更加政治的角度出发,去询问究竟是什么区分了真正的积极分子群体——革命党与反革命党——彼此之间的不同。最后,我们可以将这些静态的比较转化为动态的比较,并试图了解法国西部社会中的这些部分在大革命初期是如何行动、互动和变化的。

城市化的一般概念有助于使这一分析变得井然有序。法国西部社会中那些支持大革命的部分是被城市化所覆盖、包围的部分,而反对大革命的部分则是城市化对其影响甚微的部分。当然,这只是一个近似的说法,我会在很多时候对它进行修正。此外,是否对其进行修正,还取决于如何定义"城市化"的独特而多样的内涵。有时,将这个概念定义中的重点从一个要素转移到另一个要素上,这种做法会带来便利。尽管存在这些还不够严密精确的做法,但本书的基本论点是有效的,并且它们对进一步探讨旺代之乱的问题提供了有益的指导。

　　这种研究路径引导我们进一步思考的一个问题是，在大革命期间，法国西部地区本身所发生的那些变化究竟是什么性质的？其中一些最重要的变化，比如政府权力的集中、资产阶级重要性的增加、财产的再分配等，在许多方面推动了一般性城市化进程的延续。但是这些变化在很大程度上是由外部引入，或者由外部强加给法国西部地区的，而带来这些变化的群体使它们在整个西部地区内或多或少协调一致地运转了起来。在那些已经具备了更进一步、快速转型的先决条件的地方，即在城市化发展最快的地方，上述过程进展得相对顺利，但在缺乏这些先决条件的地方，这一过程会就引发激烈的冲突。如今看来，这种说法也不过是一种近似的说法，而且带有循环论证的意味。然而，它也能帮助有关旺代之乱和法国西部地区社会变革的研究更上一层楼。

　　这种分析还产生了一些有趣的副产品。其中几个副产品弥补了有关旺代之乱的传统研究中的严重不足。首先，这种分析方式使我们对传统观点，即将这场反法国大革命运动视作"铁板一块的旺代地区的一致行动"这一观点产生了怀疑，从而使我们更加仔细地去研究当地事务，并最终认识到对国王或宗教效忠的人员的分化已经深入了农村的中心地带，而地方、团体和个体对某一党派的依附也遵循着一些相当有规律的原则。过去的历史学家们并不重视地方党派的冲突在反法国大革命运动发展过程中的重要性。其次，对社会组织本身的系统性研究的关注，最终使我们勉为其难地承认，诸如旺代之乱中的农民所表现出的自发性、对阴谋的依赖性的讨论，或者对这场事件的发生做出褒贬评论等争论其实都是空洞的。最后，有意识地去关注社会变革，这种做法让我们注意到，早在大革命初期，1793 年交战的各方之间的公开冲突就已经开始了；同时，这场大规模的反革命运动与在其之前发生过的叛乱，无论在时间上还是在空间上，都有很大的连续性。

章节内容简介

在试图回答上述这些问题时，有人可能会尝试从已经出版的资料中收集有关法国西部各地的详细信息，从而一次性了解所有相关地区的答案。然而，我发现这些已出版的资料既不太可靠，又不太完整，这就使得这个方法不可行了。有人也可以尝试从档案和出版资料中去收集有关每个区域的最基本的信息。但这一步骤的前提是，调查者一开始就有一个详细的总体规划，事先知道哪些信息是关键的而且是可获得的，并且能够从浩如烟海的资料中轻而易举地找到它们。本书所呈现的研究并不具备这些条件。我选择了第三条道路：深入研究法国西部一个虽然规模较小，但十分重要的区域的记录，更进一步地研究了该区域内一些社区的记录，然后确定以这种方式所得出的那些最重要的结论，究竟在多大程度上适用于法国西部的其他地区。本书主要基于对文献的分析，而这些文献主要涉及安茹在卢瓦尔河以南的一部分区域。选择安茹南部地区的优势在于，在它的一部分区域中，居民们一般会接受大革命，而它的另一部分区域则正是这场叛乱的发源地。除了对这一区域进行深入研究外，我还花了大量精力去确定在安茹南部地区出现的这种情况是否也出现在了法国西部的其他地方。不过，与本书的其他研究相比，这项工作更加依赖于已出版的资料，并尤为关注出现了大规模反革命运动的地区。基于这些原因，本书最多能够确定安茹南部地区的情况，对卢瓦尔河以南其他区域的结论则没有那么笃定，至于对布列塔尼、曼恩、诺曼底和安茹北部地区的结论则更是假设性的。

　　后续章节将从对社会组织的一般性讨论开始,然后讨论这场叛乱
的具体情况。首先,第二章将对法国西部地区的城市化进行一个相当
宽泛的介绍。接下来的第三章将讨论城市的作用以及法国西部不同地
区之间的差异。然后,从第四章到第八章将会对安茹南部地区的农村
社区进行更为深入的研究。之后的章节将从区域性的视角(第九章)以
及农村社区生活的视角(第十章至第十二章)分析安茹南部地区的这些
农村社区在法国大革命最初几年中的情况。最后,我们将在第十三章
对 1793 年叛乱本身进行分析。如果我恰如其分地完成了上述这些任
务,那么当我们一起抵达终点的时候,读者将会对 1793 年法国西部爆
发大规模武装叛乱的原因、这场叛乱在该地区的社会组织与社会变革
之间的关系,以及社会学视角如何有助于理解动荡的历史事件这些问
题有更多的了解。

第二章　法国西部地区的城市化

　　人们很容易陷入这样一个误区,即认为旺代之乱这场反法国大革命运动只是一个落后地区对大革命的自然反应。这种简便的说法其实没有解释清楚任何东西,因为它回避了这三个关键性问题:我们所说的"落后"究竟意味着什么? 这些落后地区的政治行为有什么"特质"? 难道旺代地区比没有发生反叛的法国其他地区更加落后吗? 而对法国西部地区城市化的考察为我们提供了一些回答这些问题的基本要点。

城市化的观念

　　"城市化"是对一系列变化的总称,这些变化一般伴随着社会中大型协调活动的出现和扩展而发生。这些活动可能包含中央集权国家的运转、由专业神职人员进行的宗教活动、对灌溉和防洪的水资源进行管控、工厂体系(factory system)中的商品生产,或者是通过遍布各地的市场渠道进行的交易。近年来,研究城市化的学者们大多从一个狭义的经济角度去分析城市化进程,认为"工业化"和"前工业化"之间存在巨大的脱节(disjunction),从而进一步加剧了上述的错误观点。诚然,前工业化与工业化之间存在许多差异，但是，这些基于大型活动而出现的变化也有许多共同之处。任何一种大型活动的发展都意味着出现了专门协调这些活动的社会职位（比如官员、教士或商人），意味着社会沟通渠道的广泛建立，以及跨越亲缘、地域和传统联盟边界的社会关系的激增。

协调者、沟通渠道和各种交错的社会关系是大型活动定义的组成部分。从这些部分中，我们可以看出由它们的出现所引发的一系列共同影响。第一个影响是分工（differentiation），即形成专门从事社会不同领域活动的职位，以及将现有的社会职位细分成更为专业化的职位。亚当·斯密（Adam Smith）理论中最著名的例子就是扣针的制造从个体手工制作到大规模生产的演变。第二个影响是标准化（standardization），即在整个大型活动的影响范围内形成统一的流程手续、词汇表达、行为规范和组织形式。在罗马帝国逐渐扩张的外省全境，成型的公务员队伍的不断扩大就是一个很好的例证。第三个影响是社会学家们经常讨论的社会关系的质变，即在大型活动的过程中，参与人员之间的关系向非人化的、工具性的关系转变。刘易斯·芒福德（Lewis Mumford）用一些非常尖刻的措辞描述了许多地方性的、个人化的和中世纪的市场向抽象的、理性化的和非人化的商业资本主义市场的转变。最后一个影响是在协调与指挥大型活动时出现的人口的集中，我所指的主要是城市的发展。该影响的一个例子是，11世纪世界性宗教团体的蓬勃发展使鲁昂、卡昂、第戎和图尔等城市充满活力。

在对18世纪法国的研究中，我们重点关注的城市化活动是市场扩张和国家集权。市场的发展是指通过一般媒介（比如货币）交换的商品和服务的总量、范围和比例的增加。就其特质而言，这是一个需要交流沟通、专业协作和渗透现有传统社会组织形式的过程。亚当·斯密在考察我们所关注的这一时期时甚至认为市场扩张是劳动分工日益复杂的根本原因。国家集权——在 18 世纪的法国主要表现为王室财政权、司法权和军事指挥权的扩张——也具有类似的特性。国家集权不仅促进那些善于政治协调和操纵的专家们的出现，需要将政令和信息更为频繁地上传下达，还使从前与世隔绝的各个地区或社区与这些决策中心保持更为紧密的联系，并更加依赖于这些决策中心。

国家集权与市场扩张是城市建构（city-building）的过程，它们在社会的各个城市中心都留下了醒目的痕迹。这些痕迹不仅体现在城市的规模上，还表现在城市的特征上。巴黎正是芒福德笔下巴洛克城市的典范，它拥有许多官方的办事机构、参观游览的名胜、便捷的交通以及各种展示其强大军事力量的手段，而市场则造就了集市、商业区、交易所和港口。

在城市化过程中，比这些城市景观特征更为重要的是行政人员和商人的崛起，人口在行政和商业活动的不同阶段向各种专业人员的分化，还有这些变化所引发的分裂与团结及其发展出的新形式。此外，由于这些人员在交流沟通、应对远方事件和运用标准化且可转让的技术方面都非常专业，兼之他们经常从遥远的各个地方招募人手，商业城市和行政城市中的许多居民往往不仅见多识广，而且具有很强的流动性，对思想和舆论的潮流风向也相当敏感。简而言之，在城市化的过程中，就连原本的城市也在变得更加"城市化"。

此外，城市化还有可能在不消灭农业的情况下改变农村地区（参见 Gerth and Mills，1946：363—385）。这一过程在农民社会（peasant society）中最常见的表现形式是，农业生产从自给自足式的多种作物混合耕种转变为面向市场的单一作物的机械化生产。这一转变使社会发生了翻天覆地的变化。生产者不仅将自己与那些遥不可知的消费者们绑定在了一起，还采用全新的标准来评价自己的工作，他每年度的经营也需要获取比以往更广泛的信息，同时还要依赖一些市场营销的专家，既将他们作为他所需货物的供货源，又将他们作为他所生产的经济作物的销售方。因此，即使在这些农场土地上没有一座座城市拔地而起，我们也可以说，彼时发生上述这些变化的农业地区同样在"城市化"。

有一种关于城市化的假设，人们无疑经常信手拈来，但它总是错漏百出，那就是认为城市化均衡地渗透进了社会的各个部分。在一些社会中，城市起到了保守性的作用，而在另一些社会中，城市则传递了剧烈的社会变革（参见 Hoselitz，1960；Murphey，1954；Redfield and Singer，1954；Sjoberg，1952，1955）。当前我们所关注的并不是这些社会之间的重要差别，而是"城市化必然是有选择性的"这一事实，无论它发生在哪个社会之中。之所以如此，不仅因为城市化是以人类有限的活动范围为基础的，还因为它对参与协调大型活动的那些人的生活和职位的影响，比对其他人的影响要更为直接。城市化可以在彻底转变一个阶层、地区或社区处境的同时，对其他人员却几乎没有什么影响。制成品贸易的扩张对商人和工匠处境的影响，要比它对农民和地主的影响更为重大且更为直接。这是一个不言而喻的事实，但人们常常会忽略它。

不过，我们还是有必要为"城市化是有选择性的"这个事实添加一个重要的限定条件。因为从长远来看，社会中任何部分的城市化最终都会影响到所有其他的部分。城市的存在——无论其作为军事、商业、宗教还是制造业中心——不仅需要一定的农业剩余（agricultural surplus），还需要一定数量的、为城市市场进行生产的农业劳动者。事实上，"农民社会"这个概念中通常会包含一些城市的存在，以及城市对农民生活最起码会产生的一点影响。这正是阿尔弗雷德·克勒贝尔将农民称为"社会组成部分"（part-society）的意图所在（Alfred Kroeber，1948:284）。即便在一个绝大多数成员为农民的社会中，任何一种形式的城市化最终都会通过重塑农民与社会中其他部分的关系而重塑所有农民。一个与旧制度的法国颇为相关的例子是,一个不断扩张的国家需要为其蓬勃发展的军事武装和官僚机器提供相应的财政资助,所产生的影响则是对税收需求的不断增长,尤其是在土地作为主要税收来源的地方,这些需求会无法避免地使得即便是最自给自足的农民也将其部分产出转化为现金,而这是唯一能使收税人满意的方式(参见Wolf,1995:458)。通过这样的方式,国家集权可以将农民社区纳入市场。

因此,城市化是有选择性的。尽管城市化在社会任一部分的积极作用最终都有可能改变其他所有的部分,但是在某个特定时期,社会中的一些部分,比如一些行政地区、社会阶层、社区和农村地区,它们的城市化程度就是会高于其他的部分,而社会中一些部分的城市化速度也会比其他部分更快。因此,万万不能将城市化视作社会整体的统一变革。

我意在表明,这种城市化的概念对于理解政治归属和政治冲突来说都是有用的。这并不令人意外。它之所以有用,是因为它强调了社会分裂与团结方式的变化、权力的基础及其分配的变化、可同时动员许多人员的组织形式的变化以及社会各部分之间的相互交流与了解程度的变化。城市化的概念不仅强调了这些变化,同样重要的是,它还使人们去关注社会中的各个部分在上述各个方面的变化。

城市化观念在法国案例中的应用

对"不均衡的变化"这一点的强调特别值得关注,因为在当今考察法国大革命的主流方式中隐含了"政治滞后性"的观点,即认为大革命是法国政治结构对已在社会其他基本部分中发生的变化所进行的剧烈调整。这就是马蒂耶所宣称的大革命的真正意义："……大革命是从现实与法律、机构体制与生存方式、字面意义与精神实质日益加深的分离中发展而来的。"(Mathiez，1951—1954：I，1)这种对政治滞后性的表述尽管并不精确而且十分隐微，但它不仅依然是法国大革命研究中占主导地位的观点，还是最有可能使人们充分理解大革命的思考方式。

尽管本书不是对整个法国大革命过程的分析，但这并不意味着本书没有对大革命的性质提出一些断言和假设。本书对旺代的研究让我得以运用两种方式：(1)通过期待发现法国社会中相互接触的两个部分——它们以不同的速度发生变化——之间的张力和冲突；(2)在"政治体制滞后于 X"这一命题中，用"城市化"取代"经济发展"，以此修正上述有关政治滞后性的表述。而我最关注的两个城市化活动分别是市场贸易和国家集权。

从 1700 年到 1789 年，法国一直在经受市场贸易和国家集权的冲击。甚至欧内斯特·拉布鲁斯(Ernest Labrousse)这位将"危机"概念视作旧制度末期法国经济中至关重要因素的经济史学家也承认，危机是在经济不断扩张的过程中发生的。其他历史学家更是常常把关于 18 世纪的一个问题——"平民百姓是否苦不堪言？"轻易地误解为另一个完全不同的问题——"经济是否在增长？"。如果他们认真仔细地阅读过马克思和恩格斯对处在工业增长鼎盛时期的英国工人阶级状况的考察，那么他们不应该犯下这样的错误。

不过，这并不代表我们应该将法国的 18 世纪称为一个"工业的"增长时期，如果我们所说的"工业增长"时期是指工厂体系的到来的话。当时的市场扩张在很大程度上体现在农产品(如葡萄酒、谷物或皮革)和便携式家庭手工制品(尤其是纺织品)的销量不断增加以及流通更为广泛。其中增长最为显著的是途经大西洋及海峡港口的国际贸易，而这就意味着不同地区受到贸易扩张的影响程度是不均衡的，主要集中在港口及（进出口商品的）供应区域。按照货币价值计算，法国的国际贸易在大革命爆发前的一个世纪中增长了 900%（Reinhard，1949：93—94；参见 Marczewski，1961）。但法国的国内贸易也在增长。正如亨利·塞（Henri Sée，1948—1951：I，316）所指出的，18 世纪大集市的衰落表明，频繁、持续、长期的商业往来逐渐取代了之前占据主导地位的、由买卖双方偶然进行的集会。尽管当时法国的贸易受到物理环境和财政金融等多方面因素的阻碍，尽管农民在法国人口中占据绝对多数，尽管法国工业后来发展迟缓，但大革命之前的法国依然是仅次于英国的工商业强国。

如果说 18 世纪的法国人在被不断地卷入市场生产和消费之中，那么他们其实也是在越来越多地接触中央政府及其激增的各种机构或代理官员。我并不是想说在路易十四之后专制主义王权得到了增强，我也无意否认 18 世纪的"封建反应"*（即一部分显贵要员反对王室主张及其权利）的重要性。然而，我想指出的最重要的一点是，政府的官僚机构在不断发展壮大，它对地方的影响和管辖范围也在不断扩大，对法国市民在资金、信息、关注和合作方面提出的要求也越来越多。在 1658 年之后的一个世纪里，法国中央政府的开支增加了六倍之多（Marcze-wski，1961）。对此，托克维尔曾说过："中央政府开始扮演一个不知疲倦的导师角色，对国民进行一种近似于家长式的监护。"（Alexis de Tocqueville，1955：41）全国农业协会（royal agricultural societies）的成立、由国家监管的公共土地的划分、越来越多的总督代理（subdélégué）被派遣到各地的财政大区（généralité）、（就在大革命前夕）强制要求在

---

* 这里的"封建反应"（feudal reaction）是指，在欧洲封建社会中贵族阶层对君主中央集权或现代化改革的反对和抵抗，以试图保持或恢复其土地所有权、自治权等封建特权。它反映了社会中不同阶层之间权力关系的复杂动态变化。——译者注

法国的每个市镇（*commune*）建立一个共同组织，还有其他许多类似的事件，都是国家渗透到市民生活中的例子。

这似乎听起来很奇怪，一方面说国家集权是城市化进程的一部分，另一方面又说大革命的一个重要因素是消除了城市化与政治安排之间的滞后性。带入"政治体制滞后于 X"这一命题的表述，这听上去好像是在说，18 世纪法国的政治结构滞后于政治结构。对这种看似十分荒谬的说法有两种合理的解释。第一种解释是，18 世纪法国政治结构本身就存在许多不一致的地方，其中有些部分会领先或滞后于其他部分。例如，1787 年的法国宫廷就与外省的地方议会完全脱节。第二个解释是，国家的大力行动所改变的不仅仅是政府内部的正式结构，有时还会破坏其自身的权力基础。例如，科尔贝（Colbert）坚决鼓励发展制造业，意在巩固国家的权力，但那些因工业扩张而受益的资产者对此却未必买账，换言之，科贝尔对制造业的支持可能反而加速了资产者推翻国家。也就是说，政治体制有时会孕育出毁灭其自身的种子。

在 18 世纪法国城市化——国家集权和市场扩张——的两大过程中，我们不得不承认，从长远来看，市场扩张对法国的社会转型产生了更大的影响。幸运的是，我们无需在国家集权与市场扩张之间做出权衡取舍，因为它们的综合影响才是最重要的。这些影响有一些明确无疑的表现，而其中之一就是 18 世纪法国城市的蓬勃发展。尽管在 18 世纪末，无论这些城市的规模如何，法国的城市人口都不超过法国总人口的 15%，但在里昂、马赛、波尔多、南特，当然还有巴黎等不断壮大的大城市中，人们会发现一个新的社会在逐渐成形。[1]

如果我们同意不去太细究这些数据的准确性，那么就可以对 18 世纪法国城市的发展程度进行一些大致评估。从 1762 年索格兰（Saugrain）编纂的词典细目到 1789 年的全国调研，法国 5 万人以上规模的城市中的人口增长了约 30%，2 万人以上规模的城市中的人口增长了近60%（Mols，1955：514—515）。如果这些统计数据正确，那么在大革命时期，大约有4%的法国人口居住在5万人以上规模的城市中，约有7.5%的法国人口居住在2万人以上规模的城市中。

我们关注这些统计数据的重点不在于它们是否足够精确，而在于它们表明了这一事实，即我们应该将18世纪的法国与哪些现代国家进行比较。这些现代国家是西方最贫困、最农业化的国家，以及东方正在觉醒的"不发达的"国家。印度、锡兰、海地和多米尼加共和国现在的城市人口比例大致与大革命时期的法国相当（United Nations，1952：Table 7）。这些现代国家正处在城市化的早期以及最动荡的阶段。

这一比较还说明了另外一个问题：法国大部分的城市人口聚集在巴黎这个大都市之中。这种情况不仅在拉丁美洲等地相当普遍，在20世纪，它还经常与社会不稳定因素结合在一起。如果我们计算一下最大城市的人口占大型城市（即人口规模在2万人及以上）人口的比例，我们会发现18世纪法国巴黎和凡尔赛的比例大约是30%，这个比例要低于如海地（85%）、埃及（58%）或古巴（48%）等局势变化无常的现代国家，远高于英国（11%）或美国（13%）这类稳定的西方民主国家，与匈牙利（30%）或希腊（约30%）[2]这类十分动荡的国家则相对持平。

虽然这些数字本身并不具有太大的意义，但是一个较高的最大城市人口比率大致可以表明，在这个国家中存在一个无与伦比的、政治活跃的中心，它包含了国家最主要的一些指挥机关，而这些机关在利益、组织和意识上都与国家的其他部分大相径庭。托克维尔发现，法国行政的中央集权以及由此产生的巴黎在法国的主导地位，是法国大革命爆发的主要原因。他宣称："如此一来，巴黎便掌控了整个法国，而即将掌控巴黎的军队正在集结它的力量。"（Tocqueville，1955：76）

这种控制权的集中无疑促进了首都内部的权力斗争。占支配地位的大都市的存在往往还与其他一系列在政治上非常重要的情势相关。

在给那些城市人口数量远超其工业化程度的预期规模的国家（例如埃及、希腊和韩国）贴上"过度城市化"的标签时，金斯利·戴维斯描述了过度城市化社会的一些显著特征（Kingsley Davis，1954；参见 Hoselitz，1960：228—229）。过度城市化通常不仅意味着存在一个占支配地位的城市，还意味着迫使人口离开农村土地的迁徙、城市中出现了"闲散、赤贫和流浪的群氓"以及强烈的不满情绪。这些都是很有可能导致政治不稳定的因素。

戴维斯所描述的这种现代综合征，其显著特点与马塞尔·莱因哈德所描述的法国大革命前夕的情况非常类似（Marcel Reinhard，1949：98—99）。以下是其中的一些共同因素：农村出现了大量无依无靠、漂泊不定、边缘化的"流浪者"，农村的剩余人口大量涌向城市，大都市的力量日益壮大，还有农村与城市之间日益深化的冲突和相互认识。这些情况被许多现代评论家称为"革命的"情势，它们无疑加剧了法国朝着 1789 年革命进发的倾向。这些情势也有助于解释为什么穷人、光棍以及刚从乡下来到巴黎的那些人，给大革命初期的巴黎带来了各种各样的隐患。此外，这些情势还可以作为强有力的证据，去证明飞速的城市化进程对法国人民的政治情绪所产生的影响。

城市化还有另一个没那么夸张的标志，那就是国内交通的普及。从科尔贝所处的时代开始，法国就从未停止过建设欧洲最完善的道路网络。正如亨利·卡瓦耶斯（Henri Cavaillès）所指出的，道路系统成了

> ……一种政治形势和一种文明类型的体现。每一条（道路）都从巴黎出发，一直通向边境和海港，将古老的外省首府直接与宫廷、政府和内阁各部连接在了一起。这些放射状的道路网络，不仅清晰地展现了王国在领土和政治上的统一性，也使（中央）权力得以持

续不断地发挥作用。（Henri Cavaillès，1946：164）

卡瓦耶斯补充道，这些新道路网络的作用不仅限于政令的上传下达，"报刊、回忆传记、哲学小说以及百科全书的卷册，同样通过这些道路进行传播和扩散"（Cavaillès，1946：166）。这些道路传播新的思想观念就像传达行政指令一样容易。邮政业务的迅速扩展也是如此。垄断邮政业务的价值从 1673 年的 120 万里弗赫[3]上升到了 1713 年的 310 万里弗赫，再到 1777 年的 880 万里弗赫（Sée，1948—1951：223，299）。

　　毫无疑问，法国城市化最重要的一个标志（而且远不只是标志），就是资产阶级（bourgeoisie）的崛起。他们是一群专门从事管理、协调和沟通方面的专家。无论是对如让-夏尔·普雷沃（Jean-Charles Prévost）这样的安茹省舍米耶地区的公证人，还是对像雅克·内克尔（Jacques Necker）这样的日内瓦和巴黎的大银行家来说，18 世纪都是一个（资产者）既有影响力又十分富裕的时代。尽管当时法国社会中的许多尊贵职位逐渐向资产者关闭了大门，但他们依然势不可当地崛起，以至于占据社会中的卓越地位。这些观察本质上是在说，18 世纪后期法国在迅速地城市化，而这种城市化极大地激发了法国的革命潜力。但我们需要牢记其中还有一个关键的限定条件，那就是，虽然城市化的"万金油"改变了它所触及的任何事物或个体，但它并不在同一时刻或者以相同的程度对其所触及的一切产生影响。正如 18 世纪最先发展起来的地方是国家首都和一些边境及港口的贸易城市（而非内陆那些古老庄严的省会首府）那样，变化最彻底的也是与这些首都和贸易城市联系最紧密的地区。一些省市的工业正如雨后春笋般涌现，但另一些省市的工业却依然在沉睡。在这场巨大的变革之中，社会阶层、职业、各种类型的农业、工业的不同分支、区域甚至各个城市，它们所发生的变化明显是千差万别的。这些变化的结果非但没有使国家内部变得同质化，反而突出了国家内部的对比差异,而这些差异正是大革命问题的核心所在。关于这个问题,莱因哈德讨论了"城市居民和农村人之间的对立"(Reinhard,1949:99),保罗·布瓦也提及"城市所带来的革命精神的渗透"(Paul Bois,1960b:623)。上述这些主题将贯穿本书分析的其余部分。事实上,这些主题都是这两位作者对法国西部当地情况进行了长期、精确和专业的评估之后所得出的结论。

法国西部地区

　　法国西部地区,即在图尔以西、桑特(Saintes)以北的,占整个法国1/6 领土的区域。这块区域历来被研究法国大革命的人视作一个落后、闭塞和贫困的地区。这种说法最多算是半真半假。一方面,可以肯定的是,无论以何种标准去衡量,整个法国西部地区的城市化程度确实要远低于法国东部或巴黎这种腹地区域。但是,18 世纪法国西部不同区域的城市化差异,与整个法国内部的城市化差异一样鲜明。毕竟,法国西部地区也拥有相当一部分繁荣发展的城市:南特、拉罗谢尔、昂热、圣马洛(St. Malo)、布雷斯特、勒芒和雷恩(Rennes)皆名列其中。这些城市的活力在一定程度上促进了其周边地区的兴旺发展。

　　另一方面,人们发现布列塔尼的大部分区域和法国西部其他一些农村地区在行政上被忽视、在社会中被孤立,这一点也是正确的。法国西部地貌的一个特点就是穷乡僻壤与繁华城市并存。但是,这种说法并没有充分体现一些微妙之处。事实上,这种农村与城市的共存并非水乳交融,而是泾渭分明。有人也许会把法国西部描绘成一个拼缝物(patchwork),不同的农村是这个拼缝物上一块块色彩对比鲜明的小碎布，而彼此相连的城市则是覆盖于其上的不规则格栅。城市与这个拼缝物格格不入，但又在许多接缝点上与之接触。然而即便是这个有些违和的模型，也无法说明城市化对不同的机构体制与人口要素的影响。重要的是，要看到城市与农村的持续对立，以及它们之间发生暴力冲突的可能性。

考虑到人们普遍认为旺代之乱纯属落后地区的产物这一偏见，确定法国西部地区的城市性（urbanity）的存在，可能比确定其农村性（rurality）的存在更为重要。许多迹象表明了法国西部地区的城市性的存在。只需简单列举一下这些迹象，便足以使人了解该地区不同地方的主要差异。

法国西部地区北面伸入大海，南面则被卢瓦尔河分割开来。18 世纪，在这些海洋和河流的沿岸矗立着几座不断发展的大城市，还有许多相对没那么重要但同样充满活力的城市。在这些城市中，南特位居第一。即便在今天，它的核心建筑依然彰显着 18 世纪是这座城市最辉煌的时刻。莱萨布勒-多洛讷（Les Sables d'Olonne）、拉罗谢尔、洛里昂（Lorient）、布雷斯特和圣马洛这些城市具有同样的精神气质和蓬勃生机。

卢瓦尔河南北两岸的区别对研究法国大革命而言非常重要。1793 年的反大革命运动惊扰了法国西北所有地区——诺曼底、曼恩、布列塔尼、普瓦图和安茹——的主要省份。然而，被称为"旺代之乱"的这场叛乱本身其实只控制了该领地的一部分区域。旺代之乱起源于普瓦图西部以及卢瓦尔河以南的布列塔尼和安茹地区。按照现代法国的行政区划，这场大戏的舞台由曼恩和卢瓦尔省（Maine-et-Loire）*、下卢瓦尔

---

* 曼恩和卢瓦尔省大致反映了安茹的边界，其省会是昂热，而绍莱、索米尔也是该省的分辖区城市。法国大革命期间，国民议会将"安茹"改称为"曼恩和卢瓦尔省"。值得注意的是，蒂利在书中有时候会交错使用大革命前后的区划名称。——译者注

省（Loire-Inférieure）＊、德塞夫勒省（Deux-Sèvres）以及旺代省的部分区域组成。

那些被称为"朱安党叛乱"的零星战斗在卢瓦尔河以北盛行，波及曼恩、布列塔尼、诺曼底和安茹北部的部分地区［即现在的曼恩和卢瓦尔省、萨尔特省（Sarthe）、马耶讷省、伊勒和维莱讷省（Ille-et-Uilaine）和北滨海省（Côtes-du-Nord）］。而朱安党人势力最强的据点，正是积极独立的农民与圣马洛、圣布里厄（St. Brieuc）和勒芒等贸易城市的居民所接触的地方。

从另一个角度看，旺代之乱这场反法国大革命运动的战场大致可以分为博卡日地形区（bocage）＊＊、沿海的沼泽区、河谷地区以及其东侧和南侧的广阔平原地区。博卡日地形区（后面还会多次提及）几乎占据了卢瓦尔河和吕松（Luçon）、帕尔特奈（Parthenay）与图阿尔（Thouars）之间的所有区域，南至勒芒以西，北至阿朗松（Alençon）。凡是在博卡日地形区旅行过的人都有这样的印象：那里到处都是树木，房屋、农田和村庄都掩映于一大片的树林之中。树林在博卡日地形区地貌特征中其实无关紧要。与法国东部农村平原最明显的不同点是，博卡日地形区的耕地通常被高高的灌木丛和树篱包围着。这些由树篱包围的田地、狭窄的下沉式道路、星星点点的村落和小村庄以及孤零零的农场，构成了博卡日地形区的独特地貌。

沼泽不过是博卡日地形区在海岸沿线发生的小凹陷。大部分沼泽是集约化、专业化的农业（比如小型商品蔬菜种植业和畜牧业）与渔业或盐业生产的场地。尽管沿海的沼泽区充满魅力，其河道纵横交错，各个沼泽与城市和海洋的关系也千差万别，还以其独立性著称，但在接下

＊　即今天的"大西洋卢瓦尔省"（Loire Atlantique）。——译者注
＊＊　"博卡日"是诺曼底方言中对树木"bois"的称呼，博卡日地形区是法国西部地区的独特地理风貌，其特点是大片的草地与田野四周围以宽厚的树篱。——译者注

来的分析中,沿海的沼泽区所占的比重很小,因为它在这场反法国大革命运动的起源中仅占据次要的地位,而如果将它也包含在内进行讨论的话,则需要更为详尽的专门研究。

卢瓦尔河谷(目前为止最重要的分析地区),以及尼奥尔-塞夫尔河(Sèvre Niortaise)和卢瓦河(Loir)的河谷地区在 18 世纪就已经出现了密集型耕作,主要种植酿酒葡萄、小麦、亚麻、大麻、甘草和园艺作物。这里土地肥沃,与法国内陆和海洋的联系也由来已久。法国西部地区最有影响力的那些城市,如果不是在大西洋沿岸,就几乎都集中在这一片河谷地区。

平原地区之所以得名,不是因为地形,而是因为该地区几乎没有被树木包围的田野且有集中的农村。这一地区是没有与卢瓦尔河或海洋交汇的博卡日地形区的延伸。普瓦图的南部和东部、图赖讷(Touraine)、博斯(Beauce)和诺曼底东部的平原将博卡日地形区包围在法国的这一角。这些地区的农民地主大量种植小麦或饲养牲畜,并将这些产品在附近的集镇上出售。

用一个最为近似的说法,我们可以说,1790 年之后的山谷地区和平原地区有利于大革命的开展;沿海的沼泽区虽然政治倾向变化不定,但充满了活力;而大部分的博卡日地形区则是反革命的。下文的大部分内容将围绕"反叛的"博卡日地形区与"共和的"平原地区和河谷地区之间的对比研究展开。

上述介绍虽然描述了这个农村"拼缝物"的内容,但并没有充分说明覆盖于其上的城市网络的形式。阿尔贝·德芒容指出,法国西部许多有影响力的中型城市位于平原与博卡日地形区的边界,在卢瓦尔河以南,莱萨布勒多洛讷、丰特奈-勒孔特(Fontnay-le-Comte)、尼奥尔(Niort)、帕尔特奈、图阿尔和蒙特勒伊贝莱(Montreuil-Bellay)这些城镇"守卫"着博卡日地形区的边界(Albert Demangeon,1946;I,231—

232）。此外，德芒容还注意到，整个博卡日地形区出现了大量的小型城镇、地方性市场以及制造业二级市场体系。这一事实的重要性一直被人们忽视，因为它否定了"博卡日地形区纯粹是农村"这一假设。在书写博卡日地形区的历史时，我们怎能不去提及马耶讷、勒芒、绍莱、布雷叙尔或蒙太居这些城市呢？它们都是被遮挡在博卡日地形区树荫之下的"闪光点"。与本书对这场反法国大革命运动的分析联系最为紧密的博卡日地形区，其树荫之下的那些区域并不是单调的乡村风情，而是一种由农村与城市交织而成的复杂和不规则的模样。我要再说一次，"一般标准"具有相当的欺骗性。就一般标准而言，或者说从整体上看，博卡日地形区的城市化水平要低于其附近的平原地区和河谷地区，正如法国西部的城市化水平在整体上滞后于法国的东部地区。然而，在博卡日地形区内部，农村与城市的差异以及它们之间的紧张关系具有巨大的意义。

当然，城市化的标志远不只是城市纯粹的地理位置。政府和教会的管理活动在法国西部地区也是分布不均的。在卢瓦尔河以南，所有的地区首府（普瓦图、图尔，大革命之前的昂热，大革命期间的丰特奈、尼奥尔、昂热和南特）都不在博卡日地形区。这些内陆城市顶多算二级行政中心。因此，18 世纪法国的中央集权对内陆地区的直接影响要小于那些更受王国眷顾的城市。同样，教会内部的权力所在地是普瓦捷、昂热、拉罗谢尔、吕松和南特。此外，虽然整个法国西部拥有众多的修士（monk），但博卡日地形区的情况却并非如此。修士的财富及其活动主要集中在河谷地区、主要的贸易路线以及那些大型城市之中。这绝非巧合。罗歇·迪翁清晰地指出了法国贸易、城市、商业葡萄种植与修道院之间存在的相互依存关系（Roger Dion，1959：esp.26—61，181—187）。尽管上述这些都是河谷地区和平原地区生活方式的一部分，但它们在博卡日地形区的呈现更具选择性和不规则性。

　　法国主要交通路线的情况也同样如此。让·布吕纳（Jean Brunhes）曾说过："喜欢城市的人自然会建造通往它的道路。"（Brunhes and Deffontaines，1926：143）18世纪的道路格局充分证明了他的观察：这些道路以巴黎为中心，呈放射状分布，法国西部的道路要比东部的更为稀疏，而法国西部连接各大城市的道路主要位于平原地区和河谷地区，而非博卡日地形区。德塞夫勒省的省长发现："平原上有许多主干道穿过，那里的居民也更加文明。"（Dupin，1801—1802：59）在由图尔、南特、拉罗谢尔和普瓦捷组成的这个四边形区域内，只有一条道路真正穿过了博卡日地形区，这条路也是最晚被大量使用的。如前所述，博卡日地形区与其周围地区之间在总体上有很大的差异，但这并不是绝对的。穿过博卡日地形区的次级公路对如蒙太居、绍莱和布雷叙尔之类的贸易中心，以及对位于博卡日地形区和平原地区交叉地带的城市[如图阿尔、尚托奈（Chantonnay）、帕尔特奈和蒙特勒伊贝莱]等地来说，都具有特殊的重要意义。

　　尽管关于这些城市和道路位置的观察发现，对于澄清大革命之前法国西部地区的状况来说非常有用，但是它们并没有提供太多有关18世纪法国城市化变革的信息。很遗憾，我们没有关于交通和城市人口变化的可靠信息。不过，我们还是可以从这一事实——法国西部地区的商业在大革命前的一个世纪中飞速发展壮大——中得出一些结论。大西洋港口的繁荣是其最明显的标志。正如让·梅耶（Jean Meyer，1960）所指出的，在法国大革命刚爆发的时候，南特正处于其参与黑奴贸易的鼎盛时期。沿海城市在商业上的成功，促进了那些与内陆相连的城镇（比如为拉罗谢尔提供服务的丰特奈-勒孔特、尼奥尔和吕松）以及生产海运商品的农村地区的商业活动[比如下曼恩（Bas-Maine）地区的纺织品被运往圣马洛]。总之，尽管法国的国内贸易也在同一时间增长，但受18世纪法国西部城市化浪潮影响最大的，还是与大港口联系最紧密的城镇和农村地区。

　　这里需要对这些处于不断扩张的商业领域中的产品进行一些重要的区分。农产品贸易并不需要进行类似于制成品贸易那样的社会安排，即便这些制成品是在农村生产的。一方面，经济作物农业的出现必然会改变农民的生活方式，也能确保各种商人的营生，但只要它是基于一群特殊工匠的劳动，而非基于农民的兼职劳作，那么小规模生产的增长并不会严重影响传统的农业组织。另一方面，制造业的兴起也必然会影响农民相对于其他职业群体的权力和人数比例权重，即便这些农民还未从事新的手工艺行业。在法国西部地区（这依然是一个笼统的说法），专业化、商业化的农业在河谷地区和平原地区长期存在，但在博卡日地形区却很少见。然而，如果说在博卡日地形区之外的制造业都集中在城市，而在农村则相对罕见，那么相比之下，在博卡日地形区之内，制造业则以小城镇为基地迅速扩展到了农村地区。

　　法国西部的商业化农产品主要有葡萄酒、谷物、牛和纺织原材料。葡萄的种植和酿造在博卡日地形区尚属空白，而卢瓦尔河及其支流沿岸却盛产葡萄酒。安茹的葡萄酒自古便很有名。除了卢瓦尔河地区的大型葡萄酒庄园之外，在拉弗莱什北部和尼奥尔南部也有一些规模较小的葡萄种植区。这一点非常重要，因为葡萄酒的种植和酿造不仅培养了一种独特的农民性格特征——机灵敏锐、精打细算，具有灵活的适应性以及富有平等主义精神，还催生了一种独特的农村社会结构形式，包含土地的分割、农民的所有权、专业化、人口的聚居以及持续的商业活动。当然，这种性格特征与社会结构之间的关系也绝非巧合。就当前的讨论而言，葡萄酒酿造者这一工作最重要的特征，或许就是他们对其所处区域中最大城市的商业以及国内外贸易保持关注和兴趣。拉罗谢尔的港口最初是其腹地葡萄酒的发货地，而南特的港口则是荷兰葡萄酒商人最喜欢停留的地方，他们渴望在那里购买到安茹和图赖讷地区闻名遐迩的产品。卢瓦尔河谷地区的农业状况几乎与整个市场的行情密不可分,以至于"索米尔的葡萄酒酿造者在1687年宣称,当战争阻碍了他们与荷兰的贸易时,他们就彻底完了,或者至少半死不活"(Dion,1959:453)。

葡萄酒自然是绝佳的市场产品,而谷物的生产也具有一些类似的特征。法国西部大部分的土地被用于种植谷物,按其大致的排序有黑麦、小麦、大麦、荞麦和燕麦。然而,在以种植小麦这种"丰饶"作物为主的区域与以种植黑麦和荞麦这种"贫乏"谷物为主的区域之间,一样存在巨大的差异。与许多其他的情况类似,18世纪法国的"丰饶"与"贫乏"之分,在这里实际上主要是指小麦是唯一一种不在当地消费,而是通过广泛运输、交易和出售以换取现金的谷物,因为小麦适合制成那种供贵族、僧侣、资产者和城市居民食用的面包。当时,只有博卡日地形区中经济最发达的区域——例如布瓦详细描述过的萨尔特地区(Bois,1960b)——才专门种植小麦,黑麦和荞麦是博卡日地形区种植的典型谷物。不过在整个平原地区,小麦依然是最受欢迎的作物。所以平原上出现了专门从事这种谷物生产的农民,他们将小麦运送到市场乃至更远的地方,因而也与其他种植葡萄牟利的农民一样需要关注商业和贸易等问题。

到目前为止,情况似乎相当简单:博卡日地形区之外是商业化、集中化的农业,而博卡日地形区之内则是非商业化的多种作物混合耕种。然而第三种情况,即养牛,打破了这种差异的对称性。博卡日地形区经常被宣传为"放牧之乡"。的确,这个区域中的每户农场,无论其规模大小,都会蓄养一些阉牛和奶牛,但当地的农民并非奶农或肉牛专家。这些阉牛主要是用来在农场干活的。一位见多识广的旺代官员对这种惯常安排做过如下描述:

> 谷物种植是博卡日地形区的主要资产来源,但当地还有另一

项丰富的收入来源,那就是养殖和肥育家牛。每个中等规模的农场都有六头、八头或十头阉牛,奶牛的数量通常是阉牛的一半,而当地农民每年养殖的牛犊数量和奶牛一样多。每年,他都会卖掉两头阉牛,并用他自己养育的其他公牛进行替补,有时他还会出售一对 1 岁大的牛犊。此外,当饲料充足的时候,有时他也会为了获取更多利润而出售另外两头他买来育肥的阉牛。他还会时不时地出售一头奶牛,并用他自己养育的小牛犊进行替补。(Cavoleau,1844:521—522)

人们普遍误以为博卡日地形区到处都是牛群,这种误解要归因于普通农民将其出售的几头阉牛作为其主要的现金收入来源这一事实。即便牲畜销售在整个农场经营中只占很小一部分,农民还是要用这笔收入(以现金的方式)去缴纳税款和地租。农民在当时闲置的一部分土地上放牧牛群,在耕种的土地上用牛粪施肥,将阉牛(有时可能是奶牛)拴在犁耙上或车上去耕地。等到这些牛老去,最后农民会将一些养得膘肥体壮的牛送往市场。整个博卡日地形区成千上万的农场都进行着这种例行工作,而其最终结果是,大量的牛经过帕尔特奈和绍莱等城市的市场被运往诺曼底进行进一步的育肥,然后被送到巴黎进行屠宰。不过,我们很难将这个过程称为"专业化的"养牛畜牧过程,更不能把当地这种将牛与一些猪、羊或鸡进行混养的普遍做法视作商业化农业的一种形式。

然而,平原地区和博卡日地形区在这些方面的差异,并没有在小麦种植方面的差异那么大。在河谷地区,养牛畜牧业的确几乎无人问津,但在平原的某些地区(比如在诺曼底饲养肉牛,在普瓦图南部的一些地区饲养骡子,在某种程度上还饲养绵羊),畜牧业已经成为一项主要的农业活动。而在其他地方,情况则与博卡日地形区相同,即养牛畜牧业从属于谷物农业,而多余的役畜也会被定期出售。

纺织作物(亚麻和大麻)的情况则与畜牧业大相径庭。在博卡日地形区的许多地方,农民在一小块地上种植亚麻或大麻以满足他们自身对布匹的需要,有时还会供应给当地的织布工。这个习惯在卢瓦尔河以北似乎比在卢瓦尔河以南更为普遍。但无论如何,我们应该明确区分这种偶然性的生产与纺织作物的专业化种植之间的区别,后者只是法国西部极少数地区的人关注的事情。一份1781年图尔财政大区的报告(A. D. Indre-et-Loire C 82)[4]显示,只有昂热和勒芒财政大区才大量生产大麻,它们的产量令卢瓦尔堡(Château du Loir)、拉弗莱什和索米尔等财政大区望尘莫及。亚麻的分布情况也类似:只有昂热附近的部分卢瓦尔河谷地区以及拉瓦勒周边的地区才真正从事亚麻的商业化生产。在卢瓦尔河以南的区域,纺织作物有一个显著的特点,即它们不是种植在布匹生产最活跃的那些区域,而是从肥沃的河谷地区进口过来的。

这份简短的清单——葡萄酒、谷物、牛和纺织物——涵盖了法国西部市场产品的主要内容。我们发现这些产品在法国西部的分布是不均衡的,更准确地说,其中存在巨大的差异:平原地区有商业性的谷物种植和一定数量的畜牧业生产;河谷地区有葡萄酒和纺织纤维;而博卡日地形区的谷物种植则主要是供当地消费,辅之以一些牲口作为役畜和偶尔的现金收入来源。然而,真正重要的区别,还在于大部分博卡日地形区的自给自足的农业与河谷地区及平原地区的商业化农业之间的差异。18世纪的观察家们非常清楚这种区别的影响,他们将法国西部分为"富裕"和"贫穷"、"丰饶"和"贫瘠"、"先进"与"落后"两个部分。的确,他们清晰地发现,在以商业性农业为主的地区,土地已经以小块的形式落入农民和商人的手中,农民(farmer)更愿意创新,更愿意采用富有效益的生产方式,而农民阶级(peasant)也更为机敏、更理性化和市民化。

尽管如此,这还不足以给大部分博卡日地形区贴上"欠发达地区"的标签。农村工业(rural industry)带来了许多更为错综复杂的问题。虽然在18世纪法国西部还未出现任何现代大型工业的雏形,只有在一些大型城市中才有几家称得上是工厂(factory)的企业,但是一个由工场(workshop)、商人、地方市场和个体工匠所组成的复合体已经深入了整个西部地区的农村,为全法国乃至全世界的商人们提供了一批又一批的成品。无需赘述昂热的石板行业、尼奥尔的手套生产或在主要牲畜市场附近繁荣发展的鞣革业,因为纺织业才是农村最基础的工业。法国大革命之后,纺织业衰落了,仅存的纺织业向城市集中,从前因纺织业而活跃的小城镇也随之萎靡不振,由此产生了被许多后来的评论家夸大了的法国西部农村的同质性。然而,正如勒内·穆塞(René Musset)对法国西部某地的描述那样:

> 在17世纪和18世纪,下曼恩地区成为一个工业区。这是一种农村工业……但它在该地区的生活中占有特殊的地位:它的生产不仅满足当地甚至全国的需要,还提供了大量的出口贸易。下曼恩地区是法国最重要的制造业中心之一。此外,当地的工业并不像其他地方那样只是农业的附属品,而是优先于农业,甚至阻碍了农业的发展。(René Musset,1917:250)

观察家们也对布列塔尼、曼恩、安茹的大部分地区甚至普瓦图的一些区域有过类似的说法,只是没那么夸张。

纺织业这一农村工业的兴起是商业扩张的重要组成部分。商业扩张使法国西部大西洋沿岸的港口变得更加富饶,并使它们与非洲、美洲以及欧洲其他地方的联系倍增。该产业的中间商与南特、拉罗谢尔或圣马洛的托运人保持着密切联系,一些中间商甚至在遥远的西印度群岛也有代理(Furet,1950:94;Sée,1926)。

在上述区域中,对纺织业的最佳表述其实并非"农村工业",而是"城乡结合型(semiurban)工业"。在该产业中,最重要的商人以及交换原材料和制成品的集市和市场都位于城市和较大的城镇。而生产这些货物的劳动者以及售卖这些货物的小商人,不仅分布在城市和大城镇,也分布在遍布地图上的村庄和村落之中。他们本来在空旷的农村相当少见,但随着农村居住地的城市化,他们出现的频率越来越高,不过与现代工人相比,他们的分布依旧非常分散。

关于纺织业,我还有好多话要说。不过现在我必须先强调两点内容。第一点是,这种形式的农村制造业在平原和河谷地带并不存在,而是几乎完全集中在博卡日地形区。平原地区和河谷地区比博卡日地形区更专注于农业生产。第二点是,在博卡日地形区内,传统的自给自足的农业与活跃的、不断发展的工业并存,产生了一些显著的差异和不一致,并有可能导致冲突的爆发。"苛刻、叛逆、毫无远见和肆意妄为的"工业工匠(industrial worker)与冷漠迟钝的农场居民之间的对比,已经被证明是法国大革命中非常重要的一个因素(Baudrillart,1888:II,6)。

这种自给自足的农业与不断发展的工业之间的对比,不仅体现了社会中城市化与非城市化部分之间的区别,也蕴含了我对法国西部地区城市化所做的一般结论。一方面,18世纪法国西部的平原地区和河谷地区,不仅遍布商业性农业,还几乎包含了当地所有的王国行政中心,长期以来一直受到法国城市化的巨大影响。昂热、图尔和普瓦捷都是古都;早在16世纪,尼奥尔、丰特奈-勒孔特的集市就吸引了来自平原各地区的产品和全国的商人;而南特则持续与卢瓦尔河谷的葡萄酒酿造者保持着长期的贸易往来(Trocme and Delafosse,1952;Raveau,1931:34,35;Tanguy,1956)。另一方面,尽管博卡日地形区的绝大部分区域到18世纪仍然在从事非专业化、非商业化的农业生产,但在大革命之前的一个多世纪里,一些充满活力的工业也在博卡日地形区蓬勃发展。法国西部是一个内部差异显著、城市化程度非常不均衡的地方,而博卡日地形区(这场反法国大革命运动的"应许之地")则在最大程度上展现了这种不一致性。

如果我对"法国西部的不一致性"这一点有些过分强调、做了反反复复的说明,那也是因为有这么一群为旺代之乱这场反法国大革命运动辩护的人,他们经常将整个法国西部描绘成一个宁静恬美、颇具田园牧歌和法国古老遗风的地区。从整体上来看,西部远非法国最"落后"的地区(这一说法可能对法国南部来说更为确切),甚至法国西部支持反法国大革命运动的地区也受到了城市化的影响。事实上,在整个法国境内,倾向于彻底抵抗法国大革命,或者由反革命派系占主导地位的那些地方,与其说是那些最"落后"的区域,倒不如说是在大革命之前的一段时间内经历了既动荡又不均衡的社会变革的区域。大西洋的沿岸,以及罗讷河(Rhone)和加龙河(Garonne)的河谷就是突出的例子(Greer,1935:ch.III)。值得一提的是,1793 年吉伦特派的权力基础主要是位于农业地区的城市,如波尔多、里昂、马赛、土伦(Toulon)、尼姆(Nîme)以及卡昂(这个例子也许颇受争议)。这并非不相关的闲笔,因为这些城市的商业和人口在 18 世纪飞速增长。此外,1795 年的白色恐怖也发生在上述许多城市,而非内陆那些沉闷的首府之中。最后,巴黎本身最早爆发了反法国大革命的暴力反抗和冲突,其人数也远超任何一个外省。基于这些原因,我们可以认为,在利益分歧最为严重,派系划分最为分明,变革最迅速、最剧烈且最不相称的地方,最有可能出现对执政党派的暴力反抗。话不多说,回到本书的分析视角,即法国西部是一个城市化既蓬勃发展又发展不平衡的地区。后续章节不会试图在整个法国范围内去验证这一假设,但会表明这个假设是一个有助于解释法国西部地区事件的近似的说法。

注　释

1. 马塞尔·莱因哈德估计,在法国旧制度末期,在 2 600 万的总人口中,只有 400 万人居住在人口规模为 2 000 人及以上的村落中(Marcel Reinhard,1945:95—96)。近年来,有两位专家对 18 世纪巴黎人口增长的看法存在明显的分歧,而这一点在警示我们,对大革命之前的法国人口变化进行概括所依据的统计数据,其基础仍然十分薄弱。这个分歧在于,罗歇·莫尔斯认为,"巴黎的领地扩张及其所有的历史都表明,17 世纪和 18 世纪是巴黎人口大幅增长的阶段。对这个当时欧洲最强大国家的首都、西方文化的'启蒙之城'(City of Light,Light 在法语中对应的是 *lumière*,亦有启蒙之义)来说,相反的情况是难以置信的"(Roger Mols,1955:II,513)。但是,路易·舍瓦利耶则认为,"无论用什么方法和系数去计算,巴黎在 17 世纪至 18 世纪的人口增长都显得缓慢而无力"(Louis Chevalier,1958:205)。不过,结合巴黎的国家首都职能、法国次级城市的可观发展和许多同时代人对巴黎城市活力的考察等因素来看,人口大幅增长的假设更具有说服力。

2. 参见 United Nations,1952:Tables 7 and 8。假如莫尔斯已经完整列举了人口规模在 2 万人及以上的城市,而从 1787 年到 1801 年的统计数据显示,法国最大城市人口的占比分别为 30%、29%、29% 和 33%,那么最后一个(即 1801 年的)百分比数据可能是最准确的。

3. 一些反映里弗赫(livre,法国古代货币的一种计量单位。——译者注)在安茹地区价值的标志如下。到 1789 年,一个普通农夫在一天、一天半或两天内才能赚到 1 里弗赫。1 里弗赫在当时可买 3 磅黄油,或 2 只阉鸡,或 2 只鹅,或 1 磅蜡,或接近 1 蒲式耳的黑麦。一个平均规模的农场每年的租金大概是 500 里弗赫,而农场主的所有家当大概价值 200 里弗赫。

4. 这种形式的引用是指法国省档案馆(Archives Departementales)的文献。如果出现的是"A. N.",则代表法国国家档案馆(Archives Nationales)。本书分析最多的一大批文献来自位于昂热的曼恩和卢瓦尔省档案馆(archives of Maine-et-Loire),其缩写为"A. D. M-et-L."。

第三章　安茹南部地区的城市和子区域

　　到目前为止,我们关注的对象一直是整个法国西部地区,甚至是整个法国。现在是时候将我们关注的焦点缩小,并且放大局部的细节了。让我们把安茹南部地区放在我们关注的"镜头"之下。之所以选择安茹南部地区,是因为它足够小、便于仔细观察,也因为它包含了足够多的差异,可以对其内部进行比较,还因为它是1793年这场叛乱的发源地。这项工作更加要求我们对档案文件进行大量的分析,而不是像此前的讨论那样使用公开发表的资料就行了。在数以千计的探讨旺代军事史的著作中,只有极少数能够给我们提供有关安茹南部地区社会组织的可靠信息。调查者必须亲自去查阅档案,但即便如此,他往往也会失望而归。

安茹南部地区

　　安茹南部地区是安茹在卢瓦尔河以南的一部分区域。按照传统的分区,安茹南部包含位于莱永河(Layon)东南的莫日(Mauges)*地区和

---

　　*　它的主要城市是绍莱和博普雷欧。它是1793年旺代战争及随后的镇压的主战
　　　　场。——译者注

位于莱永河东北的索米卢瓦[Saumurois,以该地区主城索米尔(Samur)命名]地区。地理学家和当地人还倾向于认为,卢瓦尔河南岸还存在第三个分区(尽管这一名称并没有像前两个这样得到广泛认可),即瓦尔(Val,也就是安茹在卢瓦尔河谷的区域)地区。所以安茹南部,即由瓦尔、莫日和索米卢瓦共同组成的区域,将成为我们关注的焦点。而且,我们会最为关注其中的莫日地区,因为该地区在1793年时发生了反法国大革命的叛乱,而瓦尔和索米卢瓦地区则大体是忠于共和国的。

任何一位安茹南部地区的观察者,在讨论瓦尔、莫日和索米卢瓦的时候,都难免将其当成三个独立的实体区域去看待。我将它们称为安茹南部的子区域(subregion),理由是上述每个子区域都属于一个更大的同质性地区或区域(即平原地区、河谷地区和博卡日地形区)的一部分。莫日地区(Mauges这个词语在形式上是复数,但作为一个地区是单数)是博卡日地形区的一部分,它是一片由树篱围起来的田野、自给自足的农业和蓬勃发展的纺织业区域。瓦尔地区是卢瓦尔河谷沿岸区域,由相对密集的村落组成,拥有土地的农民在这片具有肥沃土壤的洪泛平原上精耕细作。远离河流的索米卢瓦地区则属于平原区域,这是一片农业规模稍大的开阔田野,以酿酒和小麦种植为主。尽管后来农业生产方式发生了变化,但这些子区域在几个世纪以来基本保持不变。

瓦尔地区和索米卢瓦地区之间的分界线在某种程度上比莫日与其邻近地区的分界线更难勾勒,而且事实上它与本书的目的无关。因此,在涉及本书所关注的18世纪的政治行动时,重要的是展现莫日地区与瓦尔和索米卢瓦地区之间的区别。

在处理社会组织的问题时,要求对上述考察的所有子区域之间的边界进行明确的划定,无疑过于苛刻了。然而,对瓦尔和索米卢瓦地区与莫日地区之间的界线进行一个操作化定义却是很有用处的。幸运的是,许多观察家们对此从各种角度提供了大量的证据,这些证据不仅易于获取,其观点也大致一致。从克莱雷(Cléré)到河口(卢瓦尔河畔)沙洛讷(Chalonnes)的莱永河是这两块子区域的主要分界线。此外,我们还必须从莫日地区(它向西和向南无限延伸至布列塔尼、普瓦图等类似地形的区域)中减去一部分区域,这个区域就是包含了蒙让(Montjean)在内、与圣弗洛朗和尚托索(Champtoceaux)相交、在莫日地区和卢瓦尔河之间形成的一道狭长边界线的冲积平原。

瓦尔和索米卢瓦地区与莫日地区之间的这种区划并非为了研究之便而虚构出来的,相反,这种分界其实已经存在了好几百年。尽管人们无法对这两块区域所包含的各种差异进行具体而微的精确描述,甚至无法对其中的一些差异达成一致看法,但世世代代的观察者们都注意到了,这两块区域中人们的生活方式大相径庭。最常见的说法是,他们将这种差异归因于性格或心态方面的因素。19 世纪一位曼恩和卢瓦尔省的省长在描绘了饱受压迫的、无知冷漠的莫日地区居民的悲惨生活之后指出:"当人们来到卢瓦尔河畔的市镇时,他们的性格就发生了变化。这里的人口更为集中,也更靠近城市。这里的人们活泼、聪明,具有高卢风范,没那么愚昧无知,也更不受偏见的束缚。伴随着土地所有权的分割,他们也更具独立性。"(Uzureau,1919:89)安德烈·西格弗里德(André Siegfried)对安茹南部地区的许多描述也是这个样子:

　　旺代的叛乱从未以一种平稳的方式越过莱永河。这条小河无疑是一条边界线。我们已经知道这条河南岸的区域有布雷叙尔、绍莱和保王主义的旺代。这些地方的人与索米卢瓦地区的小业主们形成了鲜明的对比!索米卢瓦地区的小业主们紧紧依附在自己所拥有的土地上,独立于任何的领主。这些人是真正的革命者,他们以新政权(尽管非常有限,但非常坚实地)去保障他们的地产。(André Siegfried,1913:40)

正如上述西格弗里德所描绘的大部分内容一样——尽管他所描述的事实依然有些模糊,但他的直觉是准确无误的——莱永河是两种不同农村社会之间的分界线。我们会发现,它所分隔开来的两个区域在财产分配、农业类型、宗教活动的强度、19 世纪政治偏好的性质,甚至家庭生活的特点等各种关键方面都存在显著的差异。事实上,我们可以从中发现,瓦尔和索米卢瓦地区社会高度的城市化与莫日地区轻浅的、新近的和不均衡的城市化之间存在根本性的差异。

莱永河地区是连接这两个不同社会秩序的桥梁。从 18 世纪以来,这里一直是一个密集的种植葡萄并酿酒的区域,但它还有点与众不同。一般来说,葡萄藤意味着小土地产权、人口聚居和具有政治独立性。在这些方面,正如其所处的地理位置一样,莱永河区域介于莫日和索米卢瓦之间。具体而言,作为一个葡萄种植区,莱永河区域的地产规模较大,人口相对分散,政治气氛也较为守旧(reactionary)。按照勒特勒的说法,尽管莱永河地区的葡萄酒酿造者在政治上相对独立,但与其他地区的葡萄酒酿造者相比,他们在宗教上更加虔诚,其政治倾向也明显偏右(Le Theule,1950:208;参见 Wagret and Le Theule,1954)。不过,即便在莱永河这一小片区域中,也存在着从与莫日地区非常相似的部分到与索米卢瓦地区联系紧密的部分之间的差异。当地人上教堂的频率这一指标也遵循着上述模式,同样,莫日地区的教区学校入学率在法国西部的市镇中也是最高的。简而言之,在莫日地区与瓦尔和索米卢瓦地区之间的大多数重要差异方面,莱永河地区居于二者之间,换言之,它是二者的缓冲区和过渡地带。

如今,每当本地人从索米卢瓦地区渡过莱永河到达莫日地区的时候,他们经常会说:"我要到旺代去了。"他们所指的是,他们正在进入一个不同的地理风景、一种不同的政治氛围和一个不同的社会秩序之中。也许最引人注目的事实是,在博卡日地形区的大部分边缘地带,都有类似的快速过渡区,但是,无论博卡日地形区在何处与平原地区交会,它们都不会混杂在一起。无论在何处,这两种区域之间生活性质的对比,都与这些区域对法国大革命的不同反应一样差别鲜明。因此,我们有理由将研究安茹南部地区内部变化所得出的这些结论,应用在整个卢瓦尔河以南的法国西部地区。

在接下来对这些子区域的诸多比较中,以法国大革命期间存在的行政单位为基准去重新定义安茹南部地区的区划,这种做法是很有用处的。作为法国领土结构革命转型的一部分,曼恩和卢瓦尔省(它继承了古安茹省缩小后的领土)被划分为八个行政区(district),每个行政区平均人口约六万人。卢瓦尔河以南的行政区包含圣弗洛朗区、绍莱区和维耶区,加上昂热区的一小部分以及几乎全部的索米尔区。每个行政区又分为大约十个县(canton)*,每个县通常由三个或三个以上的市镇组成,每个县的总人口大约为 3 000 人到 6 000 人。

在可获得的有关法国大革命时期安茹南部地区的信息中,有很大一部分数据是按照这种行政区和县进行划分的。我已经尽可能地按照 1790 年的省、区、县的行政区划重新整理了其他的数据,这为进行各种广泛的比较提供了一套标准单位。在信息便于获得的情况下,数据会精确到每个县。在这种情况下,我们可以相当精确地重建莫日、瓦尔和索米卢瓦之间的分界线。而在其他的分析中,数据只能够呈现整个行政区的简要信息,比如当提及索米尔区和昂热区时,我们所指的是卢瓦尔河以南的部分。在这种情况下,这些社会的边界线就显得没那么清晰了。以下概要可能会对研究者们所有帮助。

---

* 作为法国曾经的行政区划,位于区(arrondissement)和市镇之间,后来作为省级选区存在。2015 年 5 月 17 日以后,县的行政区属性被取消。——译者注

- 绍莱区完全属于莫日地区。

- 圣弗洛朗区几乎完全属于莫日地区,除了它的沿河地带属于瓦尔地区。

- 维耶区则被平均地划给了莫日地区、莱永河地区以及索米卢瓦地区。

- 昂热区基本上属于瓦尔地区,但也有小部分属于莫日地区和索米卢瓦地区。

- 索米尔区,正如其名称所示,主要在索米卢瓦地区,但也包括了一小块北部的瓦尔地区。

在大多数情况下,这份清单构成了一种坐标轴,一端是纯粹的博卡日地形区,比如绍莱区,另一端则是河谷与平原相结合的区域,比如索米尔区。根据这一坐标轴对各个子区域进行比较,我们可以得出许多关于安茹南部地区的重要结论。

城　市

到目前为止,我一直在沿用传统的方式,从农业和农村地理景观的角度对法国西部地区进行划分。但是,我们不要忘记还有城市。18 世纪,在安茹南部地区有一些聚居地完全可以被称为"城市",不仅因为这些地方被称为"城市"是恰如其分的,也因为这些地方的居民除了务农之外,还专门从事其他的活动。1789 年,位于莫日地区的城市有绍莱(人口 6 000 人)、博普雷欧(人口 600 人)、舍米耶(人口 1 100 人)、莫莱夫里耶(Maulèvrier,人口 475 人)、蒙福孔(Montfaucon,人口 55 人)、蒙特勒沃(Montrevault,人口 675 人)、维耶(人口 1 100 人)和圣弗洛朗

（人口 1 100 人），位于瓦尔和索米卢瓦地区的城市有索米尔（人口 10 900 人）、莱蓬德塞（Les Ponts-de-Cé，人口 1 650 人）、杜埃拉方丹（Doué-la-Fontaine）、布里萨克（Brissac，人口 875 人）、沙洛讷（人口 2 500 人）、蒙特勒伊贝莱（人口 1 800 人）和蒙让（人口 1 000 人）。当然，还有在卢瓦尔河对岸、瓦尔和索米卢瓦地区北部的昂热（人口 31 500 人）。对现代的世界公民来说，这些数据大多显得有些"小家子气"，然而，无论是从特点、生活节奏还是它们与其边界之外区域的关系上看，这些地方都是城市。

为了管理和统计上的便利，社会学家们通常将居民总人口超过一定数量的聚居地认定为城市，正如他们将城市化定义为，在一个最小规模或稍大的聚居地中人口比重的增加。美国的人口普查以聚居人数 2 500 人为界线区分农村和城市（当然也有越来越多的例外），而这一事实塑造了美国大量有关城市性质的研究。当然，除了单纯追求简便之外，使用这样的标准还有其他一些理由。一个聚居地的规模越大，每个个体深入了解，甚至最终完全了解其同地居民的概率就越小。同理，一个企业的规模越大，对它的管理可能越复杂。这些观察本身就解释了小城镇与大城市在生活上的一些差异。但是，无论是用最敏锐的方法论分析，还是用最复杂的城市化理论方法（例如 Duncan，1957；Mumford，1961；Weber，1958；Wirth，1938）去解释城市的特性，我们都会发现，单纯的城市规模是次要的。此外，这些理论还倾向于一致将城市定义为这种类型的社区，即这些社区通过一些超越单个社区本身的活动对人口进行协调，并将各种不同人口整合在一起。因此，在目前的研究中，尤其是在调查者掌握了大量有关聚居地人口和活动信息的情况下，这个"试金石"可以说非常有用，但在更通常的研究情况下，即调查者仅掌握了大量社区的极少数统计数据时，这一标准就没那么适用了。

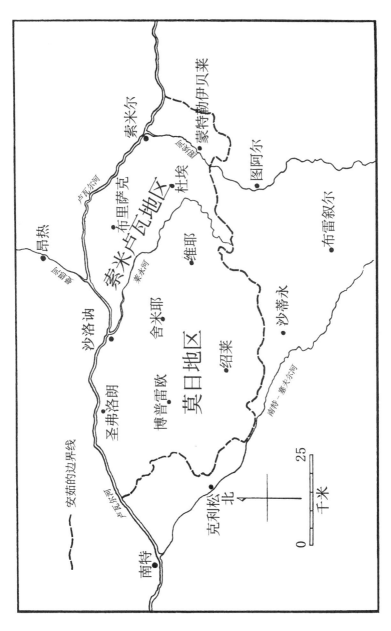

图 3.1　安茹南部地区

对我们目前的这个案例来说,采用上述对城市化的统计标准几乎就是个笑话。因为这些区域的面积非常小,而且人口居住模式也各不相同(正如我们将看到的那样)。索米卢瓦地区的所有居民都集中住在一个村庄中,属于单一模式,而莫日地区的居民住在中心村庄、小村庄和分散的农场中,属于混合模式。但是,运用两种不同的标准,按照行政区划去计算每个区的"城市化比例",这种方法得出的结果依然值得人们去关注。这两种标准是:(1)事实上被当作城市的聚居地的人口比例;(2)规模在 2 500 人及以上的市镇的人口比例。一张采用了 1790 年数据的小表格显示了上述两种人口分布的情况(A. D. M-et-L 1 L 402)。这两组数据之间的差异要比表面上看起来复杂得多,因为其中的一些城市人口少于 2 500 人,而一些人口规模在 2 500 人及以上的聚居地也并非城市。不过两组数据一致表明了,圣弗洛朗和维耶的城市人口比例最低,而两个极值区——绍莱和索米尔——则具有最高的城市人口比例。不过,统计数据无法展现这两个极值区在城市化的形式和近因方面的巨大差异。

表 3.1 按行政区划分的城市人口

行政区	总人口数	城市人口比例	规模在 2 500 人及以上市镇的人口比例
绍莱区	55 674	14.6%	26.0%
圣弗洛朗区	45 650	7.4%	6.3%
维耶区	41 271	4.8%	6.1%
昂热区 (卢瓦尔河以南部分)	24 532	16.9%	23.7%
索米尔区 (卢瓦尔河以南部分)	48 473	30.3%	24.4%

如果认为城市在很长一段时间内都存在文明化进程这一点非常重要,那么瓦尔地区和索米卢瓦地区显然要比莫日地区更加城市化。早在 12 世纪和 13 世纪,也就是古安茹地区最辉煌的时代,卢瓦尔河畔的林荫大道就已经是一条历史悠久且受人喜爱的要道了。而那些位于丰泰夫罗(Fontevrauld)* 的陵寝,其中埋葬有亨利二世、狮心王理查、昂古莱姆的伊莎贝尔(Isabelle d'Angoulême)以及阿基坦的埃莉诺(Eleanor of Aquitaine)等历史名人,他们也证实了索米卢瓦地区流淌着的尊贵血统。索米尔、莱蓬德塞、沙洛讷、杜埃、布里萨克、蒙特勒伊贝莱和蒙让自古以来就居住着那些达官显贵,而莫日地区的城市则一般住着暴发户。几个世纪以来,瓦尔和索米卢瓦地区的城市一直与其周边的农村保持着错综复杂、相互依存的关系,而莫日地区的城市则仅仅是在法国大革命之前的百十年里才大张旗鼓地宣告了它们的卓越地位。换一种说法,即在大革命之前的几十年里,虽然莫日地区的城市化速度更快,但瓦尔和索米卢瓦地区早就已经彻底城市化了。

瓦尔和索米卢瓦地区的城市一度更加安宁、更为风雅(urbane),并且与周边的乡村更加紧密地融合在一起。工业在这些地区居民的生活中只占相对较小的比重,而且没有显著的增长。尽管杜埃当地确实存在一些羊毛制造业,但据说在法国大革命之前的几年里,杜埃就已经是一个逐渐凋敝的城镇了。沙洛讷也从事纺织业,但它并非制造中心。不过,正是通过沙洛讷,瓦尔地区的亚麻才能被运到莫日地区的商人和高级织工手中。沙洛讷是瓦尔和索米卢瓦地区中最纯粹的商业城市,"……它与南特甚至更远的地方都有非常活跃的贸易往来,因此拥有了一些著名的商人"(Chollet,1952:46)。这座城市最大的商业优势在

---

* 全称为"丰泰夫罗拉拜"(Fontevraud-l'Abbaye),是法国曼恩和卢瓦尔省的一个市镇,属于索米尔区南索米尔(Saumur-Sud)县。——译者注

于,它位于莱永河口,因此在葡萄酒出口方面也发挥着非常重要的作用。事实上,迪翁就曾提到过,早在11世纪,沙洛讷就以其上乘的白葡萄酒佳酿(*per optimam*)著称(Dion,1959:279)。

沙洛讷的贸易活动代表了瓦尔和索米卢瓦地区中所有致力于农产品贸易的城市的贸易活动。这些城市在18世纪后期能够迅速壮大,得益于莱永河的疏浚以及荷兰对这条小河出产的葡萄酒的需求不断增长。在此之前,法国西部与荷兰贸易通商的主要转口埠只有莱蓬德塞。

在葡萄酒贸易方面,除了索米尔之外,该子区域(即瓦尔和索米卢瓦地区)中的其他城市发挥的作用较小,这些城市中的居民都忙于种植各种经济作物。据报道称,布里萨克"仅靠它每周五进行的集市存续下去,集市上售卖各种谷物、大量的大麻和一些亚麻"(A. D. M-et-L C 211)。而该地区其他的城市中也有类似的报道。瓦尔和索米卢瓦地区的贸易与莫日地区的贸易相比,有两个显著的特点:一是瓦尔和索米卢瓦地区的城市与农村之间的贸易由来已久,这在18世纪没有发生重大的变化;二是瓦尔和索米卢瓦地区的贸易收入来源是农业产品,而非工业产品。

不过,贸易绝非这些城市生活的全部内容。正如人们所料想的那样,瓦尔和索米卢瓦地区所承担的王国和宗教的管理活动也比莫日地区要多。索米尔和蒙特勒伊贝莱都是选举的所在地,那里有许多法庭和官方机构。索米尔是当地司法总管辖区(*sénéchaussée*)的法院、司务官管辖的司务官法院(*prévôté*),还有其他许多王国官僚机构单位的总部。此外,索米尔、蒙特勒伊贝莱、莱蓬德塞和杜埃这些地方也有许多教会机构。

表3.2根据乌祖罗院长在1901年和1903年发表的资料,通过计算在1770年安茹南部各地区每1 000人中修士、修女和教会参事*的人

---

*　关于神职人员的称谓,译文将"clergy"译作神职人员,"priest"译作教士,"monk"(转下页)

数以及他们所在教会的年收入(按照里弗赫/千人计算),对当时安茹南部地区的相关状况给出了一个非常粗略的说明。圣弗洛朗区的修士数量少,但收入高,这种特殊组合是因为旧圣弗洛朗(St. Florent-le-Vieil)有一座非常富有的大修道院。索米尔区则挤满了修道院(monastery)、女修道院(convent)和教士分会(chapter),这与当地其他地区形成了巨大的反差。事实上,虽然丰泰夫罗修道院并不在索米尔城中,但它在该地区占据了主导地位,拥有大约 175 名修士和修女,据说每年的收入高达 25 万里弗赫。而索米尔城中的神职人员也是供养充足,140 名主要教会中心的成员依靠(每年)至少 7 万里弗赫的收入生活。但是,这些数据依然无法避免地低估了宗教机构的规模,因为它们不仅忽略了小型修道院(priory)、教区学校以及教区的教徒,还忽略了围绕教会本身所形成的一大批文职官员(civilian official)和劳动者。

表 3.2　按行政区划分的教会人口及收入

行政区	平均每 1 000 人中 神职人员的人数	平均每 1 000 人中 教会收入(里弗赫/年)
绍莱区	2.0	559
圣弗洛朗区	1.7	1 371
维耶区	0.3	61
昂热区	1.1	306
索米尔区	7.9	7 392

(接上页)译作修士,"canon"译作教会参事。教士与修士的区别在于,教士在宗教活动中可以主持祭典,依信仰或神职层级而有不同的称呼,比如祭司、司铎或神甫等;修士则没神品和神职,不可举行圣祭。修士与教会参事的区别在于,在生活方式上,修士是男性信徒选择过一种禁欲、虔敬、离群索居的僧侣生活,而教会参事则侧重于教堂的服务和组织方面,尤其是参与法庭和法律事务,其生活可以更加世俗化。在职责方面,修士的主要职责是通过祈祷、冥想、学习和做善事以追求神的旨意和眷顾,而教会参事的职责则因具体职位而定,有些教会参事是法学家、法官,参与教会的法律和司法工作,而其他教会参事可能担任特定的教会仪式性角色,比如咏祷司铎团。因此,也有人将 canon 译作"法政牧师"或"咏祷司铎"。——译者注

　　但是瓦尔和索米卢瓦地区与莫日地区这两个子区域在上述方面的差异并不是绝对的,因为几乎每个城市都有一些除了教区教士之外的神职人员。在莫日地区的边缘地带,圣弗洛朗的本笃会(Benedictines)和卢瓦尔河谷地带的隐修会(monasticism)一样富裕,而深入莫日地区的绍莱、舍米耶和蒙特勒沃,它们也都有小型的宗教机构。不过,那些富得流油的教会中心主要还是坐落在卢瓦尔河流经的地带。

　　综上所述,瓦尔和索米卢瓦地区的这些城市代表了法国最常见的一种城市类型:它们是区域行政中心与内陆谷物贸易市场的结合,它们不仅历史悠久,其地位也世所公认。它们对法国腹地的影响持续了很长一段时间。事实上,它们有别于莫日地区城镇的一个特征,就是它们自古以来就已经作为“城市”而存在。当圣路易(Saint Louis)在索米尔区巡游时,索米尔城就已经是一个底蕴悠长、不同凡响的地方了。布里萨克和索米尔的精美绝伦的城堡始建于 14 世纪,瓦尔和索米卢瓦地区的每座城市在中世纪时都已经声名远播,其中的一些城市(比如蒙让)更是在那个时代度过了它们最辉煌的时刻。然而,可能除了博普雷欧之外,莫日地区的所有城市都不具备上述这种古老城市的特征。那里的城市生活在很大程度上是 17 世纪和 18 世纪的产物。这是另一个安茹南部地区的子区域之间最基本的差异,即瓦尔和索米卢瓦地区古老且相对稳定的城市化,与莫日地区新近且动荡的城市化之间的鲜明对比。

城市生活

　　尽管莫日地区的城市并不是主要的行政中心,但这些城市和大型城镇的确是最低级别的王国政府管理的所在地。法庭、财政公署、（地方）警察总署以及盐仓都在这些城市之中，许多杰出的公务人员也都是当地的资产阶级。莫日地区中那些最大的领地，比如莫莱夫里耶、博普雷欧、绍莱和圣弗洛朗，情况也是如此。这些城里的最高职位对律师、公证人和各种各样的行政官员具有很强的吸引力，这些人也都是城市的居民。城市内部的政治结构是一个复杂的体系，由各种市政办公厅、中央政府的代理机构以及领地的官僚机构组成，这些机构按照其重要性的排序会因地而异。许多人不只在同一种类型的组织中担任相应职务，不过所有这些组织机构基本上是由资产者构成的。

此外，经济生活同样是由资产阶级主导的。在莫日地区的城市中，主要的经济活动囊括了地方性市场、贸易和制造业。在莫日地区的每个城市中都有每周一次的市集（market），还有定期的集市（fair）。市集的主要作用是为城镇居民供应日常所需，而集市则将周围数英里以外的买家吸引过来。舍米耶当时就有每周都举行的市集，就像今天一样，不过它当时还具有在圣厄特罗普日（St. Eutrope，即 4 月 30 日）、圣玛德琳日（St. Madeline，即 7 月 22 日）、圣拉德贡德日（St. Radegonde，即 8 月 13 日）、圣吉尔日（St. Giles，即 11 月 5 日）、圣莱昂纳尔日（St. Leonard，即 11 月 5 日）和圣克莱门日（St. Clement，即 11 月 23 日）这几天举行集市的传统权利。尽管集市的数量取决于当地历史、人口和王室的偏好，但每个城市都存在类似的时间安排，每个城市也都有自己的特产和固定的特许经营商。

大多数的集市和市集不仅满足了当地交换的需要，还充当了商业枢纽，其渠道范围远远超出了城市的周边地区。正如人们所料想的那样，在莫日地区所交易的重要商品是家牛和纺织品。因此，在 1786 年，来自博普雷欧、绍莱以及它们之间的其他几个城镇的商人们呼吁，要优化博普雷欧市集的营业时间，其理由是"……多年以来，在博普雷欧每周一举行的纱线市集中,不仅市场上的纱线数量在不断增加,而且市集还吸引了越来越多的服装制作和销售商在这里进行贸易……"(A. D. Indre-et-Loire C 129)。不久之后,蒙特勒沃城也宣布具有设立法庭的优先权,因为它的牛市贸易非常重要(Uzureau,1940)。绍莱、舍米耶和博普雷欧都在积极进行家牛和纺织品的交易。事实上,除了蒙福孔还从事少量的谷物和葡萄酒交易之外,莫日地区的市集基本上只经营这两种商品:家牛和布匹。

　　上述贸易与制造业活动密不可分。虽然纺织业广泛分布在莫日地区,但其控制权集中在了少数几个城市和大市镇手中。所以,把这个事实与另一个事实——18世纪莫日地区布匹生产持续不断地增长——结合在一起就显得尤为重要。1755年至1785年间,莫日地区布匹的产量几乎翻了一番(见第七章),而其结果是,这些为数不多的纺织品贸易中心迸发出生机活力,并且迅速、持续但不均衡地影响到了其周边的农村地区。

　　当然,在莫日地区的这些城市中,其工业和行政的相对权重也有一些差异。例如,圣弗洛朗主要是一个行政中心,这个城市的生活围绕着一所女修道院和一所修道院展开。正如圣弗洛朗的市政府官员们在1790年所公开宣称的那样,在法国大革命之前,圣弗洛朗"既没有贸易,也没有制造业,更没有集市,(而)只靠城市中的消费者维系下去……"(A. N. D IV bis 26)。在领主的管理方面,博普雷欧和莫莱夫里耶也稍微比蒙特勒沃、舍米耶、维耶或绍莱更专业化。然而,重要之处在于,18世纪莫日地区出现的城市扩张,与纺织业的扩张紧密联系在一起。而这就意味着,尽管资产者在所有的城市中都占据着主导地位,但是,是商人而非律师或行政官员,为那些最为活跃的城市的扩张运动指明了方向。这些情势使一些人的影响力与日俱增,这些人的活动极少关注农业和农民,因为他们的注意力被引向了大城市和国家事务。因此,尽管那些充满活力的纺织中心在地理上位于农村，但它们并不属于农村。这种城市的扩张与部分脱离穷乡僻壤的结合，在法国大革命期间变得至关重要。

处在莫日地区"漩涡"中心的城市是绍莱。在1789年法国大革命的时候，它是安茹南部地区的第二大城市，但在之前的一个世纪中，它还微不足道，"像一个普通小镇一样被统治"。它的发迹史由贵族的倡议、总体经济的变化和资产者的事业共同缔造。贵族的倡议体现在16世纪中叶，绍莱侯爵勒内·巴尔若（René Barjot）开始推动这座城市的发展。在资产者的事业方面，尽管人们普遍认为是那位伟大的科尔贝的一个不太出名的兄弟（他曾短暂地拥有绍莱的封地）建立了当地的纺织业，并为当地引进了必要的设备和工匠，但大部分的功劳还是应该归功于布龙侯爵（Marquis de Broon）和鲁热伯爵（Comte de Rougé）——他们都是后来绍莱区的领主，其政策意在发展绍莱的商业活动。

这种商业活动以纺织业为中心。早在中世纪就有关于绍莱纺织业的记载，然而伴随着17世纪法国殖民贸易的扩张，绍莱纺织业在商业中的重要性才逐渐显现。绍莱周围生产的布匹经由波尔多和南特运往美洲参与奴隶贸易。正如迪翁所言，"绍莱的商业都集中在一点上"，它完全以家庭生产制为基础，从附近几十个市镇的纺织工手中收取他们的成品（Dion，1934：598）。这座城市是布匹批发商以及布匹制造商的总部，他们的商品货物出自方圆数英里内大约4万名从事该产业的劳动者之手。

同时，绍莱还是一个地区性市场和牲畜贸易的主要集散地。据当地的一位地方长官称，该城市"……是享誉全球的著名商业大都市，是雄冠法国西部三省部分地区的工业之都，是100个教堂区的会合点，以其牛群集市而远近闻名"（A. N. D IV bis 26）。

自法国大革命以来的一些变化抹去了18世纪彰显绍莱地位的一

些痕迹。当时,有许多城市将遍布于乡村的商业和工业中心勾连起来,绍莱基本是其中翘楚。绍莱的商人在其周边的许多城镇都有密切的合作伙伴。然而在法国大革命之后,莫日地区的工业首先集中在较大的聚居地,然后就只集中在了绍莱。其结果就是,绍莱的发展牺牲了其周边聚居地的利益——1820 年至 1920 年间,绍莱的人口从 5 000 人增长到了 20 000 人,而其周边市镇的人口却在减少(Furet,1950:ch.IV)。更重要的是,当绍莱区中的城市全力投入工业运动时,它的那些穷乡僻壤却在退回比在法国大革命时期更为纯粹的农业化状态。后面这种农村地区的非工业化不应该让我们忽视 18 世纪绍莱对其周边地区日益增长的影响力。

当时,绍莱及其周边地区的服装制造和销售商高度依赖瓦尔地区出产的优质原料,以至于沙洛讷的市长感慨万分地宣布:"绍莱和舍米耶的工业都要归功于我们的存在。"(Dion,1934:61)绍莱的商人与沿河城镇、海港甚至他们在海外的销售点始终保持着频繁而广泛的联系。"波尔多、南特、拉罗谢尔以及其他海上贸易城市中的托运人,将这些城市的商品运往各地",包括非洲和美洲等(A. D. Indre-et-Loire C 135)。那时,南特的命运与绍莱的命运息息相关,因为绍莱城中的商人在很大程度上专程来这座大型航运城市做生意。

在 18 世纪,由于上述这些商业活动,绍莱的人口翻了五倍。而随着商业的发展,绍莱成为行政中心,并最终削弱了博普雷欧和蒙特勒伊贝莱的地位。在绍莱设立的盐务局为当地的商人提供了他们亟须的官方头衔和收入,而政府许多其他的专门性代理机构不仅为这座城市增加了收入,还为它增光添彩。对商人影响最为直接的政府代理机构可能是商标局(*bureau de marque*),它由总督(*intendant*,大致相当于省长)设立,负责对当地生产的布匹进行分级和签章,以此确保流向消费者的产品的质量。不过最重要的政府代理机构,也是最能体现绍莱日益增长的重要性的职能机构之一，便是设立于 18 世纪中叶，作为总督的直接代表的总督代理。

绍莱的商业发展意味着富有的资产阶级必然会发展壮大。到 1760 年的时候，他们已经富裕到足以使客栈老板在提及比较富裕的资产者时宣称："绍莱城的绝大部分地产，还有通往绍莱城的周边区域的地产，属于这些资产阶级。"(A. D. M-et-L C 55) 从纺织品贸易的扩张中获利最多的自然是布匹批发商以及布匹制造商，尤其是批发商。由于商业贸易足够繁荣，到 18 世纪末，绍莱已经成为那些树大根深、富有阔绰的资产阶级的基地，其中一些人喜欢在他们的姓氏中加上一个听起来高端大气的前缀"de"*，他们建造乡间别墅、购买办公场地以跻身贵族的行列。例如，显赫的贝里托（Béritault）家族就是在 18 世纪 20 年代刚刚完成了这一转变。当时的家主，绍莱商人勒内（René）变成了贝里托·德拉谢奈（Béritault de la Chesnaye），而他的儿子亚历山大（Alexandre）则"……获封贵族称号，是勒库德赖（Le Coudray）的领主，国王的顾问秘书……"(A. D. M-et-L E 1651)。后来，这个家族中的一些成员与老一辈的土地贵族几乎没什么区别了。不过，尽管大部分资产阶级积攒了贵族的头衔和可观的财富，但他们本质上依然是资产者。

随着资产者的崛起，贵族甚至城市的领主们逐渐淡出了人们的视野。领主们退居幕后，而资产者则接管了城市的运作。这个资产阶级不但充满活力、锐意进取，而且十分富有，并时刻关注着商业的发展。比如，正是绍莱的资产者提出，城市的首要任务是增设和改善道路(A. D.M-et-L C 192)。也正是这一批资产者在几年之后能够这样

---

* 中译是"德"，本意是"来自（某地）的"，"德"后面的姓氏是采邑地名。最初，姓氏前带有"de"的做法，为拥有采邑的封建贵族世家所独有，后来，在贵族的采邑里工作的庶人也纷纷仿效，把采邑的名字当作姓氏。同时，社会中的一些新贵和暴发户也会在姓氏中加"德"以装点门面。自此，"德"字就失去原来凸显贵族身份的意义。——译者注

报告:"不可否认,这里的公共精神比周边任何一个教堂区和城市都要更为进步。"(Uzureau, 1934;94)在当时的莫日地区,"公共精神""对法国大革命的热情"和"城市化",这三者几乎就是同义词,而绍莱则是这三者的缩影。

尽管莫日地区的其他城市几乎都无法与绍莱相提并论,但其中也有几个城市和城镇的发展轨迹与绍莱相似,比如舍米耶。舍米耶不但与绍莱存在许多商业和交流上的联系,而且在许多方面都是绍莱的缩影。它同样有一个牛群集市,是一个小型行政中心,最重要的是,它还是一个纺织业中心。在 18 世纪,舍米耶的人口几乎翻了一番,而那里的资产阶级也因此获得了更大的权力和声势。在法国大革命期间,这座城市要求大革命政府考虑分配其重要官职的呼声,听起来就像是在回应绍莱一样:"……鉴于这里每年进行了大量各种牲畜的贸易、绍莱的商品(即面料)、纱线以及其他物品的交易,而舍米耶一直以来也(以这些贸易)远近闻名……"(A. N. D IV bis 26)正如我们稍后将会详细考察的那样,法国西部较大城市中传出的革命爱国呼声,立即再次回响在舍米耶这种小城市之中。

城镇和农村

莫日地区城市化进程的影响,绝不会止步于舍米耶这种规模的城市(其主要居住人口略高于 1 000 人)。因此,理解分布在整个博卡日地形区这个广大平面上的不同单位就非常重要。这些单位有:乡镇(bourg),它通常是最大的聚居区,包括教堂、客栈、商铺、商人宅邸以及大部分的工业;村庄(village),它是规模小一些的聚居区,包含了一些非农业人口;小村庄(hamlet),它由两三个相邻的农场组成;还有一些孤零零的农场(isolated farm)。尽管半数人口都居住在乡镇的情况并不多见,但乡镇无疑是城市的前哨站。

绍莱、博普雷欧或舍米耶的商人们在其城市附近社区的乡镇中都有他们自己的盟友——包括其他商人、高级织工以及偶尔出现的职业人员或公职官员。通过这些人员,农村感受到了城市的力量。在此,也就是在莫日地区的小城市与其周边农村地区的关系之中,不均衡的城市化境况开始体现出它的重要性。后续章节将会主要分析农民社区内部的分化和冲突,然而,如果不首先考虑农村社区与城市之间的关系,那么就无法理解后续即将讨论的这些问题。

这一点尤为重要,即虽然在大多数方面,农村的生活与城市的生活是井水不犯河水的,但是 18 世纪商业的扩张明显增强了城市对农村部分人口及其活动的影响。尽管农村还是继续以自给自足的农业生产为主——它在这方面几乎没有受到城市变化的影响,但纺织业的繁荣吸引了越来越多的农村人口参与其中,并扩大了城市市场对农村的影响。与此同时,散布在法国各地的资产者的重要性也在不断增加,他们试图为自己争取更高的政治地位以及更多的地产。在那些仍以农民为主要人口的社区中,资产者是城市发挥其影响力的核心。就这样,农村生活和城市生活这两股力量前所未有地在博卡日地形区交会。

然而,只要城市和工业还没有触及农业以及参与农业生产的那些人,那么这两股交会的力量就并非势均力敌。在许多方面,农民社区依然保持了它们的独立性。例如,在宗教事务方面,城市和农村之间几乎没有任何联系。虽然有一些城市的修道院(比如圣弗洛朗的修道院)主宰着农村教区的精神和世俗生活,但是它们对地方事务管理的直接参与断断续续、变化无常。有些地方虽然名义上存在世俗的等级制度,比如虽然农村地区的总铎(dean)会在舍米耶等地担任堂区神甫（*curé*）*，但没有迹象表明，这些官长与农村的神甫之间存在任何行政上的联系。尽管这些农村神甫的确会与农民社区之外的宗教人士接触，但他们更有可能是与昂热或拉罗谢尔的主教接触，而非与当地城市中的修士、教会参事或堂区神甫接触。

在政治事务方面，城市与农村之间的相互依存关系（相比于宗教事务方面）会略多一些，但也不是很多。城市是政府代理机构的所在地，但农村中的市镇与这些机构的联系却非常少，而且在这为数不多的联系中，其大部分也是通过有限几个中间人进行的。经济方面的问题则更为复杂，因为城市与农村在这方面的联系程度取决于我们所讨论的具体是哪些人员和活动。在这个讨论开始之前，我们可能会认为城市对农业的影响与资产者对土地的所有权是相辅相成的，但目前我们对于安茹南部地区的了解还不足以确证这一点。不过，根据我们已掌握的信息，资产者在农村仅拥有一小部分的土地——安德鲁斯根据他对莫日地区的庄园进行的相当不规则的抽样调查，得出了一个总结性的数据，那就是庄园面积仅占农村土地的 16.5%（R. H. Andrews，1935：12）。如果这个比例是正确的话，那么与布瓦的发现——萨尔特省的资产者掌握了当地超过 50% 的农村土地（Bois，1960b：47）——相比，这个比例就显得微不足道了。此外，安德鲁斯还发现，在莫日地区越靠近城市的地方，资产者所拥有的农村地产越多：绍莱城附近为 30%，舍米耶城附近为 25%，圣弗洛朗城附近为 20%。从这些数据中，我们可以得出有关莫日地区资产者地产的一个消极假设和一个积极假设。从消极的方面看，在开阔的农村地区中似乎不存在资产阶级地主（bourgeois landlord）；而从积极的方面看，随着 18 世纪城市的发展，这些资产阶级

---

* 堂区神甫又译作"主任司铎"，是受主教任命、单独管理一个独立的堂区的神甫。他们常驻在堂区的本堂，并定期巡视堂区下辖的其他教堂。——译者注

地主很有可能在其所经营的基地周边购置土地。这一发现符合一种久经考验的分析模式,加斯东·鲁普内尔曾精妙地将其用来描述第戎附近的情况(Gaston Roupnel,1955;199—249)。而这一发现也符合这些资产阶级地主在法国大革命期间急于获取被没收的教会和贵族土地的心理。

城市地主对农村地区的影响似乎并不大,城市的农产品市场也是如此。虽然城市需要从农村获取其生活必需品,但在这些主要的农产品中,只有牛在当地具有较高的商业价值。尽管大多数农民不时会把阉牛赶到城市里去售卖,但绝大部分人一年之内卖出的牛不过一两头。所以总而言之,农民通过市场只与城市居民有最低限度的接触。

至于纺织业,我们对它已经有了足够多的了解,认识到了它在城市与农村之间建立了比上述其他方面更多的联系,但这些联系也是有选择性的。在地理层面,纺织业促进了城市与农村社区中的乡镇之间的关系,但它忽略城市与农村的偏远地区的关系。在社会层面,批发商、布匹制造商通过纺织业与纺织工建立起了人脉关系,但这种人脉关系非常有限。此外,如果我们将主要的农村中心作为纺织业的原产地,那么织布行业在莫日地区的分布也是非常不均衡的。例如,维莱迪厄-拉布卢埃尔(Villedieu-la Blouère)实际上有两个乡镇,一个是围绕着自给自足农业的"老"经济中心,另一个则是围绕着纺织品和贸易的"新"经济中心;一个被堂区神甫所主宰,另一个则被资产者所主宰。圣乔治-德加尔德(Saint-Georges-des-Gardes)的情况其实也是如此,它拥有圣乔治(St. Georges)和莱加尔德(Les Gardes)两个中心。因此,毫无疑问,当时许多乡镇与其附近的城市进行着稳定的工业产品交换,但还有许多其他的乡镇几乎没有受到影响,而且这种商业交换的影响也几乎没有超出乡镇的范围。

事实上,乡镇起到了非常重要的作用。从两个方面来说,它都是城市与农村之间的过渡。其一,它是二者之间地理上的折冲,配有商店、服务设施和行政中心。在规模上,莫日地区的乡镇从 50 人到 2 000 人不等。其二,乡镇是城市与农村之间实际上的社会纽带。它是那些与城市接触最多的人——教士、工匠以及资产者——的家园。它是社区中两种社会组织形式(大致可以分为"城市型"和"农村型")的交汇点:货币-市场-制造业的复合体代表着"城市型"的社会组织形式;土地-农业的复合体则代表着"农村型"的社会组织形式。

勒迈(Le May)* 就是一个很好的例子。它是一个离绍莱不远的社区,以其商业活动而著称。虽然绍莱的发展比勒迈的发展更受人青睐(这显然是因为政策),但勒迈这个乡镇依然发展成了一个制造业中心。它在 18 世纪的情况是这样的:"这个乡镇……发展成了批发商、布匹制造商、羊毛纺织工、制革工和铁匠的集中地,垄断了当时非常特殊也因此相当重要的纺锭衬垫的制造……"(Port,1878:II,360)1789 年之后,由于市镇人口的增加,它附属的两个村庄——贝格罗勒-昂莫日(Bégrolles-en-Mauges)和圣莱热(Saint-Léger)就成为新的市镇所在地。之前在这个市镇中大约有 3 500 人,其中约 3/5 居住在勒迈这个乡镇以及上述两个主要的村庄之中。这种人口密度在莫日地区可算相当之高。勒迈地区人民的观念与舍米耶和绍莱的领导人非常相似,他们对任何有利于贸易的事物都感兴趣,并且要求修建道路(A. D. M-et-L C 192)。但是,勒迈这个乡镇的繁荣只会加剧它与其所在社区中其他地方的反差。在法国大革命期间,"城市"与"农村"这两个部分爆发了激烈的冲突。

这一切都表明,在农村社会中,城市与农村分离的传统文化在莫日地区大行其道。博普雷欧的两个教区——诺特尔达姆(Notre Dame)

---

　　* 全称是"埃夫尔河畔勒迈"(Le May-sur-Èvre)。——译者注

教区与圣马丁(St. Martin)教区分别属于城市和农村,它们也象征着这种分离。在法国大革命初期,圣马丁教区以其"在性质和地理上都有别于诺特尔达姆教区"为由,请求不要将其并入这座城市,而这个请求有一事实加以佐证,即 1787 年圣马丁教区的所有居民都是农民,而城市中的居民则主要是资产者(Uzureau,1931:22—29)。这种分歧在 1789年绍莱的名流们所写的一封信中被更加明确地凸显了出来。事情的起因是一个"派系"(即农村人)抗议说他们被禁止参加最近的选举,而这些名流对此进行了如下评论:

> 由于这个农村教区的居民在风俗习惯和兴趣爱好上存在很大的差异,因此他们对城里人产生了一种嫉妒,甚至可以说是敌意。城镇的居民都是资产者、批发商、布匹制造商,他们通常要比农村人更聪明、更富有,因此也更适合经商,但他们的人数比农村人少。这些农村的乡巴佬可能因为他们在第一次选举中被冷落而恼羞成怒,因此可能会利用他们在人数上的优势,只从他们这些布衣之中挑选出他们的代表。他们缴纳了大部分税款这个事实也可能成为他们这样做的正当理由,并且以此证明他们眼中的政治是正当的。(A. D. M-et-L C 187)

有鉴于此,城中杰出的市民们提出对农村人中的当选人数进行法定限制。

在 18 世纪法国的莫日地区,农村和城市的关系充满张力。一方面,大部分农村和城市的联系非常微弱,而且这种联系都是近期才建立起来的。另一方面,小城市在不断发展壮大,充满干劲,通过商业化的乡镇向外扩张,并要求获得更多的影响力和认可。城市和城市中的资产者们已经做好准备去维护自身的领导地位,但是他们与农村社区还没有建立广泛而持久的人脉关系,因此这种领导权还不足以使他们在面对反对派时占据上风。

与莫日地区相比,在莱永河的对岸,农村和城市之间的紧张关系则没有那么明显,城市的作用基本上也与莫日地区的不同。在瓦尔和索米卢瓦地区,城市不仅是该地区农产品流通的市场,也是农民生产的目标地,还是几个世纪以来当地最具影响力的中心。这些城市是修道院的所在地,而修道院在当地的历史中发挥过重要的作用。四通八达的道路也能使人们能更迅速地抵达这些城市。索米尔城位于该地区的中部,昂热这座大城市距离河流只有 4 英里远。我要再喋喋不休地重复一遍,瓦尔和索米卢瓦地区比莫日地区的城市化更为彻底、更为均衡。因此,它们更容易接受资产者的领导,也更不容易受到农村与城市之间的古老冲突的影响。

第四章　农村的社区和阶层

　　社区是一个群体,其对特定领土的使用是其成员社会关系中的一个重要因素。[1]除非在(也许是想象中的)极端情况下,否则社区总是一个更大社会中的一个组成部分。社区政治、宗教或经济的规范和关系,本质上是整个社会规范和社会关系的地方化版本。我们可能会认为农村社区总是这副模样,即它的特征是与外界完全隔绝,但实际上,在上述领域之中,跨越社区边界的交流通常比我们所以为的要多得多。[2]

　　在社区组织方面,有些分析者出人意料地愿意为他们的研究对象划定严格的界限,并认为这些社区组织是自成一体的系统。他们与那些研究工业组织的学者,即"工厂社会学家"(plant sociologist)一样,因为后者也经常把工厂描绘成一个与世隔绝的"原始村落"。说来也奇怪,即便是研究城市结构的理论家——他们意识到了移民、信息和商品在不断地跨越城市边界进行流通,也还是习惯性地将他们所研究的社区概念化为界限分明的系统。比如,路易斯·沃思关于城市基本特征的论文(Louis Wirth, 1938)虽然非常出名,但他几乎没有关注城市对地区、国家、国际的规范和社会关系网络的影响。同样,分析社会分层的专家们也不断面临着这种假设的诱惑,即认为每个社区都有其独立的阶层秩序,这种秩序以社区内部成员的相互熟识为基础;而批评者们也不断地谴责这些分析者忽视了在某一特定社区中出现的等级体系可能产生全国性的影响。此外,这些分析者们还需要一个能反映国家与社会相互渗透的概念。除了在原始社区这种极端情况中,任何社区结构中的一个主要因素,或者说决定这个社区主要特征的一个因素,都是贯穿整个社区并延伸至社区边界之外的一系列社会关系。

社区中的变化和分化

上述有关社区的描述并不意味着所有社区甚至所有农民社区都"同样地"卷入了它们外部的世界。不同社区之间存在的一个主要差异,就是它们对外部世界的参与在程度上和方式上的不同。城市如饥似渴地侵吞着它的外部世界,而乡村则畏畏缩缩地朝其外部伸出它的触角。"城乡连续体"(folk-urban continuum)这一短语所隐含的一系列观念其实都围绕着这样一个命题:社区的同质性、融合性或宗教性等特征的变化,与它们和社区外部联系的数量的变化密切相关(Redfield,1941,1947;Gross,1948;Miner,1952;Duncan,1957)。虽然这一论断从全球范围来看是站不住脚的,而且它可能掩盖了人们对乡土美德的感性认识,但我们不应该就此忽略它所传递的洞见。在外部参与程度上有差异的社区,其内部分化的程度和形式以及人际关系的质量往往也有所不同。接下来的大部分讨论是对这一观点的阐述。

社区参与外部世界这个事实,使我们明显感觉到要区分社区内部"内向型"(internally oriented)和"外向型"(externally oriented)的活动和个人,而这一区分在相关研究中也变得越来越流行(这些研究的增多属实令人意外)(参见 Merton,1957:387—420;Sykes,1951;Gouldner,1957,1958;Redfield,1956:esp.II;Wolf,1956;Hughes,

1955)。例如，朱利安·皮特-里弗斯(Julian Pitt-Rivers，1960)就曾描绘了，在一个法国乡村中存在着两个相互隔离的世界及其活动，一个是讲方言土语的世界，包含了农业、动物、天气、俗语和家庭事务，另一个是讲法语的世界，包含政治、时尚、学问、商业和国家事务。居住在中心乡村的市民被纳入法语世界，而农民则精通这两种语言。换言之，这些农民同时生活在两个"世界"之中。事实上，所有的农民都在某种程度上掌握了这两种语言，或者更确切地说，具有两种不同的文化。所有的农民社区既参与贯穿整个社会的活动，遵循着遍及整个社会的规范，也参与地方性的活动，遵循着当地特有的规范。商人、日工、寮屋住户和教士在参与两种活动时发挥的作用各不相同。因此，如果不关注社区外部的世界，就无法理解每个农民社区中的一些角色和活动。

我们可以将社区中最具社区内外二元性矛盾冲突的角色称为精英。商人、堂区神甫和政治官员等个体之所以重要，很大程度上是因为他们是社区内部与外部的中介，他们既积极地参与全国性的组织机构，又积极地参与地方性的组织机构(Redfield，1956；Wolf，1956；Geertz，1960；Eisenstadt，1951；Sanders，1949；Sutton，1959)。当农民或者农村工匠想要参与市场或教会等全国性的组织机构时，他们通常是在当地精英的控制下进行的，与农民社区之外的这些机构的代理之间几乎没有任何接触。而精英本身则与这些社区之外的代理存在广泛而持久的联系。此外，精英们的这些职位是可以转让的(这就意味着这些精英能够与更广泛的社会环境产生联系)，它们较少依赖于特定的成员身份或传统的依附关系，允许其任职者在不同社区中的类似职位之间进行更自由的流动。相较农民社区中的其他成员而言，这些脱颖而出的精英更具流动性，更文质彬彬，头脑更为灵活，知识也更为丰富。

不过，我们不能从社会地位的相似性去推断出这些精英成员必然是团结一致的。只要不同（宗教、政府等）体系内部的精英地位存在差异，那么他们之间也有可能爆发激烈的冲突。早在唐卡米洛（Don Camillo）* 的时代之前，许多乡村曾目睹过当地教会人士与"进步"政客之间公开竞争的场面。社会学家们倾向于假设，精英之间即便不是沆瀣一气、相互勾结，至少也会互相合作（例如，Hunter，1953；参见 Greer，1962：152—163）。然而，与其假设精英之间存在这种团结一致性，倒不如好好去研究一下社区中的精英能够作为一个集团而采取行动的条件究竟有哪些。

社区与其周边社会互动的性质深刻影响着社区的内部结构。所以，农村社区与其所在国家的城市之间的联系尤为重要。无处不在的系统贯穿了这些农村社区，并形成了社区中的精英阶层，而城市则是这些系统的控制中心。官僚机构、市场、教堂和国家官方语言可能会融入农村社区的生活，但也都是由城市进行协调和推动的。当然，城市也是农村人最喜欢用来阐明原罪的地方。为什么呢？

从表面上看，人们似乎很自然地将城乡之间频繁爆发的敌对关系归咎于城里人和农村人之间的相互不了解或者在观念上的不相容。此外，还有一种观点似乎也有些道理，即农村人是与社会的其他部分相隔离且同质化的群体，其内部成员承受着共同的苦难，他们更有可能采取集体行动去对抗共同的敌人（Marx and Engels，1947：43—69；Kerr and Siegel，1954；Kornhauser，1961）。因此，人们可能会以为，在与城市隔绝最为深重的农村中，农村人对城里人的生活方式和工作会最为反感。然而，根据"两个从未相遇过的群体不太可能发生争斗"这一观念，我们可以得出相反的结论：真正的敌对关系要等城市与农民社区

---

　　*　唐卡米洛是意大利作家乔瓦尼诺·瓜雷斯基（Giovannino Guareschi）在第二次世界大战期间创作的系列虚构小说中的乡村教区牧师。小说的故事以唐卡米洛与小镇里的镇长佩波内（Peppone）之间的冲突和友谊为中心展开。——译者注

之间建立起大量的联系之后才会出现。农村中会不断出现那些代表城市观点的人，而他们会强化这种敌对关系，换言之，农村与城市之间敌对关系的加剧，正是发生在它们彼此之间交往日益频繁的时候。在这种情况下，基于城市形成的规范和一系列社会关系会越来越多地要求控制农村社区成员的行动，农村社区精英的立场也会发生转变，普通的冲突解决机制则很可能不足以解决问题。因此，随之而来的斗争很可能集中表现在受"城市"规范入侵最为严重的行为领域以及受这些规范影响最深的精英群体之中。我们自然经常能够发现农村人员的反抗，然而他们所抵抗的那些城市体制，与其说是对他们而言截然陌生的，倒不如说是那些他们再熟悉不过的。（看看美国农业的激进分子对银行、铁路和官僚系统的大声咒骂就知道了。）也许下面这个表述足以概括这个问题，即农村与城市过去基本上完全隔绝，而当农村与城市在以最为迅速的方式增加彼此之间的联系时，它们之间最有可能爆发直接的战争。

上述讨论其实还留下了一个有趣的"尾巴"，因为人们认识到了这种情况：即使在一个以农民为主的社会中，城市与农村也是紧密相互依存的。不过，即便农民们显然意识到了城市的存在并受其影响，他们对城市的了解及受城市影响的程度也绝不可能是一样的。马克斯·韦伯（Max Weber）指出："密密麻麻出现的城市社区对农民产生的教育影响是任何东西都无法替代的……"这时，他是在强调与城市关系密切的农村社区和与城市关系疏远的农村社区之间的差异（Gerth and Mills，1946：378）。同样，一个地区或一个社会中城市的发展将不可避免地改造这个地区或社会中的农民社区。正是这一事实使我们有充分的理由去讨论农民社区的"城市化"。

在最简单的层面上，农民社区的城市化包含了城市发展的一些相当直接的影响和一些先决条件。首先，城里人必须要吃饭。城市的发展通常意味着通过提高效率、扩大农产品市场和增加相应的农村产品的市场份额，以促进剩余农业产品的生产。从生产者本身的角度看，用于市场交易的商品的增加，通常意味着更频繁地使用货币，更多地在市场上购买商品和服务。城市的发展也可能促进税收的增长（税收的形式可以是贡赋、封建赋税、宗教税、通行税或政府直接征税）。正如埃里克·沃尔夫（Eric Wolf，1957）指出的那样，征税往往会迫使农民社区为了补偿赋税的缺口而进行重组，并将农民社区进一步拉入市场。同时，城市的发展通常会在一定程度上提高通信和交通的效率，因此，它也在一定程度上促进了农村社区与社会其他地点之间的思想交流和人员往来。最后，负责大型协调性活动的官员按照相对非个人化的标准，代表着这些复杂的组织机构行事，而城市的发展与这些活动的发展如此密切相关，以至于我们可以将官员们对农村地区不断增加的影响视作城市化过程中几乎无法避免的一个特征。对普通的农民社区而言，社会中的城市发展可能意味着所有这些变化——更多地参与市场、更多的税收、更多的交流通信和流动性，以及更多官僚的干预。

　　然而，市场、税收、交流通信和行政官僚，或多或少都是从外部作用于社区的力量。我们应该关注的是农民社区内部的变化，而这些变化应该和城市化的其他因素放在一起看。大众社会（mass society）的批评者们常常忿忿不平地将这一过程称为"社区的瓦解"。阿诺德·费尔德曼（Arnold Feldman，1962）将其命名为"碎片化渗透"（fragmentation-pervasion），并分析了社会中的技术变革所导致的这一系列标准流程：（1）与工作相关的规范和社会关系日益分化（例如，劳动力市场的标准和主要代理，与生产线中的标准和代理截然不同）；（2）这些标准化和专业化的规范和关系渗透到了参与工业生产的众多公司之中（例如，无论涉及哪种工人，雇用和解雇的标准和程序都变得越来越统一）；还有（3）公司内部角色职能的细分，而每种角色都能从公司彼此交错的某个系统中识别出来(例如,企业生产的老板、产品工程师和人事专家等不同派系,他们对自己和对方的工作采取截然不同的标准,并相互争夺公司的资源)。与此相似的过程也出现在了农村社区的城市化进程中。

当然,我已经指出过,这些相似的变化是一个地区或社会中的城市化在当地所导致的必然结果。随着标准化、专门化的规范遍及整个社会,地方主义(localism)势必衰落。一方面,这意味着更多的人员和行动受到了"国家"规范的影响;另一方面,鉴于这种渗透是不均衡的,这也就意味着在短期之内,"地方"与"国家"之间的分裂加剧了。但是,比这种内外趋向的分化更加明显的是,通过这些与社区交互的不同规范的分化,社区内部的角色也变得五花八门。宗教行为与政治行为的分离,政治行为与市场行为的分离,催生了一些明确致力于协调其中某一种行为活动的专家,而整个社会中普遍存在的差异,比如职业、教育等,也取代了单个社区特有的差异。

与此同时,农民社区规范的性质也发生了变化。只要大规模、协调性的活动产生了非个人的、理性化的规范(而且其影响范围似乎非常之大),那么城市化就意味着社区内越来越多的社会关系将受到这种标准的制约。受亲缘关系和邻里关系等由亲及疏、从近到远扩散的义务所控制的行为,其范围在逐渐缩小,而受狭义的商品市场或官僚机构控制的行为范围将不断扩大。这一过程更进一步会带来一个显而易见的后果,那就是社区中的每个成员在各种行动中的分化,即根据他所扮演的多重角色而采取不同的行动。

如果真是这样的话,那么我们应该能得出这样的结论,即精英的性质和地位在城市化的过程中也会发生变化,也就是精英的职能分化和多元化。从当前的角度来看,朱利安·斯图尔特(Julian Steward,1956)及其同事们所说的"地方权力层级的中介活动的减少",实际上是指这些中介活动的专业化。在波多黎各落后的村庄中,大地主是解决社区与社会之间各种问题的中介,但随着社区更多地被卷入经济作物的市场,商人、政治家和工会领袖成为中间人,他们各自承担着不同的任务。谁是中间人取决于任务具体是什么。

精英的分化可能会使农民社区内部出现新的冲突,而整个社会的分化又加剧了这种冲突。的确,城市化的进程会促使长期存在的地方性竞争朝着对整个社会都具有一定意义的方向进行改革重组,就像归尔甫派(Guelphs)和吉伯林派(Ghibellines)之间的分裂吸纳了意大利许多完全属于地方性的派系竞争一样。然而,它还会使另一种可能性大大增加,即导致社区内部出现新的裂痕,这些裂痕会把处于不同的但又彼此交互的系统中的主要活动群体分隔开来,并且蔓延至精英的内部。我敢假设,如果使我们在此讨论的分裂更进一步,也就是把社区中那些最为"外向型"的群体与其他群体分隔开来,那么这种可能性就会进一步增加。而这与大学内部因经常发生的争执(比如英语系和工程系之间的争执)所形成的两个党派走向极化的现象非常类似。

当然,农民社区城市化的过程中所触及的一系列变化是否都能够归拢到一起,以及这些变化是否会同时出现,这些问题仍有待商榷和调研。就目前的分析目标而言,我们发现这些变化经常一起出现,而且相伴而生的这些变化还为我们把社区划分成(1)城市化程度较高或较低的部分和(2)城市化速度较快或较慢的部分提供了依据,这就足够了。如果之前的讨论具有一定的有效性,那么根据社区在普遍性的、大规模的系统中的参与程度对社区进行分类,应该可以使相关的调查研究者对社区内部结构的变化做出一些正确的推断。此外,这种分析应该还能解释某种特定类型的社区所涉及的内部和外部冲突。当然,这也是我们目前的研究目标。

安茹南部地区的社区细分

在用上述这些一般性观点描述安茹南部地区的情况时,我们可以先回顾一下:瓦尔和索米卢瓦地区的农村社区(它们普遍响应大革命)的城市化程度更高,而莫日地区的农村社区(它们普遍参与反大革命运动)在 18 世纪的城市化速度更快。瓦尔和索米卢瓦地区是一个经济作物种植区,农民的地产广泛地分散在这块土地上,那里有众多从事农业的短工,他们长期受到市场、修道院、王国行政机构和城市的影响。而莫日地区农民的大部分现金收入源自其偶尔出售的牲畜,农民们主要从贵族那里租赁土地,并在这些土地上进行自给自足的耕作。不过同样是在莫日地区,尤其是在绍莱城附近,一个由独立的工匠阶层和繁荣的商人群体所组成的纺织业正在迅速发展。

在整个安茹南部地区,农村社区内部的成员可以分为五个阶层(虽然他们的比例和关系各不相同),他们是:贵族、教士、工匠、资产者和农民。虽然还有一些职业,比如磨坊主和马车夫,很难被归入为某个阶层,但是农村社区中绝大多数的成年男性及其家庭属于上述五个阶层之一。正如我们将会发现的那样,这五种身份中的每一种都代表了一种权力、生产职能、市场地位、声望、财产和社会关系的独特组合。我们以下面来自安茹南部不同地区的三个社区为初始样本,去比较一下它们之间的差异。这些数据非常详细,因此对这三个不同社区的比较是很有启发性的。这些数据是根据法国大革命初期对一个市镇完整的人口普查统计,以及 1780—1794 年另外两个市镇的教区登记簿中记载的新生儿父亲的各种职业出现的频率,再加上其他资料来源中记载的贵族、教士和总人口信息估算出来的(参见附录一)。

第一个社区是格雷齐莱(Grézillé),它是一个种植酿酒葡萄的村庄,离索米尔和卢瓦尔河不远。第二个社区是拉波姆赖(La Pommeraye),它位于卢瓦尔河附近的莫日地区,主要种植传统的自给自足的谷物。第三个社区,圣皮埃尔-德绍莱(St. Pierre-de-Cholet)是一个重要的农村纺织中心,毗邻绍莱城。在法国大革命时期,这三个社区的成年男性职业人数情况大致如表 4.1 所示。

表 4.1　安茹南部地区的三个社区中成年男性的职业

职业类型	格雷齐莱	拉波姆赖	圣皮埃尔-德绍莱
贵族	2	1	0
教区神职人员	2	3	5
耕种大农场的佃农[分种田佃农(*métayer*)、耕作者(*laboureur*)]	11	231	184
耕种小农场的佃农[小佃农(*bordier*)、小种植者(*closier*)]	18	77	30
葡萄酒酿造者	46	0	0
雇工	41	38	102
行政官员	0	0	12
医生、律师及其他职业人员	0	4	7
商人、制造商和客栈老板	3	14	86
纺织工和其他工业型工匠	13	45	390
铁匠、面包师、磨坊主和其他非工业型工匠	19	95	133
总计	155	508	949

如果将表 4.1 中的数字转换为百分比,将具体的职业转换为广义上的阶层(如表 4.2 所示),我们就会发现一些重要的事实。首先,在索米卢瓦的农村地区,农民占农村人口中的绝大多数,然而在莫日地区中,农民只占农村人口中的一小部分。不过,莫日地区的大多数农民被安置在规模可观的家庭农场中,而索米卢瓦地区的绝大多数农民要么耕种小块的土地,要么出售自身的劳动力,或者二者兼而有之。其次,居住在莫日地区的贵族人数较少(尽管贵族在当地的确拥有大量的土地)。最后,农村工业以及随之而来的工匠、商人和制造商,在莫日地区吸纳了更多的人口,尤其是在绍莱城附近。在安茹南部地区的社区中,一方面是以市场为导向的差异化种植农业,另一方面是家庭农场和小型工业之间的两极分化。

表 4.2　三个社区中的阶层分布

阶层	格雷齐莱	拉波姆赖	圣皮埃尔-德绍莱
贵族	1.3%	0.2%	0.0%
神职人员	1.3%	0.6%	0.5%
农民	74.8%	68.1%	33.3%
资产者	1.9%	3.5%	11.1%
技术工匠	20.6%	27.6%	55.1%
总计	99.9%	100%	100%

当然,对整个区域进行评估可能比这三个孤证更具有说服力。通过对分布在整个安茹南部地区 41 个农村社区的教区登记簿和完整的人口普查统计进行分析,我们得出了表 4.3 中所示的结果(这些数据的依据见附录一)。我们完全有理由认为,表 4.3 忠实地记录了各地区之间的差异,即使它系统性地扩大或者缩小了其中某一类人员。[3]请读者

表 4.3　安茹南部地区农村市镇中的职业分布情况估算（以行政区为单位）

行政区	家庭户数量（户）	成年男性的占比估算（%）								
		贵族	教士	资产者	雇工	其他农民	农民总数	纺织工匠	其他工匠	工匠总数
绍莱区	10 755	0.16	1.10	8.43	11.26	41.13	52.39	21.27	16.64	37.91
圣弗洛朗区	8 686	0.28	1.50	11.07	7.88	48.82	51.70	7.93	27.52	35.45
维耶区	9 291	0.30	1.04	8.73	15.26	47.39	62.65	9.76	17.35	27.29
昂热区	5 784	0.36	1.22	9.90	11.12	43.34	54.46	2.44	31.62	34.06
索米尔区	11 923	0.47	1.42	1.69	29.19	51.11	80.30	2.35	13.77	16.12
安茹南部地区总体	446 439	0.29	1.28	8.03	14.28	44.77	59.05	10.62	20.73	31.35

们注意：这些估算有意将城市排除在外，如果将索米尔之类的区也包含在内的话，那么资产者的比例就会大大增加。

读者们应该还记得，绍莱区和圣弗洛朗区是莫日地区的一部分，昂热区则包含了一部分瓦尔地区和一部分莫日地区，索米尔区则完全属于瓦尔和索米卢瓦地区。从表 4.3 及其所依据的数据中还能得出一些补充结论。(1)家庭自给自足式的农业劳动(由雇工人数很少，而佃农人数很多所反映)在整个莫日地区非常普遍，尤其是在圣弗洛朗地区附近，然而在安茹南部地区的其他地方则相对较少。(2)衣料纺织方面的工匠(主要是纺织工)虽然在莫日地区随处可见，但这些人在绍莱地区的农村人口中特别引人注目。此外，他们的存在也是农村制造商和批发商人数激增的可靠标志。要是没有他们，那么当地的资产者中更有可能会出现一些行政官员或职业人员。总而言之，莫日地区与瓦尔和索米卢瓦地区之间存在巨大的差异，而在莫日地区内部，圣弗洛朗区(除了它在卢瓦尔河沿岸的部分)比绍莱区更多地将其全部精力投入传统农业，而较少投入工业。

由于安茹南部地区各子区域之间存在巨大差异,因此从整体的角度对整个区域内的社会各阶层进行任何概括性的描述,都有可能会误导读者。不过,我所区分的这些主要的社会阶层,在整个安茹南部地区内都确实存在,而且在某种程度上,这些社会阶层也都意识到了自己的身份。财产的分布就是分析这些社会阶层很好的出发点。

虽然纯粹的货币净值(monetary net worth)并不能将这五个阶层彻底区分开来,而只是将他们大致划分为贵族-资产者-神职人员和农民-工匠这两个群体,然而,对公证人在其客户去世时所作的财产清算进行研究相当具有启发性。[4]因为公证人列出了这些家庭的财产清单,并且让我们了解到这些财产的去向安排和价值。

贵族们的财产清单——狩猎,在精美的家具陈设中伴着优质的餐桌服务的赌博和宴饮——反映了他们舒适的生活。还有一份财产清单显示,在未来的旺代英雄邦尚的城堡中,其财产包含了地毯、挂毯、赌桌、书籍、琳琅满目的餐具、马匹、枪支,他的酒窖里还储藏有总计12 000升(这简直令人难以置信)的葡萄酒(A. D. M-et-L VIII B 445)。

那些最富有的资产者的财产,乍一看似乎并没有什么不同。他们拥有许多优渥生活的装饰品,包括葡萄酒和精美的家具。事实上,这些大资产者的财产清单与该地区贵族的财产清单非常类似,这表明他们有跻身贵族行列的趋势。绍莱城附近的贝里托家族的一只脚已经踏进了贵族的门槛,而它的财产清单与那些久负盛名的贵族家庭的财产清单也大致相同。贝里托家族被贵族同化的标志之一,或许就是在其总价值为 15 000 里弗赫的拉瑞默利耶尔(La Jumellière)城堡的财产中,有 1/4 是葡萄酒(A. D. M-et-L E 1650)。然而,几乎没有哪个资产者拥有狩猎装备,而他们最好的家具通常集中在他们位于城镇中的房子里。不过,不管怎么说,这些大资产者的家族对我们而言并没有那么重要,因为他们主要生活在昂热,与一个不同于安茹南部地区的世界打交道。乡村资产阶级（village bourgeoisie）居住在乡镇的好房子里，除了领主和堂区神甫之外，就属他们活得最为惬意。乡村资产阶级与乡村中的其他人最大的区别在于，他们的所有财富中有很大一部分通常来自商业信贷。1764 年，舍米耶的一位商人的存货清单为 17 543 里弗赫，但其中只有 3 091 里弗赫和 5 苏是家庭用品，其余都是他的债务和信贷（参见弗勒里的研究）。通常情况下，资产者会根据自身的业务范围，将大量的金钱用于市场上的商品。即便是那些从事行政或其他职业（如医生、律师、官员等）的资产者，其流动资产在其财富中所占的比重通常也要比其他阶层的成员要大得多。就财富的构成来看，资产阶级是最有钱的阶级，但也是被金钱关系束缚得最紧的阶级。

教区神职人员的财产清单表明，他们的住房与社区中其他职业人员的住房十分相似，而且非常舒适。他们比一般人拥有更多的书籍，而且通常还过着锦衣玉食的生活。他们的总身家中通常还有很大一部分是小额租金和什一税（包括货币和实物）。1716 年，蒙蒂耶（Montilliers）市镇的堂区神甫，其财产有 3 343 里弗赫 7 苏，但其中只有 1 725 里弗赫用于购买生活用品和牲畜（A. D. M-et-L E 4219）。与资产阶级相比，神职人员往往手头有更多供应市场的粮食，并拥有一些农具和牲畜。与农民相比，他们往往有更多的马匹、书籍和葡萄酒。

当然，工匠阶层比上述三个阶层都要穷。根据弗勒里的研究，在舍米耶，工匠的总资产很少有超过几百里弗赫的，而且这些资产主要是从事其职业的设备。他们的财产清单给人一种生活拮据的印象——只有一些锅碗瓢盆、几个箱子和一张旧桌子。不过，这些工匠也因为职业的不同而表现得千差万别。铁匠对其店铺的投资一般要比纺织工匠多，而磨坊主通常比较富裕，与其说他们属于工匠阶层，倒不如说他们是资产者。工匠们经常会有一些欠款，但很少能够得到他们应有的回报。一位沙洛讷的泥瓦匠在 1776 年去世的时候只有价值 113 里弗赫的财产和 450

里弗赫的欠债(A. D. M-et-L5 E^3 58),这种情况在当时司空见惯。

尽管许多研究者将工匠和农民混为一谈,但是工匠无论在性格还是处境上都与农民截然不同。不过可以肯定的是,几乎所有的工匠(或是他们的先祖)都是从农民中招募而来的。然而,尽管许多工匠在各方面的情况都比大多数农民要差,但这种从一个群体向另一个群体的转变是单向的。在翻阅教区登记簿上斑驳的字迹时(它呈现了一个细微但具有诊断意义的迹象),人们经常会遇到姓"农民"的同义词的织工,但没有发现过姓"织工"的农民。此外,小农户身兼数个赚钱的营生,这在法国的其他地方非常普遍,但在安茹南部地区相对罕见。尽管安茹南部地区的确也有许多工匠用自己家附近小块土地上生产的农产品来增加他们的基本收入,但这并不会使他们变成农民。

农民是人口中占比最大的群体,我们可获得的相关信息也最多。就安茹南部地区的这些农民来说,我们必须比平常更小心注意这个阶层内部的贫富差距。在研究人口的阶级分布时,我们已经注意到了瓦尔和索米卢瓦地区与莫日地区的农民在特征(kind)上相当不同。在瓦尔和索米卢瓦地区,很少有佃户像在莫日地区的佃户那样拥有至少 20公顷至 40 公顷(即 45 英亩至 90 英亩)的农场。然而,瓦尔和索米卢瓦地区的葡萄酒酿造者、小农户[即法语中的锄地者(*bêcheur*)和手犁工(*laboreurur à bra*)]、日工和雇工[即法语中的短工(*journalier*)和农场帮工(*domestique*)]、大农户[即法语中的种植者(*cultivatuer*)和耕作者(*laboureur*)]以及中间人[即法语中的包税人(*fermier*)和包税商(*marchand fermier*)]之间存在重要区别,尤其是那些参与管理和商业活动的中间人,我不得不满怀疑虑地把他们归类为"资产者"。* 与瓦尔和索米卢瓦地区相比,给莫日地区的农民打上上述标签更为合适,而这

---

　　* 具体可参见附录二。——译者注

些标签与农民所控制的土地数量紧密联系在一起。所谓"控制的土地数量",最初意为这些农民租赁的土地数量。耕作者——我要提醒读者们,"耕作"(*labour*)这个词意味着翻地、犁地,而不仅泛指在土地上辛勤劳动——拥有大量的土地,因此他必须有好几头用来犁地的耕牛。分种田佃农,即 *métayer*,经营着一个面积在 20 公顷到 30 公顷的"分种田"(*métairie*)——这是一个对农场的称谓,它是另一个时代的遗存,使许多人误以为 18 世纪的旺代地区普遍实行土地收益分成制(*métayage*)。小佃农(*bordier*)和小种植者(*closier*)长久以来一直在分种田的边角地(*bordage*)和封闭的小农田或园圃(*closerie*)上耕作,他们在这些小农场上很少有自己的耕牛,而耕作的土地往往也被分割成零散的几块。[5]最后,莫日地区和瓦尔和索米卢瓦地区一样都有短工或日工以及农场雇工,但人数相对较少。

日工、小佃农、分种田佃农和耕作者之间的财富差异更多体现在他们所拥有的农用设备和牲畜上,而不在家具用品上。拥有耕牛和没有耕牛的农民之间的贫富差距最大。例如,一个分种田佃农通常拥有六头或八头耕牛以及其他一些牲畜,仅这些农场上的牲畜就至少价值 200 里弗赫,一般占其总资产的 2/5 到 1/2。而日工可能只有一头耕牛。和工匠一样,农民家中有一两个房间布置了旧家具,其中床是最值钱的物件。但和工匠不同的是,农民往往还会储藏一些粮食,而他们的欠债主要是拖欠的佃租和应付给牛主的借牛钱。

土　地

虽然这些枯燥的个人财产日常清单描述了大量有关安茹南部地区

社会各阶级的生活细节,但是它们对土地所有权的问题却只字未提。因此,这些财产清单实际上掩盖了这样一个事实,即贵族的财富基本上是土地,而资产者的财富主要是货币、信贷和商品。

西格弗里德在研究安茹南部及其周边地区时,对法国西部地区的土地控制权与政治倾向之间的相关性留下了深刻的印象。他的研究表明,到 1880 年,在曼恩河与卢瓦尔河交汇处以南的各个县里的每 100 位居民中,只有瓦尔和索米卢瓦地区的土地所有者人数超过了 25 人。[6]也就是说,瓦尔和索米卢瓦地区有许多地主,而莫日地区的地主则相对较少。根据西格弗里德的考察,安茹南部地区小型地产和大型地产间的分界线实际上是沿着莫日地区与索米卢瓦地区之间的边界划分的,卢瓦尔河沿岸则是由小块土地拼凑起来的狭长的地带。这些小块土地的产权主要掌握在农民手中,并且由它们各自的主人进行耕种。大块土地的产权虽然大部分在贵族手里,但一样由农民进行耕作。

同样,在比较索米卢瓦地区[例如图阿赛(Thouarcé),曼恩和卢瓦尔省昂热区的一个市镇(A. D. M-et-L E 4189ff.)]的公证人交易和莫日地区的公证人交易(例如弗勒里的研究)时,我们也对此印象深刻:索米卢瓦地区的公证人总是以一小块田地的一半或者几分之几进行交易,而在莫日地区,我们很少会发现公证人所交易的土地会小于一整块田地。同时,这些记录还显示农民、工匠和资产者经常在莫日地区之外交换财产,但是在莫日地区内部却很少做这种买卖,而且这些买卖大多也是资产者的小额购买。

安德鲁斯(Andrews,1935)对 15 份土地赋税簿籍(terrier)——对不同庄园(manor)所控制的土地情况的汇编——的分析为我们打开了另一条分析路径。不过我们必须分外小心谨慎,因为这些土地赋税簿籍在这些领地上的分布非常不均匀,也因为这组赋税簿籍中没有收录教会的封地，还因为使用这些赋税簿籍会无法避免地强调大地主所控制的地产类型，更因为对这些数据的分析本身也有过于仓促的迹象。[7]不过，这些赋税簿籍的不均匀分布也可以转变为某种优点，因为这样就可以很容易将这些领地划分为卢瓦尔河或莱永河畔的领地以及在莫日地区内部的领地。

我们可以将安德鲁斯的研究结果，按照其所涉及莫日地区的部分，以及各主要阶级所拥有的土地占总领土的百分比进行重新分组[8]，然后得出一个尽管规模小，但非常具有启发性的表格。

表 4.4　安茹南部地区各部分土地所有权的估算

区域 \ 土地占比（%）	农民	工匠	资产者	神职人员	贵族	纳入分析的土地总面积（公顷）
卢瓦尔河谷，近沙洛讷	41.8	7.4	11.9	3.5	35.5	453
莱永河畔区域	79.3	0.0	8.7	6.6	5.4	26
莫日地区北部，近圣弗洛朗	14.4	0.0	21.0	7.4	57.2	1 628
莫日地区南部	14.1	0.6	14.3	4.1	67.0	2 326
所有区域相加	17.2	1.1	16.5	5.1	59.8	4 433

表格中的汇总数据容易受到各种质疑，但从中得出的一些一般性结论以及对我们所调研的区域内部变化的一些发现依然值得关注。首先，莱永河区域的数据虽然是基于少得离谱的土地数量换算出来的，但也与约瑟夫·德内绍对维耶区中从莫日地区穿过莱永河到达对岸的那部分区域的估算不谋而合：神职人员占有 6.3% 的土地，贵族占有 9.8% 的土地（Joseph Denecheau, 1955:9）。在莫日地区内部，贵族掌握了大

量的土地,而在莫日地区边缘地带的那些地主身份却并没有那么尊贵。在瓦尔地区,农民和工匠中出现了更多的土地所有者。正如安德鲁斯指出的,由于这些资料来源的性质,我们无法对教会地产的变化做出任何结论。不过所有的其他证据,包括法国大革命期间教会地产的出售情况,都表明了教会各个部门在卢瓦尔河沿岸所拥有的土地要比在莫日地区的多得多。

总而言之,这些零散的资料在安茹南部地区的土地控制问题上达成了一致。在瓦尔和索米卢瓦地区,尤其是卢瓦尔河附近,即使主要的宗教机构在当地是最具影响力的地主,土地的所有权依然广泛分布在各类人员的手里。在莫日地区,贵族拥有大量的土地,工匠实际上没有土地,资产者拥有的土地主要在城市周边,而农民的土地则主要是租来的,他们只有土地的使用权,而没有土地的所有权。

这一观察结果似乎有些自相矛盾:如果贵族在莫日地区拥有如此多的土地,那么为什么莫日地区的贵族数量如此之少? 此前汇集的证据表明,贵族在瓦尔和索米卢瓦地区更常见。这是一个令人困扰的发现,因为许多历史学家都非常重视博卡日地形区中农民与贵族之间的团结,而这种团结可能是他们在使用土地的日常交往中形成的。由于本书采用的方法,即对各阶层人数分布的估算可能并不完全可靠,因此为了检验这些结论,我根据截至1789年的贵族人头税(*capitation nobiliaire*)——如其字面含义而且相当准确——名册以及各社区对一份调查问卷的回复(除了其他一些事项外,该调查问卷还询问了在法国大革命爆发前几年那些社区中"具有特权的"居民的身份)[9],编制了这样一个清单,理论上涵盖了实际居住在安茹南部地区的所有贵族。遗憾的是,绍莱区,包括绍莱城本身以及索米尔县约有一半的社区没有任何反馈。在安茹南部地区的46 000户家庭中,只有约31 000户家庭居住在该研究所涵盖的社区之中,我根据这一事实对比例进行了修正。所以这份汇编无疑是不完美的，但是，它没有任何明显的理由去夸大某个区域贵族的比例而歪曲另一个区域的贵族比例。

该研究的结果与上述对阶层分布的研究发现并列在表 4.5 中。

表 4.5　贵族比例的估算（以行政区为单位）

规模	索米尔区	昂热区	维耶区	圣弗洛朗区	绍莱区	整个安茹南部地区
贵族在成年男性中的占比（数据来自表 3.1）	0.47%	0.36%	0.30%	0.28%	0.16%	0.29%
每 100 户家庭中的贵族户数	0.67	0.36	0.49	0.28	0.39	0.42

这两组统计数据的基本数据来源相同，不同之处在于它们计算的基础。前者只能反映那些可以详细计算职业分布的县，而后者则涵盖了可以获得贵族在地与否信息的所有社区。因此，第二组统计数据可能更为准确地反映了各行政区之间差异。总而言之，似乎可以得出这样的结论：实际居住在瓦尔和索米卢瓦地区的贵族要比居住在莫日地区的贵族多得多，而绅士地主（gentleman landowners）中不在其领地的人数也远比传统所言的要多。

诚然，人数众多但捉襟见肘的贵族与人数稀少但身家阔绰的贵族在影响力上存在巨大差异。不过，炙手可热的地主与他们的佃农之间的关系很少是亲密无间的，尤其是在这些地主大部分时间在外地度过的时候。法国大革命之后，当时许多法国西部贵族返回庄园地产，过上了乡绅的生活，并且涉足地方政治，这幅图景可能混淆了我们对 18 世纪的想象，因为当时有更多的贵族依旧在宫廷之中，或者在军队服役，或者至少居住在他们位于城镇的宅邸里。我们甚至发现了吉博（Gibot）家族编年史的作者对这个家族的描述："（这个）古老的、拥有大量领土并且一直在那里定居的家族，深深地扎根于乡土之上……最终在本世纪(18 世纪)中叶屈服于大多数乡绅把他们从庄园地产上赶走的运动。"(Duhamonay，1942:15—16)除此之外，随便翻阅莫日地区地主的名册，我们能发现各种庄园的主人都没有住在他们的封地，而是住在别处。这些庄园有:位于特雷芒蒂讷(Trémentines)的勒布莱(Le Boullay)，位于拉图尔朗德里(La Tourlandry)的拉吉罗迪耶尔(La Giraudière)和上索瓦热(La Haute-Sauvagère)，莫莱夫里耶，位于马济耶尔(Mazières)的蒙博帕潘(Montbault-Papin)，绍莱，勒库德赖蒙博(Le Coudray Montbault)，还有靠近莫莱夫里耶的塞夫里耶(Sévrier)，位于蒙蒂耶的帕里尼(Parigny)，位于蒙特勒沃附近的拉罗什费里耶尔(La Rocheferrière)＊，以及位于圣克雷斯潘(St. Crespin)及其邻近地区的勒萨(Le Sap)(A. D. M-et-L E 192，604—610，782—783，800—806，1200—1208，1284—1286，1302—1308，1 E 234—242，99Q—998)。

事实上，贵族所拥有的大部分农业土地似乎掌握在那些精打细算的资产者——监工、经理和中间人——手中，而贵族大部分时间是在别处度过的(Merle，1958:ch.VIII；Forster，1963)。我们主要对莫日地区农村社区中的人员进行了职业分布的分析，而从中我们确实发现了维持大型庄园地产所必需的一大批官员的踪迹。

这算什么新鲜事吗？塞莱斯坦·波尔非常了解莫日地区，他曾抨击过"贵族在反法国大革命地区无处不在"的理论(Célestin Port，1888:I，21—23)，当时应该有更多的人听听他的观点。的确，绅士们统治着土地，但他们是通过雇用他人，而非自己每日在田地上辛勤耕耘和细心照料来统治他们的土地的。

　　＊　即拉费里耶尔(La Ferrière)，属于永河畔拉罗什区。——译者注

贫 困

在另一个问题上,波尔几乎已经有了一些非常重要的观察发现,尽管他因为一些先入之见而未能彻底解决这个问题。这就是安茹南部地区贫困程度的问题。他极力想要证明莫日地区的"农民"有许多理由去欢迎法国大革命的到来,因此,尽管后来他们被愚弄、受到煽动去参加了反法国大革命的运动,但从根本上说,他们是不可能敌视大革命的。波尔声称,"贫困现象是普遍的、绝望的,即便是富人也只能勉强度日"(Port,1888:I,28),并且他在叙述中也大量引用了大革命爆发时许多社区居民描述他们苦不堪言的陈情书。此外,他还发现了"许多流民、大群流浪汉和纯种波希米亚人入侵"的踪迹(Port,1888:I,28)。然而,他所欠缺的是,他不仅没有用其他证据去检验他的说法,也没有把象征着农民苦难的那些迹象与其他人群的苦难象征区分开来,更没有展现出不同区域、不同人群之间的差异。如果他这么做了,那么他就会发现,把他如此精彩呈现出的这些事实(以及一些欺骗性的说法)放在一起看,其结论在某种程度上可能并不像他认为的那样完全符合他的观点。

那些无家可归、漂泊不定、寄人篱下、陷入绝境的边缘家庭的处境究竟如何。诚然,一些可靠的历史学家已经证明,在博卡日地形区的其他地方也存在这样的不幸者(例如,Merle,1958:94—95;Bois,1960b:233—235)。诚然,这些人的身份可能像细盐过筛一样消失在了现存文献的空白处。然而,研究一下安茹南部地方官员在被明确要求报告当地乞丐和流浪汉数量时的回答,还是很有意思的。这些地方官员在面对由制宪会议于1790年设立的援助委员会（Committee on Mendicity）所进行的调查时，不得不回应这个问题（A. D. M-et-L 1 L 402；参见Bloch and Tuetey，1911）。在他们汇报的约160个社区中——维耶区除外，因为我还没有找到这个行政区的详细数据——只有14个社区列出了乞丐和流浪汉的人数。有两三组数据——蒙福孔的312人、蒙特勒沃的276人，大概率还有卢埃河畔莫泽（Mozé）的55人——很可能是杜撰的，而除了上述这些人之外，整个安茹南部地区上报的流浪者数量不足100人。虽然18世纪的这些乡村里长可能出于某些动机而隐瞒了乞丐和流浪汉的存在，但对于20世纪面对这些文献的读者来说，这些乡村里长的动机已经无从可考了，而这些数据也很难支持关于当时人们普遍悲惨痛苦和漂泊无依的结论。

我们应该更为关注这些报告中有关"贫困"（needy）人数的部分，以及报告中列出的那些，根据大革命宪法，因纳税太少而被列为"太穷而无权投票"的人的数量。在大革命时期的整个法国，后一类人占总人口的比例略高于10%（因此这类人在符合投票年龄的男性中占比可能会更多）。在安茹南部地区，这部分人在各行政区的占比是：绍莱区为9.1%、圣弗洛朗区为5.4%、昂热区为6.0%、索米尔区为5.4%。关于"贫困"人口的报告也存在类似的情况。乍一看，这些百分比似乎与上文的一些说法不符。虽然这些比例都低于全法国的平均水平，但似乎表明在莫日地区南部的绍莱区中确实存在着农民贫困问题。仔细审阅各个县的报告，可以更为准确地了解到当地的情况并发现问题所在。除了维耶区的信息缺失以及蒙特勒伊贝莱（靠近索米尔区）这座衰落的城市附近有大量公民被剥夺选举权这些令人头疼的情况之外，贫困的地图实际上勾勒出了纺织业的主要区域。贫困率最高的是绍莱和舍米耶的纺织中心，分别为14%和17%。我们将在后续章节中进一步论述这一结论：在莫日地区，非常贫困的人通常是纺织工，而且往往人数众多——尽管还有其他迹象显示着当地的繁荣和纺织业的兴盛,而在瓦尔和索米卢瓦地区,赤贫者是几乎没有土地的农业劳动者。不过在安茹南部地区几乎所有地方,赤贫者在人口中都明显不占多数。

阶级结构回顾

从本章开头关于社区组织和变化的抽象讨论,到这些关于贫困问题的细微考察,虽然二者的距离似乎非常遥远,但这只是因为,我们为了搞清楚这些社区周边的土地情况,从一条道路转向了另一条曲折的道路。现在我们可以更加清楚地发现,莫日地区与瓦尔和索米卢瓦地区农民社区的阶级构成大相径庭,而且我们可以明显感觉到这种反差与它们对整个法国社会的参与、介入程度有关。一方面,瓦尔和索米卢瓦地区的农民根据他们从事农业的专门类别、收入和财产可以细分为许多不同的身份,而这种细分与这个子区域在市场中更多的参与相互呼应。另一方面,在莫日地区,社区城市化的不完善性和偏颇性使得该地区阶级结构存在深刻的二元性。那里有两种类别的阶级立场:一种基于土地和农业,另一种基于商业、制造业和对另一阶级的管理。贵族和农民属于第一种类别,资产者和工匠大多属于第二种类别,而教士(以及一部分资产者)则在两种类别中都占有一席之地。毫无疑问,这种表述方式与"任何阶级体系都必须围绕一个统一的等级秩序来建立"的普遍假设相互抵牾。但是,它与马克思根据与生产资料的关系来区分阶级的做法,或者韦伯提出的有关生存机会(对商品、服务和生存条件的控制)决定性差异的标准并不矛盾。这些做法或标准都提供了一种可能性,即存在一系列不构成单一标准尺度的阶级结构。

阶级状况与迄今为止我们所调研的其他社会组织的特征一样,它不仅禁止我们简单地将安茹南部地区划分为"传统的"和"现代的"社区,还禁止我们为求简便而用二分法去轻易地解释该地区内部在政治上的差异。此外,它还明确地警示我们,不能将莫日地区的这些社区都视作同质化、结构单一、与世隔绝和具有地方民族特性的社区。我们对安茹南部地区精英的了解加强了这一警示。

不妨回顾一下,农民社区的精英是由这样的一群人组成:他们同时在地方性社区以及贯穿这些社区的国家结构中发挥着积极作用。精英是这些国家结构与社区内的相关活动的调解人和中间人。他们通过接触社区外部那些消息灵通和有权有势的人而获得了权力,并经常在社区中的其他成员与"外人"的交往接触中发挥巨大的影响。通常来说,精英角色越少,且他们以某种形式发挥中介、调解作用的专业化程度越低,精英阶层在地方的权力就越大。

在分析安茹南部地区的农村生活时,需要关注的国家结构是市场、国家和教会,而每个国家结构所揭示的内容,都远比这些单一术语从表面上看要丰富。在整个安茹南部地区,市场与社区之间的主要调停中介是资产者,而教会与社区之间的主要调停中介则是神职人员。不过,即便在这些方面也存在许多差异。瓦尔和索米卢瓦地区的农民大量生产经济作物,而莫日地区的农民则主要从事自给自足式的耕作。一方面,这就使得在瓦尔和索米卢瓦地区,商人的重要性被大大提高,从事商业(至少作为兼职商人)的农民的人数也增加了,从而使后者被纳入精英阶层的边缘地带。另一方面,在莫日地区,资产者作为国际市场与当地纺织工匠之间的调停中介,不仅具有举足轻重的地位,还控制着当地农产品的外流。莫日地区资产者的地位使他们对农民的直接影响相对较小。

市场的情况就是如此。而在教会方面,高级神职人员(尤其是修士和教会参事)在瓦尔和索米卢瓦地区的农村社区中更有影响力,而在莫日地区的农村社区中,堂区神甫通常是唯一的宗教权威。与商业一样,在瓦尔和索米卢瓦地区,社区成员与外部权力当局在宗教管理方面的接触似乎比在莫日地区更为频繁。

　　至于还没讨论的国家,正如我们即将看到的那样,在法国大革命之前,莫日地区的堂区神甫在社区对政府事务的处理中占主导地位,但是,当社区需要与政府高层打交道的时候,社区的发言人往往是当地的贵族地主。资产者虽然也在其中发挥了一定的作用,但只扮演着从属性的角色。而在瓦尔和索米卢瓦地区,虽然资产者人数较少,但他们作为政治中介的地位更为突出,堂区神甫和贵族的地位则相应下降。

　　接下来的章节将对这些简短的概略进行详细阐述。目前,我们只需认识到安茹南部地区看似"简单"的农民村庄背后的复杂性,观察到农村社区的城市化程度与其内部结构和阶级构成之间的一般关系,注意到瓦尔和索米卢瓦地区相对庞大而分化明显的精英群体与莫日地区更为精简且更具垄断性的精英群体之间的差异,这就足够了。当我们详细研究农村社区的运作时,这些因素将更为充分地展现它们的意义。

注　释

　　1. 这种司空见惯的老生常谈(其灵感源自 Hiller,1941;Resis,1959)给出了两个便于我们界定社区的要素:存在一种团结感,或存在一个控制相关领土的正式政治结构。有关社区组织定义和概念的讨论,请参阅 Hawley,1950;Sanders,1958;Chiva,1959;Blackwell,1954;Heberle,1941;Hill and Whiting,1950;Hillery,1955;Lefebvre,1949;Loomis and Beegle,1950;Soboul,1957;Sutton and Kolaja,1960。

　　2. 关于社区与社会相互渗透的有价值的讨论,请参阅 Wolf,1956;Vidich and Bensman,195:Ch.4。

　　3. 进行比较分析需要具备充分合理的基础。我们掌握了充足的有关法国大革命时期安茹南部地区 14 个社区中的"积极公民"(Active Citizen,年满 25 岁且缴纳折合当地三日工价的直接税的公民,与之对应的"消极公民"只有民事权利而没有选举和被选举权。——译者注)的职业信息(A. D. M-et-L 1 L 444)并对它们进行了分析,证实了下文有关安茹南部地区内部差异的结论,但是这些信息没有显示出不同地区在纺织工匠人数上的差异。由于我们在索米尔区没有找到这个清单,在昂热区也只找到一份,而且"积极公民"的代表性也非常令人怀疑,因此表格4.3没有出现关于纺织工匠人数的分析结果。关于如何更有把握地使用此类名单分析职业分布情况,请参见 Bois,1960b:224—237,444—447。

4. 这里呈现的结论的基础是安茹地区舍米耶的大学讲师弗勒里(Fleury)对私人档案的研究以及曼恩和卢瓦尔省档案馆中所藏的有关卢瓦尔河以南地区相当有限的公证材料(尤其是 E 4189—4192,E 4218—4219,E 4249,5 E^3 58—59,5 E^3 70—71)。这一结论还需要一位有大量时间和耐心,并且能够获得这些公证记录的人进行系统性的验证。

5. 与梅尔(Merle,1958:194—196)在加廷(Gâtine,法国中部省份加蒂努瓦 Gâtinois 的古称,位于卢瓦尔河谷的奥尔良附近。——译者注)周边发现的情况相反,莫日地区的小佃农明显比分种田佃农更贫穷。一份法国大革命之后对莫日地区农业耕作情况的调查(A. D. M-et-L 59 M 28)对当时的情况做出了如下描述:"小型农业耕作全部靠手工完成。我们称这些农民为'小佃农',而将他们的农场称为'边角地'。这些边角地的面积从半公顷到五六公顷不等,在这些耕地之外还要加上一两公顷的草地。耕地和草地的质量决定了喂养牲畜的数量,从一头奶牛到三头奶牛以及同样数量的牛犊不等。经营一小块的边角地需要一个人,而稍大一些的则要两个人。这些边角地的土地需要耕作,但是由于肥料不足,因此产量小,耕作成本也比用犁耙耕作的地方高出许多。在同样的土地面积中,这种类型的农场所需要的建筑也相应较多,而且通常从各个角度看,都可以说是财源匮乏。在这种土地上养育更多的孩子只会带来更多的痛苦,除非等到他们达到了工作年龄……被称为'分种田'的农场则由三四人一起经营,人手一个犁耙……最好的分种田规模是每个犁耙对应30公顷的耕地或4公顷的草地。一个地理位置合适的分种田通常由两个户主合作经营,每个户主都有一个十四五岁的儿子或者请雇工来帮忙,此外,他们还需要四名妇女帮忙照看奶牛和小牛。"

6. 参见 Siegfried,1911;另见 Siegfried,1913。同时考虑到保罗·布瓦(Paul Bois,1960b)对西格弗里德关于萨尔特省土地占有情况的论断持否定意见,现在是时候对西格弗里德关于曼恩和卢瓦尔地区的结论进行更为严格的验证了。我无法完成这项任务。但是,对西格弗里德关于土地产权分布和控制的变化的一般性规律的证实,可参见 Leclerc-Thouin,1843:70—72;Sée,1927;Dion,1934。关于其相邻区域的类似表述,可以参见 Garaud,1954;Merle,1958;Baudrillar,1888:vol.II。

7. 例如,安德鲁斯在分析1780年前后为拉胡德里埃尔(La Houdrière)封地所编的土地财税簿籍(A. D. M-et-L E 666)时,几乎不假思索地将所有身份不明的土地所有者都归类为农民,而其中包括了 11 位拥有"大人"(Sieur)头衔——这通常是对资产者的称谓——的人。

8. 地区重新分组如下。(1)卢瓦尔河谷:下拉盖尔什(Basse-Guerche)、蒂尔皮尼耶尔(Turpinière)、拉格朗佩(La Grand-Pé)、拉胡德里埃尔,以及隆奥姆(Long-homme)。(2)莱永河畔区域:拉伊尼耶尔(La Hinière)。(3)莫日地区北部:蒙穆提耶(Montmoutier),以及盖德瓦莱埃迪波尔(Gué-de-Vallée-et-du-Port)。(4)莫日地区南部:巴尔布瓦尔(Barboire)、帕里涅(Parigné)、蒙博帕潘(Montbault-Papin)、小里乌(Petit-Riou)、莱格朗日(Les Granges),以及布齐耶默莱(Bouzillé-Melay)。我应该补充的是,安德鲁斯的本意并不是分析索米卢瓦的土地赋税簿籍。

9. 参见 A. D. M-et-L C 192 and IV C 3。已验明身份的贵族可参见 A. D. M-et-L II B(procèsverbal de la sénéchaussée de Saumur);Carré de Busserolle,1890;de la Roque and Barthelemy,1864;Bois,1960b:409—422。

第五章　农村的邻里关系

　　尽管对那些习惯于在讨论革命时纵览全局的读者来说,将目光放在细节上可能会使他们感到不耐烦,但现在开始的这一章节将不得不比上一章更仔细地讨论农村社区的特殊因素。因为只有完成了这一考察,我们才能满怀信心地去着手分析旺代的反法国大革命运动。就像我们先对精良的枪械进行分解,然后将其重新组装成一个趁手好用的整体那样,对农村社区这些特殊因素的考察,能够使我们更好地理解社区在特定时刻所爆发出的力量。

　　为了便于分析,我们可以区分社区内部的四种系统,主要是政治、经济、宗教和归属(affliational)层面的社会关系。在分析政治关系,即与权力分配有关的关系时,我将讨论市镇。围绕商品的生产和分销建立起来的关系则属于经济范畴。社区的宗教关系主要涉及为了控制信仰而形成的教区。而那些以个人接触和亲密关系为中心的关系则属于邻里关系。[1] 上述每一种关系都是使社区内部人员出现分化与团结、决定其内部成员社会地位和影响力的基础,而每一个关系系统也在不断地与其他系统相互作用。这些系统共同构成了我们所说的"社区"的复杂结构。

　　本章和后续三章将分别讨论邻里关系、教区、经济和市镇,然后把它们放在一起讨论。首先是邻里关系。不过,我无法细致入微地呈现它们的全部内容,因为除了那些权贵们的私人生活之外,历史记录中关于归属关系、个人交集和亲密关系的痕迹一般要比社区组织其他方面的记录要少。一个悲伤但真实的情况是:在历史学领域,对真爱的记录还没有关于卖掉几头母猪的记录多。但即便如此,爱情关系有时会通过婚姻的形式被记录下来,而敌对关系有时可以通过犯罪记录来呈现,个体之间的联盟有时也可以通过正式登记的住宅信息将他们之间的邻里关系具象化。上述每一种情况后来都被收录成为历史资料。这些类型的档案证据要比大多数对 18 世纪法国状况的分析所显示的更为丰富。

布　局

当然,一个社区在物理空间上的布局本身就揭示了其社会组织的一些情况。正如一群社会学家在罗伯特·埃兹拉·帕克(Robert Ezra Park)的启发下,试图从城市的平面图中看出社会结构的影子一样,研究农村社区的学者至今依然可以从农业定居的模式中学到很多东西。维达尔·白兰士甚至说,在零散的小村庄周围所形成的农村风貌"是一种与聚居村庄完全不同的农业类型,是另一种生活方式以及一套截然不同的社会安排"(Paul Vidal de la Blache,1926:301)。我们不用舍近求远,在安茹南部地区就能发现这种对比的例证。因为从总体上看,莫日地区的人员居住得比较分散,而瓦尔和索米卢瓦地区的居民聚集在村庄中,其周围则是人烟稀少的田地。这正是古老的博卡日地形区和平原地区、林地与沃野的核心差别所在。朝向绍莱的是博卡日地形区,而朝向索米尔的则是平原地带。

人们绝不会认错博卡日地形区的面貌。19 世纪一位经验丰富的旅行者曾经说过:"(博卡日地形区)只有少数几个村庄,而无数的农场被淹没在树丛之下。这些农场阡陌交通,小路两旁常常是树篱,有时树篱还覆盖到了道路的上方。"(Ardouin-Dumazet,1898:74)博卡日地形区最基本的特征就是,小块的农田被高大的树篱所包围。

叫作"小福伊"(Le Petit Foüy)的农场属于圣乔治-迪皮德拉加尔德(Saint-Georges-du-Puy-de-la-Garde)*,它说明了博卡日地形区土地产权情况的一些特征(A. D. Maine-et-Loire E 460)。这块分种田过去也许并不具有代表性,因为它是在 1773 年的前几年刚刚确立的,但它具有所有博卡日地形区常见的那些特征。这块分种田是由一个更大的分种田——勒福伊(Le Foüy)——之前未开垦的部分拼凑而成的,它确立的条件是佃农必须在这块新土地上建造房屋。1773 年,两个日工——勒内·古戎(René Goujon)和路易·贝纳尔(Louis Besnard)共同耕种这块地。他们拥有约 40 公顷的土地,而其中的大部分几乎被平分为牧场和耕地。土地上有两座小房子,每座房子中都是一个房间,附带一间马厩。房子附近是花圃、果园以及面积最小、耕种最密集的田地。每块犁耕过的小田地都有一个名字,比如雀巢(Magpie's Nest)、新田(Newfield)、岬角(The Point)等。与一般的农场相比,这里的小树丛要稠密得多。这些树篱非常重要,因为它们不仅宣示这些耕作了的田地是私有财产,禁止任何拾穗的妇女和觅食的牛群在任何季节进入这些田地,还将农民自己的牛群围在里面。此外,这些树篱还为农民提供木柴、木材和供马厩用的褥草(参见 Poirier,1934:22—31)。

这些树篱的必要性在习俗和法律中根深蒂固,以至于在 1769 年,

---

* 法国大革命时期成立的市镇,1973 年与莱加尔德(Les Gardes)合并为圣乔治-德加尔德(Saint-Georges-des-Gardes)。——译者注

当听到人们抱怨说有牛群在闯入附近的葡萄园时,圣弗洛朗的司法总管(*Sénéchal*)下令:

> 在这一司法辖区内的土地所有者、租赁人以及葡萄园佃农,应在此声明发布后的第二天将土地围起来以防止牲畜进入。我们还禁止所有人让他们的牲畜在这些地方游荡或吃草,同样禁止在这些地方割草或拔草以喂养这些牛群。违者每人罚款 3 里弗赫,外加扣押没收牛群并赔偿损失、利息和费用。(A. D. M-et-L VIII B 440)

这种秩序与英格兰土地肥沃的乡村或法国东部开阔田地的习俗背道而驰。这些篱笆围成的农场还有其他一些基本特征:森林面积很小,溪流、小河众多,道路蜿蜒曲折,土地暂时或者长期处于休耕状态。[2]

更重要的是,在博卡日地形区的每个社区中,居住地被划分为好几个部分:乡镇——人们聚居在这个中心,它是教堂、客栈和商铺的所在地,还是农村资产阶级(*bourg* 和 *bourgeoisie*,一个让人会心一笑的词源巧合)的家园;偶尔还会有两个次一级的村庄;一些分散的小村庄;以及孤零零的农场。圣康坦-昂莫日(Saint-Quentin-en-Mauges,位于莫日地区北部的边缘,朝向圣弗洛朗,法语地名后的"en-"标记通常表示该地区的边缘地带)这个小市镇就是一个很好的例子。我非常幸运地找到了一份法国大革命时期圣康坦居民的完整名单,其中列出了居民的年龄、性别及其在社区中的具体居住地(A. D. M-et-L 6 L 19)。这份档案显示,在当时的 1 090 名男女老幼中,有 375 人居住在乡镇,90 人住在一个村庄中,41 人住在另一个村庄中,其余 584 人分散在 52 个有名字的小村庄或农场里。所以,除了三个最大的居住地之外,平均每个房屋群容纳约 11 人。也就是说，这里的居民并不集中聚居，而是分散居住。

　　与之相对，瓦尔和索米卢瓦地区的居民则都是住在村庄里的村民。与莫日地区的社区相比，瓦尔和索米卢瓦地区的农村社区平均面积较小，居民人数也较少，但居民们更多聚集在一个统一的居住地。保罗·瓦格雷在谈到瓦尔和索米卢瓦地区的一位葡萄酒酿造者时说："他善于交际，与邻居们一起和睦地居住在山脚或山坡边相连的大乡镇中。这些乡镇有蒙索罗（Montsoreau）、蒂尔康（Turquant）、帕尔奈（Parnay）、卢瓦尔河畔当皮埃尔（Dampierre-sur-Loire）、瓦兰（Varrains）、沙塞（Chacé）、圣西尔（Saint-Cyr）、图埃河（Thouet）上游的布雷泽（Brézé）。"（Paul Wagret，1951：32—33）与这种定居模式相伴而生的一种现象是，索米尔区（尤其是葡萄种植区）附近的人口密度略高于绍莱区和圣弗洛朗区。按照粗略估计，在 1792 年，这些地区每平方千米的人口密度是：绍莱区和圣弗洛朗区为 63 人，维耶区为 55 人，索米尔区为 100 人，四个行政区的平均值为 69 人。[3]虽然人口的高密度这一事实本身可能非常重要，因为它能促进人员更密集的交流，但是"人口紧凑地聚集在村庄"这一事实才是最重要的。维达尔·白兰士在谈及这种安排的社会意义时写道："无论那里人的视野有多么狭隘，无论传达到那里的外界声音被压制得多么厉害，村庄中还是形成了一个容易受到普遍影响的小社会。因为村庄中的人口并不是分散的原子化个体，而是一个个能够凝聚众人的核心，这种基础形态足以使农村社会很容易受到影响。"（Vidal de la Blache，1903：31）西格弗里德也对这个主题进行了研究，在维达尔的启发下，他认为在村庄中，人们更容易找到集体行动的支持者和追随者（Siegfried，1913：385ff.）。

　　不过，毫无疑问，事情并没有那么简单：19 世纪美国最激烈的农民运动是在人们想象得到的最为分散的居住地——小麦带（Wheat

Belt)——中发生的。同样,尽管旺代的反法国大革命运动应该被视作一场集体行动,但它并没有在上述人口密集的村庄中被引爆,而是绕过了它们,在一些小村子和孤零零的农场中安营扎寨。话虽如此,来自社区外部的思想、计划和运动似乎依然可以更快速和更一致地影响聚居在村庄内的所有居民,因此更有可能在这些社区内部激起集体的反应,但这些反应并不一定是前景乐观的。正如对非政治性活动的参与可以吸引人们去参与政治舆论和政治行动(就像后世对托克维尔的解读所揭示的那样,如 Lipset,Trow and Coleman,1956;Kornhauser,1959;Greer,1962),如果村民居住在一个人口聚集的村庄里,那么他就有可能对政治表现得没有那么冷漠。近年来对法国政治地理的研究(例如 Dupeux,1952;Dogan and Narbonne,1954)一致表明,人口"聚居"的社区在全国选举中的投票率往往高于人口"分散"的社区。

在没有明显拉帮结派的情况下,人口聚集的村庄中的居民,无论在公共层面还是个人层面,可能都没有那么多争执。然而在有朋党派系掌控的情况下,这些聚居在村庄中的居民远比居住在偏远小村中的居民更难逃脱党派的监视和报复。尽管这并不意味着在一个人口聚集的村庄中就不会有任何的反对派,但是这表明了政治上的反对派会与个人和少数派的联盟紧密联系在一起,而且反对派可能会在投票站的私密空间里比在城镇会议的公开场合中发出更响亮的声音。所以我的结论是,维达尔是对的。村庄生活可以提高村民的反应能力和政治意识,促进集体行动和内部成员的(无论是主动还是被迫的)一致性。在法国大革命时期,瓦尔和索米卢瓦地区的村庄组建了卓有成效的革命爱国俱乐部(patriotic club)和国民自卫军(National Guard),这就是一个绝佳的例证。

现在我们来回顾一下,莫日地区的人口分散并不意味着他们简单地散落在各处,而是意味着每个社区中都划分有几种不同类型的居住区。最重要的是,其主要聚居地的特征与社区内的其他部分完全不同。资产者、工匠和神职人员几乎无一例外地居住在乡镇或其附属的村庄中。贵族从不居住在这些地方,而农民中则只有日工才有可能在这些人口中心拥有房子。一个社区中究竟有多少人住在乡镇里,这与该地区产业活动的活跃程度息息相关。莫日地区的极端情况如下:(1)在沉寂的圣洛朗-德索泰勒(Saint-Laurent-des-Autels),数千居民中只有23%住在乡镇,而从事资产者职业的男性比例不到 4%;(2)在热闹的拉泰苏阿勒(La Tessoualle),1 500 名居民中有 900 多人住在乡镇,26%的男性是资产者。每个社区的商业、行政和制造业都在其核心居住区开展业务,因此在每个社区内部也就出现了“农村型”与“城市型”的细微划分。从这个意义上说,社区内部的这种地域划分也是阶层划分。稍后我们将会发现,在法国大革命时期,这些社区中的乡镇和农村之间的差别会有多么鲜明。

话虽如此,我们不要夸大定居模式的重要性。诚然,在法国西部,博卡日地形区的聚居地可能与下面这些因素之间存在些许联系:(1)低效的自给自足式农业,(2)贵族对土地的占有,(3)1791 年至 1800 年的反法国大革命运动,(4)19 世纪的政治保守主义。博卡日地形区的风貌与一种特定的土地利用方式、一种特殊种类的农业相关,而这种农业又与一系列特定的社会条件相关。因此存在相关性。不过,布瓦(Bois,1960b)已经证明,这种相关性远非彻底的一一对应关系,因为萨尔特河流经的革命与反革命地区都主要在博卡日地形区,而布列塔尼和诺曼底的一些重要区域也不符合这一表述方式。在安茹南部地区,人口分散的居住地与人口集中的居住地之间的对比,的确强化了莫日地区和瓦尔和索米卢瓦地区的人员在社会经历方面的深刻差异,但它并不能解释这些差异。

婚　姻

无论如何,人口定居模式所提供的有关社区内部成员之间的团结和非正式关系的证据是相当简单的。与之相对,婚姻模式却在这些方面提供了宝贵的直接证据,因为:(1)婚姻本身通常是家庭与家庭之间、个体与个体之间的一种强有力的联盟;(2)通婚的频率表明哪些群体能够以近乎平等的方式对待彼此;(3)即便抛开婚姻双方的社会等级或地位不谈,两个群体之间通婚的频率也与其他那些没那么有约束力的社会关系所体现出的热度和频率相符。

之前用来估算职业分布所依据的教区登记簿,记载了 1780 年至 1784 年 18 个社区所有的婚姻记录。在这四年中,大概有一半的时间,主持婚礼的堂区神甫或副堂区神甫(*vicaire*)不仅登记了新婚夫妇的姓名和住址,还登记了他们的年龄和职业,并按照其住所和职业对他们的父母和证婚人进行了统计。因此,这些记录中包含了大量有关新婚夫妇的亲属关系和朋友关系的信息。唯一令人遗憾的是,在我们所分析的教区登记簿中,仅有四五个小社区在瓦尔和索米卢瓦地区内部(采用最宽泛的定义),产生了不超过 100 对新人。[4] 不过,这些教区登记簿中也包含了各式各样的、来自安茹南部地区其他地方社区的信息。关于安茹南部各子区域差异的结论,必须通过综合比较绍莱区、圣弗洛朗区与索米尔区、昂热区、维耶区之后才能得出。因此,这些结论是暂时性的。

我从手头这些教区登记簿中提取了关于四个问题的信息。这些问题是:(1)与当地社区之外的地方通婚的程度;(2)不同职业与社区之外的地方通婚倾向的差异;(3)跨行业边界通婚的程度;(4)跨行业边界通婚的偏好模式。居住地指的是新郎或新娘在结婚前的住处。在有关职业的方面,新郎——或当他自身没有特定职业时,那就是新郎父亲——与新娘父亲的职业算作其习惯性从事的行业。在这些教区登记簿中总共有 961 例婚姻需要分析。在登记嫁娶的 1 922 人中,几乎所有人(包括 941 对夫妇)都有居住信息,但只有 1 079 个人的职业信息。

第一个问题是当地内部通婚的程度,即个人与其所在社区内部其他成员通婚的频率。当地内部通婚的倾向越强,社区成员所具有的其他社会关系就越有可能高度地方化。这些结果不过是暗示性的,现将它们汇总到这张小表格中。

表 5.1　当地内部通婚比例(按行政区)

行政区	婚姻比例(%)			所分析的婚姻数量(例)
	两位新人来自同一社区	有一位新人来自同县其他地方	有一位新人来自另一个县	
圣弗洛朗区	64.6	7.9	27.4	277
绍莱区	60.5	5.8	33.7	481
维耶区、昂热区和索米尔区	57.4	11.5	31.1	183
总计	61.1	7.6	31.3	941

有 2/5 的婚姻跨越了社区边界,这一事实有力地反驳了那些认为社区之间相互封闭的观点。从表面上看,跨县通婚的比例高得令人难以置信,但事实上,人们最终意识到了,许多相邻的社区其实并不在同一个县里,尤其是在圣弗洛朗和绍莱区,因为那里的县中的社区数量较少。

从表 5.1 中可以看出,莫日地区的当地内部通婚率要高于瓦尔和索米卢瓦地区。圣弗洛朗区的社区内部通婚率最高,而维耶区、昂热区和索米尔区就算加在一起,其社区内部通婚率也是最低的。然而,这张汇总的表格不仅掩盖了各行政区内部的巨大差异,还在某种程度上掩盖了昂热区和索米尔区非常高的社区内部通婚率。但是从整体来看，这些差异并不十分明显。因此，这部分的分析只是提供了一个非常有意思的假设，而有待更进一步的验证。

如表5.2所示，按照职业阶层对当地内部通婚的分析得出了更为明确的结果。[5]总的来说，社会地位越高，外娶或外嫁的比例（可能还有他们的社会关系扩展到其周边地区以外的程度）也就越高。例如在农民阶层中，新人里有一位来自本县以外地方的比例，从下层雇工的1/4到大农户的约2/5不等。按照这个标准，迄今为止最为本土化的群体应该是产业型工匠。他们不仅在经济上是人口中最不稳定的部分，在社会关系中的圈子也最为狭窄。而他们的主子（master），即资产者，则大不相同。资产者的社会关系、利益兴趣和志向抱负远远超出了一个农村的边界。在这个意义上，资产者完全有资格成为地方精英。

表 5.2　当地婚姻分布（按职业阶层）

职业阶层	婚姻比例(%)			所分析的婚姻数量（例）
	两位新人来自同一社区	有一位新人来自同县其他地方	有一位新人来自另一个县	
大农户	53.3	8.5	38.2	199
小农户	55.1	18.4	26.5	49
农场雇工	66.2	9.9	23.9	71
农民总体	56.4	10.3	33.2	319
资产者总体	76.0	1.9	45.3	53
工业型工匠	52.8	5.4	18.6	129
其他工匠和磨坊主	76.0	11.2	26.4	125
工匠总体	62.4	8.3	22.4	254
身份不明者	69.3	9.0	31.5	333
整体样本	60.7	8.9	30.4	959

注：包含两次有贵族的婚姻，这两次婚姻中，都有一位新人来自另一个县。

在分析了 1790 年和 1791 年安茹南部地区 13 个社区的积极公民（即符合财产资格的登记选民）名单[6]之后,我对上述的发现进行了有趣的扩充。除其他事项外,这些名单通常会注明个人在该社区所居住的时间,因此可以从流动性的角度,将他们分成不同的职业群体进行比较。

由于所涉及的人数较多,因此可以使用比婚姻登记分析更为精细的区分,见表 5.3。

表 5.3　每种职业中终生居住在其社区的人口比例

教士	6.7%(15)	工业型工匠	68.8%(218)
大农户	59.8%(748)	其他类型的工匠	49.5%(305)
小农户	45.6%(318)	磨坊主	41.4%(58)
雇工	50.0%(168)	其他技术或服务职业	48.6%(74)
农民总计	54.8%(1 234)	工匠、磨坊主及其他总计	55.1%(655)
行政和职业资产者	31.7%(60)	各行业总计	53.9%(2 220)
商业资产者	54.3%(254)		
资产者总计	50.0%(314)		

注:括号内为案例数。

如果我们以与外界通婚为标准,将人口分为"(社交)范围广泛"(wide-range)和"(社交)范围狭窄"(narrow-range)的群体,同时按照其出生地将人口分为"内部人员"(insider)和"外部人员"(outsider),那么我们就可以划定四种不同的类型:社交范围广泛的内部人员、社交范围狭窄的内部人员、社交范围广泛的外部人员和社交范围狭窄的外部人员。以此观之,工业型工匠和他们为之工作的资产者之间的对比,可以再现为社交范围广泛的外部人员(即资产者)与社交范围狭窄的内部人员(即工业型工匠)之间的对比。资产者不仅凭借其技能和在当地的经济实力,还凭借其出身和日积月累的社会关系,成为工业型工匠和外部世界之间的中间人。而对工业型工匠,比如织工来说,即便他们以及其他同行都生于斯长于斯——这可能会增强他们的成员意识,甚至赋予他们一定程度的地方性权力(parochial power),但他们狭窄的社交范围也会使他们更容易受到那些社交范围广泛的资产者的控制。

其他类型的工匠的情况则有些不同。他们跟外界通婚的频率更高(尽管低于社区的平均水平),而且他们更有可能本身就来自其他地方。这些特征很可能与下面这些现象之间存在密切关系,比如这类工匠(如铁匠、木匠或厨师)拥有更多的财富和更大的权力,以及他们通过出售自己的商品和服务而更直接地参与市场活动。

雇工虽然与非工业型工匠之间存在许多共同特征,但他们的社交范围更加狭窄,而且更接近于社交范围狭窄的外部人员。这表明,与其他群体相比,他们对当地社区的归属感较低,也没有什么能力对地方社区施加影响。他们的情况在某种程度上类似于大城市中新来的少数族群。

最有意思的是大农户与资产者之间的比较。资产者,尤其是农村资产阶级中地位较高的成员,经常与外界通婚,而他们自己也通常是来自其他地方的,他们是社交范围广泛的外部人员。大农户则通常是本地人,尽管也经常与外部通婚,但可以说是社交范围广泛的内部人员。我们可以看到这些内部人员和外部人员之间充满了斗争的可能性,而资产者和大农户处在这两个对立阵营的前线。在法国大革命时期,这种形式的对立冲突十分常见。

让我们对这一阶段的分析结果进行与之前略微不同的归纳。总体而言,(1)社会地位越高,社会关系的范围就越广;(2)参与市场活动越多,成为社区的外部人员的可能性就越大。参与市场活动能够促进人员的流动性,但高等级的社会地位才是得以持续参与跨地域限制的活动和维持超越地域限制的社会关系的基础。这些结论不仅从大体上看是可信的,还让人回想起前面关于城市化与社区结构的讨论。参与市场活动的程度似乎再次成为农民社区内部以及这些社区之间的共同特征,而将"外向型"精英与社区其他成员区分开来,似乎又一次变得至关重要。在这种情况下,我们会比以前更加清楚地发现,精英阶层同时参与国家和地方性事务,并且发挥着相应的职能。而在这个意义上,这些精英的职位与高等级的社会地位是相辅相成的,虽然它们并不是一回事。

关于当地内部通婚还有一些显而易见的伴生问题:同一阶层内部通婚的情况如何?不同职业群体之间的通婚表现出了哪些偏好形式?同一阶层内部通婚的程度可以表明,本书所区分出的各种阶层,究竟在多大程度上将地位确实不同的群体区分了开来。而婚姻的偏好形式也可以使人们对社会内部的主要联姻关系有所了解,并有助于确定哪些群体能够以近似平等的态度对待彼此。当涉及荣誉和社会地位,而非权力或财富时,没有什么资源能比保存完好的婚姻记录更能帮助我们了解那些在时空上都距离我们非常遥远的村庄的阶层结构。

阶层内部通婚是第一个问题。最简单的回答是(统计)每一类人群与同类型人群结婚的比例。它的不足之处在于,按照这种统计方法,我们使用的区分越细致,得出的阶层内部通婚率就越低(它的极限是每个人都属于一个单独的类别,因此每桩婚事都是外部通婚)。在每类社会人群中,同阶层内部通婚的比例如下:大农户 77%、小农户 24.6%、雇工 48%、农民总计 84.3%;资产阶级总计 58.3%;工业型工匠 58.1%,其他工匠和磨坊主 30.1%,工匠和磨坊主总计 63.2%。小农户内部通婚率低——虽然这出人意料,但主要是因为他们倾向于和雇工家庭及其他类型的工匠家庭进行联姻。其他类型的工匠和磨坊主的内部通婚率也很低——这在意料之中,因为他们在当地实际上属于鱼龙混杂的一类群体。上述群体较低的内部通婚率,使人怀疑我们是否有权将他们细分为彼此独立而内部又团结一致的子类别。其他类别的社会群体的数据则相当不错。不过，即便是这一组简单的统计数据也显示出了农民与社区其他群体的相对隔绝的状态。如果我们再加上"贵族总是与贵族进行联姻"这一不足为奇的观察，那么这组数据就会表明，贵族、教士、资产者、工匠、农民这些主要的社会阶层，不仅在团结程度上大为不同，还在财富和权力方面差距悬殊。

　　然而，这种简单的百分比会受到我们所讨论的相关群体的规模的影响，无法揭示个人在跳出他们自己所属的群体时所做出的选择。为此，需要一些更为精细的方法。处理这个问题的一种方法是用一个指数，它将某类特定人群实际上的婚姻数量与"预期"的数量进行比较——"预期"是指他们的选择与职业阶层无关，因此来自 X 群体中的个体与来自 Y 群体中的个体结婚的概率，与总人口中 Y 群体的比例成正比，正如来自 X 群体中的个体与 X 群体中的另一个个体结婚的概率，与总人口中 X 群体的比例一样。我们可以把这种比例称为"通婚指数"（Intermarriage Index），其计算公式如下：

$$\frac{100 \times X \text{ 群体与 } Y \text{ 群体之间的通婚数量}}{X \text{ 群体的人数}} \times \frac{\text{样本中的婚姻总数}}{Y \text{ 群体的人数}}$$

如果这个通婚指数为 50，那就意味着特定类型人群的婚姻数量与预期数量完全一致，而这个指数越高，则超出预期数量的部分就越多。[7]

　　表 5.4 列出了整个样本的结果，我们尽可能对手头的数据做了最精细的职业划分。对角线上显示的是每个职业类型中的内部通婚指数，而表中的其余部分显示的是相应群体的跨行业通婚指数。对角线上的数据表明，除了一小部分的例外，每种职业类型的青年男子都非常喜欢与同行的女儿结婚，或是青年女子大都喜欢与其父亲职业相同的男子进行婚配。在这些主要的社会阶层中，资产者表现出了最强烈的内部通婚的倾向。[8]

表 5.4　安茹南部地区的社区通婚指数

职业类型	未列出	大农户	小农户	葡萄酒酿造者	雇工	农民总计	行政资产者	商业资产者	资产者总计	工业型工匠	农业服务型工匠	一般服务型工匠	工匠总计	磨坊主	其他
未列出	80														
大农户	18	157													
小农户	41	59	114												
葡萄酒酿造者	19	20	97	2 656											
雇工	35	27	148		295										
农民总计	24	117	107		89	106									
行政资产者	48	20	0		0	0	0								
商业资产者	13	15	101		22	20	101	643							
资产者总计	17	15	84		19	19	168	560	508						
工业型工匠	29	12	0		45	21	40	43	41	210					
农业服务型工匠	31	65	0		0	53	0	161	134	32	850				
一般服务型工匠	40	26	0		9	22	232	70	107	84	0	180			
工匠总计	33	19	33		31	23	101	57	67	160	61	112	140		
磨坊主	41	78	0		0	51	0	48	40	0	0	37	12	918	
其他	28	24	85		43	39	0	0	0	106	155	45	89	0	455
群体人数	833	393	82	12	108	597	12	79	95	198	15	103	315	25	41

表 5.4 还显示了每类职业群体与本行业以外的人进行通婚的明确偏好。例如，草草扫一眼就能发现，大农户偏爱磨坊主、农业服务型工匠和小农户，而回避与其他人通婚；小农户虽然把大部分注意力放在其他农民身上，但他们也经常迎娶农业服务型工匠和其他职业群体（比如宪兵、信使、船夫等杂役）的女儿；雇工们则很少会与不太富裕的农民以外的人结婚；按照这张表格以此类推。对每一种婚姻的评述都非常具有参考价值，而且引人入胜，但在此就没必要了。表 5.4 中的重要内容可以归纳为以下几点。（1）一般来说，如果婚配的群体大致属于同一个阶层，那么其内部的联系最紧密。事实再一次证明，安茹南部地区内部存在一定的阶层凝聚力。（2）倾向于跨越阶层界限而结合在一起的群体，他们在权力和财富上大致相当，比如工业型工匠找其他职业人员进行婚配，大农户寻找磨坊主进行联姻。（3）还有一种趋势，即出于经济生活的需要，那些社会地位近似平等的群体（即便他们在其他方面不平等）之间也会进行通婚，比如商业资产者和农业服务型工匠（如铁匠、箍桶匠）的联姻就表明了这一趋势。（4）最后一点可以概括为，实际上存在两组不同类型的婚姻，一类以农业复合体（agricultural complex）为基础，另一类则以商业复合体（commercial complex）为基础。即使在爱情方面，这种区分也将社区一分为二。

复杂的表格就像一座迷宫，很容易让人迷失方向。为此，我专门绘制了图 5.1，它只不过是对通婚指数表格中那些较强关系的图解。这张图说明了有关通婚指数的总表中的所有观点，并提出了一些新的看法。它证实了农业复合体和商业复合体的部分分离，但也提出了一些有用的限定条件和说明。（1）相比于大农户和小农户，葡萄酒酿造者——在某种程度上还有雇工——与非农民的关系更近。事实上，葡萄酒酿造者和雇工是农民中最频繁地参与市场的贸易买卖的类型。（2）磨坊主和农业服务型工匠（或许还包括其他职业者）的地位介于农民和其他社

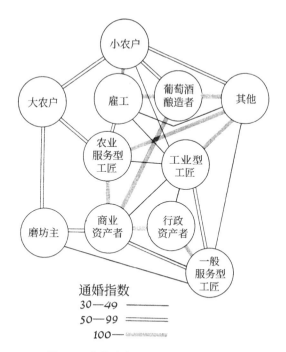

图 5.1　安茹南部地区的职业通婚模式

会阶层之间,而这一事实同样对应着他们职业所需的社会关系。

　　图 5.1 还带给我们一些其他的收获。第一,我们有时可能会认为,安茹南部地区的小农户和工匠(主要是纺织工)基本上是同一类人,他们根据季节的变化和市场的需要,从原先的活动转向从事另一种活动。如果是这样的话,那么我们也许可以认为,婚姻记录中能够反映出这两个群体之间存在大量的联姻,并使他们各自在与社区内其他群体的关系上非常相似。但事实并非如此。虽然这两个群体之间明显保有一些亲密友好的关系,但这两个群体依然是不同的。这一观察很好地提醒了我们要区别对待农民和工匠,这一点很重要。

　　第二个观察发现是,婚姻模式似乎与居住模式保持一致——如果我们有每个子区域更充分的数据,那么也许可以更好地证实这一点。

例如，住在乡镇中的三类人——商业资产者、行政资产者和一般服务型工匠，他们之间经常进行内部通婚。而其他工匠、雇工和小农户之间的关系，则似乎最有可能（在莫日地区）将居住于大大小小的村庄中的那几类人聚集在一起。这种明显的邻近效应不但没有推翻阶层或者由工作产生的各种关系，反而支持了我们之前提出过的观点：在莫日地区，社区的地理划分实际上加强了阶层之间的分化。

归属关系的一般模式

婚姻偏好模式还有一个更有意思的含义。如果真的存在——受劳埃德·华纳（Lloyd Warner）对美国社区的细致剖析所启发——其他研究者在别处发现的那种单一的、明确的、等级森严的阶层秩序，那么它肯定会在婚姻关系中显现出来。因为在华纳的分析中，这类社会准入（social access）和可接受性（acceptability）的问题恰恰是最重要。但是在上面所讨论的上千例婚姻中，现实情况却很难与那些诱导性的词汇（比如"上层""中层"和"下层"）结合在一起。尽管在每个复合体中都有明显的等级差异，但是这些差异无法被硬塞入同一种尺度之中。我们从现实中得出的结论是，各种阶层可能真实存在，但它们并不构成一个统一的等级顺序。

整体而言，这一分析结果很好地扩充了之前关于阶层结构与团结程度的一些模糊论断。婚姻模式不仅证实了安茹南部农村社会主要阶级的分化，还证实了农业复合体与商业复合体之间更广泛的分化，并使人们得出了这样的结论，即这些分化延伸到了个人之间的友谊、交往和联盟。事实上，这些研究结果不仅非常明确，还很有启发性，让人渴望能有数量足够多并且分布足够广泛的案例，对安茹南部地区的各个子区域进行充分的比较。然而,由于目前样本的局限性,这一令人称道的目标还无法实现。

尽管这些记录在涉及个人归属关系方面存在无法避免的缺陷,但它们还是为我们提供了一些非常重要的、有关农村邻里关系结构的信息。我们可以发现,阶层和地理位置同时对非正式社会关系产生了重要影响。我们可以看到,莫日地区的部分社区是如何被吸纳进市场,并凸显了农业复合体与商业复合体之间的分工,以及对商业复合体的参与如何促进了人员的流动性,并使他们获得了更丰富的社区外部经验。我们可以看到,在每个复合体中都存在一系列真正的精英阶层,他们既有较高的社会地位,也有广泛的社会关系。最后,我们得出了一个更有力的推论,即瓦尔和索米卢瓦地区人员的聚居模式提高了他们对外界思想和政治运动的反应力。我们不妨看看,在分析教区、经济和市镇,即其他三个农村社区的社会关系系统时,能找到多少与这些结论相对应的地方。

注　释

1. 当然,这种分类与传统社区研究中所描述的那些标准以及塔尔科特·帕森斯认为任何社会系统结构都固有的“子系统”(Talcott Parsons, 1952:esp. Ch.III)存在许多共同之处。但是,在处理社区结构时,帕森斯本人更倾向于将其理解为它是所有社会系统在空间方面的呈现(Parsons, 1960:Ch.8)。

2. 梅尔的研究博采众长(Merle, 1958;参见 Bloch, 1952:57—63, 1956:64—68; Dion, 1934a, 1934b; Le Lannou, 1950),他表明了,博卡日地形区中许多看似亘古不变的地貌因素实际上是中世纪之后的地主们所制造的。与如今相比,早期法国西部的乡村可能更像英国遍布在林地上的小村庄(参见 Mogey, 1947:15; Homans, 1941:26—27; Rees, 1950:100ff.; Seebohm, 1896:187; Meynier, 1958:22—31)。事实上,法国西部似乎一直在以不同的节律进行一种标准的演变。大地主们将零星的土地集合起来,形成了具有特色的分种田,在这一过程中,有时还会出现拆散现有的村庄和小村庄的情况。起初,大地主将这些中等规模的农场按份出租给可靠的农民,但是最终这些地主不再直接干预单个农场的事务,对它们的兴趣也越来越少,监工和代理人则变得越来越重要,而按份租佃转变为固定付款(实物和现金)的租赁方式也无情地传播开来。也许其中还有另一个过程,即旧庄园领地的逐渐瓦解,以及包括农民在内的新来者们一块块地购买这些土地。到 18 世纪,这一过程在安茹和曼恩的许多地方已经遥遥领先，在普瓦图和布列塔尼的偏远地区则还处于近乎于初始的阶段。一个地区究竟有多少贵族离开了乡土进入城市，与这一过程所能达到的阶段之间存在直接联系。而根据这一假设，第一个阶段塑造了博卡日地形区的风貌，但后面这些阶段则改变了这些风貌，因为它们改变了最初与这些风貌相关的社会关系。如今，伴随着社会进一步的演变，法国西部大部分的博卡日地形区正逐渐变得稀疏，甚至消失。

3. 这些数据主要以法国国家档案馆的档案(A. N. D IV bis 51)为依据，但未对索米尔区和绍莱区中较多城市居民的数据进行修正(参见 Châtelain, 1956)。

4. 曼恩和卢瓦尔省档案馆(A.D. M-et-L B)中收录教区登记簿的地区有：绍莱区的尚特卢(Chanteloup)、热斯泰(Gesté)、沃赞(Vezins)、拉泰苏阿勒、圣皮埃尔德绍莱；圣弗洛朗的拉普瓦特维尼耶尔(La Poitevinière)、拉波姆赖、拉沙佩勒-杜热内(La Chapelle-du-Genêt)、拉沙佩勒-圣弗洛朗(La Chapelle-Saint-Florent)；维耶区的尚佐(Chanzeaux)、圣朗贝尔-迪拉泰(Saint-Lambert-du-Lattay)、博略(Beau-lieu)、沃克雷蒂安(Vauchrétien)、特雷蒙(Trémont)；昂热区的苏莱讷(Soulaine)、沙洛讷；以及索米尔区的拉沙佩勒-苏杜埃(La Chapelle-sous-Doué)。

5. 贵族和等级最高的资产阶级(这两类人在这些农村婚姻中的代表性严重不足)往往在城市里举行婚礼，并且会与来自遥远地方的人结婚，这一点几乎是确凿无疑的，而这就削弱了仅仅从农村教区登记簿中得出的比较结果。

6. 参见曼恩和卢瓦尔省档案馆(A. D. Maine-et-Loire 1 L 444)，这些社区是：绍德丰(Chaudefonds)、博略、讷伊(Neuil)、科龙(Coron)、松卢瓦尔(Somloire)、圣伊莱尔-迪布瓦(Saint-Hilaire-du-Bois)、博普雷欧、舍米耶、拉图尔朗德里、圣乔治、拉泰苏阿勒、尚特卢、蒙福孔。我排除了一份来自沙瓦涅(Chavagnes)的名单，因为这份名单似乎显示的是这些人担任户主的时间，而不是他们居住在沙瓦涅的时间。如往常一样，这些研究发现也有一些重要的限定条件。这份清单显然系统性地排除了穷人、受供养的人以及那些早就宣布反对法国大革命的人。这 13 个社区都不在索米尔区中，而是分散在其他各个行政区里。

7. 该指数的一个明显缺点是，当某一群体中的总人数很少时，其结果很容易变成天文数字。因此，我没有报告人数为 10 人及以下的类型人群的结果。不过，在涉及这类群体的婚姻(在整个样本的计算中包含了 2 个"其他农民"、4 个职业资产者和 5 个客栈老板)时，我把他们都包含进了阶层总计。

8. 这一表述之所以与对各职业群体跨行业婚配比例的调查结果之间存在明显差异，是因为通婚指数对相关群体的规模进行了校正。也就是说，占总人口一半的 X 群体中有 50%的人在其职业边界内通婚，与仅占总人口 10%的 Y 群体中有 50%的人这样做，两相对比之下，前者并没有那么引人注意。

第六章　堂区神甫与教权主义

教区是社区中围绕着信仰及其控制而建立的部分。18 世纪的安茹人，无论是否出于宗教角度的考虑，都可能将农村社区称为"教区"。教区教堂是社区的标志性建筑，而社区普遍以教区的名字命名，比如圣克里斯托夫–拉库普里（Saint-Christophe-la-Couperie）、圣马凯尔–昂莫日（Saint-Macaire-en-Mauges）、圣乔治–迪皮德拉加尔德、诺特尔达姆–德舍米耶（Notre-Dame de Chemillé）或旧圣弗洛朗就是例证。教区为社区成员提供的身份认同感是如此强烈，以至于在法国大革命时期，当行政官员为了经济利益和高效管理而试图裁撤和合并那些冗余的教区时，安茹南部所有地方都发起了令人眼花缭乱的抗议。这就是地方认同感中沙文主义的一面，或者用一句贴切的法语来形容，即"乡土观念"（*esprit de clocher*）。

教区组织

安茹人对其教区的情感远不只是上述这些。农村人能够参与的几乎所有正式组织——学校、兄弟会、教区委员会（vestry）、慈善组织，当然还有教会——都明显具有宗教性质。教区大会（parish assembly）负责处理当地教堂的世俗性事务，比如租借教堂场馆或修缮塔尖，与世俗的社区委员会几乎没什么区别。教区是使农村人最有可能强烈意识到自身成员身份的最大的团体。

不仅如此，教区也是地方宗教管理的基本单位。堂区神甫，即教区的负责人，实际上通常独立于其他的等级制度。他不仅负责监管教区的教堂及其土地，还负责慈善机构、助产接生、学校教育以及其他我们统称为"生命统计"（vital statistics）[*]的事务。副堂区神甫是堂区神甫的指定助手。（我有点同情那些可怜的译者，因为法语中 curé 和 vicaire 与它们在英语中的同源词 curate 和 vicar，含义恰好相反。）管理小教堂的神甫（chaplain）、修院和隐修院的院长以及普通神职人员（即修士）在教区组织中并不占有一席之地。不过，在地方上管理小教堂的神甫通常隶属于堂区神甫，而上述其他神职人员在农村则相对少见。

所有的神职人员都在社区内部以及教会的国际组织结构中发挥着双重作用，而从这个意义上说，他们都是地方精英阶层的成员。不过修士、教会参事甚至是修院和隐修院的院长，通常只在农村社区的地方性事务中扮演边缘性的角色（而且具有寄生倾向），而那些管理小教堂的神甫则很可能全身心投入这些事务。教会的神甫，尤其是堂区神甫，同时并且全方位地参与教区生活和外部世界的事务。即便最简单地列举一下他所参与的各种活动，也能发现他作为中间人的地位：他是遗嘱和婚约的主要见证人，为那些想要租赁社区之外的地方农场的农民撰写推荐信，可以宣布即将举行土地和私人财产的拍卖会，是所有婚丧嫁娶、生老病死的记录员，是地方的抄写员，还是向昂热、图尔或巴黎的国

---

[*]　即与婚丧嫁娶、生老病死相关的事务。——译者注

家官员提请的诉讼的起草者。

整个安茹南部地区都是如此。然而在其内部的不同地区，宗教实践和神职人员的影响力存在天壤之别，因为宗教虔诚（religiousity）和教权主义（clericalism）并不是一回事。正如西格弗里德（Siegfried，1913:363）所言，教权主义是法国教会具有政治影响力的决定性条件。然而，强大的教权主义和密集的宗教实践往往一同出现，就像反教权主义（anticlerialism）、宗教冷漠和激进政治往往同时出现那样。布瓦（Bois，1961，1960b:99—116，589—594；参见 Faucheux，1960）证实了西格弗里德的观点，他发现在法国西部地区在(1)强力的宗教实践，(2)19 世纪选举中的保守派投票，以及(3)1791—1793 年期间的反法国大革命运动这三者之间存在一种普遍的对应关系。同样，加布里埃尔·勒布拉（Gabriel Le Bras，1955—1956:I，esp.120—194，302—310；II，esp.526—545）通过他辛勤的研究也证实了这种对应关系，即如今法国西部"宗教实践地区"的边界与法国大革命时期叛乱地区的轮廓之间，存在显著的相似性。这个结论不仅在大体范围内是正确的，而且对安茹南部小范围的区域来说也是如此。勒布拉对此做了如下总结："与图赖讷接壤的昂热的主教管辖区域（diocese），人们对宗教活动完全漠不关心。然而一旦穿过了索米尔这个边界之后，人们就进入了一个神圣之地，并开始进行圣餐等宗教实践了。"（Le Bras，1955—1956:I，122；参见 Chatelain，1956；Denecheau，1955；Lancelot and Ranger，1961:142）勒布拉所划定的界限将维耶行政区一分为二，就像在 1790 年时的行政区划一样，而它也是划分瓦尔和索米卢瓦与莫日地区、革命地区和反革命地区的大致界线，还是（我们即将看到的）区分教士们普遍接受或拒绝法国大革命的宗教改革的地区边界的一个令人满意的大致分法。还有一种说法也证实了这个观点。据报道，莫日地区与瓦尔和索米卢瓦地区之间的过渡区域，也就是莱永河畔区，它在宗教实践和政治观念上也一样介于二者之间(Le Theule，1950)。

20世纪有关莫日地区的其他一些事实也证实了这种"遗产"的活力。除城市中的学校之外，莫日地区的公立学校几乎无人问津，而教堂在周日却几乎座无虚席。当地的出生率也很高，每户都有一大家子人，这相当普遍。就连劳伦斯·怀利(Lawrence Wylie)也论证了在莫日边缘地区，宗教生活从旧制度以来已经发生了变化，他在这个论证过程中展现了当地宗教生活的持续性，甚至是更新的活力。他与一位来自尚佐的共产党小组负责人进行了谈话。在报告中，后者提到"法国共产党正在这里消亡。只有我们这几个上了年纪的人才真正了解什么是阶级斗争。教士们让年轻人忙得不可开交，甚至使这些年轻人几乎没有时间去思考社会到底出了什么问题"(Wylie，1959:544)。

相较之下，法国大革命时期的证据虽然没有那么确凿，但也具有相同的倾向。早期那些撰写旺代之乱编年史的作者，包括在1789年之前就已经了解这片地区的人，一致认为博卡日地形区是一个宗教异常虔诚(甚至狂热)的地区。当他们想要委婉地提出这个特点时，他们通常会将平原地区描述为一个宗教冷漠(或启蒙的)地区。例如，萨瓦里就曾宣称："旺代人也许是整个法国最没有丧失旧俗和自由本能(primitive liberty)的人……教士们掌管着通向天国和地狱的钥匙……他们可以对乡村的精神为所欲为。许多研究者将朝圣、祭祀、特别捐献、在路边树立十字架等宗教活动的飞速发展，归功于18世纪的一位超凡脱俗的传教士——格里尼翁·德蒙福(Grignion de Montfort)及其在塞夫尔河畔圣洛朗(St. Laurent-sur-Sèvre)的追随者的影响。"(J.-J. M. Savary，1824:31—32)查桑(Ch.-L. Chassin，1892:I，43)也抱怨道，格里尼翁把整个地区都"狂热化"了。此外，在我们之前引用的文献(Uzureau，1919:88—89)中也提到过，在大革命之后，当地一位省长在他的报告中将莫日地区的农民与瓦尔和索米卢瓦地区的农民进行对比时，他所表达的意思也与上述完全相同。这位省长写道，莫日地区的农民，"他所沉溺的愚昧无知和代代相传的固陋偏见，使他任由其堂区神甫摆布，而后者总是能对其施加专横的影响"；而在瓦尔和索米卢瓦地区，"这里的人口更为集中，也更靠近城市。这里的人们活泼、聪明，具有高卢风范，没那么愚昧无知，也更不易受偏见的束缚"。

这位省长将瓦尔和索米卢瓦地区人口的聚居与他们"不受偏见影响"的特点联系在一起，这个论述可能比他自己所意识到的更具有说服力。我之前已经提出了一些理由去说明，瓦尔和索米卢瓦地区人员聚居的这一特点使他们对外界思想的感知更为敏锐。从另一个略微不同的角度来看，人员的分散可能加强了博卡日地形区的宗教信仰。由于分散在各地的社区居民能够进行日常聚会的世俗场合较少，宗教事务——它将来自所有小村庄和农场的人员都汇聚在了一起——的影响力就有可能被放大。莫日地区有大量地方性的乡村节日（frairie）和宗教兄弟会，但从未发现其他的俱乐部或协会组织。因此，宗教活动是人们聚在一起发牢骚的唯一途径。如果这种解释有一些道理的话，那么人们经常发现的"乡镇居民对宗教的关注程度不如穷乡僻壤的居民"这种情况，无疑会使这个解释更具有说服力。

堂区神甫

正如老话所言，人们在礼拜天的弥撒之后，"在我们圣母教堂的门前"处理社区的集体事务。堂区神甫几乎总是在场，而会议记录显示，堂区神甫从未对集体事务保持沉默。这种在礼拜天集会的习俗颇具号召力，以至于莫日地区中绝大多数为筹备 1789 年三级会议而召开的社区集会,选在了3月1日或3月8日这两个礼拜天,在教区居民走出教堂的时候把大家召集起来开会。由堂区神甫来担任这些集会的主席已经成为一个根深蒂固的习惯,以至于在法国大革命的第二年,当要选举地方官员来开展大革命的工作时,堂区神甫一般会被任命为选举大会的主席。

布瓦对教区教士的地位做出了如下总结:

> 毫无疑问,堂区神甫在博卡日地形区中发挥了非常巨大的作用,无论怎么估计都不为过。我们很难想象他与农民之间会发生什么冲突、竞争或彼此互不信任的事情。农民与工匠或乡镇商人之间的关系往往是在物质利益方面的……而他们与堂区神甫之间的关系则是在精神方面的。当然,什一税激起了农民的不满。教区的陈情书(cahier)几乎都提到了这一点,人们对此的看法是一致的。但是,农民很少将什一税的问题归结在堂区神甫身上,招致抱怨的是上层神职人员、教士分会和修道会……(农民)也不会想要在聪明才智上与堂区神甫一较高下……只有村里的小资产者、律师或商人,才会对堂区神甫声称其所具有的知识优越性感到不满……最后,堂区神甫的道德监管也并非过分限制。他无法对每个农场或偏远小村庄中发生的事情进行严密的管控,而在乡镇或者法国其他地方的聚居村落中,堂区神甫的监管……有时显得专横,并助长了不信任和反教权主义的苗头,但在博卡日地形区中,这种情况没理由发生。对囿于其散居群体中的农民而言,堂区神甫……是唯一的中心,是他们精神生活的唯一途径。(Bois,1960b:614)

在莫日地区的小教区中,堂区神甫无疑是道德、慈善和知识方面的表率。即便领主老爷想出钱做善事，他也要请堂区神甫来打理。堂区神甫既是学者，又是抄写员。1727 年的一份财产清单上写道，"已故的雅克·皮若尔（Jacques Pigeol）大师生前是莱塞尔克德莫莱夫里耶（les Cerqueux-de-Maulèvrier）教区的堂区神甫"，他总共拥有 104 本书，其中神学和牧会实践（pastoral practice）* 的书籍各占一半，另外还有一本《世界新剧场》（*nouveau theastre du monde*）（A. D. M-et-L E 1303）。与皮若尔大师一样，其他堂区神甫在其乡镇中也拥有即便不是唯一的，也是最大的图书馆。此外，他们还掌管着学校和济贫养老院，通常还有更多其他事务。

人们有时会把一种下意识的错觉当成确凿无疑的事实，即认为莫日地区的堂区神甫一般是由当地出类拔萃的男孩担任。然而，如果"当地"指的是出生在那个教区，情况就不尽然了。根据我所发现的资料，1790 年在安茹南部地区履职的 110 名出生地可追溯的堂区神甫（略高于总数的一半）中，只有 23% 是在其当时所履职的县或邻近的县中长大的。[1] 此外，在瓦尔和索米卢瓦地区土生土长的堂区神甫的比例要高于莫日地区。而出生于该行政区并担任其下辖教区的堂区神甫的人数，绍莱区有 18 人，圣弗洛朗区有 40 人，维耶区有 19 人，昂热区有 36 人，索米尔区有 54 人。在试图解释为什么莫日地区教区的神职人员更具有权威时，基于"内部人员的团结"的论述对我们来说毫无用处。我认为我们可以考虑一个与之相反的解释，即"大凡先知，除了本地本家之外，没有不被人尊敬的"。这句话让我们更加清楚地认识到，堂区神甫的威望并不取决于他的出身，而取决于他在社区结构中的地位。

此外还要认识到，莫日地区的那些堂区神甫在物质上的确相当殷

---

* 牧会实践是指牧师或神职人员在日常工作中所采取的教导、辅导、关怀和指导信徒的方式和方法。这种实践通常涉及宗教教义的传授、礼仪的指导、个人辅导、团体活动的组织等，旨在促进信徒的精神成长、道德发展和宗教参与。——译者注

实,这一点也很重要。他们的纯收入与农村资产阶级相差无几。默莱（Melay）的雅克·加尔潘（Jacuqes Galpin）老神甫在1790年的净收入是2 520里弗赫17苏2德尼厄尔（denier）*,而在他附近的同事——科塞（Cossé）的勒特洛（Retailleau）的收入是2 244里弗赫,圣马凯尔的德拉克洛瓦（Delacroix）的收入是3 288里弗赫,勒迈的库朗尼耶（Coulonnier）的收入是3 444里弗赫,蒂利埃（Tilliers）的丰特瑙（Fontenau）的收入更是多达4 073里弗赫。而当时一个相当规模的农场年租金是350里弗赫,一只鸡的售价是6苏,一蒲式耳黑麦的售价是1里弗赫,普通农民的净资产更是不到500里弗赫（A. D. M-et-L 1 E 1371,16 Q 82—86）。

这些堂区神甫的可观收入并非来自其对土地的直接控制。如果将法国大革命时期教会地产的拍卖情况作为一个重要参照,那么默莱的教会属地只有约8公顷,圣马凯尔的教会属地约为10公顷（A. D. M-et-L 6 Q 1,12 Q 53,12 Q 281）。堂区神甫的大部分收入可能来自什一税的附带租金,而非来自他直接拥有的土地。虽然名义上叫作"什一税",但各地税率也存在一些差异,一般在每个社区某些传统作物收成的5%—10%进行浮动。在莱永河畔一个名为"圣朗贝尔"（St. Lambert）的葡萄种植社区,那里的堂区神甫将其收藏的14车葡萄酒以1 130里弗赫的价格出售,这占据了他收入的60%（A. D. M-et-L 16 Q 148）。而在莫日地区的中部,主要作物和最重要的什一税是黑麦。

表6.1对圣马凯尔堂区神甫的收入进行了分析,它展现了其收入是由哪些不同的来源组成。显然这位堂区神甫收入的最大来源是什一税。圣马凯尔的堂区神甫必须支付一些固定费用,其中包括:(1)(什一税和租金的)收成成本400里弗赫;(2)前任堂区神甫的退休金1 200里

* 在法国,1里弗赫=20苏=240德尼尔。——译者注

123

弗赫;(3)副堂区神甫的工资 350 里弗赫。根据 1790 年的法律,这些都是他依法扣除的费用。这位堂区神甫曾索要 700 里弗赫以支付其助手的工资,以及约 500 里弗赫用于施舍救济的费用和雇工的工资,但这些要求都被驳回了。因此,他的合法净收入为 3 288 里弗赫。根据这位堂区神甫自己的计算,他的收入在 2 400 里弗赫左右,而即便按照这个较低的数据来说,他的收入依然很丰裕。

表 6.1 1790 年圣马凯尔堂区神甫的总收入

	价值
A. 什一税	
114 塞普提(*septier*)* 黑麦	3 596 里弗赫
10 塞普提小麦	417 里弗赫 6 苏 10 德尼厄尔
6 塞普提麸皮	129 里弗赫 12 苏
43 蒲式耳燕麦	35 里弗赫 9 苏 6 德尼厄尔
其他小什一税	400 里弗赫
缴纳什一税的谷物所附带的稻草	400 里弗赫
B. 租金	
4 塞普提黑麦	100 里弗赫
C. 教会属地的总收益	150 里弗赫
总收入	5 238 里弗赫

数据来源:A. D. M-et-L 16 Q 86。

关于这位堂区神甫的收入,有两个引人注目的事实:第一,他最主要的收入是当地的主要作物——黑麦的什一税,这部分收入会随着收成的丰欠而有所变化;第二,这位堂区神甫几乎所有的收入都是实物。基于这两个原因,他既要关心当地的农业状况,又要对市场状况保持警觉。实际上,教区中每一个农场的福祉都会影响他的福利。无论堂区

---

* 法国古时的谷物容量单位(约合 150—300 升),今作 *setier*。按照当时巴黎的标准,1 塞普提 = 12 蒲式耳,约合 152 升。——译者注

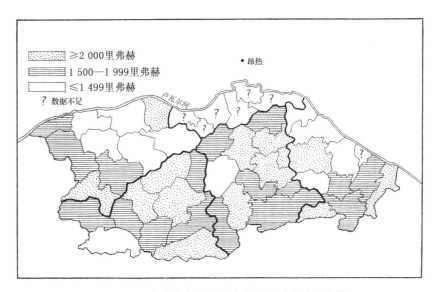

图 6.1　1790 年安茹南部地区各县堂区神甫的平均收入

神甫是把什一税外包给当地的包税人,还是分派给他自己的负责农产品的收集和转售的人手,他的福利都取决于农产品的价格。

　　堂区神甫从各种可能的渠道获得的收入究竟有多少,这取决于历史上的各种意外情况。最大的变数在于,是否存在一个 *gros décimateur*——它的字面意思是"强大的什一税征收者",但实际上它指的是一个负责征收当地大部分什一税的外部机构。例如旧圣弗洛朗的大修道院,它在其周边地区到处征收什一税,附近的教区便没有那么富裕了。其周边的一些堂区神甫本可以直接抽取各自教区的什一税作为自己的薪俸,但受到这所大修道院的影响,他们只能以领取固定份额的薪俸(*portion congrue*)作为替代,这就意味着这些堂区神甫的薪水非常微薄。事实上,这种领取固定份额的薪俸的堂区神甫的数量,不失为一个衡量安茹南部地区的大修道院和教士分会实力的指标。在维耶区和绍莱区,在 1790 年上报收入的堂区神甫中,没有一人是领取固定份额的薪俸的,但在圣弗洛朗区的 37 名堂区神甫中,有 4 人领取固定份额的薪俸,而在彻底修道院化的索米尔区,49 名堂区神甫中有 11 人领取固定份额的薪俸(A. D. M-et-L 16 Q 80—156)。

但是,除此之外,安茹南部地区各子区域的社会特征与其堂区神甫的收入之间没有明显的关联。1790 年各行政区堂区神甫的平均收入分别是:索米尔区 1 735 里弗赫,维耶区 2 130 里弗赫,圣弗洛朗区 1 525 里弗赫,绍莱区 2 254 里弗赫。1790 年各县堂区神甫的平均收入图(见图 6.1,可惜缺少昂热区的信息)确实表明,绍莱和维耶附近的神职人员平均收入较高,但它同时勾勒了各行政区内高收入与低收入片区的分布情况。就教区的神职人员而言,瓦尔和索米卢瓦与莫日地区的分界线并不是他们贫富的分界线。

在高级神职人员方面,这种贫富分化更为尖锐。我之前已经展现了,相比于安茹南部的其他地区,索米尔地区的各种修士、修女和教会参事的教会机构可谓遍地开花。正是这些人,而非教区的神职人员才是大地主。他们的地产也比堂区神甫的地产更受资产者的觊觎,并最终在法国大革命期间被这些资产者买走。在几个世纪前,曾把卢瓦尔河谷变成教权主义的后花园的宗教力量,在 18 世纪的时候已经消退了。大大小小的修道院和教士分会反倒使人们远离了宗教。1789 年前后,莫日地区少数还存有修道院的地方——绍莱、舍米耶、莱加尔德和勒迈——都成了革命爱国者的中心,这肯定绝非巧合。埃米尔·加博里说:

> 先辈们建立修道院是出于虔诚的目的,后人则是为了牟利。在不隶会籍教士(secular priest)具有影响力的地方,教士以身作则去维护天主教义。也正是在那里,农民参与起义。而在修士当家作主的地方,人们成了怀疑论者。(也正是在那里,)人们支持法国大革命。旺代平原地区上富有的修道院只是成功地创造了一种敌

视宗教的精神。(Émile Gabory，1925：I，12—13)

虽然加博里没有解释这种情况是如何发生的，但任何由宗教人士们的私生活而给宗教团体带来的坏名声，都会因人们对他们财产的觊觎、对他们财富的嫉恨、对他们干预地方事务的愤怒，以及葡萄种植区、商业区和农民地产区在地理上的共存——这些因素本身就是地区闹独立的温床——而愈演愈烈。

在法国大革命爆发之前不久，索米尔区南部的勒皮诺特尔达姆(Le Puy-Notre-Dame)发生的一起诉讼案(A. D. M-et-L C 35)就说明了这一点。据说那里的名誉修道院长——克雷萨克大师(Dom de Cressac)"住在普瓦捷的蒙捷纳夫(Montiersneuf)大修道院中。与其说他在那里当个修士，倒不如说他只是在那里领取养老金。他的收入来自勒皮诺特尔达姆的教区以及其他几个大教区发给他的圣俸"。教区居民对此提出了质疑，他们认为应该向这位居住在外地(但领着当地圣俸)的有钱人征税，因为他实际上不仅经营着他在当地的土地，还用一栋大房子用来储存当地修道院的谷物。这场诉讼案中的程序性细节，远不如它所透露出的仇恨和抵抗情绪来得有趣。

我们还可以以莱永河畔的圣朗贝尔-迪拉泰(St. Lambert-du-Lattay)的社区为例(de Menil，1962)。当地的世袭领主是远在昂热区中的勒龙斯奈(Le Ronceray)的女修道院院长，她在圣朗贝尔-迪拉泰拥有约 200 名佃农。她曾多次要求对当地事务行使管辖权，而她的代理人也经常出现在当地社区之中。这位女修道院院长和当地的堂区神甫一直在争夺当地什一税的分配权，而根据 1789 年该社区的陈情书记载，她也在一直筹划夺取附近的公共田地(Raimbault，n.d.；Andrews，1935：93)。从这份陈情书中我们还得知，她还想要征用当地的修道院，这难道不令人惊讶吗？

发生在圣朗贝尔的这种情况并不寻常，我们不妨对它进行诊断。一方面，这位女修道院院长非常富有，十分具有影响力，而且足够关注地方事务，以至于引起了人们对她发自内心的恼怒和嫉恨；另一方面，她本人或是她的代理人的存在，削弱了当地堂区神甫在地方宗教事务中所拥有的支配权。修士的影响力带来了这些普遍后果：他们引发了人们的怨恨、觊觎，削弱了教区神职人员的地位，以及使得反教权主义的因素萌生。

如果没有上述这种激烈竞争，那么在这种情况下，堂区神甫在主导地方事务的过程中则处于更有利的位置。事实上，人们常说莫日地区的堂区神甫"统治"他的社区。按照习俗和法律，他是教区中所有事务的领导者，是旧制度中最接近于市长或镇长的人，也通常是地方社区与外界接触时的发言人。在关于经济和政治组织的讨论中，我们会发现另外一些用来支撑其权力的证据，然而，单凭堂区神甫在行政中的地位是无法解释他如何统治其所在的社区。在现代政府体制建立之后，在堂区神甫失去了许多民事权利之后，他的统治依然维持了很长一段时间。也就是说，堂区神甫在地方社区中的统治地位，还有赖于他在知识方面的垄断以及宗教对教区居民的极度重要性。

在谈及20世纪的情况时，西格弗里德宣称：

……在旺代地区，一如往昔，教士是农民真正的领袖。（农民）不仅具有宗教信仰，还对教士有抱有一种神圣的迷信，祖传的习惯让农民不由自主地服从于教士。教士是旺代的真正领导者！正是为了教士，而非为了贵族或国王，（旺代农民）才在1793年发动了起义。也正是为了教士，直到今天，即便是最卑微的人也不惜献出自己的生活必需品。此外，教士了解自己的威望，知道自己只需要说"必须这样做！"，人们就会服从，而无需任何讨论，更不会有反抗。恐惧、敬意、习惯和虔诚,这些东西奇怪地交织在一起,使人们既不由自主、又满怀激情地臣服于教会的权威之下,接受教会代表的自由裁量权。(Siegfried,1913:26)

令人难以置信的是,当西格弗里德写下这些文字的时候,这个权威早就经历了一个多世纪以来商业发展和政治动荡对它的挑战。

宗教关系

不过,堂区神甫并非从未受到过挑战。地方领主制造过许多混乱局面,许多教区的资产者也不断在暗中削弱教士的权力。贵族们的发难通常是关于教会应该给予他们荣誉的问题,这似乎是一件微不足道的小事,却能触动 18 世纪乡村贵族的神经。有时,领主们会通过略带经济色彩的方式,将他们的权利范围扩展到教区教堂,比如勒普朗蒂(Le Planty)的领主会敲响圣康坦的钟声,以昭示他在卢瓦尔河谷底部(Cul de Loire)的农场正在收割干草(A. D. M-et-L E 1057)。但在更多时候,引起人们争议的那些权利是被称为"教区创始人"的权利,在当地领主去世时要求教堂全场哀悼、以特殊的方式祭洒圣水、在教堂墙上放置家族纹章,以及其他"无用"的特权——例如,拉塞维里(La Séverie)与莫莱夫里耶的领主之间的争执(A. D. M-et-L E 1303;参见 Arnault,1945:7)。这些关于各种细枝末节的争执,其意义在于,虽然城堡中的领主很少插手地方事务,但是他一旦插手,就需要别人顺从他。或许是他察觉到了教士具有独立于他的权力,因此便心怀怨恨。无论如何,地方领主在经济上的统治地位以及荣誉上的优先权,与堂区神甫在宗教实践上的领导权之间,存在着微妙的平衡。

然而,神职人员与资产阶级之间却没有这种平衡。在农村,制造业和商业资产阶级要到17世纪晚期才出现,而一直到18世纪晚期,在莫日地区的社区中,这些资产阶级还在为争夺更强有力的位置而斗争。一直到法国大革命之前,这些资产阶级都人数太少、力量太弱,既无法与地方领主争夺土地的控制权,也无法与堂区神甫争夺人民的指挥权。一般而言,他们只会领导各种抵抗什一税的斗争。

资产者拥有相对丰富的财富,也算见多识广,每天都在处理关涉整个社会的事务,并对相当一部分的人员产生了影响,因此,资产者对堂区神甫在地方的领导权也构成了越来越大的威胁。同样,堂区神甫也阻挡了这些资产者获得权力和声望的道路,否则的话,依靠资产者自身的能力和对人情世故的洞察,他们本可以取得更大的成就。1790年,沃克雷蒂安(Vauchrétien)的资产者就曾喊道:"他(当地堂区神甫)管理这个教区已经够久了!"(A. D. M-et-L 1 L 349)这句格言传遍了整个莫日地区,并且讲出了法国大革命与这场反法国大革命运动历史中的一部分非常重要内容。

上述对宗教事务的分析就像是一把被翻新过的椅子:它也许看起来焕然一新,但其下面依旧矗立着旧的、熟悉的框架。"有差别的城市化"这一概念再次成为我们的分析框架。瓦尔和索米卢瓦地区长期、缓慢、彻底的城市化——修道院的兴衰是城市化的重要部分之———通过各种方式削弱了教区教士的独立性和权力,使教区居民不再虔诚地信奉宗教,使他们在调解纠纷时减少对教士的依赖,以及无论在宗教事务还是在世俗事务中,城市化还安排了一些对手去挑战教士作为地方领袖和中间人的地位。简而言之,城市化弱化了教士的精英地位。

在莫日地区,城市化的进程则没有那么深入,城市化的程度也没有那么均衡。莫日地区的人员并没有如此长时间或如此充分地受到世俗力量的影响，而世俗力量似乎是持续参与法国全国性社会活动的必然结果。然而，以商业和制造业为基础的新精英阶层的迅速崛起，催生了一个人们热切盼望的能取代教士的领导权，又没那么严重地危及地方传统领导权基础的替代性角色。因此莫日地区虽然爆发了冲突，但没有发起一场成功的革命。

毫无疑问，正如韦伯所言，"教会属于欧洲国家的保守势力"。他继续提到：

> （罗马天主教会和路德宗教会都）支持农民以保守的生活方式去对抗城市理性主义的文化统治……同样，土地贵族也在教会中找到了强有力的支持……教会乐于采用父权制的劳动关系，因其与资本主义所创造的纯商业关系相反，这种劳动关系具有个人化的人性特征。（Gerth and Mills，1946：370—371）

按照这种说法，毫无疑问，教会更偏向于莫日地区而非索米卢瓦地区。事实上，1789 年教会（或者说教区教士）的影响力在哪一边更强，这也是毫无疑问的。莱永河的一边是索米卢瓦地区，"人们的生活习惯深受天主教影响，但并不受教士控制"，而莱永河的另一边是莫日地区，它则"是法国天主教势力最大的省份之一"（Siegfried，1913：40，55）。

注　释

1. 主要基于 1889 年克鲁奥-拉美里（Queruau-Lamerie）整理的相关信息，以及从其他各种来源收集到的有关个别堂区神甫的记录。加拉尔估算，1789 年在索米卢瓦地区的所有神职人员——堂区神甫、副堂区神甫、修士以及其他所有人员——中，有 60% 是本地人（Gallard，1960：16—17）。

第七章　农村经济

经济关系是社区中围绕商品的生产和分销建立起来的一系列社会关系,这一点我们几乎无需提醒读者。与邻里关系,或许也包括教区关系相比,经济关系更为显而易见,它既是社区内部结构的一个基本要素,又是远远超出任何单个社区的社会关系复合体的一个分支。乡村经济在理论上自成一体,研究农民社会的学者们除了把它当成一个纯粹、抽象的标准并以此去评价不纯粹的现实之外,对它其实并不那么感兴趣。

对想象中同质化的农民社区而言,情况也是如此。即使在最简单,或者说最乡村的安茹南部地区,无疑也很难找到一个契合这种观点的地方。在各个地方的特产、财富和经济实力千差万别的背后,是两个经济复合体——农业经济复合体和工业经济复合体——之间的分野。用马克思的术语来说,它们可以被称为"生产方式"。它们体现了两种不同的社会关系:一种以耕种土地为基础,另一种则以制造业为基础。

在某种程度上,这两个复合体可以说是各自独立发展的,这几乎是现代欧洲国家经济史中的一个普遍特征。然而,一方面,地方制造业通常是从大多数农民社区的手工业——编织、木工、鞣革——中发展起来的。农民利用他们的业余时间从事手工制造业。另一方面,近几个世纪以来,人们对工业产品的渴望也常常把农民吸引到市场生产中,从而使他们依附于工业。在这两种情况下，农业复合体和工业复合体之间也存在一定程度的整合。

安茹南部地区一个与众不同的事实是，这两个复合体的整合程度在瓦尔和索米卢瓦地区（那里几乎没有工业，但有大量的商品化农业）要比在莫日地区（那里有蓬勃发展的工业和自给自足的农业）高。莫日地区的农业复合体与工业复合体的分散程度很高，而这就要求我们在试图把二者结合起来之前，先分别对它们进行讨论。

农业复合体

首先，我们从 1844 年的地籍（A. D. M-et-L Ⅵ P[1] 102）中找到了一些简洁而有力的数据，然后绘制了一张表格：以当时存在的区（*arron-dissement*）为单位，列出各种用途的土地占土地总面积的百分比。

表 7.1　各种用地占土地总面积的百分比（%）

区	耕地	牧场	葡萄种植	林地	其他
索米尔	56.4	9.3	9.5	10.7	14.1
昂热	59.5	12.8	6.8	6.5	14.4
博普雷欧	69.0	13.1	1.7	5.3	10.9

显然，与瓦尔和索米卢瓦地区相比，莫日地区（在上表中以博普雷欧为代表）将更多的土地用于耕种，因此粮食产量也更高。为了饲养牛群，莫日地区的牧场也比较多。瓦尔和索米卢瓦地区则拥有葡萄种植园和森林。虽然这些统计数据来自 19 世纪，但它反映的是 18 世纪这些区域的大致对比情况。

　　莫日地区的农民是自给自足的，他们不仅种植了大量谷物供当地消费，还饲养并出售一些牛以换取现金。正是因为将牛作为当地主要的现金来源，或许还因为瓦尔和索米卢瓦地区的居民习惯称莫日地区为"牛肉之乡"，所以许多评论家以为莫日地区主要是一个畜牧业地区。例如，安德鲁斯写道："在整个地区，农民集中精力饲养牛群而非种植农作物……所有谷物或蔬菜种植都是次要的，它的主要产业是畜牧业。"（Andrews，1935：108—109）但这只不过是一种假象。在一块 20—30公顷（即 50—75 英亩）的农场上，农民每年可能会饲养两三头阉牛进行出售（参见 Uzureau，1941：45—46）。其中，有一些是年老体衰的役畜，有一些是从普瓦图或布列塔尼买来专门进行育肥的，还有少数几头是专门为市场进行饲养的。无论如何，农民出售这些阉牛能赚到大约 200里弗赫，或许还能通过售卖奶牛、绵羊和其他牲畜再赚个 200 里弗赫。有时，佃农与地主在养牛上五五分账，由佃农提供相应的劳动力。尽管佃农可能通过每年出售一些牲畜来满足其绝大部分的现金需求——包括税收和非实物的租金，但他的家人实际上是依靠农场的农产品过活的。

　　那几头售卖到市场上屠宰的牛绝非农民们在农场中所有的牛，这也许可以解释人们对莫日地区的畜牧业的一些困惑。公牛是役畜，而莫日地区的农民需要大量的耕牛。一个 25 公顷的农场通常需要 10 头耕牛，但这些耕牛往往归地主所有，许多农具也是如此。这一点在小农场主，即耕种 5 公顷至 10 公顷土地的小佃农和小种植者身上表现得尤为明显。在舍米耶附近，这些小农场主的财产清单中仅有很少的几头牛（参见弗勒里研究的公证记录）。至于分种田佃农，即那些耕耘分种田的人，家牛占了他们财产总额中的一半。不过，即便是他们，也经常向地主们借钱去购买耕牛。

　　简而言之，家牛对莫日地区的农民来说的确是必不可少的，但它们主要不是用来换取现金,而是用来帮助耕种谷物。莫日地区的主要谷物是黑麦,而瓦尔和索米卢瓦地区则是小麦。这个差异很重要。如前所述,小麦是经济作物,更适合用于制作专供庄园、修道院和市政厅消费的面包,而黑麦则是供当地消费的、不起眼的作物。在圣弗洛朗区和绍莱区,只有圣弗洛朗附近、卢瓦尔河沿岸的小麦种植面积超过了耕地面积的1/3(参见 Andrews,1935:110—111;Millet,1856)。而瓦尔和索米卢瓦地区的谷物种植区则主要种植小麦。因此,瓦尔和索米卢瓦地区的商品化农业与莫日地区的自给自足农业形成了鲜明对比,而农作物的差异是其中一个重要的因素。

　　第二个同样重要的因素是,瓦尔和索米卢瓦地区盛产葡萄酒,而莫日地区则几乎没有酿酒业(参见 Dion,1934:esp. 621ff.;Dion,1959:esp. 274ff.;Le Theule,1950;Wagret and Le Theule,1954;Maisonneuve,1925)。图 7.1 是 1880 年安茹南部地区葡萄酒酿造区域的简图,该图与我们所获得的 1789 年时的相关信息(A. D. M-et-L 59 M 4;

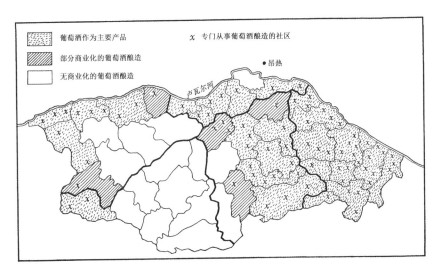

图 7.1　1880 年安茹南部地区各县的葡萄酒酿造区域分布

参见 59 M 2；Andrews，1935：115)没有本质区别。除了西侧靠近南特-塞夫尔河(Sèvre Nantaise)的一小片葡萄园外,它几乎没有更为清楚地勾勒出莫日地区的轮廓。正是在瓦尔和索米卢瓦地区的葡萄酒酿造区域,农民对土地的所有权及其用途的细分发展到了极致。同样,正是在这些葡萄酒酿造区域,村庄最为集中。

传统作物的种植者与葡萄酒酿造者,其工作本身就有很大的差别。正如拉布鲁斯所言,"葡萄园的劳动力由那些可以被称为'农业工匠'的人组成"(Labrousse，1944：210)。葡萄酒酿造者不但得有意愿,还必须成为一个商人,因为他必须计算成本、价格和长期决策可能带来的影响。他不可避免地要对影响商业的政府政策保持敏感——18 世纪瓦尔和索米卢瓦地区的葡萄酒商不可能不注意到,那个介于他们与南特之间、位于卢瓦尔河边的安格朗德(Ingrandes)的主要收费关卡所产生的影响。他要与消费或运输其产品的城市保持着密切联络。他是这个行业的专家,因为他的产品不仅脆弱易碎,还受各种变化莫测的因素影响,他的福祉则取决于国际市场的波动。他的职业使他与小资产阶级存在许多共同之处。这就无怪乎在 19 世纪的法国农村地区,最为一贯投票支持传统共和主义——主张小产权、个人独立、政治平等的"激进"共和主义——的地区是葡萄酒酿造区,无论在安茹还是法国其他地区的葡萄酒酿造区都是如此。而 18 世纪"牛肉之乡"和"红酒之乡"之间的差异,则是导致这一现象的根本原因。

还需要讨论的一组重要农产品是莫日地区为纺织业提供的原料:亚麻和大麻。根据迪翁的说法:

　　……在整个 18 世纪和 19 世纪的大部分时间里,河谷农业的主要功能是为科尔贝所创建或振兴的工业提供原材料。1699 年,亚麻和大麻、小麦和豆类一起成为卢瓦尔河谷的主要产物。这里气候温和,耕地深厚,土质疏松而清新,饲料丰富,因而肥料充足,从而可以大规模种植纤维植物,并取得了罕见的成功。(Dion,1934:600)

内陆新兴的纺织中心不是从其附近博卡日地形区的农场,而是从自尚托索至莱蓬德塞的河谷地带密集种植的小块土地中获取它们的纺织原材料(参见 A. D. M-et-L 59 M 33—34)。熙熙攘攘的沙洛讷城不仅是葡萄酒贸易的中心,也是这些利润丰厚且极具商业价值的农作物的地理中心和主要集散地。

这就引出了一个值得我们反复重申的观点:瓦尔和索米卢瓦地区中的城市并不只是行政或工业的中心,还是农业的市场。不妨考察一下,1790 年卢瓦尔河以北的韦尔努瓦(Vernoil)和韦尔南特(Vernantes)这两个社区的领袖所提出的,希望能够将其社区归入索米尔区的管辖的理由:

> 自古以来,韦尔努瓦和维尔南特两个教区与卢瓦尔河畔的索米尔城就建立了商业联系。这种联系如今已经根深蒂固,如果毁坏它,就会造成损害。它们将小麦、油、造船用的木材、柴火和干果运到索米尔城。毫无疑问,索米尔城是这两个教区的主要财富来源和主要市场,而如果它们归属于其他地区,就会迎来灭顶之灾和巨大损失。(参见 A. N. DIV 40)

尽管在这一时期,没有任何一座城市能够与索米尔城相提并论,但瓦尔和索米卢瓦地区的其他城市与其附属地区之间也保持着类似的关系。

这些有关农业生产和贸易的事实清楚地证实了我们已经大致了解的平原地区、河谷地区以及博卡日地形区之间的差异。还有一些强有力的因素与不同地区农作物的差异相关。(1)在瓦尔和索米卢瓦地区,土地使用更加集约,专业化程度更高,而产权则相对分散,拥有土地的农民人数众多,农民理所当然地参与商业活动。(2)在莫日地区,土地使用的效率低下,大量土地被闲置,多种作物同时混栽,而产权则集中在大型土地所有者(主要是贵族)手中。这些土地被分割成了中型的佃农农场,农民只是附带从事一些商业活动。集约化的、充满活力的、繁荣的商品化农业使瓦尔和索米卢瓦地区与阴暗沉闷的博卡日地形区的荒地形成了鲜明对比。

对土地的控制

农业的差异与地产的差异密不可分,此二者共同塑造了社会组织的许多其他特征。西格弗里德认为,瓦尔和索米卢瓦地区形成了一个独立的、民主的小农场主社会,奉行平等主义原则。但对莫日地区,他说:"大型产权与小型开垦并存,人们可能会被这种虚假的分化表象所蒙蔽。实际上,它构成了最反对民主的地产制度。通过夸大土地所有者的重要性而非强调佃农的卑微地位,它从根本上助长了我们所谓旺代地区的那种'等级森严的封建氛围'。"(Siegfried,1913:24)在西格弗里德看来,在法兰西第三共和国时期,共和派的索米卢瓦地区与保王派的莫日地区之间最本质的区别在于:(1)(莫日地区的)农民对教区教士无比尊重;以及(2)对土地控制的差异。[1]

我们应当注意,不要轻易地从西格弗里德的分析或贵族的土地所有权这一事实本身,推断出18世纪领主对地方事务具有"绝对"统治权。一个反证给出了一个让我们小心谨慎的充分理由:

　　许多大地主在 1830 年之前几乎没有在自己的领地上生活过，他们或在巴黎，或在宫廷，忙于政务或在军中服役。而那些留在农村的地主也并不都对农业感兴趣。1830 年出现了第一波"回归乡土"的浪潮。当时下曼恩省和安茹省的正统派贵族离开宫廷，放弃政治，回到自己的领地。由于无所事事，许多贵族开始对农艺感兴趣。1852 年，在政变之后出现了第二波且更广泛的（回归领地的浪潮）……（Musset，1917：326）

　　我们完全有理由认为，这种描述既符合莫日地区的情况，又符合更北边的地区的情况。因此，西格弗里德所观察到的现象，除了他所指出的原因之外，还包含了法国大革命之后发生的那些变化所产生的影响。在 18 世纪末，地主通常都不在他的领地上，加之他认为教区政治有损于他的威严，因此他难以有任何欲望去管理地方的日常事务。而西格弗里德所关注的（法兰西第三共和国时期的）投票问题，归根结底，与社区的这些日常生活无关。

　　不过，从荣誉的角度来看，莫日地区的贵族所拥有的领土及其附带的特权，使他们获得了瓦尔或索米卢瓦地区的贵族无法企及的地位。莫日地区的地方领主至少还保留了一些封建残余：他在教区教堂中拥有尊贵的席位，教堂的墙上也挂着他的家族纹章；他经常从当地市场的利润中分一杯羹；他从其封地所获得的财产大抵相当于他从销售税和遗产税中所获得的收入。如果他所拥有的封地还附带特定社区的领主头衔（通常也是如此），那么他可以凭此领主头衔在法国大革命爆发前不久成立的公社委员会（communal council）中获得一席之地。此外，虽然他的祖先一般已经放弃了任命堂区神甫的权利，但是他作为地方领主通常可以任命当地管理小教堂的神甫。然而，上述各种特权相比于纯粹作为一个大地主来说，都是微不足道的，因为在那个土地至关重要的时代，拥有大量土地本身就给他带来了大量特权。

瓦尔和索米卢瓦地区也有一些贵族地主，事实上，他们的数量比莫日地区的还多。但他们中几乎没有人在这个地区拥有大量集中的土地。事实上，对于处在勒皮诺特尔达姆的六个贵族家庭，或处在讷伊苏帕萨旺（Nueil-sous-Passavant）的另外六个贵族家庭来说，当地的土地显得相当拥挤。即使从整体上看，这些贵族也并非无可匹敌：他们被挤在教会巨头和数量规模庞大的农民之间，这些农民所拥有的土地足以保证他们的独立性。瓦尔和索米卢瓦地区的贵族极有可能羡慕他们在莫日地区的那些同伴，羡慕后者在其土地上所具有的无可争议的统治地位。

这种对比不仅仅是地方性的。在整个大革命之前的法国，贵族在某个地区中拥有超过 35% 的土地的情况并不多见（Lefebvre，1954：201—222；Sée，1948：I，173—177）。而在莫日地区，如果安德鲁斯没有算错的话，那么当地贵族所拥有的土地占比是 60%（Andrews，1935:15）。尽管法国已经逐渐变成了一个小农的国家，但旺代依旧是大贵族地主的大本营。

但是，谁拥有土地，这并不是唯一的重要问题。如何分配土地也非常重要。贵族家庭在莫日地区的某块土地上所拥有的地产——通常有一个总称且至今依然被称为"封地"——很可能被划分为一个个小"领地"（domain），包括城堡、公园、花园，或许还有一些耕地和若干分种田。这些分种田，通常是面积在 20—40 公顷的农场，被贵族租赁给有足够资金、设备和经验的农民进行经营，租期为 5 年、7 年或 9 年。这些地产的租金和名义上的"封建"贡赋存在显著差异，前者通常达到数百里弗赫（或等值的谷物），而附近各种大小地产的所有者向封地缴纳的贡赋则仅为几苏或几德尼厄尔。

举个例子。马穆松·德拉贝罗迪埃（Maumusson de la Béraudière）家

族的男主人从舍米耶伯爵那里获得了位于布济耶默莱（Bouzillé-Melay）的封地，这意味着他象征性地对这位不在其封地的伯爵效忠，以及几乎同样是象征性地，这位男主人每年上缴几苏的贡赋。作为封地的实际持有者，他是默莱社区的领主，其封地包括城堡周围的约 100 公顷土地、由 7 块分种田组成的 300 公顷土地、4 个较小的边角地、3 座磨坊以及其他一些零星的土地。在默莱周围还有许多地产，而这些土地的实际持有者也都向马穆松·德拉贝罗迪埃家族支付象征性的租金。这位领主还拥有莱永河附近的贝利涅（Belligne）和拉格吕谢尔（La Gruechere）的封地，但他居住在布济耶默莱的城堡中（A. D. M-et-L E 193）。

无论在不在当地居住，很少有贵族地主会亲自管理自己的地产。在他们与佃农之间隔着一群行政官员（参见 Andrews，1935：44ff.）。我们可以姑且不论那些在大型地产庄园的候客厅中熙熙攘攘的执达吏（bailiff）、书记员、档案员、公证人和其他小官员。最重要的是那些管理整个大型地产业务的人：有些是受雇的全职经理人，俗称"（财产）管理人"（régisseur）；有些是普通农民，通过转租他们从贵族那里整租来的庄园地产以维持生计；而大多数则是当地的律师、公证人或商人，他们既为地主服务，也将自己的事务打理得井井有条，甚至在自己的事务上更加尽心。敏锐的路易·梅尔博士在提到离莫日地区不远的一块博卡日地形区内的区域时指出："那些在处理地产方面经验丰富的商人和资产者，他们通过牺牲其所经营的贵族地产以自肥，用高额租金压榨佃农而致富。"（Lousi Merle，1958：92）

马塞尔·加罗（Marcel Garaud）在讨论处于博卡日地形区内的同一块区域时，提出了一个相同且重要的意见：

（农村资产阶级）准备在法国大革命中最大限度地获取好处，通过废除封建特权，并将教会和流亡者的财产投放到市场上进行公开售卖,加快他们在社会地位中的攀升。作为商人、总包税人或督工(overseer),这些农村资产阶级竞相出价。在市镇内部,没有比他们更积极的大革命推动者,也没有比他们更坚定的改革倡导者。(Garaud,1954:695)

然而,这并不意味着这些农村资产阶级从法国大革命一开始就是革命派。这些财产管理方面的佼佼者对曾经厚待他们的庄园制度抱有强烈的认同感。在1789年省级三级会议期间,他们带头反对昂热的那些聪明律师和富商。在后来革命派与反革命派之间的冲突中,他们则持有一种左右为难的温和立场(参见 Boutillier de Saint-Andre,1896：esp. xxiii)。尽管如此,这一整个群体与农村批发商及制造商一起,充分利用了法国大革命早期的变化而获得了巨大好处。

我们无需过分的洞察力就能够发现,无论是在法国大革命之前还是革命期间,上述情况都可能导致农民与资产者之间的争执。我们不妨将1793年的莫日地区与1799年的卡拉布里亚(Calabria)地区的情况进行类比。加埃塔诺·钦加里(Gaetano Cingari,1957)将卡拉布里亚地区爆发的暴力反革命的大部分原因归结于农民敌视其所耕种的土地上的财产管理员。对这个类比的反思还会提供一个额外的收获,即我们认识到在这两种情况下,土地控制权的安排将人们对这不公平制度的责难从贵族地主转移到了那些资产者代理人身上。贵族可以继续扮演一个遥远但仁慈的庇护人角色,而他的督工或包税人则向佃农收取租金和农产品,以使前者过上锦衣玉食的生活。

正如我之前提到过的,"分种田"这一标签极具误导性,它掩盖了这样一个事实,即在18世纪莫日地区,有这种名称的农场通常是以固定金额的货币和/或农产品进行交租的,这同样确凿地违背了另一个事实,那就是在更早的几个世纪里,同一名称的农场是以五五分成的方式经营的(参见 Merle，1958)。在博卡日地形区的其他地方,这种分成租田制度要比在莫日地区更为普遍。换句话说,它似乎在贵族较少移居别处的地方最为常见,而且很可能随着贵族离开他们的土地而愈发少见。

通常情况下,仅有几小块土地的农民会向当地领主租用 5—30 公顷的农场。他的租期大概率是九年,从圣乔治日(4 月 23 日)或万圣节(11 月 1 日)开始。租约可能会包含如下条件(参见 Leclerc-Thouin，1843:55—57):

1. 以现金、实物和劳动力的方式支付特定租金。

2. 支付农场应缴的税款、什一税和捐赠献金。

3. 按照"一家之主应有的方式"经营农场。

4. 按照正确(即传统)的程序进行耕作、施肥和播种。

5. 将所有的干草、稻草和粪肥用于农场,使土地肥沃。

6. 进行一切必要的修缮,包括运输地主供应的材料。

7. 维护树篱,并在规定的时间间隔(通常每五年或七年一次)内重新种植。

8. 仅修剪特定的树木,而且只在树龄足够长时修剪。

9. 维护种植树篱的土垄。

这些是在莫日地区租赁土地的一般条款。不过,许多租约还增加了其他一些义务。例如,根据 1766 年的租约,承租绍莱区中名为"大西蒙尼耶"(La Grande Simonnière)的分种田的佃农,每年必须种植四棵树(A. D. M-et-L E 800)。1773 年,安德烈·德内谢尔(André Deneschère)与勒内·邦舍罗(René Banchereau)签署了为期九年的续租合同,共同租赁名为"帕里尼"(Parigny)的分种田,该分种田归领主帕里尼所有。除了支付租金并按照领主的要求每年运送四车货物外,德内谢尔和邦舍罗还必须"耕种并使该分种田的土壤肥沃,用其通常所需的种子进行播种⋯⋯以惯常的方式割草并晾晒干草,清理草地上的荆棘,重建树篱垄,维护灌溉沟渠和溪流,并在租约结束时整理好树篱之间的草地,以备割草"(A. D. M-et-L 1 E 996)。

关于这些典型租赁合同的详细条款,有一点是明确的:它们几乎没有为佃农留下任何创新或回旋的余地。即便如德芒容(Demangeon,1946:I,147)所言,在法国其他地区,佃农通常与先进的农业形式相伴而行,但在莫日地区,佃农仍然保持着与博卡日地形区其他地方一样的低产传统主义。佃农的选择还进一步受到另一系列义务的限制,这些义务琐碎但具有约束力。因为前几代人喜欢向个体和机构捐献各种小额年金,所以大多数佃农除了向地主支付地租外,还需要向教堂、教会、小型修道院、个人支付各种实物地租。1764 年,绍莱区有一块名为"拉克里利埃尔"(La Crillière)的分种田,其佃农勒内·贝尼耶(René Bernier)欠了许多人共计 40 蒲式耳黑麦、8 蒲式耳小麦、24 蒲式耳燕麦、1只阉鸡、2 只母鸡以及 20 里弗赫 18 苏的现金。另外,他还欠了地主215 里弗赫的现金、1 只羊羔、2 只阉鸡、4 只小鸡和 1 磅羊毛(A. D. M-et-L E 800)。

此外,还有一些必须承担的工作限制了佃农的自主权。庄园的封建徭役(corvée,即强迫劳动)已经消亡,但莫日地区的农民通常需要满足下述条件才能保有他们自己的农场,即他们必须定期在领主的田地里为其劳作。在勒库德赖蒙博,一个小农场的佃农必须为地主提供相应服务。该地主写道:

⋯⋯在万圣节那天捐献 13 苏、4 只阉鸡,来一个人拿着干草叉在我的草地上帮忙收割干草,直到所有干草都被收割进我在库德赖的城堡中的仓库里。我必须给这个人支付 2 德尼厄尔,还要供他吃喝。他们当中还应该派一个人,在 1 月的每个星期三来修理

我在勒库德赖的土地上的树篱。（A. D. M-et-L 1 E 238）

　　许多时候，租约会要求佃农派一个人牵着牛去给地主干活。有时，租约甚至会要求佃农按照地主的意愿提供相应的劳动，而非在指定的日期完成指定的任务。简而言之，将这种对土地的占有方式称为"租赁"，这一说辞掩盖了它对佃农所规定的众多义务和限制。[2]

　　法国大革命之前地租的变化显然是一个重要的问题，而只有通过大规模的统计研究才能够解决它。我认为，平均而言，地租并没有上涨许多。我们可以发现，一个又一个庄园的租约都是定期以旧价续签的。例如，18世纪绍莱附近的蒙博帕潘（Montbault-Papin）庄园，其分种田租金看似平均上涨了20%（A. D. M-et-L E 800），但以实物缴纳的租金没有任何变动，而租金的上涨，只出现在庄园通过继承而易手的情况下。

　　总体而言，尽管这些大农户是土地的租赁者而非所有者，但他们也能长期（有时甚至是几个世代）持有自己耕种的土地。对人口流动的分析早就表明，大农户中属于社区原住民的人口通常要比其他任何群体都多，而这里再次说明了这一点。在一份份租约中都出现了这样的表述："……他们说自己很熟悉这片土地，因为他们已经在这里耕作了很长时间。"而我们所获得的某些特定农场［例如在勒普朗蒂庄园（A. D. M-et-L E 1057）和蒙博帕潘庄园（A. D. M-et-L E 800ff.）的农场］的连续租赁记录也显示，该农场定期出租和重租的对象通常是同一个家族。

　　考虑到这些因素——遥远的地主将他们的土地财产当成固定收入来源，中间人对提高土地生产率没有特别的积极性，农民则可能得出提高生产率最可能的后果就是地租上涨的结论——整个体系使（莫日地区的）农业技术处在一种原始的水平（参见 Leclerc-Thouin，1843；Millet，1856；Sée，1927；Andrews，1935）。对农民而言，由于没有一个活跃的市场去刺激和衡量他们的努力，因而他们达到足够温饱、足够偿还一年的债务这一标准就算是成功的了。

这种致力于传统的、自给自足式的农业的必然结果是在一定程度上抵御了农业市场的波动所带来的影响。然而从现金收入的层面来看，事实上，情况非常糟糕。在税收和现金租金的双重压力之下，年终还能有现金盈余的农民是非常少见的（参见 Uzureau，1941：146；Andrews，1935：227；Merle，1958：92）。尽管出售家牛通常也作为农民现金收入的来源，但这意味着他的总收入一般不会超过几百里弗赫，而租金和税收（其比例大约为 2：1）就占去了其中的绝大部分。

不过，这种计算方法忽略了许多涉及自给自足的农民福祉的关键因素。因此，原则上很难找到足够的证据让我们有把握对莫日地区与瓦尔和索米卢瓦地区的农民的相对福利进行评估，实际上我们确实难以获得这样的证据。然而，我们倒是有一些间接性的证据：在法国大革命前夕和革命的头两年中，对贫困公民的最尖刻的抱怨，主要来自那些最积极从事纺织品生产或最密集地种植现金作物（尤其是葡萄酒、亚麻或大麻）的社区（参见 A. D. M-et-L C 191—193，1 L 402）。也就是说，这些社区中有许多纺织工或日工，简而言之，就是存在许多雇工。这些社区更有可能受到变化无常的市场的影响，也更可能出现贫富差距悬殊的情况。但总体而言，农民的经济状况似乎既不算富裕，也不算贫困（参见 Le Moy，1915：I，xxviii）。

上述这种模糊和尝试性的估计，即使是正确的，也存在这个问题：这种庄园制度是否被严格地执行？在试图解释农村地区对法国大革命的反应时，这历来是一个最基本的问题。毫无疑问，它连同领主权利（*droit du seigneur*）、封建徭役、狩猎以及其他"封建"权利都被大大夸大了。从地方贵族的善举与罪行的角度进行"解释"之所以能够打动人心，不仅是因为这种解释既简单直白，又富有戏剧性，还因为它含蓄地表达了对法国大革命本身的价值判断（参见 Tilly，1963）。支持旺代之乱这场"事业"的作家，尤其是保皇派的作家，有其理由指出旧制度的各种优点。在对旧制度下的旺代最著名的描述中，有一段话出自德拉罗什雅克兰夫人（Madame de la Rochejaquelein），但实际上是巴朗特男爵（Baron de Barante）为她代笔：

> 领主与农民之间的相互关系与人们在法国其他地方看到的并不一样，他们之间存在着一种其他地方所没有的联盟关系⋯⋯由于领地相当分散，一片较大的地产就包含了 25 个或 30 个农场。领主经常与居住在其城堡周围的农民们来往。他像父亲一般关照他们，经常去他们的农场看望他们；与他们谈论家长里短，讨论如何照看他们的牲畜；关心他们遭遇的事故和不幸，并与他们感同身受；还参加他们孩子的婚礼，与客人们一起饮酒庆祝。每到星期天的时候，人们来到城堡中的庭院中跳舞，而大家闺秀们也会参与其中。当领主们去猎狼、野猪或鹿时，堂区神甫会在讲道台上告诉农民们这个消息。所有人都拿起自己的枪，兴高采烈地奔赴各自的岗位。骑手们给神枪手们排兵布阵，后者则仔细地执行前者的各种指令。后来当战事来临时，他们遵循着同样的方式，以同样顺从的态度参与战斗。（La Rochejaquelein，1815：41—42）

作为非保皇党的波尔对此却嗤之以鼻，他认为，"人们讲述的那些城堡里的庆祝活动和领主们的贵族生活，诸如领主们为乡村的福祉尽心尽力，与农户们亲密无间"，这些不过是编造出来的故事而已（Port，1888：I，21）。而这下他可以理直气壮地嗤之以鼻了，因为除了不在地主制（absentéisme）*这一简单的事实——这在上述这位出色的侯爵夫

---

　　*　即地主不住在自己的领地，由经理人代为收租的制度。——译者注

人自己的回忆录中其实也有所记载——之外,还有证据表明,这种"封建反应"不仅如预想的那样,使其他地方的农民对法国旧制度心生厌恶,对博卡日地形区的农民来说也是如此。马克·布洛赫(Marc Bloch,1937)从安德鲁斯对莫日地区的描述中发现了许多庄园制度被加强的迹象。

拉塞维里(La Sévrie)这个地方的封地就是一个典型的例子。莱塞尔克德莫莱夫里耶的"封建法学家"(feudist)谢夫勒(Chevreux)先生在1770 年前后整理的封地摘要中留下了一段有趣的记载:

> 第 1 条、第 29 条和第 30 条中提到的地产已经不复存在了。至于那块名为"莱斯拜尔"(l'Espère)的分种田,一位老者——他也是那里的分种田佃农——告诉我,他听说莱格朗日(Les Granges)村从前有许多房屋,但都被莫莱夫里耶的领主们征用、摧毁了。领主们在原地新建了一块分种田,依然叫作"莱格朗日"。我想找的那几块地产就在通往莫莱夫里耶的道路上,位于那片分种田的院子的尽头。(A. D. M-et-L E 1308)

这个记录同样说明了如下事实:(1)当时依然有足够多的业务,让谢夫勒先生这种编制土地赋税簿籍和分析土地所有权的专业人士忙个不停;(2)梅尔所描述的加廷地区以南的分种田形成的过程,在莫日地区的下沿,或许还有其他地方,直到 18 世纪依然在进行;(3)最重要的是,领主们当时正在雇用专业人士去仔细查找那些已经废弃了的封地的土地所有权凭证。尽管我们提到的这位"封建法学家"在莱格朗热地区遇到了阻碍,但还有许多旧时的地产在当时的确依然存在。它们的产权长期处于期满终止状态,而他可以重新恢复领主对它们的所有权。在莫日地区的其他地方,档案(A. D. M-et-L, series E and 1E)中有大量保存完好的 1750 年以后的土地赋税簿籍、租金账簿和判决记录,它们都证实了这一时期财税权的恢复情况。

另一则案例可以帮助我们更好地理解这一发现。奥比涅伯爵(Comte d'Aubigné)、陆军中将、索米尔辖区的步兵总监路易・弗朗索瓦(Louis François)虽然住在巴黎,但在蒙特勒沃及其周边的拉罗什费里耶尔(La Rcoheferrière)地区拥有封地(A. D. M-et-L E 1215)。1741 年,他获得了一份制定土地赋税簿籍的许可。在随后的几年中,他的代理人整理了该封地中所有的旧文书以确定每笔地租的合法权益,然后以此制定了一系列条理清晰的土地账簿和土地赋税簿籍。在 18 世纪的大部分时间里,这块封地被租赁给了一位包税人——1738 年是"商人,加布里埃尔骑士(Gabriel Chevalier)",到了 1777 年又是(或者依然是)这位"骑士先生"。这块封地的年租金从 1722 年的每年 2 700 里弗赫外加 300 里弗赫的保证金,增加到 1767 年的每年 3 460 里弗赫外加保证金。这就意味着,其地租在 45 年内增长了不到 30%,涨幅似乎并不大,而我们会发现,1767 年之后地租的增长要比这快得多。

1775 年,这个封地包含一座"状况不佳的城堡,部分已经被损毁,剩余的部分则毫无价值",此外还有一些毗邻城堡的土地和树林,15 块分种田以及 1 块边角地。领主有权在其领地附近 6 个乡镇中对过往的货物征收一些过路费用,还有各种小额租金和税收。当时,一般的分种田每年能够给包税人带来 200—400 里弗赫的现金收入,另有 100 里弗赫左右的农产品(主要是黑麦)收入。分种田的租金似乎是由领主而非总包税人制定的,这也是领主的主要收入来源。

1784 年拉罗什费里耶尔领地的收入为 11 320 里弗赫,其明细如下:

以现金缴纳的农场租金 7 960 里弗赫

> 以黑麦缴纳的农场租金 2 400 里弗赫
>
> 以燕麦缴纳的农场租金 105 里弗赫
>
> 以羊毛缴纳的农场租金 75 里弗赫
>
> 沙洛讷地区葡萄园的租金 180 里弗赫
>
> 木材销售 500 里弗赫
>
> "封建"租金 100 里弗赫

拉罗什费里耶尔领地以外的地产税在其封地的总收入中无足轻重。即便这位领主重申了他对其他人(在其封地)所拥有的地产进行收税的权利,这些收入对他的收益而言,其重要性也远不及他从自己所拥有的土地上获得的租金。这种情况在莫日地区普遍存在。然而,我们一样有兴趣了解瓦尔和索米卢瓦地区的情况是否会有所不同,因为那里有更多属于资产者、工匠和农民的土地财产,而贵族可以对这些地产征收租赋。

事情的另一方面也很清楚:除非涉及系统性地抬高常规租金,否则"封建反应"只会在那些平民拥有土地的地方,对当地经济产生重要影响(参见 Forster,1963)。然而,拉罗什费里耶尔这个地方的地租上涨又是怎么一回事呢? 到 1775 年时,这块封地已经传到了达尔马耶伯爵路易·亨利·德拉福雷(Louis Henri de La Forest,Comte d'Armaillé)的手中。这位伯爵同样是不在其领地的贵族,因为有证据证明,不仅他的城堡年久失修,而且"当这位达尔马耶先生或他的代理来到拉罗什费里耶尔时",当地的总包税人也有义务为其膏车秣马。除此之外,后来还有记录显示,"由于他因远离这些地产而无法役使佃农为其进行 24 次车马运输——按照习俗,这一贯是佃农应该为领主做的——佃农同意支付给他 150 里弗赫现金(以作补偿)……"不过到了 1786 年,达尔马耶伯爵——我不知道他究竟是出于自愿还是因为找不到一个经理人——将他的整个领地以总计 11 000 里弗赫的价格租赁给了某个由 7 名分种田佃农组成的联合团体。也就是说,拉罗什费里耶尔的地主收入在此之前的二十年间大幅地增加。

妥善保存在封地档案中的租约簿籍虽然简明扼要,但充分记录了这一时期地租正在变得有利可图。其中显示,从 1750 年到 1767—1768 年,地租基本上没有增长。但在之后的几年间,一块分种田的佃农平均要支付 250 里弗赫的租金,其中包括价值约 90 里弗赫的农产品。而到了 1784 年,同一大小农场的租户平均要支付 560 里弗赫的地租,其中包括价值约 140 里弗赫的实物。在这 16 年间,地租翻了一番还多。每一次签订新的租约(即每隔七年左右),其条款都会发生变化,而其中规定的一些次要的义务,比如拉克洛谢耶(La Crocherye)的佃农应该“为领主义务运输 3 里格(约 15 公里)、满载 3 马车的货物,妇女要义务劳动 2 天,男性要义务劳动 5 天,敬献 2 只阉鸡以及喂养 1 头母羊”的条款都从合同中消失了。总体而言,现金支付的比例上升了。这些变化给人带来这样一种印象:有人正在使领主庄园的经营“理性化”,把它变成一门生意。

在本章剩余的部分,我建议历史学家们修订他们对 18 世纪博卡日地形区生活的一些描述,而如果拉罗什费里耶尔这一案例被证明具有典型性,那么他们将不得不进行更为彻底的修正。尽管相比于其他领地的记录,这个庄园的财富、其主人的显赫程度及其相关记录的条理性和综合性,都使它不那么具有典型性,但这个案例依然非常值得研究,因为它既回答了问题,又提出了一些问题。拉罗什费里耶尔领地的历史,不仅与人们通常认为的“旺代地区的庄园领主与佃农和谐共处、守望相助”的看法截然相反,还加深了这种印象:“不在地主制”与聘用资产者经理人的现象普遍存在。至于论及“封建反应”的重要性,虽然它提供的证据比较模糊,但肯定还是有说服力的。最后,它还提供了一些理由让我们对如下结论保持一定的谨慎态度,尽管这一结论目前依然是对现有其他所有证据的最佳总结,即在整个18世纪的莫日地区,土地租金仅适度地上涨。

说到底,我们仍然必须考虑土地领主及其代理人征收的各种苛捐杂税如何影响农村社区中的社会关系。首先,我们需要回顾几件事:(1)瓦尔和索米卢瓦地区有很多拥有土地的农民,而莫日地区却很少;(2)在莫日地区,由监工、总包税人等构成的庄园制机构一般更为复杂;(3)我们所讨论的"封建"义务主要影响的是农业地产的所有者,而非其租赁者。这些事实虽然足以将之前人们怀有的田园牧歌式神话从莫日地区的历史中抹去,但是它们并不足以支持这个假设,即认为领主与农民之间存在巨大的敌意。

因为瓦尔和索米卢瓦地区拥有地产的农民与相对弱小但数量众多的贵族共存,所以相比于莫日地区,当地领主的"封建反应"和一些小的特权(财税和其他特权)更容易引发领主与农民之间的冲突。诚然,我们可以预料到莫日地区少数拥有土地的农民会猛烈抨击贵族。但总的来说,在安茹南部的这个区域实行的这种制度,注定会使农民对那些资产者中间人产生强烈的不满,以及对那些遥远的贵族敬而远之。

要之,安茹南部地区这两个部分的农业无疑存在差异。总的来说,莫日地区的特征是:中等规模的农场,由一个贵族业主(通常不在当地,而通过资产者代理人经营)租用,由一两个农民家庭进行耕种,租期为九年,每次续租时,租赁的条件和支付总额基本不变。莫日地区的农业技术相对落后,而租佃和土地控制的这一套体制也使农业技术停滞不前。该地区种植的大部分谷物,要么用于当地消费,要么用于支付租金,几乎没有剩余可供出售。每个农场每年出售几头牛就足以满足农民的现金需要。因此,最关心农业市场状况的人并不是耕作者,而是那些收取租金的人——基本上是当地商人和地产经理人。

　　瓦尔和索米卢瓦地区的主要情况则大为不同,那里的农业生产更加专业化,更加统一地面向市场。葡萄庄园以及纺织原材料的生产带来了土地细分、精耕细作和广泛的土地财产所有权,就连粮食生产(其主要作物是小麦而非莫日地区的黑麦)也实现了商业化,并且与相对较小的土地财产的所有权关联在一起。一方面,瓦尔和索米卢瓦地区的贵族们绝不会像莫日地区的贵族那样"遥控"自己的土地。事实上,瓦尔和索米卢瓦地区的贵族们有时候会直接与农民竞争,亲自耕种自己的土地,比如讷伊苏帕萨旺地区就是这种情况(A. D. M-et-L C 193)。另一方面,教会地主在瓦尔和索米卢瓦地区的势力也相对较大。地产所有权的普及以及市场经济对该地区农业的渗透是农民群众内部出现巨大分化的基础。其中最值得注意的是,与莫日地区相比,该地区有更多的日工和依靠小块土地谋生的个体,例如锄地者。而在莫日地区,3/4甚至更多的农民都是家庭农场的经营者,即耕作者、分种田佃农、小佃农或小种植者。

　　上述发现还有另一层隐藏含义,即只有在瓦尔和索米卢瓦地区,农民和资产者因为共同参与市场而有可能持有相似的观点和利益。商人是种植经济作物的农民不可或缺的盟友,尽管我们不必把这种发现描述成一种商人与农民彼此无拘无束、热情友好的神话。事实上,资产者在安茹南部地区施行的这两种体制中都是必不可少的,然而在莫日地区,他们几乎无法避免地被视作剥削者。

　　更简要地概括安茹南部地区农村经济的特点,那就是商业性农业与非商业性农业之间、高效率的专门化生产与低效率的多种作物种植之间、面向城市和全国市场需求的(从这个意义上说它属于"城镇型")农业与仅限于地方范围的(从这个意义上说它属于"农村型")农业之间,形成了鲜明对比。行文至此,读者们对这些主题想必都耳熟能详了。

工业复合体

尽管农业主导着安茹南部地区的经济生活，然而，工业复合体对城市以及（农村中的）大量工匠和资产者来说，也具有重大意义。农村工业一般由这些内容作为补充：箍桶匠、铁匠、陶匠和其他工匠运用自身的手艺谋生；博普雷欧、蒙特勒沃、舍米耶和绍莱的牲口市场周边的制革业也相当活跃；蒙特勒伊贝莱、索米尔和维耶等城市也有一些轻工业。不过，迄今为止最重要的工业依然是纺织业，更确切地说是亚麻布制造业。熙熙攘攘的绍莱曾是一个小型纺织帝国的中心，约有 1 万台织布机分布在其众多的社区之中（Bonniveau，1923；Furet，1950：96；Uzureau，1901：92）。事实上，绍莱的纺织业并非全国性的，因为即使在图尔财政大区中，它都算不上第一流的工业（Bois，1960b：497—502；Dornic，1955：158，223；Dumas，1894：161）[3]。然而，它与其所处的乡村环境形成了鲜明对比，并给人们留下了深刻的印象。

绍莱的纺织厂几乎只生产亚麻布，其中大部分是方巾，还有一些 20 码长的染布。亚麻布是典型的商业产品。用绍莱纺织品检验局局长的话来描述就是：

> 除了少量在法国使用之外，所有的服装面料都通过商船出口到法国殖民地、西班牙殖民地以及新英格兰地区。方巾，尤其是五颜六色的方巾、黑色方巾和灰色方巾在这个王国（即法兰西）出售，（但）大量最便宜的方巾都被用于奴隶贸易……（而）红色的方巾则运往法国殖民地、西班牙殖民地和美国。它们被波尔多、南特、拉

罗谢尔和其他海运城市的商船运往世界各地，有时我们这个地方
的商人也会直接将它们运走……（A. D. Indre-et-Loire C 134）

该行业的发展与南特作为殖民航运和奴隶贸易之都的地位息息相关。

　　与奴隶贸易一样，在法国大革命之前的几十年里，绍莱的工业也在
大幅增长，但这种增长并非经常性的。当地商标局（商标局的雇员负责
检查送来的货物，如果货物的尺寸和质量符合标准，就会盖上表示它们
适合商业用途的印章）的报告就证明了这一点。图 7.2 汇总了 1750—
1760 年以及 1770—1790 年大部分年份的官方生产统计数据，而我用推
测线将它们连接了起来，这些推测线仅代表基于现有信息对这些数据
空白时期的产值变化方向的推测（A. D. M-et-L 1 L 546；A. D. Indre-
et-Loire C 114，C 121，C 134，C 135，C 136；A. N. F^{12} 564，F^{12}
1427；参见附录三以及 Dornic，1955:23）。

　　从图 7.2 中可以看出，首先，绍莱的纺织品产量大约是维耶的 20
倍。尤其是在方巾生产方面，绍莱周边的产量远远超过了维耶。即使

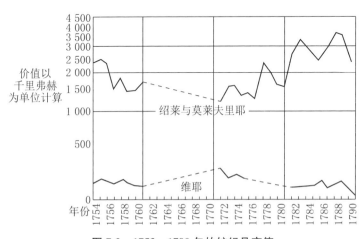

图 7.2　1753—1790 年的纺织品产值

在今天，"绍莱的方巾"也享有盛誉。此外，维耶附近的纺织品产量在这四十年间变化不大，而在同一时期，绍莱检验的布匹数量出现了大幅波动，但也有显著的增长。换言之，绍莱在当时就是蓬勃发展的纺织业中心。

当然，这些官方统计的生产数据所呈现出的并非年复一年的连续增长变化，战争、气候和货币波动都使得 18 世纪的国际贸易成为一场充满变数的冒险。尽管如此，1789 年绍莱附近的方巾平均产量依然比 1750 年翻了一番，总产值则增长了约 75％（见附录三）。虽然在 1719 年，一位当地官员依旧可以把绍莱称为"一个可以说是刚刚起步的、漂亮的制造业中心"，但到了 1751 年，当地的产量已经超过 200 万里弗赫，而到了法国大革命时期，绍莱的拥趸已经乐于把它吹嘘为"一个产品遍布全球的、著名商业大都会，一个雄踞三省部分地区的工业首府，一片汇集了 100 个教堂区的热土"（A. D. F^{12} 533；F^{12} 564；D IV bis 26）。

绍莱区产量的短期波动表现为七年战争导致的产量下降，以及美国革命前后出现的一系列巨大变化。这些变化还表明，它在 1788 年以后的产量急剧下降，我们在后面会重点关注这一现象。此外，图中曲线除了基于简单内插法（simple interpolation）的部分，其他部分与南特国际航运的逐年变化非常吻合（参见 Meyer，1960：126）。这种对应关系突出了一个事实，即绍莱的工业是在市场贸易中至关重要的一部分，而它与当时的全球贸易也息息相关。

早在奴隶贸易开始之前，绍莱就已经出现了纺织工，而农民在闲余时也会从事纺织活动。17 世纪后期的商业扩张则将这一行业本身组织了起来。在法国西部的其他地方，纺织变成了一个农民在非生产季节的常规活动，就像阿尔卑斯山地区的木雕和制表业一样。曼恩省的部分地区就是这种情况：纺织业取代了农业，成为农村基本的业余活动（Musset，1917：268）。在脱离绍莱直接影响的部分博卡日地形区，情况也是如此。1787 年，一份关于旺代地区中的拉莫特-圣埃赖（La Mothe-Saint-Héraye)的报告称："这是一个大城镇，它的领土面积很大。那里的人们生产上乘的布匹，至少有 500 名工人从事该行业，他们只在冬天把时间花在生产布匹上，而这阻碍了该社区商业的发展，因为当地的商人无法完成他们接到的订单。"(A. N. F¹² 564)但是，在莫日地区，纺织业的发展在某种程度上丝毫不受农业耕作的影响。或许是因为莫日地区的居民更乐意进行农业耕作，或许是因为他们对当地地主的抵制，又或许是因为这一产业是由一些大领主从"外部"引进的，而莫日地区的农民无法成为兼职的纺织工。不过，还是有许多人成为全职的纺织工，也就是说他们将农活都抛诸脑后。

18 世纪的纺织业并不是我们今天所熟悉的大规模工业生产。在法国西部地区尤其是如此：

> 在农村的工业和农业方面，法国西部给人的印象是一个落后的、一点点在发展但发展缓慢的地区。我们已经找到了原因：那是一个与世隔绝的区域，使其免受那些本可以改变它的诸多变化的影响；那是一个往来通信不便的区域，除了纺织业——纺织业因为其产品重量轻、体积小、便于运输——几乎没有能力从事其他重要的工业。(Musset，1917:262)

法国西部农业生产的基本单位是家庭农场。除了领主的庄园之外，这个单位的运营几乎不涉及任何其他的组织。但是，即便是 18 世纪莫日地区发展如此滞后的工业，也包含了一个比任何地方经济更为广泛的、与世界市场直接相关的复合体。

在这个复合体中，家庭生产制（domestic system）成为地方经济中一个重要的运作单位。从集散中心的角度看，这是一个分散的体制，但从任何特定社区的角度看，它又是一个集中的体制。纺织工个体在乡镇和村庄中的潮湿、低矮的店铺里干活，而商人则向他们派发订单并收取商品，通过这些方式把这些个体联系在了一起。也就是说，它其实是一个商业的，而非工业的组织形式：

> 在绍莱出现的，只有商业的集中。18 世纪人们所称的"**绍莱制造业**"是由众多家庭中的一张张织布机组成的，这些织布机散布在大约 30 个农村教区中，这些教区从中世纪开始就已经出现了一些织布工。从 17 世纪最后的几年开始，这一工业区别于旧时的家庭制造业的新特点是，一群富有的商人在该工业中占主导地位，他们收集货物，将它们有组织地销往远方，同时将那些从纺织机上制作出的产品引向他们认为最有可能成功出口的地方。（Dion，1934：597）

因此，绍莱的工业并非一系列拥有大量标准化劳动力的大型工厂，而是一个由工匠们进行个体劳作或小群体合作所组成的网络。

这些工匠群体当时究竟分布在哪里？这个问题很重要，因为我们很容易将 1793 年反法国大革命运动看作一个纯粹由农民引发的事件，但事实上，这场反法国大革命运动在纺织业最重要的地方发展到了最激烈的程度。通过之前对职业分布的分析，我们已经了解到，纺织工在绍莱区要比在安茹南部其他行政区更为常见。我们按照行政区划对当地人的职业情况所做的估算，在确定当地的工业方面，与其他现有材料的说法几乎完全一致。

图 7.3 展现了一些基本信息。[4] 它明确无误地指出，纺织业渗透了绍莱区，并蔓延到了其临近的莫日地区，但瓦尔和索米卢瓦地区没有受到它的影响。1793 年首先爆发反叛的大部分起源地——博普雷欧、舍米

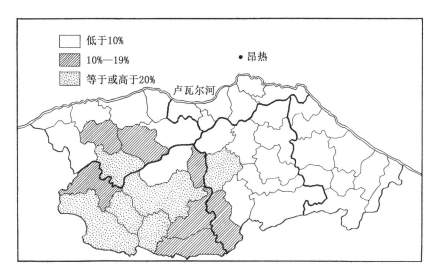

图 7.3　1780—1790 年安茹南部地区各县纺织工匠人数占比估算

耶、绍莱、勒迈……这些地方同样是 18 世纪亚麻布产业的起源地。当然,由于该图的局限,它没有显示出所有亚麻布产业的分布范围。1810年,仅沙蒂永就有 1 200 家亚麻布纺织场(A. N. F^{12} 631)。1787 年,据说布雷叙尔有"2/3"的人口在冬季从事亚麻布产业(A. N. F^{12} 564)。绍莱的亚麻布制造业在普瓦图北部的很大一部分地区——莱塞绍布罗涅(Les Échaubrognes)、沙蒂永、布雷叙尔、莫尔塔涅、塞夫尔河畔圣洛朗——具有重要的影响力(Dupin,1801—1802:326;Cavoleau,1844:661—662;Garaud,1954:646)。这些地名在旺代之乱这场反法国大革命运动中也是无法忽略的。无论如何,安茹南部地区是亚麻布产业之乡,而绍莱则是其中心。

　　虽然方巾和布匹主要在博卡日地形区中生产,但其原材料大部分来自瓦尔地区。这也就意味着,莫日地区的农户本身并不为这一产业生产相关的农作物,也不会受该产业福利的直接影响。在瓦尔地区生产亚麻的农民向纺纱工(主要是农妇)提供纺织纤维。这些纺纱工要么与莫日地区的批发商人达成合作协议,要么自己在地方(其中最著名的是沙洛讷)市场和集市上出售其产品(参见 A. D. M-et-L 59 M 33—34; A. D. Indre-et-Loire C 82)。

有少数纺织工匠自己独立地进行劳作并出售他们的产品,但绝大多数纺织工需要高级织工或商人交托工作给他们。布匹制造商购买纱线,然后依次将工作分包给遍布整个地区的织工、漂白工和染色工。布匹制造商分包工作的数量和种类取决于批发商的订单。事实上,正是由这些批发商将布匹送往或带去法国西部的大集市或市场上。这些批发商而非布匹制造商,才是这个产业中最有钱有势的人。批发商经常被指责为狼狈为奸、坐地起价,操纵质量标准,并将布匹制造商置于自己的控制之下,就像布匹制造商经常被指责生产假冒伪劣产品,降低了绍莱纺织业的国际声誉(A. D. Indre-et-Loire C 121,128,129,134)。即便如此,与纺织个体户相比,大部分布匹制造商依然是巨头。纺织个体户仅靠他们的做工和偶然耕种花园、果圃等小块地过活,他们散落在乡镇和村庄中,住在潮湿、昏暗的小屋棚里,没有任何组织,其工作的有无取决于市场行情。住有许多织工的城镇最关心的是乞丐问题。一份关于1788年圣洛朗-德拉普莱讷(Saint-Laurent-de-la-Plaine)市镇当地情况的报告称:"大多数居民都受雇于绍莱的工业,因此在冬天会有大量的穷人前来乞讨。"(A. D. M-et-L C 19)

在纺织活动最活跃的地方,有一些批发商和一群布匹制造商,他们将工作外包给大量的织布工及其他工匠。在生产规模较小的地方,乡镇之中依然聚集了少量的布匹制造商,他们一方面与较大的乡镇或绍莱城的批发商打交道,另一方面与居住在他们社区中的纺织工打交道。从空间上看,只有少数几个当地工业活动中的关键人物居住在乡镇中,工匠们则都住在乡镇或最大的村庄里。

这些资产者和工匠之间的关系不仅充满张力,还存在潜在的冲突。

布匹制造商的利益在于,将纺织工的收入维持在较低的水平,同时使其产量保持在较高的水平。他有权给一些人工作,也可以让另一些人丢掉饭碗。工人之间彼此孤立,无法组织起来反抗这些资产者。而由于亚麻和大麻的生长季节不同,工人从事的工作本就是季节性的,他们收到的工作订单也取决于国际市场的情况。总之,对大多数纺织工来说,他们的生活是边缘化和不确定的,而这种不确定性,很大程度上体现在资产者到底给不给他们活干。在市场良好甚至其规模不断扩大的情况下,这些考虑因素可能并不那么重要,但在法国大革命初期的工业危机中,这些因素就显得至关重要了。

后 果

矛盾、冲突、对立、统一:莫日地区社区中的地方经济存在两个不同的复合体,它们朝着不同的方向发展——一个远离市场,另一个则热切地追逐市场。因此,任何表示“这些农村社区完全参与市场”的说法都需要立即补充“但是另一方面……”,而道路交通的状况也说明了这一点。有一部分关于莫日地区宗教仪式的描述也提及:

> ……昔日的老路这一点、那一点地被路边的居民侵占,路面上到处都是塌陷,遍布深深的车辙,被 15—20 英尺的峡谷包围。路的两侧被厚厚的土堆覆盖,道路被阴郁的树篱湮没,甚至偶尔散落着碎石堆,当人们试图在上面保持平衡时,这些碎石会在他的脚下松动。有时路上也会有一些巨石,使车队窒碍难行。(Port,1888:I,14)

据说,莫日地区因为道路难行,遂与外界间隔,"……在思维和生活方式上都与其他的省区格格不入"(Bouchard,1884:14)。

相比之下,瓦尔和索米卢瓦地区的交通路线无疑更为便利。因为莫日地区没有可通航的河流,也没有任何邮路经过,所以直到1786年,驿站马车都无法将巴黎的报纸送往绍莱及其腹地(Marboeuf,1954:38; Carte des postes,1791)。而瓦尔和索米卢瓦地区则有卢瓦尔河,它在法国内陆与大洋之间源源不断地流动。卢瓦尔河给这些地区带来了修士,因此也带来了葡萄树(Dion,1934:621ff.)。正是卢瓦尔河将安茹地区的葡萄酒送往荷兰与西班牙,也正是卢瓦尔河使索米尔与图尔之间的联系比索米尔与绍莱的联系更为紧密。此外,瓦尔和索米卢瓦地区的道路比莫日地区更多、更好,这也是其另一优势所在。

在莫日地区,纺织业贸易的繁荣是个不争的事实,而人们普遍抱怨莫日地区的道路崎岖难行也是一个不争的事实。这些抱怨就像格列佛在醒来后发现自己被束缚住时所发出的控诉那样。值得注意的是,修建新道路的想法主要来自一些商业乡镇和城市,比如勒迈(A. D. M-et-L C 192)。批发商和布匹制造商敏锐地意识到他们受到了束缚,也非常清楚他们的力量在不断增长。几个世纪以来,这个地区的农业字面意义上地"自产自销",导致商业始终不活跃。批发商和布匹制造商必须清除这一后果,而他们当时也已经开始这样做了。正是在他们的推动下,莫日地区与瓦尔和索米卢瓦地区形成了鲜明对比,即新近的、浅层的、不均衡的城市化与长期的、深入的法国社会城市化的对比。

就纯粹的经济关系而言,这种对比导致莫日地区的社区被分割成两个几乎独立的——工业的和农业的——复合体,也使得瓦尔和索米卢瓦地区的各个社区通过共同参与市场贸易的方式连成一片。让我们来探讨一下这种情况对地方精英可能产生的影响。如果一个社群的经济在某种程度上建立在对土地的控制上,那么占统治地位的地主(或者

那些控制着影响土地安置决策权的人)在社区内的精英地位就会愈发
突出,而如果是市场经济在其中占主导地位,那么商人就会成为社区中
的精英。事实上,这两种说法几乎是同义反复,但无论如何,它们还是
使我们更容易认识到,资产者主导着瓦尔和索米卢瓦地区社区的外部
经济关系,而在莫日地区中,贵族和资产者是两种经济精英阶层,其控
制基础存在些许不同。

　　诚然,莫日地区的资产者的重要性,体现在他们不仅是工业的推动
者,还是土地财产的管理者,而贵族则远远地对当地施加控制,并且这
种控制在很大程度上是负面的。不过同样确凿的是,此二者所做
的——或至少由其传达的——决策,都最为深刻地影响了地方经济中
某一复合体与外部世界的联系,从而深刻地影响了地方经济的状况。
我们不能把这种经济精英的二分与伴随城市化出现的功能日益分化混
为一谈。功能分化的标准应该是存在几个子系统,而相关群体中的所
有成员都或多或少地同时参与其中,并且逐渐产生了专门调解每个子
系统与"外部"之间关系的角色。这种说法相当抽象,举一个具体的例
证就是,美国农村社区的粮仓经营者、饲料商人、拖拉机销售员、征税人
员、农区指导员(county agent)、银行家、杂货店经理等都专门处理社区
对外经济关系中某一不同方面的内容,而几乎所有的农民都早晚会到
他们那里去出售粮食、购买饲料、使用拖拉机、纳税、寻求技术建议、借
钱或存钱以及购买其他地方的产品。如果以此为标准,那么我们要说,
精英阶层的分化在瓦尔和索米卢瓦地区更为深入。

　　我们还会很自然地联想到另一个关于经济关系的问题,即哪里可
能成为爆发冲突的地方。在瓦尔和索米卢瓦地区,土地财产所有权的
分布虽然不均衡,但普遍存在,而经济作物的生产也相当普遍,因此不
仅土地和市场之间的确可能存在竞争关系,农业劳动者与其雇主之间
也确实可能爆发冲突。乔治·勒费弗尔(Georges Lefebvre)在其著名

的关于法国北部省区的研究(该研究可谓实至名归)中描述了许多与这种农村人员结构相似的情况:在法国大革命初期,农村人员团结一致,最后却因为内部的敌对而分裂。其具体描述如下:

> 从我们的研究中可以看出,虽然在面对国王、特权阶层和城市居民时,他们团结一致,但农村人员绝非一个同质化的阶层。他们构成了一个小社会,其中有无产阶级,可以分为日工和家庭户;有中间阶级,由那些能够自食其力的农民构成;最后还有统治阶级,由那些大农场主和富有的种植者组成,后者构成了农村中极少数的资产阶级。(Lefebvre,1924:307)

这种描述显然更适用于瓦尔和索米卢瓦地区而非莫日地区。

在索米尔郊外的迪斯特雷(Distré),那里的市民对富裕阔绰的亚历山大·富尼耶先生(Sieur Alxandre Fournier)的抱怨——他抱怨自己被征收了 300 里弗赫的税,而他的父亲过去只需缴纳 150 里弗赫——所做出的回应,很好地展现了瓦尔和索米卢瓦地区可能出现的各种冲突类型:

> 对这位尊贵的包税商的诉求,当地居民做出如下回应。迪斯特雷教区非常贫穷,税收负担过重,所以无法支付所有税款。因为那里有大量饱受苦难的人,他们没有能力支付任何税款。此外,这个教区的大部分地产由享有特权的群体(即免税的神职人员和贵族)所拥有,因此税收的重担自然应该落在那些最富裕的人身上。(A. D. M-et-L C 35)

从上述文字中可以发现所有可预见(瓦尔和索米卢瓦地区爆发冲

突)的主题：贫困的存在、享有特权的地产为正义所设置的障碍、财富多寡所带来的分裂。而在莫日地区，由于分种田占优势地位，加之农业市场疲软、农民在面对大地主时地位相对平等，这些因素构成了布瓦在讨论同一问题时所提到的农村人员"道德同质性"的条件（Bois，1960b：442）。

但是，农村人员的"道德同质性"并不等同于所谓的"农民社区"——农民只是其中最大一部分的群体——的团结。在莫日地区的农业复合体中，在土地的所有者及管理员与那些在土地上劳动的人之间，也就是在贵族或资产者与农民之间，也存在潜在的冲突。由于18世纪的地主经常不在他们的领地，而且他们也倾向于按照传统规则去统治他们的庄园（即便是"封建反应"，也是对传统权利的强化而非对庄园的合理化重组），并将其作为他们固定收入的来源，因此，更直接的冲突聚焦在资产者与农民之间的关系上。

除此之外，在莫日地区还存在一场关于争夺土地控制权的无声斗争，尽管这场斗争并非由那些渴望土地的农民引发（虽然他们通常被视作法国大革命在农村的发起者）。一方面，租佃制度给予了绝大多数农民家庭土地，其面积是他们凭借自己有限的技术和资本所能耕种的极限——每个农场中都有大量荒地的现象就足以说明这一点——然而，这种租佃制度同样使农民无法积累必要的盈余，去购买作为农村地产主要形式的、规模较大的农场。另一方面，资产者不但有钱，而且无疑可以在他们有意愿的时候购买更多的土地——如果有土地可供购买的话。至于贵族，他们虽然占有土地，却并不售卖，也没有办法迫使他们卖地。于是，土地问题就成为一个潜在的、可能引发剧烈阶级冲突的领域。

农民和工匠的情况又如何呢？工匠投身于农业复合体的频次肯定比农民投身于工业复合体的频次要高。所谓"服务型工匠"，即铁匠、工具匠、面包师傅等,处在两个复合体之间的位置,前面我们对农村地区婚姻模式的分析反映了这一事实。在服务型工匠中,有一些人其实是兼职的农民。工业型工匠则不太可能成为兼职农民,他们的农业活动仅限于业余时间在花园、葡萄园和小块土地上进行耕种。莫日地区工匠的这些活动使他们无法与农民建立常规的经济关系,也就是说不会导致他们与农民的冲突。他们既不争夺土地,也不争夺市场份额,双方都没有以任何方式去控制对方的经济活动。简而言之,没有明显的经济基础使农民和工匠之间爆发阶级冲突。

农民与神职人员之间则有可能发生经济冲突,因为神职人员的不菲收入主要来自当地主要作物的什一税,以及在分种田制度下农民需要承担的无数小额租金,二者都显著减少了农村家庭每年可支配的生存资源。事实上,就在法国大革命爆发的前几年,莫日地区就对什一税的征收产生了争议,其中以关于对芜菁的征税最为突出。不过,这种争执在瓦尔和索米卢瓦地区似乎更为常见,因为那里教会地产更为广泛,而锱铢必较的小农业主也可能非常清楚这些支出对他们收入的影响(参见 A. D. M-et-L C 24,C 35)。

当我们将目光转移到莫日地区的工业复合体时,我们更容易预料到冲突的发生,而这些冲突也更容易被生活在工业社会中的人们所想象和理解。诚然,安茹南部地区的农村工业尚不具备产生马克思所描述的那种战斗的、有阶级意识的无产阶级的条件,但在贫穷、脆弱、起起落落的工业型工匠中,完全有可能出现一种我们更为熟悉也更为原始的抗议。他们抗议的对象很有可能是那些似乎掌控了他们经济命脉的人:商人。

综上所述,在莫日地区的农村社群中,经济冲突最有可能围绕着资产阶级阵营爆发。这当然是一个"后见之明",但这种分析具有无与伦比的优势,因为很明显,在法国大革命期间最显著的经济冲突,就是地方资产阶级中的一小部分与农村社区中其他阶层之间的对抗。

注　释

1. 当然,土地所有权绝非对土地的控制权中唯一值得关注的方面。我必须承认,这种类型的研究会受到批评,而我也对忽视 18 世纪的财产权转让、地租的变化以及农产品价格变动等因素深表遗憾。所需的材料其实都在档案馆,尤其是地产登记簿(*fonds d'enregistrement*)里(例如,A. D. M-et-L 15 C)。我只能以我主要在美国而非法国开展这项工作殊为不便的事实为借口,并为那些在档案馆中花费数年时间从事这项工作的其他调查人员加油鼓劲,因为对这些问题进行恰当的分析需要耗费许多时间。

2. 可以说,在早期的分析中(Tilly,1958),我直接引用了这些例子,并将许多义务描绘成为促进领主与佃农之间团结的因素。我当时没有意识到不在其领地的贵族数量和资产阶级中间人的重要性,而现在看来,我当时得出的这一结论更加令人怀疑。同样,梅尔对加廷附近的细致研究(Merle,1958:esp. 91—92)也使我对莫日地区土地保有权的稳定性丧失了一些信心。

3. 不过,布瓦(Bois,1960b:501—502)过分低估了绍莱的纺织业。可能他没有认识到,在平均年份里,该地区生产所得的货币总值中,只有 1/4 来自按码出售的织物,而 3/4 是方巾。考虑到在法国大革命之前的好年景中,有报道称在绍莱、维耶和莫莱夫里耶官方检验的货物价值远远超过了每年 300 万里弗赫(A. D. M-et-L 1 L 546;A. D. Indre-et-Loire C 134,C 135,C 136),此外还有数量不详的织工和商人将他们的货物运往普瓦捷财政大区的拉-泰苏阿勒的商标局(A. D. Indre-et-Loire C 114),由此看来,绍莱和上曼恩的工业在规模上可能大体相当。

4. 资料来源及统计方法见附录三。这 17 个分散的县中的纺织工匠人数由统计数字估算,数据来自 A. D. M-et-L C 114。估算方法是用绍莱和圣弗洛朗都具备的两个变量——从职业分布分析中得出的纺织工比例,以及统计数字中列举的人数——进行回归。这两个变量之间的关系非常密切(皮尔逊相关系数为 0.778)。这里统计的"纺织工匠"绝大多数是纺织工,但也包含纺纱工、染色工、漂白工等。本书第四章已经给出了纺织工匠在各行政人口中的总占比:索米尔区 2.4%、昂热区 2.4%、圣弗洛朗区 7.9%、维耶区 9.8%、绍莱区 21.3%。如果有可能根据其他证据对这些计算结果进行一个"事后诸葛亮"的评价,那么我会说它们低估了处在莫日地区东北角的舍米耶与雅莱(Jallais)的纺织活动规模(参见 Bonniveau,1923)。

第八章　权　　力

关于邻里、教区和地方经济关系的讨论,不可避免且理所当然地会触及农村社区中的权力分配问题。在 18 世纪的法国,政治并不独立于宗教、经济或个人的归属关系。或许我还可以这样说,当时它们之间的区别甚至比现在还小,因为我们今天最喜欢的一种社会学的"(智力)消遣"活动,就是指出政治与社会结构中的其他要素——利益集团、压力集团、权力精英——之间的联系。尽管自该隐"政变"以来,人类社会一直充斥着权力及其斗争,但从亲属关系或宗教权威中独立出一种专门性的政治机构的现象却很罕见,其出现主要限于近几个世纪。现代民族国家的发展,其最明确的标志之一就是公民身份在全社会中的形成和传播——不妨思考一下例如法国大革命的领袖们对"公民"(*citoyen*)一词本身的狂热追捧具有什么意义。

指导本书的概念——城市化——引发人们去关注如下事实,即党派和政治团体,标准化的法律、税收、行政流程和公民义务的发展,以及公民权本身的出现,都不可避免地伴随社区组织的变化而发生变化。这些变化并不必然意味着"崩溃",虽然后面这个词似乎反而会使那些认为现代社会内部出现脱节的人感到满意。社区对现代国家发展进程的参与,首先使社区内部的政治活动、机构与其他的活动和机构日益分化。其次,这种参与,不仅通过施行统一的行政安排,还通过促进由多个社区成员共同组成的、集中化的政治联盟发展,使各个社区之间行使权力的方式变得更为相似。此外,它还促进了社区内部行为的"政治化",即让人们更多地意识到(无论是对是错),地方派系、大大小小的问题、各种不公正现象、个人或团体影响力,以及甚至不用说的他们自身的愿望诉求,都与国家决策和国家权力分配密切相关,反之亦然。最后,参与现代国家的发展也意味着精英阶层的变化,通常来说就是使精英阶层朝着更为分化、在政治操纵层面更为专业化的方向发展。

安茹南部地区的政治现代化

按照上述标准,我们在此讨论的法国还处在政治现代化的初始阶段,而法国大革命极大地加速了——也有少数学者认为大革命"完成了"——这一现代化进程。广泛的选举权、国家立法、全民征兵、国定节假日、宪法、全国性的雅各宾派或吉伦特派的社团、标准化的政府组织以及政治报刊的发展,虽然这些安排并没有全部如愿开展,也没有在大革命后被全部保留下来,但它们推动了法国和法国人民走向现代政治。这些革命性的变化使我们更为关注大革命之前安茹南部社区的控制结构,这些控制结构组成了我之前提到过的"市镇"。

在本章中,我将主张上述政治现代化的发展在瓦尔和索米卢瓦地区要比在莫日地区更为深入。我慎重地选择了"主张"(argue)一词,因为现有的证据并不充分。尽管如此,既有关于社区组织其他方面的信息还是为我们提供了一些证据,让我们相信,政治意识在瓦尔和索米卢瓦地区要比在莫日地区更为普遍,而传统精英在瓦尔和索米卢瓦地区也面临更大的阻力和更激烈的竞争。尽管法国大革命中那些最主要的事件对信仰、生产和人际关系都产生了影响，但因为它们主要发生在"权力斗争的场所"，所以对政治组织的分析也将总结各种社会组织对法国大革命不同反应的重大差异。

从性质上说，这些重大差异很难体现在政府的正式组织中。安德鲁斯在其对莫日地区农民的研究中说："每个人都很清楚，法国在 18 世纪是如何进行统治的。乍一看，没有比这更简单的事情了。最上层是国王和他的顾问，然后是财政大区中代表国王的总督，以及财政区中代表总督的总督代理。* 但是法国旧制度下的政府体制远非人们乍一看时所想的那样同质化。"（Andrews，1935:1）不仅国家行政区划普遍混乱、叠床架屋并且受到地方情况的制约，每个区划的法定地位也由其数百年来的政治历史所决定。

安茹地区虽然是一个由地方选举产生的代表所管理的财政区，但它也和法国其他地方一样拥有自己的风俗习惯，也就是说，它并没有省三级会议去制衡总督对那里的管控。

在 1790 年之前，安茹南部地区被划分成了昂热、蒙特勒伊贝莱和索米尔三个财政区，它们是图尔这个财政大区的细分。这也就意味着，这些地方最重要的由国王任命的官员，首先是大权在握的图尔总督，然后是昂热、蒙特勒伊贝莱和索米尔的总督代理，1760 年之后还要再加上两名位于绍莱和莫莱夫里耶的总督代理。与那些法院、警察局、盐务局或税务局的工作人员相比，普通公民对这些高级官员的了解无疑要少

---

* 在法国旧制度下，财政大区（*généralité*）和财政区（*pays d'élection*）是两种不同的财政区划。财政区是较早形成的财政区划，从 14 世纪开始逐渐确立，其税收一般由地方选举产生的代表（通常是地方议会）负责分配和管理，在税务管理上有较大的自治权，地方议会也在税务事务中有较大的发言权。财政大区则是在 16 世纪由国王弗朗索瓦一世建立的财政区划，目的是加强中央政府对地方财政的控制。财政大区的税收由国王直接任命的官员（通常是总督）负责管理，减少了地方自治，增强了中央集权的程度。从行政单位或者地理范围来说，财政大区的范围更大，并可能在地理上包含若干个财政区。有学者认为这反映了法国中央集权与地方自治的互动。——译者注

得多。在城市中心以外的地方，这些王国行政机构的影响无法直接触及各个社区，而政府在实际工作中也充满了极端的地方主义。农村公民（rural citizen）——这个词要是放在法国大革命之前的时期会显得尤为时空错乱——通过纳税义务、服兵役，以及从更小的程度上说，向王国法庭上诉陈情的机会，意识到他对这个民族国家（nation）的归属。但即便是这些有限的政治参与形式，通常也是由一些社区团体进行居中调解的——地方的长老们会指定人选对村里的税收进行评估和征收，社区青年的强制征兵是通过集体抽签决定的，而社区中的法律纠纷则诉诸庄园领地法庭的司法管辖。

　　行政地方主义（administrative localism）存在两方面的问题，它受到(1)由国王任命的行政官员的行动和(2)各个社区的立场影响。除了将税收入库以及处理偶尔的请愿之外，即便是总督代理也很少与农村社区的领袖进行直接沟通。因此，有关农村情况的信息很难传递到上层的行政机构。同样，高层官员也不太关心乡镇人员的不满或需要。他们的漠不关心和行政体系的简单粗暴，使许多城镇陷入了类似于莱永河畔的图阿赛所面临的境地，该镇直到1785年才获得了修桥的资金和授权，而在1778年——整整七年之前——镇民就已经开始恳请修建那座行将倒塌的桥梁了（A. D. M-et-L C 20）。一般来说，离总督府越远的地方受到的关注自然也越少：图尔城得到了美化、厚待和偏爱，而莫日地区的城市则很少能听到总督的消息。不过，即便是那些最受冷落的城市，也比乡村受到了更多关照。

　　另一方面，行政地方主义的问题还体现在，地方领导人学会了在"没有政府"的情况下开展活动，或许这样说更合适，即那些地方领导从未学会依赖政府。社区的政治事务在社区内部处理，而几乎所有有与"外界"的必要联系都是通过堂区神甫或地方领主进行的。事实上，这种制度赋予了那些能够高攀国家行政机构的个体以非比寻常的权力，这种情况往往也使地方领主变成试图为社区从中央权威那里取得让步、恩惠或公平正义的关键人物（参见 Vidich and Bensman，1958：100）。

这种描述在很大程度上可以说适用于整个 18 世纪的法国农村地区。因而，接下来涉及的问题就是，对法国西部的各农村地区而言，这种适用性是否存在重大差异。根据我们对安茹南部农村社区对外关系一般性质的了解，我们有理由相信，与瓦尔和索米卢瓦地区相比，莫日地区的政治地方主义色彩更浓，直接参与全国性政治的程度更低。不过，在这个问题上，我们并没有足够充分的证据，也很难想出有什么样的证据能够解决这个问题。不过也许我们可以注意到，莫日地区的社区，在其所属的财政大区中承担的税收份额是不公正的，而这也是衡量莫日地区政治效率低下的一个办法。夏尔·科尔贝在 1664 年的报告中称，蒙特勒伊贝莱财政区，包括莫日地区的大部分财政区都被"过度征税"了（Marchegay，1853：I，157；参见 Andrews，1935：208）。1792年，绍莱行政区的官员写道："蒙特勒伊贝莱财政区的税收比省内其他任何地方都更重，而官员们为了不支付任何费用，将大部分税收都转嫁到以前被称为'下安茹'（Lower Anjou）的地区，即现在形成的绍莱行政区。人们只需知道一个教区缴纳的军役税（*taille*）*，就能计算出该教区到其财政区属地的距离。"（District de Cholet 1792：2）我必须承认，将上述抱怨申诉作为政治参与的证据，充其量是模棱两可的。

另一个可能的指标是在法国大革命期间发生的一些事情。当时，以俱乐部、国民自卫军以及后来的革命委员会等形式出现的政治组织，在瓦尔和索米卢瓦地区比比皆是，在莫日地区却极为罕见（A. D. M-et-L 1 L 566—568，1 L 745，1 L 1152，1 L 1169—1199，1 L 1304—

---

* 也译作"人头税"或直接音译为"达依税"。译者采纳"军役税"的译法，参考黄艳红：《法国旧制度末期的税收、特权和政治》，北京：社会科学文献出版社 2016 年版，第 51—52页。——译者注

1318)。这一发现作为相关证据的价值，一方面显然会被以下事实所削弱，即倾向于法国大革命的正是瓦尔和索米卢瓦地区的这些公社，另一方面又可以通过更进一步的观察而得以强化，即在莫日地区，反革命组织主要采取更为古老和零散的形式，如朝圣、宗教仪式和一些简单的集会，就算是那支著名的反革命军队，也只具备最基本的组织架构。由此可以推断，莫日地区以有效的政治组织为基础开展政治活动的经验较少。

然而，虽是管中窥豹，但安茹南部地区的社区确实也有其重要的政治生活。我们先从正式组织开始，非正式结构留待之后讨论。在莫日地区，我们所谓的"民政管理"（civil administration）在法国大革命之前主要由堂区神甫负责，但还有其他两个官方人物需要考虑在内：地方理事（syndic）和领主。

地方理事是地方议会的代理人。与法国其他地方一样，议会本身在安茹地区也是一个有着数百年历史的机构，几乎无法将它与其对应的宗教机构，即教区委员会（*fabrique*）区分开来（Spal，1886；Guinhut，1909：79）。从法律上说，1700 年后不久出现了独立的理事职位，但实际上，地方理事和教会委员（churchwarden）通常是同一个人，而两个团体的会议也没有什么本质区别。

直到 18 世纪末，地方议会都只是社区中的所有家庭户主们在礼拜日最后一场弥撒之后的聚会。作为一个团体，他们拥有一些法定权力：

> 他们规定公共土地的买卖、交易和租金；决定教堂、堂区神甫的住宅、公共建筑、道路和桥梁是否需要维修；除了地方理事之外，他们还可以任命教区学校的校长、牧长（herdsman）、乡佐（sergeant）、牧场管理员、什一税征收员、助理官（assessors）以及人头税征收员。有时，他们还规定在什么情况下去收获葡萄。在某些情

况下，他们甚至能规定日工的工资比例以及某些特定产品的价格。
（Babeau，1878：48）

去掉牧长、乡佐和牧场管理员（实际上他们并不存在）以及教区学校校长（如果存在的话，几乎肯定是由堂区神甫指派的）之后，我们可以将上述针对整个法国而言的细目应用在安茹南部地区。1787 年，在安茹以及其他没有省三级会议的省份，地方议会被一个小型的、由显要人物组成的议会取代，其成员包括堂区神甫、地方领主和少数民选议员。由一小群选举产生的显要人物进行地方治理的原则，存在于法国大革命的大部分时间。

实际上参与这些地方议会的人，比地方上的正式组织和法定权力更值得关注。在舍米耶附近，平均每个地方议会约由 19 人组成，其成员分布是：1 名教士、7 个农民、4 名资产者、5—6 名工匠，以及 1—2 名其他人员。[1] 根据朱尔·斯帕尔（Jules Spal，1886）对涉及范围更广的地方议会的报告，在这些会议中，堂区神甫和副堂区神甫几乎从不缺席，而地方领主则几乎从不到场。同时，在这些地方议会中，那些"有分量的"公民所占的比例也要高于普通民众，这也在意料之中。议会中的决定会涉及这些有分量的公民的直接经济利益，他们所接受的培养以及他们的性格也使他们比普通人更关心"民政事务"（civic affairs），而且无论如何，这些议会都仅限于那些知名的家庭户主。资产者则似乎既没有主导教会委员的工作，又没有被其排斥在外。

有一些迹象表明，城市中的资产者认为担任地方理事或教会委员的职务有损尊严。1788 年，当省级议会计划将绍莱城中的地方理事的工作与更高级的教区理事的工作合并时，绍莱行政区的特派员（correspondent）曾在其信中这样写道：

你知道,家世良好之人不愿意因为一个总督代理心血来潮的安排,而让教区中的男孩被强制征兵,也不会愿意为一个地方议会效力,他们中的大多数人希望拒绝同时担任这两种职务,而愿意充任这些职务的人在将来也不会比过去更多。(A. D. M-et-L C 187)

特派员建议把上述行政工作中的细枝末节交给市政文书(municipal clerk)去办。对于"家世良好"的城市资产者来说,虽然公职是一种荣誉,公共行政中的细枝末节却是不受他们欢迎的负担。

地方议会中的绝大多数会议是为了处理这些纯粹的日常事务——任命收税员、租借教堂长椅、分配徭役、选举教会委员。偶尔也会处理一些人(主要是富人)的纠纷,有人认为自己不应该在公社中被征税,或者认为自己被多征了税,例如拉特雷耶(La Treille)领地的包税商雷韦埃先生(M. Réveillère)与拉塞吉尼耶尔(La Séguinière)市镇的纠纷(A. D. M-et-L C 35)。市镇成员之间公开争斗的记录则相当少见。在翻阅了较为简明的会议记录后,我们有这样一种印象:当堂区神甫发言时,或者在极少数情况下,当地方领主发言时,他的意见会被听取,议会无需更进一步商议。议会是地方政府唯一的正式机构,但即便是议会,也要受到贵族和教士的权力的制约。

在现有的资料中,我们再次发现了一个薄弱环节。虽然安茹南部地区各子区域的议会在正式组织形式上并没有什么不同,但我们完全有理由猜测,瓦尔和索米卢瓦与莫日地区地方议会中的参与度和控制力有很大不同。相比于莫日地区,瓦尔和索米卢瓦地区的堂区神甫的影响力要小一些,资产者的影响力要更大一些,后者对议会的总体参与度也要高一些,这应该是事实。如果读者要打破砂锅问到底,那我只有抓着这一根救命稻草——有一则资料可以部分说明这一点:在法国大革命初期,堂区神甫在莫日地区比在瓦尔和索米卢瓦地区更经常被选为地方选举委员会主席,甚至当选为市长(参见 A. N. D IV 9—13,D IV 40;A. D. M-et-L C 186—188)。不过,这也很可能只是旧制度的某种习惯的延续。

地方治理中的非正式结构也明显同样属于教士和贵族的管辖范围。教士通常控制着地方事务,贵族则有可能干预公社与外部世界的政治关系。地方领主是社区的象征,也是连接地方与国家政府的桥梁(参见 Sutton,1959)。虽然他很少参与公社管理中的细枝末节,但往往是由他去请求政府援助,或是由他影响、干涉政府的计划从而使它们对公社有利。尽管领主通常并不居住在地方上,即便他对农村社区日常事务的参与比传统上所说的要少得多,但当社区面临一些特殊场合,比如需要一个合适的象征人选、在政治上需要一个有效的代表被派到中央政府去的时候,地方领主通常会扮演这个角色。

卡尔·考茨基(Karl Kaustsky)曾出人意料地对博卡日地形区以及法国其他类似区域进行了一番描述,虽然有些部分夸大其词,但还是包含了一些实质性的内容:

> 我们已经见识到了……在大革命之前,法国有一些偏远的省份,那里的封建主义以及与之相伴的天主教依然根植于生产方式之中。这些在其他地方已经成为不可承受之重的枷锁的东西,在上述地方仍然起着一种保护性作用。在这些省份中,每个村庄依然自行按照旧时的方式进行生产和生活。农村人员宣誓效忠的范围不会超出给村庄预警的塔楼。对他们来说,地平线以外都是陌生事物,他们既不需要它,也不想要与其接触,所能料想的只有这些陌生事物带来的混乱和掠夺。至于处理与外界的关系,保障该地区的防卫工作,这些是堂区神甫与地方领主的事务。
> (Kaustsky,1901:99)

　　基于过去半个多世纪的研究之便,考茨基的这番话如今在我们看来并不准确,但相比于他对其他地方的描述,他对博卡日地形区的描述倒也并非一无是处。在考茨基之后的六十年,萨顿(F. X. Sutton, 1959:8)将类似的观点扩展为对所有前工业社会的政治特征的描述:"地方社区中的大部分成员并不像现代社会中的公民那样是政治体系的直接参与者。他们通过地方的代表性人物——这些人通常高度分散但具有很高的社会地位——进入政治体系之中。"(参见 Kornhauser, 1959, 1961)在莫日地区,这些"高度分散但具有很高的社会地位"的人物首先是地方领主,其次是堂区神甫。而相比之下,瓦尔和索米卢瓦地区的贵族虽然人数更多,居住在当地的也更多,但总体而言并没有那么富裕,这种情况可能会使得人们对他们既亲切又蔑视。那里的堂区神甫也经常受到来自高级神职人员的竞争,而且后者往往占据压倒性的优势。至于当地人长期参与、影响深远的市场,它既削减了一些人对国家事务的冷漠,又在地方和国家的体制之间建立了一系列中介——资产者。从这些角度看,瓦尔和索米卢瓦地区的社区当时已经迈入了现代政治的道路。

　　这些社会安排上的差异也许有助于解释为何在法国大革命之后,保皇党一直非常有实力去竞选博卡日地形区的代表职务。我们可以对这些社会安排在法国大革命之后几年产生的影响做一个(假设性的)说明。在贵族当中,地方领主在当地依然占统治地位,现在又回到了他们的土地上,可以在地方和国家事务中继续发挥其作为社区发言人的传统作用。虽然他们的头衔变了,但职能不变。这个假设进一步认为,在毗邻博卡日地形区的平原地区(那里都是共和派),有效的政治参与更为广泛,代表也能区分出更多类型。对于这一地区的选民来说,全国性政治问题与地方的相关性也更为明显,而资产者——本质上因其社会地位而有资格成为代表、发言人、沟通者和中间人——更有能力要求获得竞选职位的权利。如果这种推测是正确的,那么他们在政治立场上明显存在的差异,与其说是政治哲学上的尖锐对立,倒不如说是(1)本质上非政治化的选民与政治化的选民之间的差异,以及(2)在政治现代化进程中人们与市镇和国家之间存在的两种不同联系之间的差异。这一假设很有意思,因为它表明,两种不同人群对法国政府基本理念的分歧,可能远没有他们选出的代表所持有的公开立场之间的分歧大。这种看法与西格弗里德的看法大相径庭,后者认为,在博卡日地形区,"旧制度的社会结构依然存在⋯⋯总的来说,公共舆论愿意接受这种类型的社会结构,并且相比于法国从法国大革命中继承下来的社会结构,公共舆论更喜欢前者"(Sigefried,1950:1)。

至于教士,他们参与各种各样的市镇行政活动,而且这与其宗教职能密切相关,因此前面关于宗教组织的讨论必然要对这些活动进行一番详细描述。莫日地区的堂区神甫基本上是其市镇内部事务的主宰。他们任命教区学校校长、审查助产士的资格、保存市镇的档案记录、撰写报告、管理慈善基金以及管理各种宗教组织。可以说,堂区神甫在社区中更像是一个独裁者,其意义远非"镇长"这样的称谓所能涵盖。

在 18 世纪法国的农村市镇中,资产者获得权力的条件是以市场为导向、农民在一定程度上经济独立,以及土地流转到非贵族的手中。此外,良好的通信条件、严格意义上的工业和商业作物的生产、城市的发展、资产阶级人数的激增,还有人们普遍对特权阶层施加苛政与妄自尊大的不满,都能够促进这些条件的形成。简而言之,即城市化。与莫日地区相比,瓦尔和索米卢瓦地区的这些条件显然更有利于资产者,而在莫日地区,资产者想要战胜堂区神甫或地方领主则要困难得多。

安德烈·西格弗里德认为,资产阶级的软弱是法国西部政治生活的基础之一：

> 法国西部并非资产者的强势区域。那里城市和工业中心稀
> 少,人口分散而且尤具乡村特色,也就是说,资产者发现他们被挤
> 在贵族和人民之间。资产者只有在一些特殊的情况下才能爬上社
> 会的顶端。一个在其他所有地方都非常重要的阶级,在这里却如
> 此弱势,这是法国西部地区的政治平衡中一个显著因素。(André
> Siegfried,1913:426)

我们可以用"资产者的软弱性"这一规则的例外情况去证明上述观
点。在资产者人数众多、工业活动频繁的城市和乡镇之中,资产者在市
镇中占主导地位的趋势更为明显。例如勒迈、圣马凯尔、舍米耶等地就
是如此,这些地方都是活跃的纺织中心,拥有大量的布匹制造商和批发
商。在这些地方,堂区神甫在政治事务中要么是资产者的盟友,要么是
资产者的附庸。然而,在这些社区中赋予资产者力量的条件,在莫日地
区却并不常有。事实上,即便在前面这些地方,资产者的优势也并非绝
对的。我们很快就会发现,在法国大革命时期,正是在这些社区中,人
们最容易分裂成针锋相对的政治派系。

我所描述的这些政治特征并非一时的现象。实际上,它们一直存
在。一方面,那场真正的反动守旧运动(即第一次旺代之乱),截至拿破
仑用他的铁腕镇压该地区时,一直在博卡日地形区激起波澜。而随着
掌控的放松,这些运动随后在 1815 年再度活跃起来,甚至在 1832 年有
过最后一次的荒唐爆发。另一方面,索米尔在 1820—1822 年以及 1853
年,或许还有这两段时期之间,一直都是共和派的阴谋和叛乱中心。而
在较为和平的选举、政党和公民投票方面,莫日地区与瓦尔和索米卢瓦
地区的分裂也一直从 19 世纪持续到了 20 世纪。这一点在西格弗里德

的著作中几乎是毫无疑问的。这种分裂是法兰西第三共和国的一贯特征，直到法兰西第五共和国依然有迹可循，尽管 1958 年出现了一些变化的迹象，但天主教人民共和运动（MRP）在莫日地区的影响力依然要比它在瓦尔和索米卢瓦地区的影响力大得多，而且"人民共和运动的地方化，依然与宗教活动的省份分布图非常契合"（Jeanneau，I960：597—598；参见 Lancelot and Ranger，1961：142）。

将安茹南部地区一分为二且长期存在的政治边界，不是一个地方特色。西格弗里德论证的一个要点是，"古老的"社会结构、1790 年反法国大革命运动的出现，以及一个世纪后右翼势力在选举中的强势，这三者在领土上的对应关系是持久的。保罗·布瓦在将西格弗里德的一些解释性假设撕成碎片的过程中，证实了萨尔特省（Sarthe）也长期存在这样一个边界（Bois，1954，1960b：esp. ix，35—59，1961）。至于在旺代省，马塞尔·福舍对 1869 年选举的高水平研究也证实了这个在 19 世纪盛行的分界线是长期存在的（Marcel Faucheux，1960）。

变化和冲突

我们不要被"物有恒常"这一幻想所迷惑。边界线不变并不意味着边界的两侧没有发生任何变化。不仅是我所提及的这些作者，还有更多人（如 Goguel，1951：281—282；Wylie，1958，1959）描述了从遥远的法国大革命时期以来，发生在博卡日地形区与平原地区的政治演变。认为 1870 年或 1950 年法国西部的政治形势不过是 1789 年政治形势的"化石遗骸"，这种假设不但愚蠢，而且有害。它之所以有害，是因为它鼓励人们进行追溯性推论，从 1870 年一直上溯到旧制度时期，即

1789 年。而在 1870 年,神职人员失去了他们的土地,那些教会地产购买者的继承人要保卫他们财产,而在整个法国社会中贵族的整体地位也发生了变化,这场反法国大革命运动的事实及其蓬勃发展的神话已经完成了它们的任务。此外,这种假设的有害之处还在于,它掩盖了一个基本事实:在社会不断演变中的不同阶段的各个地区之间,存在巨大的差异。我坚持强调这些显而易见的事情,不仅因为这种静态假设的诱惑是如此之大,还因为我在这方面也犯过同样的错误,甚至可能是其中比较严重的一个(尤见于 Tilly,1958)。

还有另外一种本可以避免的静态假设,它认为,安茹南部社区中出现的每一套政治安排都是一个和谐的整体,在其运转过程中没有任何实际的或潜藏的冲突。然而,真实情况远非如此。我们对社区组织的研究揭露了一些可能的冲突来源。最重要的是,在莫日地区,一个商贸资产阶级(mercantile bourgeoisie)崛起了,他们富有、能干、有文化,不仅了解并积极响应国家大事,还了解并积极维护自身的利益。但一方面,由于地方领主顽固地保留了大量领地,这个资产阶级无法走上成为领主或受封为(无论是名副其实还是徒有虚名的)贵族的传统道路;另一方面,由于地方领主(对地方性事务)的偶然干预,堂区神甫在地方上具有无法动摇的威望,以及资产阶级自身对非商业农村人员的影响力很弱,这个资产阶级也无法主导地方的决策。如果能够出现一系列大大削弱地方领主或堂区神甫等竞争对手的情况,或者社区的外部情况发生了改变,那么这些资产者就有机会大大增强其在地方的权力,以及从长远来看,增强其在地方上的威望。当然,我的意思是,法国大革命带来了这一系列情况。

从经济角度来看,还有其他的一些潜在冲突可能围绕着资产阶级的地位问题展开。莫日地区的工业型工匠不仅依赖于批发商和制造商的决策,还依赖于纺织业的繁荣,因而本身就不够稳定,而经济危机、剥削加剧或工匠们阶级意识的觉醒都有可能使这种关系岌岌可危。许多农民与另一种资产者群体——地产经理人——的关系也充满了张力。毫无疑问，所有这些潜在的冲突，都是霍布斯鲍姆（E. J. Hobsbawn，1959:67）在其关于农村叛乱的精彩文献中提到的，"资本主义入侵"落后农村地区的破坏性影响的具体表现。

还有另一种不同类型的潜在冲突也应该被纳入讨论，那就是城市居民与农村人员之间的冲突。城市与乡村在瓦尔和索米卢瓦地区要比它们在莫日地区结合得更为紧密。莫日地区的城市领袖对其周边地区的影响非常有限，小于瓦尔和索米卢瓦地区城市领袖的影响力，当然，前者在政治上的控制力也很有限。不难发现，如果他们试图增加这种控制，就会对农村社区的整个组织造成严重的威胁，并可能迅速成为一系列城乡敌对情绪的来源。

对这些潜在冲突的发现全出自后见之明，这些发现既是本书对法国大革命分析的预告，也是本书对社区组织分析的推论。这些发现之所以重要，是因为它们指出了莫日地区的农村社区组织与 1793 年反法国大革命运动的某些特征——反对资产者、反对城市化——之间的一些最重要的联系。

注 释

1. 这个结论出自对弗勒里所研究的私人档案的分析，其中记载了 1749—1753 年和 1769—1783 年期间 19 场地方议会会议的记录。对安茹南部地区各子区域的这种会议记录进行比较分析，是了解地方权力安排存在哪些差异的极有价值的方法。

第九章　法　国　大　革　命

终于，我们要开始讨论法国大革命了。如果采用另一种叙述方式，那我们本应该从本书第一页开始就讨论法国大革命，但本书的目的是将法国大革命早期的那些事件置于时间和空间之中，以此锚定它们在现代社会的各种因素以及主要社会变革进程中的相对位置。正因如此，对法国大革命的讨论，尤其是对本书特别关注的反法国大革命运动的讨论才会姗姗来迟。不过即便是本章，也只包含很少的关于大革命的纪事，但包含对它的大量分析。

研究政治动荡的学者最喜欢的一个同义反复是，革命发生的时候必然有"革命情势"（revolutionary situation）。它通常是指，在具有革命倾向的整个社会（也许除了在位的精英阶层）之中，到处都有彻底变革的要求。然而，一个社会并不像一块奶酪那样，无论切得多薄，吃起来都一样是奶酪味，换言之，"革命"指的是当时整个社会所处的状态，而非社会中每个部分所处的状态。因此，我们没理由指望通过分析某一个阶层、某一个团体或某一个区域的表现，就能解释清楚革命爆发的原因。

1789 年法国大革命

当然，我们难以设想法国如果仅由其西部或者类似其西部的地区组成，在 1789 年时能够爆发一场大革命。在这个意义上，我们也难以想象一场没有巴黎的大革命。刚经历了雾月政变的托克维尔认为："过去四十年间，法国出现的各个政府之所以崩溃，其主要原因是行政的中央集权和巴黎占据绝对的统治地位。而我也不难去证明，君主制的灾难性垮台很大程度上是由同样的原因造成的。"（de Tocqueville，1955：76—77）本着同样的直觉（即便不是按照同一套解释），后来研究法国大革命的历史学家们将他们绝大部分的精力用于研究巴黎这座"启蒙之城"（City of Light）中所发生的事件。即使是塞莱斯坦·波尔（Célestin Port，1888：I，3）在叙述法国大革命时期的安茹地区时，也以安茹的知识分子群体等待巴黎的消息，并在得到消息后立刻行动作的场景，作为其引人入胜的开场白。这一情境反映了大革命初期大部分法国外省的真实情况。

因此，将大革命视作安茹南部地区不得不应对的一系列"外部性"事件，不仅方便，而且准确。我就是照着这种方式处理这些事件的。

另外，影响法国外省的这些革命性变化，其性质如何？在这个问题上，托克维尔再次给我们提供了帮助。至少在讨论政府机构时，他强调了旧制度的发展与大革命的变革之间的连续性。从某种意义上说，大革命并不是颠覆，而是加速：它加速了"现代"类型的地产的形成，促进了包含多种私人权利和义务的自由，还加速了地产向第三等级的转移。它使巴黎更为卓尔不凡；它加速了中央集权的民族国家的建构、行政上的整齐划一,促进了人们对广泛参与政治的要求;它推动了政治团体、报纸、交流和舆论手段的发展;它扩展了某种经济的理性化和市场的发展,将消除个人和地方的控制与加强国家的控制结合起来;它强化了与城市化相关的许多普遍性变化。在这些方面,法国大革命预演了埃及、日本或阿根廷等国家后来声势浩大的"现代化"和"国有化"革命。

当然,大革命还逆转了法国社会的一些趋势:上层贵族试图重申其在法国政府中的影响力,并阻止新人担任具有荣誉和权力的崇高职位;贵族地主也在重申他们的财政权;禁欲主义(monasticism)则在不断衰落。总的来说,大革命依然在延续旧制度的工作。因此,笼统地说,法国大革命在法国社会中城市化程度最深的部分受到了最热烈的欢迎,这是对的。然而,我要再说一遍,"城市化"是一个充满弹性的词语,因为它更适用于大城市而非小城市,更适用于城市而非农村,更适用于商贸区而非商业停滞的地区,更适用于从事贸易和工业的人群而非在土地上劳作的人群,更适用于"资本主义"地产的所有者而非"封建"地产的所有者,更适用于沟通者和协调者而非他们所服务或控制的对象,更适用于流动人员而非固定人员。

因此,对于上述那个过于笼统的结论,最合适的反驳无疑是"你说的是哪场革命?",毕竟,乔治·勒费弗尔(Lefebvre,1947)区分了四个相互重叠的革命——贵族革命、资产阶级革命、大众革命和农民革命,这四场革命都在1789年发生。然而,在大革命早期的重大变革中,确实存在一种粗略的统一性,而归根结底,这种复杂的统一性,其最佳的表达方式或许就是那个传奇般的口号——自由、平等、博爱。

这种统一性的基础之一,无疑是法国资产阶级在大革命的各种事件和改革中表现突出。在这一点上,大革命与旧制度也是一脉相承的。资产阶级在整个18世纪不断地觉醒和发展壮大,这一发现至少可以追溯到基佐(Guizot),而法国大革命迅速地增强了资产阶级的政治力量。

正如马克思所言,"封建的"阶级体制正在土崩瓦解,而"资本主义的"阶级体制正从前者的灰烬中诞生。马克思还提到,资产阶级是法国大革命主要的推动者和受益者。

我之所以陈述这些既含糊又大体上老生常谈的概述,是为了将法国西部的经历放回其历史背景中,是为了描述在法国大革命初期,法国西部地区不得不应对的各种外部变化的特点,并表明旺代并非如人们所预期的那种能够热烈支持法国大革命的区域。近年来,一个最自觉的马克思主义历史学家是这样总结这一反差的:"旺代和布列塔尼等地区古老的土地所有制和农业条件使这些省份一直处于被奴役的黑暗之中。"(Guerin,1946:10)丹纳则以一种截然不同的偏见提出,旺代是1789 年法国为数不多还有"良好封建精神残存"的地区(Hippolyte Taine,1876:32)。

上述两种说法在细节上都有错误,但在表明旺代的社会状况的特殊性方面,这两种说法又都是正确的。与法国其他地方相比,旺代整体的城市化水平较低,却有不断发展的新兴城市;资产阶级的力量比其他地区的要弱,但他们意识到自身的力量在不断发展壮大。因此,虽然旺代还没有做好革命的准备,但爆发动荡的时机已经成熟了。

法国西部地区的经历

我们不妨从 1787 年这个相对非常规的日期开始来详细讨论法国大革命。这一年,洛梅尼·德·布里耶纳(Loménie de Brienne)的改革在全法国建立了一系列统一组织的议会,包括单个社区、财政区、省区和财政大区各个级别。此外,还设立了"临时委员会"(interim commission)这个执行机构,以便在省级议会闭会期间开展相应的工作。作为先例和实操,这些新的政治安排极为重要。说它是先例,因为虽然预期中的选举从未真正举行过,但这场改革在全法国确立了代议制议会原则,并将第三等级的双重代表权与按人头而非财产投票的原则相结合。说它是实操,因为尽管一般来说议会所能做的非常有限,而且其目的很可能只是征收新税,但这种新安排让整整一代雄心勃勃的第三等级第一次尝到了担任公职的滋味。

安茹的临时委员会的职能起初并不重要,但后来被大大地扩展了:

> 安茹临时委员会的任务起初非常狭隘:它试图监管农村教区中市政府的建设工作,加大慈善力度,减少乞讨现象;它还研究农业问题,要求加强地方的警力保护,取消盐税,并试图为该地区提供新的公路网。但很快,它的任务就变得更为复杂:它被赋予了评估各种税收的职责,包括用来替代国家道路徭役的税、1789 年下半年的补充纳税清册。之后它又承担了 1790 年一般税收的分配任务。(Reau de la Gaignonnière,1911:44)

此外,这个委员会还利用大量的调查问卷收集了其下辖的每个社区的行政管理、物质条件和存在的问题等许多相关信息(A. D. M-et-L C 190—193)。总之,随着大革命的开展,临时委员会正在发展为一个新的、具有影响力的地区政府机构。

不过,在为新人提供政治经验方面,这个临时委员会则不如省区或市镇的议会重要。我认为市镇议会尤其重要,原因有三。其一,它们建立了地方政府的正式组织,即市政委员会(municipal council),它明显不同于社区中其他的团体组织。这一变化几乎不可避免地向那些从古老陈旧的、大同小异的地方管控机制中渔利的人提出了挑战。其二,它们通过推翻由全体家庭户主大会进行社区决策的古老传统，将正式权力集中在了少数"大佬"（gros）手中。当然，堂区神甫和地方领主依然是市政当局中至关重要的当然成员（ex officio member），但对（市政当局中其他成员的）财产的要求（每年缴纳10里弗赫才有投票权，缴纳30里弗赫才能担任公职，这比法国大革命初期的资格要求要严格得多），意味着产业型工匠和日工等群体几乎不可能出现在投票名单中。在蒙特勒伊贝莱行政区下辖的40个社区中，投票名单上平均只有50多个名字，而这些社区平均包含超过200个家庭户。当然，市政委员会本身也只包含这些选民中最重要的6位。其三，市政委员会的选举可以说是首次正式承认了在法国大革命期间小团体对公社的统治。我猜这也刺激了农村资产者对政治权力的渴望。拉雷维利埃·勒波是一位典型的革命的资产者，他回忆道："他们刚刚成立了省级议会。以前教区中的地方理事一般由农民担任，但现在他们被那些具有财产或家世背景的地产所有者们取代了，后者被称为'市政理事'（municipal syndic）。在法耶（Faye）市镇，我被推选进入了省级行政机关，这是我第一次担任公职。"（L. M. Larévellière-Lépeaux，1895：I，60）。正如波尔指出的，这项改革大大强化了这位市政理事的权力和特权：

> 在此之前，这些代理人不过只是居民的代表，他们的职务也仅限于记账、通告人们去服徭役、征税、征兵，他们受王国官员、总督代理甚至是地方领主管辖，并且有可能被处以任意罚金。新的选举使他们一跃成为社区的真正代表，成为社区与中央政权之间的中介，他们自己赋予自己权威，而让其下属对他们卑躬屈膝。在所有可能（进行这种选举）的地方，之前一直强加给普通农民的微末权力，史无前例地被少数在当地教区的"财产或家世方面具有影响力的人物"——包括小贵族或官员、总管（seneschal）、食利者、公证

人和地主——所自豪地接受，甚至热切地追求。（Port，1888：I，
92—93）

那些"具有影响力的人物"新获得的显著地位一直延续到了法国大
革命的最初阶段（即勒费弗尔所谓的"贵族革命"）。1787 年的行政改革
对法国大革命初期的地方——不局限于安茹南部地区——历史的重要
性，可能远远超出了人们习惯的认知。

不过，没有人会忽视 1789 年 5 月的三级会议以及在三级会议之前
召开的地方和区域三级会议的重要性，或者忽视在这些会议中起草陈
情书的过程。在安茹地区，这一过程引发了一群最杰出的资产者[尤其
是著名的沃尔内（Volney）]与一些最富有的地方领主[尤其是沃尔什·
德塞朗（Walshe de Serrant）]之间的争论。这些争论的具体问题，从公
共道路路权范围内的树木的所有权开始，扩展到省级行政管理和三级
会议的安排等问题，不过这些问题都不及这一事实来得重要，那就是这
些问题的存在使安茹三级会议的筹备工作充满了激烈的竞选气氛。事
实上，上述问题已经在该省进行了充分的讨论，并给地方陈情书的起草
者们提供了一些参考以确定他们的基本立场。勒穆瓦（A. Le Moy）分
析了卢瓦尔河下游地区的 89 份陈情书，并对其做了分类：其中有 34 份
陈情书受到了来自资产者或地方领主其中一方的强烈影响，其他一些
陈情书则反映了这两派之间的冲突迹象。

在 1789 年 3 月初的会议中，安茹南部地区的市镇议会通过了这些
陈情书，并选出了出席昂热区和索米尔区议会中的第三等级代表。地
方议会一般是由其附近的资产者，特别是由公证人或执达吏主持。陈
情书本身往往也由地方领导人事先拟定，并基本按照其所写的内容进
行表决通过，但没有证据表明，这些地方领主会像历史学家沙桑（Chas-
sin，1892：I，41）对下普瓦图地区所描述的那样去大规模地准备这些文

件。莫日地区——比如勒潘-昂莫日(Le Pin-en-Mauges)、默莱和圣马
凯尔(A. D. M-et-L B)——有大量的陈情书出自堂区神甫或副堂区神
甫之手,这表明教区的神职人员虽然无法在议会中正式列席,但依然在
相关决策中发挥了作用。

　　资产者,尤其是庄园官吏,也在议会中发挥了重要作用。有迹象表
明,由同一官员主持的一系列市镇会议所起草的陈情书,在内容上都大
差不差。例如,来自舍米耶的著名公证人蒂贝尔(Thubert),在短时间
内就成为莫日地区革命派中炙手可热的人物。他在圣乔治-德加尔德、
拉萨尔德维耶(La Salle-de-Vihiers)、沃赞(Vezins)、尼阿耶(Nuaillé)、
圣莱赞-多邦斯(Saint Lézin d'Aubance)、拉沙佩勒-鲁斯兰(La Cha-
pelle-Rousselin)的陈情书中都留下了他的印信。这些陈情书都以类似
的措辞,就如下问题——取消贵族和神职人员特权、废除盐税
(gabelle)、以现金而非劳务清偿徭役、终止封地自由税(franc-fief,即由
拥有贵族封地的平民所缴纳的税收)以及其他一些问题——达成了一
致(Le Moy,1915:II,55—82)。

　　拉雷维利埃-勒波在他的回忆录对此也进行了一番有趣的解释:

　　　　我主持了我所在市镇的选民筛选大会。我第一个被提名,并
　　负责起草市镇的陈情书。起初,我费了好些周折才让我的好村民
　　们明白,三级会议无法解决他们的市镇所特有的问题。最后,他们
　　终于明白,此时必须处理涉及普遍利益和总体改革的问题,比如废
　　除各种特权、什一税、封建税,废除那些享有教区收入却无职责的
　　圣职,废除宗教秩序,废除盐税,等等。他们热切地接受了我的这
　　些建议,比如由教区居民选择任命堂区神甫,废除教士的独身禁
　　欲,所有宗教都享有同样的信仰自由。最后,为了确保这些改革取
　　得成功、防止出现新的弊端并处理好国家的开支,应该每年都召开

一次代表大会。（Larévellière-Lépeaux，1895：I，60—61）

　　拉雷维利埃-勒波圆满地完成了上述任务，他为其所在的法耶市镇所撰写的陈情书就是证明。法耶市镇附近的图阿赛、拉布莱（Rablay）市镇的陈情书也与之如出一辙，几乎一字不差地摘自拉雷维利埃-勒波在筹备三级会议时散发的一本小册子。

　　我们稍后再讨论这些陈情书的实质性内容，因为现在有一个问题更值得我们关注，它证实了这些陈情书对大资产者（substantial bour-geois）的影响，那就是人们对封地自由税的抱怨非常频繁。这些抱怨在绍莱区附近最为常见，而恰恰在那里，农民或工匠最不可能缴纳这种税。我相信，这些抱怨反映的是拥有一些地产的资产者的观点，而他们希望免费获得更多的地产。仔细品读勒朗热龙（Le Longeron）地区陈情书中的相关文章："封地自由税正在摧毁大部分持有贵族地产的平民，而居住在几乎都属于贵族的土地上的人们正陷于无事可做和极度贫困的状态。"（Le Moy，1915：II，497）发声的是有钱人，而且显然是妒忌又急躁的有钱人。

　　上述有关草拟陈情书的事实让人们不由得怀疑，这些陈情书是否可以被视作"昔日法国社会最真实的见证"（Saganac，1906—1907：341）。我们也无法确定每一份"诉状"都记录了人们发自内心的冤屈，因为这些地方议会被明确要求准备有关改革的议案。安茹南部的这些议会在某些问题上的申诉的确是一致的，这些申诉的内容也许值得信任。其中反对盐税的呼声最高，而要求税收改革的呼声也很普遍（参见Le Moy，1915：I，xxvi；Bellugou，1953）。稍后我将指出，莫日地区与瓦尔和索米卢瓦地区的陈情书存在哪些值得关注的系统性差异。所以这些文件的内容绝非毫无意义。错误的做法是将这些内容视作"农民意见"的直接表达，而不考虑地方精英的影响。在法国大革命到来并促使农民发表意见之前,我很怀疑对于大多数陈情书中所涉及的国家政策问题,农民是否真正清晰明确地发表过意见。[1]

这就引出了三级会议的召开所产生的一个重要影响,即它有助于将地方问题和个人主张"政治化",并使其与国家的问题和主张关联在一起。在现代国家的成长过程中,当农村地区的人们开始意识到发生在他们家里的事情与整个国家发生的事情存在联系时,这就是一个重大时刻。法国大革命初期发生的一系列事件——地方政府的重组、《教士的公民组织法》(Civil Constitution of the Clergy)的颁布、税制的改革、全国普遍征兵、频繁的选举以及召开三级会议——使法国村民无法避免地意识到了他们具有公民身份这一事实。与其他地方一样,在安茹,小册子和报刊雨后春笋般涌现,强化了这种新的意识。在法国大革命的第一年,《昂热布告》(Affiches d'Angers)、《昂热的革命爱国者》(Angevin patriote)、《省观察员报》(L'Observateur Provincial)和《安茹省各市镇代表先生们的通讯》(Correspondance de MM. les députés des communes de la province d'Anjou)都在报道巴黎的新闻。大部分的报纸和早期的小册子具有革命爱国主义色彩。在这些报刊和小册子的共同努力下,国家首都发生的事件不仅在安茹地区各城市广为人知,而且还获得了相应的支持。

对大革命的反应

法国大革命早期发生了一系列激动人心的事件,比如巴士底狱的暴动或 1789 年 8 月 4 日"废除封建特权"。当我们要追溯安茹南部地区对这些事件的反应时,一些问题就会立刻显现出来。巴黎的所有伟大日子都在昂热、索米尔以及其他重要城市获得了仪式上的认可,甚至犹有过之。但是,没有人整理过在这些主要城市之外,还有谁在庆祝、庆祝什么以及如何庆祝的信息。因此,很多人称"法国大革命在安茹地区受到了热烈欢迎",但并没有回答一个急需回答的问题:"谁欢迎?"显然,在1790年底之前,安茹南部地区并没有出现反对法国大革命重大改革的强烈呼声,但尚不明确的是,这一负面事实是否能够让我们对农村的精神状态有更为深入的了解。

另一个负面事实可能更有价值,即在其他地方的农民大力推翻对神职人员和贵族的传统义务,并猛烈攻击修道院和城堡的时候,安茹南部地区却没有发生针对特权阶层的自发性叛乱。"当突如其来的自由之风带着骚动从四面八方席卷城市和农村时,"波尔写道,"由于公共道德高尚,特别是坚毅的公民对人民运动的领导,安茹地区没有发生任何私人暴力或过激行为。这里没有城堡被掠夺,没有档案被焚毁。既没有发生污辱性事件,也没有发生骚乱或暴力。"(Port,1888:I,85;参见Chassin,1892:I,42)虽然在巴士底狱沦陷之后,遍布法国农村的骚乱并没有单一的"动因",但勒费弗尔的描述(Lefebvre,1932:119—144)给人留下的印象是,受影响最深的地区,尤其是具有某种原始的布热德主义(Poujadism)的地区,那里的人们对各种公共现金义务——什一税、盐税、佃租田赋——以及领主侵占农民公共用地、森林等地的传统权利深恶痛绝。虽然抵制收税员的情况在当时司空见惯(参见 A. D. M-et-L C 168,C 186),但这种情况在安茹南部地区并不普遍。

不过在另一个有趣的方面,安茹南部的情况却与勒费弗尔的发现相吻合。勒费弗尔(Lefebvre,1932)指出,在巴士底狱沦陷之后,全国大部分地区并没有受到农民起义浪潮的洗礼,但遭到在时间上相对较晚、在性质上大为不同的"大恐慌"(Great Fear)的席卷,即农村人对"他们"(英国人、波兰人、布列塔尼人、德国人或只是普通意义的"他们")即将到来的消息所表现出的歇斯底里的奇怪反应。安茹南部地区深受这种大恐慌的影响。更确切地说,也更为有趣的是,"大恐慌"的一个当地版本始于南特附近,然后蔓延到了整个博卡日地形区,但它几乎没有超出这个地理范围:

> ……受影响的地区仅限于莱永河和图埃河流域,普瓦捷的平原地区未受影响。南部地区的情况与之类似:博卡日地形区的动荡似乎应该很自然地使平原地区产生恐慌,但现实的情况是,仿佛两种地形之间的既有差异,防止了乡村"正确观念"的污染。(Lefebvre,1932:202)

事实上,在 7 月 22 日,这场大恐慌在莱永河畔的圣朗贝尔-迪拉泰戛然而止。正如该镇后来的一位教区教士所描述的那样:

> 在玛德莱娜节(Feast of the Madeleine,即 4 月 5 日)那天,有个陌生人在快速闯过乡镇的时候说,波兰人已经在莱萨布勒-多洛讷登陆了,他们正烧杀抢掠,而他正赶往昂热去宣布这一消息。一瞬间,所有人都来到了广场上。许多人想要逃亡,但也有人提议派人去舍米耶打探消息。达耶(Dailleux)先生和戈蒂埃(Gautier)先生飞身上马(去打探消息),很快就不见了踪影,留给同胞们的是恐惧和希望。所有人的目光都聚焦在了通往舍米耶的路上。一个小时后,远处出现了这两名骑兵,他们奋力催马扬鞭……高喊:"我们失败了! 自救吧! 有一支军队出现在了舍米耶,舍米耶现在一片火海!"(Raimbault,n. d.)

还需要我说,那里其实根本没有军队和战火,而达耶和戈蒂埃这两位先生也根本没有到达仅 11 千米远的舍米耶吗？但消息就是这样传遍安茹南部地区的。不过,人们并没有把消息传递到与其东侧相邻的索米尔地区。正如仁立在莫日地区出入口的圣朗贝尔一样——它本身首先是"大恐慌"的终止点,后来变成农村反法国大革命运动的前线哨所,整个"大恐慌"事件命运般地划定了后来加入反法国大革命运动的区域边界。这种巧合很有参考价值,因为它表明,在法国大革命初期,整个博卡日地形区充斥着各种不安情绪,而非僵硬的麻木不仁。它还表明,一场群众运动很有可能通过该地区业已运行的通信路线迅速地、自发地传播开来。这种可能性非常有意思,因为有一种常见的说法认为,如果事先没有周密的叛乱计划,这场叛乱不可能在 1793 年 3 月的一周之内就席卷整个博卡日地形区。

对于在法国大革命爆发后的前半年中所发生的其他重大事件,安茹南部地区并没有一致的反应。据我所知,当地对 1789 年 8 月 4 日之夜或随后的"反封建"立法并无特别的反应。教会地产的国有化似乎也没有引起当地普遍的喧嚣抗议,尽管一年之后这些地产被拍卖,当地人开始高声怒骂。

税收则是另一回事。许多安茹人,和其他许多法国人一样,认为如果有一场革命,那很显然税收会被废除,尤其是繁重的盐税。1789 年 8 月底,博普雷欧当局报告称:"每个人都在设法避税。卢瓦尔河附近出现了一群武装团伙,他们对征收盐税的官员使用了各种暴力。这些团伙还在一些乡镇中公开售卖食盐,有很多人到布列塔尼去购买他们卖的盐。"(A. D. M-et-L C 186)当官方宣布取消盐税不但时机尚未成熟,而且财政上无法承受时,整个安茹地区的市镇都派出代表参加了 10 月 6 日的抗议集会,而这场抗议也被有效地传达到了国家政府的高层(Port,1888:I,83—85)。同样,革命性修改或废除税收的希望,不仅使人们对征税更为抵制,而且引发了许多关于如何合理分配税收的争论。特别是在索米卢瓦地区,例如在昂比卢(Ambillou)和圣雷米-拉瓦雷讷(Saint-Rémy-la-Varenne)市镇,许多人要求对"从前的特权人物"(基本上是贵族)征收更重的税款(A. D. M-et-L C 198)。

另一系列的革命性变革也在安茹南部地区获得了决定性的响应,那就是政府行政区划的重组。与税收方面的变化一样,这次改组为地方事务的"政治化"提供了一个绝佳机会,使地方上的竞争和野心具有了全国性的意义(参见 Tilly,1961,1962)。1790 年,安茹临时委员会遵照制宪会议的指示,首先整顿了市镇的行政管理,然后用一套统一的省(department)、行政区(district)、县(canton)制度取代了过去叠床架屋到令人匪夷所思的省(province)、辖区(bailiwick)和司法裁判管辖区(jurisdiction)。

尽管这个省级行政区划的重建工作开始得较晚,但它比市镇一级的行政区划的重建工作更先完成,因此我将讨论省级行政区划的重建工作。古代的安茹省经过一些削减(将其北部和东部地区划给了曼恩省和图赖讷)和一些增加(将原本属于普瓦图省的地区划进其南部),被改造成了曼恩和卢瓦尔省。经历了大量的"拉扯"和"拖拽"后,安茹南部地区被分为了圣弗洛朗、绍莱、维耶和昂热(大部分在卢瓦尔河以北)以及索米尔(其中一部分也在卢瓦尔河以北)等行政区,这些行政区又进一步细分为了县。起初,这些县之间的边界、选区席位和职能只在选举时才有意义,但伴随着法国大革命的发展,它们比省或区一级的行政单位的边界、选区席位和职能的变化要频繁得多。这种革命性的、对县级领域的重新定义当然已经成为本书中绝大多数比较的基础。

重新定义行政区划边界要么刺激了,要么揭露了大量地方上的竞争以及城市与乡镇之间的小型"帝国主义"(imperialism)行为。更往南的圣迈克桑(St. Maixent)、帕尔特奈、图阿尔与尼奥尔都在争取成为新的德塞夫勒省的省会;索米尔则与昂热进行了一场徒劳无功的争夺战,索米尔先是争取成为其所在省的省会,然后是争取能够与昂热交替担任曼恩和卢瓦尔省的省会(A. N. D IV 2, D IV bis 26)。没有一个城市对索米尔成为行政区的主张提出抗议,但许多城市,比如蒙特勒伊贝莱和勒洛鲁博特罗(Le Loroux-Bottereau),试图重新绘制地图来为自己划区,尤其是后者提议将安茹省和布列塔尼省交界处的葡萄园社区进行合并;或者如博普雷欧和蒙特勒沃,坚持认为它们有成为行政区的优先权;又或者如沙洛讷和蒙特勒伊贝莱,认为它们至少应该拥有行政区的部分行政机构。即便是县首府这样的空头衔,也足以让如帕萨旺和讷伊苏帕萨旺这样的市镇为之不惜互相诋毁。

1790 年 9 月,圣弗洛朗的律师朗格卢瓦(Langlois)在给国民议会的一封信中宣称:"在每个行政区设立法庭的过程中,你们剥夺了旧圣弗洛朗一个下辖 40 个教堂区的行政区首府——的荣誉和优势,将法庭设立在了博普雷奥乡镇之中。那里没有一栋适合正直的人居住的房子,也没有任何公共场所可以用作法庭、办公室或监狱。"(Uzureau, 1933:201)旧圣弗洛朗中的许多人也正有此意,朗格卢瓦不过是其中之一,他们急于贬低博普雷欧,甚至不愿意将其称为"城市"。克利松早先也曾请求设立一个法庭,并希望该城市能够拥有"王国中第三等城市的规模和面积"(A. N. D IV bis 26)。这两个案例都说明了这样一个事实,即行政区的重组会使这些地方出现可见的区别,而这些区别值得它们为之奋斗,并且获得这些区别被认为对城市或乡镇的规模、权力、繁荣和荣耀至关重要。这些区别还有更重要的意义:争夺上述有价值事物的行为本身,不仅使这些相互竞争的地区都加入了革命性重组的行列,也为它们提供了一种新的政治实践,还使它们意识到国家立法机构的决定与其自身的福祉息息相关。

在某种程度上,对市镇的重塑也是如此。它包括了两个方面:(1)正式组织结构的变化;(2)市镇边界的变化。这些形式上的变化一般在 1790 年开始生效。与 1787 年相比，这些变革虽然降低了投票和担任公职的财产要求，但仍未将潜在选民扩大到 1787 年之前的水平。其具体内容是将市镇委员会（communal council）转变为一个由选举产生的"知名人士"和市政官员组成的小组，其中没有当然成员，并在市镇行政长官的基础上增设镇长一职。这些安排进一步打破了 1787 年之前的地方政府传统。这些安排引入了更正式、更复杂的政府运行机制，不仅使堂区神甫和地方领主无法自动成为地方政府成员，摆脱了传统的权威，还突出了新组织与当地可能存在的其他组织（比如教区委员会）之间的区别，现在更是设立了一个民选官员，即镇长，作为社区的指定发言人。从前的地方理事变成了一个体面的"伙计"，而镇长则成为真正主持工作的官员。甚至从"教区"到"市镇"这一名称的正式变化也反映了地方政府职能的专业化，以及对旧有的、分散的、无差别的市镇权力结构的破坏。

不过，传统的安排并没有轻易地对这些变化做出让步。值得注意的是，1790 年年初，博卡日地形区的许多社区通过把堂区神甫选为镇长来弥合新旧制度之间的鸿沟（参见 A. N. D IV 2，D IV 40；Chassin，1892：I，119—120）。虽然这一点有待考证，但在瓦尔和索米卢瓦地区，堂区神甫似乎更少会被人们选为镇长。比如在勒皮诺特尔达姆，堂区神甫被选为镇长在当地引发了很大的争议（A. N. D IV 10）。后来，法律规定了堂区神甫不得成为地方民选官员，这一改革在莫日地区的影响显然要比在瓦尔和索米卢瓦地区要大。不过，政府改革的短期效果并非推翻市镇权力的一般性分配——尽管这些改变增强了新人们的力量，而是前所未有地表明，席卷全国的大革命已经深入地方事务，并使政治及其组织成为地方生活中一个独特的、占主导地位的、彻底革新的领域。此外，这些变化还促进了新的政治精英的形成，这些新的政治精英既擅长处理地方政府的事务，又擅长将席卷全国的大革命的规定与地方生活的迫切需要结合在一起。如我们所见，这些精英越来越多地出自资产阶级。

对市镇改造的另一方面是划定其领地范围。在旧制度下，确定一个市镇的边界起止于何处似乎并不重要，但是，现代革命不能容忍这种不精确性，档案中对新市镇逐字逐句的详细描述就证明了这一点（例如，A. D. M-et-L 1 L 440; A. N. F 19 445）。除了对地方边界进行明确说明（这一点并没有引起过分的争议）之外，将从前独立的社区合并为一个更大的市镇，这绝对是爆炸性的事件。起初，这种做法是为了行政上的便利和效率。到了 1791 年，由于缺乏忠于大革命的教士，这就为合并市镇以及关闭多余的教堂增添了新的理由。在后来的这些决策中，市镇领导人在政治上的可靠性往往是需要考察的因素（参见 A. D. M-et-L 1 L 970—976）。

如果说圣弗洛朗或沙洛讷等城市的居民会因为竞争城市成为行政区首府或者其竞争城市设立了法庭而恼羞成怒，那么农村乡镇的首领们则会因为被邻近的乡镇吞并而悲痛欲绝。不妨听听茹埃（Joué）在其附近的乡镇——戈诺尔（Gonnord）——威胁吞并它时发出的呐喊："这对它（即茹埃）的一些邻居以及那毫无人性、嫉妒心强、野心勃勃的敌人来说是多么大的胜利，而对它来说却是多么大的耻辱、混乱、悲伤和痛苦啊！总之，这个乡镇将只剩下一个小村庄，成为一个没有工作、没有金钱、没有商业的荒漠，沦落到无比可怜的地步。"（A. N. D IV bis 97）对茹埃消亡的预期无疑伤害了当地人的自尊心，这并不奇怪。而茹埃，还有其他许多地方的镇长，向国民议会提请了申诉，这表明他们的政治觉悟在不断提高。吞并一个市镇，除了其他事项外，还需要关闭它的教堂、拆除其中的装饰物，而最能使当地人同仇敌忾的，则是拆掉教堂上的大钟——这些大钟曾被庄严地命名并接受堂区神甫的洗礼，它们的钟声诉说着这个教区的历史，而它们亦曾被教堂司事（sexton）大声而急促地敲响，发出警示众人的长鸣。等到 1791 年，当革命派和反革命派各就各位时，关闭教堂就不仅仅是一个政治问题，还成为一方使用暴力而另一方进行镇压的契机。同年年底，一名支持大革命的教士被派去协助拆除拉福斯德蒂涅（La Fosse-de-Tigné）多余的教堂中的装饰物，他报告称，他之所以没有被群众屠杀，唯一的原因就是随行的国民自卫军行动迅速（A. D. M-et-L 1 L 360）。1792 年 1 月底，当曼恩和卢瓦尔省派遣拉雷维利埃-勒波和维利耶（Villiers）尽快"镇压各教区"并安抚莫日地区的革命爱国者时，这个任务已经变得相当危险了（A. D. M-et-L 1 L 976）。自两年前这些市镇的组织和边界首次进行调整，危险就已经在不知不觉中积累。

事实证明，当地历史中的这些琐事并非鸡毛蒜皮。从 1787—1791 年发生的这些琐碎事件中，我们可以看到安茹南部地区的居民正在形成一种新的政治生存方式。一个新的政治专家群体（我们稍后会详细讨论他们的身份）正在形成。法国大革命的进程已经广为人知，而人们最感兴趣的，与其说是撼动巴黎的大事件，倒不如说是这些事件对地方和地区行政的影响。地方事务与国家的政策、组织和政党之间存在显著的关联，反之亦然，而这些关联在迅速地、大大地增加。安茹南部地区的人们正在成为公民，成为政治参与者。

当然，在一定程度上，这种情况在法国各地都有发生。法国大革命给各个外省中所有类型的社区都带来了一系列相对一致的外部挑战，但这并不意味着它满足了一致的条件或得到了一致的回应。在安茹南部地区，我们有普遍的理由认为，瓦尔和索米卢瓦地区的社区比莫日地区的社区更容易接受大革命的政治变革，而这些变革对莫日地区的权力结构造成了更大的威胁。我们不妨再仔细研究一下证明这两个地区政治倾向的证据。

不同地方对法国大革命的态度

我们即将讨论一个老生常谈的问题,即莫日地区的人们对法国大革命初期的"态度"。在 19 世纪,研究旺代的历史学家们通常认为,该地区的人们兴高采烈地迎接了大革命,但后来因为某些原因又反对大革命(例如,Port,1888:I ch. 2；La Sicotière,1889:7—16；Gabory,1925:I,18；Dubreuil,1929—1930:I,ch. 2—5)。历史学家们不仅通过选择将宗教改革、强制征兵、贵族阴谋、教士煽动说得煞有介事,以此巧妙地解释这场反法国大革命运动,并对其进行评判,还采取了一种总体性立场去看待法国大革命。这一步骤有三个重大缺陷(参见 Tilly,1963)。首先,它大胆地偷换了一个概念,即假设可以确认整个地区存在一种统一的"态度",并根据这一"态度"的变化波动去解释该地区的历史。其次,它诱使分析者对那些反映人们对大革命初期反应的证据视而不见,从而忽略了真正的问题,即叛乱者在反叛过程中的心态。最后,它转移了分析者比较社会组织中关键问题时的注意力,而这些问题在本书的分析中占据了很大比重。

检验这些批评是否有道理的一种方式,就是直接查阅那些最常见的证据,以证明莫日地区的人民在大革命初期对它抱有热情。这些证据包括:(1)教会地产的购买情况；(2)1789 年和 1790 年的公共仪式和宣言；(3)陈情书的内容；(4)国民自卫军的组建情况和军队征募的频率。教会地产将是下一章的重要主题。目前,我们只需要注意到,倾向于大革命(不言而喻,即对贵族反感)的评论家究竟有多么频繁地援引一些教会地产拍卖的案例(旺代叛乱未来的领导人埃尔贝和邦尚都参与其中),而他们的反对者又是多么频繁且忧心忡忡地将这些事件的规模降到最低(例如 Port,1888:I,109—111;Baguenier-Desormeaux,1916)。同样值得注意的是,后来一些研究旺代的历史学家(例如 Gabory,1925:I,47;Dubreuil,1929—1930:I,61—62)也曾提到,博卡日地形区的资产者们几乎将这些出售的地产席卷一空,尽管这些历史学家并没有那么重视这一事件。出售教会地产的影响难以捉摸,但越发清楚的是,这些地产的出售在法国西部的革命与反革命地区存在很大的差异。这些差异的重要性以及农民和资产者在这些地产买卖问题上的嫌隙肯定被低估了。

综上所述,这些观察——以及直到1790 年底教会地产才开始进行出售这一纯粹的事实——大大削弱了教会地产的出售作为证据的力度,使其难以证明安茹南部各地区在法国大革命刚开始时是持接受态度的。1789 年和1790 年各社区的爱国仪式和宣言也许更容易证明这一观点,但这类证据同样含糊不清。早在1789 年 7 月,博普雷欧的公民就曾向国民议会发表一份激动人心的革命宣言。同样,沙洛讷也热烈庆祝了法国大革命早期所有的重大日子(Chollet,1952:80)。在蒙特勒伊贝莱,向法国大革命宣誓效忠的外在标志也随处可见(Charier,1913)。而在这一方面,绍莱也不甘落后(Port,1888:I,80—81)。这些事例以及其他一些类似的事例,都与"这些地区后来参与反法国大革命运动的人民从未响应过法国大革命"的观点大相径庭(关于旺代省的情况,参见 Chassin,1892:I,71ff.)。由于上述证据无法令人满意,没有人会一直对这些向法国大革命表忠心的行为持有如此幼稚的看法。我们可以随意列举上述支持法国大革命的行迹,但这种做法无法说明,在安茹南部的不同地区之中,在不同的人员群体之中,那些对法国大革命抱以热情或反感的人究竟是如何分布的。这也正是我们在对1789 年该地区的"态度"得出确切结论之前所需要了解的内容。

陈情书的内容表述

关于陈情书的内容表述,有一个问题需要弄清楚,那就是确定它们是如何写成的,以及它们代表了谁的观点。不过,分析陈情书的内容表述有一个优点,就是它们通常能够表明哪些人参与了正式讨论以确定陈情书所采纳的表述和内容。同时,这些陈情书不但数量众多,而且内容详实,可以进行一些有趣的对比。勒穆瓦 1915 年出版的陈情书汇编内容丰富,涵盖了安茹的大部分地区,而就本书当前的目的而言,它唯一的缺点是几乎排除了索米卢瓦地区,后面这个区域的陈情书还没有被整理、编辑或出版。

我之前已经给出了一些理由去说明,为什么我们不愿意将陈情书的内容看作"农民的呼声"。当然,如果不经调查就将其视作"精英的呼声",情况也好不到哪儿去。起草、签发陈情书的议会,在其组织规模和人员组成上,与早年出席率更高的教区大会十分相似,其中精英阶层的代表人数太多,而较为贫穷的农民和工匠的代表人数总体来说又太少。但无论如何,(1)农民和工匠通常占大多数,并且(2)即使提交给议会一份现成的文件,这个文本在讨论过程中也经常会被修改或补充。例如,在圣朗贝尔-迪拉泰的议会中,虽然当地的商人和官员占据了显要位置,但农民和工匠依然在人数上占据绝对优势。该议会采用了其附近卢瓦尔河畔罗什福尔(Rochefort-sur-Loire)的陈情书,同时附加了六条由当地人自己起草的条款,而最初拟定的那套陈情书可能是由一位颇具影响力的庄园官吏从罗什福尔带过来的(De Menil,1962:ch. III)。简而言之,陈情书的内容代表了多种观点之间的妥协,就像现代政党的纲领或那些最终通过立法程序的重要法案。因此,它们是宝贵的证据,展现了各种内部力量如何一起确立了社区的公共政治立场,为分析社区内部各种影响力的渠道提供了暗示性的线索,但对于分析任何特定阶层或全体"人民"的思想而言,它们也确实是危险的指南。

根据勒穆瓦的评估(Le Moy,1915:I,xxviii),与安茹的其他地区相比,莫日地区的陈情书更能显示出它们受到了庄园官吏的影响。勒穆瓦将绍莱附近、莫莱夫里耶和圣弗洛朗地区的陈情书中相当一部分关注的内容归类为"支持沃尔什·德塞朗的观点",也就是维持或扩张庄园法庭的权力。[2]当然,类似的表述中还有其他一些内容,比如卢瓦尔河畔罗什福尔和圣朗贝尔-迪拉泰的陈情书中体现了大量的改革要求。尽管这些陈情书的内容表述非常相似,我们还是可以对勒穆瓦的分类进行整合,再加上我们对他所整理的"原创性的"陈情书的印象进行另一种分类——围绕是否支持改革进行分类,以此绘制了一个有趣的表格。由于没有索米尔区的信息,该表格的内容有所欠缺,但仍显示出各地区之间存在的一些显著差异。陈情书中"受影响的"(influenced)表述内容,主要是指(1)直接沿用了某种在安茹地区流传的模板;(2)明确赞同广为宣传的"资产者"或反地方领主立场(参见 Dorsey,1960)。尽管在绍莱区有不少陈情书表述了这些内容,但在昂热区和维耶区,它们的比例要高得多,而在圣弗洛朗区则相对较少见。相比之下,几乎所有对地方领主派系有利的表述都来自莫日地区的两个行政区。最后,莫日地区"原创性的"陈情书的数量要远多于其外界地区,这很有可能表明,这些陈情书的作者在整个省的政治斗争和政治派系中的参与度较低。

这些差异令人印象深刻,但对它们的解释含混不清。勒穆瓦可能说对了,莫日地区因为有大型庄园而使其行政官员对该地区的陈情书具有特殊的影响力。我们对他的分类进行的再度分析似乎也证实了,

表 9.1 各行政区陈情书内容的大致立场

行政区	每种类型的社区数量				
	赞同沃尔什	原创性的但非改革派的	原创性的且改革派的	受影响的且改革派的	总计
圣弗洛朗区	7	4	12	7	30
绍莱区	11	2	7	14	34
维耶区	1	2	1	12	16
昂热区	1	0	4	7	12
总 计	20	8	24	40	92

莫日地区以外的社区更多地参与了省级的政治,而这些社区中也更频繁地出现了能将改革有效推进的党派。

将整个陈情书的表述内容归纳于各主要的政治倾向之中,这种做法是有效的,但它无法向我们提供更多有关 1789 年重要的具体问题的信息。因此,我要回到陈情书的具体内容中,找出其中最常见的申诉和建议,并了解它们在安茹南部各不同区域之间的差异。

让我们将至少 10% 的陈情书都提到的项目罗列出来,再加上教会地产的出售和"封建"权利的改革,虽然后两项提议并不常见,但还是很耐人寻味的。这样,我们就得到了一份包含 24 项内容的清单,它们大致可以分在四个条目之下:(1)税收;(2)政府;(3)地方领主;(4)神职人员。每个条目都有一个单独的表格,这样就能使讨论的项目数量足够少,以便进行处理。在评估陈情书的具体内容时,我会给每个明确提出建议或申诉的项目打满分,给提出间接建议或申诉的打 0.5 分。这就是为什么后面表格中会出现一些百分比以 9.5 个或 10.5 个案例为基础的情况。

第一个条目,也是最常被讨论的一类,即税收。表 9.2 列出了各行政区陈情书申诉内容的分布情况。表格传递的第一条信息是:每个人

表 9.2　各行政区中对税收问题进行陈述的陈情书占比

陈情内容	昂热区	维耶区	绍莱区	圣弗洛朗区	总计
需要对税收进行全面改革	67%	94%	76%	47%	57%
三个等级应缴纳同样的税款	88%	62%	85%	67%	75%
盐税	100%	94%	92%	93%	94%
取消国内货物流通关税	83%	59%	89%	88%	83%
对法律交易税的申诉	75%	81%	61%	47%	62%
对封地自由税的申诉	67%	53%	88%	70%	73%
案例数量(个)	12	16	33	30	91

都在抱怨税收。在这些税收项目上达成的一致意见远远多于陈情书中出现的其他项目。臭名昭著的盐税,显然是最不受欢迎的税种。对国内贸易税(*traites*)的抱怨也很普遍。还有 3/4 的社区抨击三个等级之间的税收分配不公平。在封地自由税——它给拥有贵族土地的普通人带来了巨大的负担——的问题上,抱怨的激烈程度与(1)贵族地产的范围,以及(2)是否存在富有的、管理地产的资产者这两个因素存在貌似合理的相关性。绍莱区的贵族地产几乎可以肯定是这几个区中最巨大的,而当地近 90% 的陈情书提及了对封地自由税的抗议。除了圣弗洛朗区的申诉似乎略少外,四个地区的陈情书在“税收”这个主题上并没有系统性差异。

在这些陈情书中有四个项目可以归入“政府”这一条目之下:反对拍卖估价人(*juré-priseur*)、反对强制征兵、反对王国法院的玩忽职守,以及需要政府进行全面改革。拍卖估价人是在法院判卷和债务案件中负责没收财产的小官吏,他们是穷人的祸害。强制征兵问题特别值得一提,因为一些作者(毫无疑问受到了“1793 年 3 月反法国大革命运动的第一场暴力事件就是为了反抗强制征兵”这一认识的影响)推测,旺代人民异常憎恨兵役。至于其他两项——反对王国法庭的玩忽职守和需要政府进行全面改革,也许是不言自明的。表 9.3 列出了它们出现在

表 9.3　各行政区中对政府问题进行陈述的陈情书占比

陈情内容	昂热区	维耶区	绍莱区	圣弗洛朗区	总计
反对拍卖估价人	75%	62%	52%	50%	56%
反对强制征兵	17%	62%	48%	37%	43%
反对王国法庭的玩忽职守	67%	69%	39%	65%	57%
需要政府进行全面改革	33%	19%	15%	7%	15%
案例数量(个)	12	16	33	30	91

陈情书中的相关情况。

　　总体而言,莫日地区的社区对政府事务的抱怨要少于其他地区。拍卖估价人受到的批评大致相当,不到60%的陈述对他们的不足之处进行了评论。不到一半的陈情书谴责了强制征兵,而在莫日地区,对这方面的谴责也不及外界来得普遍。因此,波尔对同一堆陈情书进行总结时说的"强制征兵几乎与盐税一样受到了普遍的非难"(Port,1888:I,74),这种说法是错误的。对强制征兵的抱怨很多,但没有对税收的抱怨那么多。当然,从中我们也没有得出任何理由去怀疑莫日地区对服兵役这件事带有特殊的敌意。

　　"需要政府进行全面改革"是一个具有欺骗性的范畴,因为虽然许多陈述列举了一系列具体的政府改革措施,但并没有提出有关变革的总体性建议。然而,准备好讨论全面改革与愿意看到旧制度的整个秩序发生变化之间存在某种联系。按照这一原则,可以说,瓦尔地区(昂热区)的发言人比莫日地区(绍莱区和圣弗洛朗区)的发言人更愿意进行改革。

　　税收和政府的问题主要由农村社区之外的因素引发,而有关地方领主和教士的问题则可能使普通家庭更倾向于革命。在三级会议召开之后的几年里,引起地方激烈讨论的问题也更多集中在这些领域。因此,这些申诉和建议特别能反映出地方领导人对改变日常生活和地方权力安排的渴望。大部分陈情书中关于贵族地主地位的最常见的申诉主要有以下几类。(1)明确拒绝大地主(即那些法庭管辖范围延伸到高等司法的大地主)对种植在穿越其领地、具有通行权的道路上的树木的所有权。这些诉求与沃尔什·德塞朗伯爵的党派相关。(2)要求改革或废除庄园法庭。除其他事项外,这些诉求可能是对沃尔什及其追随者地位的抗议。(3)抱怨地方领主的狩猎特权,包括他们为此设立的鸽房与禁猎区。(4)对平民因拥有地产而需承担对地方领主的金钱债务进行改革的建议。这些建议主要是允许土地所有者通过对领主进行补偿以取消他们必须定期支付的琐碎的封建税。(5)要求全面改革或废除"封建"权利,这些权利包括垄断权*、狩猎权、礼仪特权、税金等。这份清单以某种方式涵盖了人们通常认为的农村人对旧制度贵族的积怨,其具体分布见表9.4。

表9.4　各行政区中对地方领主问题进行陈述的陈情书占比

陈情内容	昂热区	维耶区	绍莱区	圣弗洛朗区	总计
反对沃尔什一派所要求的拥有最高裁判权的地方领主有权占有道路旁的树木	33%	6%	8%	13%	13%
改革或废除庄园法庭	38%	50%	12%	7%	25%
反对地方领主的狩猎权	83%	50%	9%	22%	30%
对普通人对地方领主的金钱债务进行改革	58%	56%	12%	17%	27%
全面改革或废除"封建"权利	33%	18%	0%	8%	9%
案例数量(个)	12	16	33	30	91

---

*　垄断权(banalité)指的是地方领主对佃农或附庸的强制权。这些权利通常包括:农民必须用领主的磨坊磨面、必须用领主的烤炉烤面包、必须用领主的设备压榨葡萄或苹果,且领主可收取使用费用的磨坊权、烤炉权、榨酒权,以及领主可以收取农民使用桥梁和道路的费用等。这些垄断权使得农民不得不依赖于领主的设施,从而增加了农民的经济负担和对领主的依赖。——译者注

　　与税收和政府管理方面的情况相比,在与"地方领主"相关的条目上,莫日地区的社区与其他地区的社区有着明显的区别:莫日地区提出的抗议明显要少得多。一般而言,昂热区要求改革的社区比例至少是绍莱区和圣弗洛朗区的三倍,而维耶区则介于二者之间。在昂热区和维耶区的陈情书中,涉及这些问题的比例几乎都低于讨论税收或政府问题的比例,但在圣弗洛朗区和绍莱区周围,关于税收或政府问题的提案之多与对涉及贵族问题的提案之少,二者形成了鲜明的对比。

　　在昂热区之外,树木问题很少受到关注,昂热区中也只有 1/3 的陈情书提及了这个问题,而与之相关的、更普遍的庄园法庭问题则引起了更广泛的关注。贵族的狩猎权是这一系列陈情书中最常讨论的问题,但莫日地区的陈情书几乎没有提到这些问题,而莫日地区之外则对此大肆宣扬。在金钱债务的问题上,昂热区和维耶区的抱怨最为频繁,绍莱区和圣弗洛朗区的抱怨则还算少见。

　　对于上述的一些差异,我们可以给出合理的解释。地方领主们的游猎可能对瓦尔和索米卢瓦地区更具威胁性,因为那里的贵族经常居住在其领地上,那里的田地没有围栏,土地耕作也很密集。这些地区的财产分布广泛,这意味着许多土地所有者不得不支付琐碎的封建地租,更不要说这些财产转手时通常还要支付的巨额费用了。然而我们没有理由认为那里的道路上普遍种植了更多的树木,也没有理由认为那里的庄园法庭更活跃或更败坏。此外,庄园官吏对莫日地区陈情书内容起草的影响,究竟在多大程度上压制了对这种地产制度的批判? 莫日地区的议会究竟在多大程度上受到了大贵族地方领主们的恫吓? 这些问题很难回答。但可以肯定的是,在瓦尔和索米卢瓦地区,批判贵族权力和特权的团体在地方议事会中占有很大的分量,而在莫日地区,任何类似团体的影响力则要小得多。对上述一整套比较分析的总结,可以体现在全面改革或废除"封建"权利的这些提案上,这些权利基本上在著名的 1789 年 8 月 4 日之夜就被摧毁了。昂热区中有 1/3 的陈情书做出了相应的提案，但在绍莱区，这一数量则降到了零。毫无疑问，在这一关键方面，瓦尔和索米卢瓦地区的民众对改革的要求比莫日地区的民众要大得多。

陈情书内容的第四个，也是最后一个主题，是对神职人员的意见。这些意见的范围很广泛，但在某个具体的提案或申诉上，相比于税收、政府或贵族方面，对神职人员的意见更难达成共识。各地区对教区教士和高级神职人员的关注大致相当，但其中一些地区对教区教士提出的意见是为了改善后者的处境，而对高级神职人员的意见中则丝毫没有这种想法。在什一税和教会地产出售的问题上，我们不难将陈情书中针对教区教士的申诉与针对高级神职人员的申诉区分开来，因此可以将人们对这两群人所持的态度进行粗略比较。表 9.5 列出了相关数据。

在陈情书的这些条目中，"改革主义"的瓦尔和索米卢瓦地区与"保守主义"的莫日地区之间的分歧依然存在，但这种分歧并不像关于贵族

表 9.5　行政区中对神职人员问题进行陈述的陈情书占比

陈情内容	昂热区	维耶区	绍莱区	圣弗洛朗区	总计
应该减少宗教群体的收入	21%	50%	39%	20%	32%
应该改革或废除宗教群体	8%	23%	21%	8%	16%
反对那些不在岗的神职人员	25%	12%	12%	4%	11%
反对由堂区神甫征收的什一税	4%	19%	15%	5%	11%
反对由外来者征收的什一税	17%	34%	12%	10%	16%
应该出售高级神职人员的地产	12%	12%	2%	7%	7%
应该出售堂区神甫的地产	0	0	0	0	0
应该提高堂区神甫的收入	8%	41%	15%	13%	18%
应该改善副堂区神甫的处境	25%	66%	30%	17%	31%
案例数量（个）	12	16	33	30	91

地主问题的讨论表现得那么明显。

在表9.5中,维耶区最关注神职人员的问题,并且对高级神职人员的特权最为敌视。[3]昂热区的社区似乎对教区教士、宗教机构和不在岗的神职人员(absentee cleric)*进行了区分:对教区教士,他们不闻不问;对宗教机构,他们温和对待;对那些不在岗的神职人员,他们予以谴责。在绍莱区和圣弗洛朗区,宗教问题并没有引起太多的关注,除了教士分会、小型修道院和修道院的富裕,以及副堂区神甫的贫穷引发了绍莱周围一些社区的指责。

总的来说,陈情书的内容表述中对高级神职人员的批评要比对教区教士的批评多得多。外来的什一税征收者要比从什一税中获得收入的堂区神甫更容易招致批评,而且,至少还有一些人计划剥夺修道院所拥有的土地,但没有人计划从教区教士那里夺取土地。除了认为宗教团体过于富裕之外,人们对"贫困的副堂区神甫需要帮助"这一点的共识,比在其他任何观点上的共识都要多。这两个提议可能是宗教改革计划的开端。除此之外,与讨论税收、政治甚至贵族地位这些问题相比,安茹南部的社区还不太愿意把宗教组织问题当作一个公共政策问题来讨论。而与瓦尔和索米卢瓦地区的社区相比,莫日地区的社区更不愿意这样做。

这些陈情书究竟具有什么普遍意义? 首先,瓦尔和索米卢瓦地区与莫日地区的比较证实了我们之前检验勒穆瓦对陈情书内容分类所得出的结论。在瓦尔和索米卢瓦地区,反对贵族地主传统特权的现象更为普遍。在沃尔什与其敌人的政治斗争中,完全支持"资产者"一方的

---

* "不在岗的神职人员"指的是那些持有教会职务但不实际履行职责的神职人员。这些神职人员通常居住在与其教区或职责所在地相隔甚远的地方,或者根本不在教区内居住,从而未能履行其宗教和社区责任。他们可能会继续领取俸禄或收入,但并不提供相应的服务。——译者注

现象也更为普遍。此外,瓦尔和索米卢瓦地区的陈情书中一般包含了更多的全盘改革方案。这些方案可能反映了对旧制度更为强烈的、更聚焦于政治层面的不满,也反映了当地人更多地参与了三级会议召开之前的政治辩论,还反映了当时流传的陈情书范本对当地陈情书内容直接的影响。

其次,勒穆瓦的分类无法解释一些重要问题。与贵族和神职人员的问题相比,最接近正式政治(formal politics)的问题——税收和政府管理——激起了更多的意见和更广泛的共识。我的解释是,因为这些陈情书的作者们并不确定根据这些阶层的传统立场进行立法和制定公共政策是否合适,也不确定在这些问题上采取公开的立场是否安全。我猜测,他们并非单纯地不关注教士和贵族问题。这些群体在法国社会中的地位还不是一个明显的政治问题,但瓦尔和索米卢瓦地区的发言人更愿意视其为一个政治问题,而在这个有限的意义上,他们会提出更近乎于革命的要求。

这就引出了一个更一般的观点:瓦尔和索米卢瓦地区提出的根本性改革的议案一般比莫日地区更多。从陈情书的内容陈述来看,莫日地区还没有为革命做好准备。

当然,上述所有内容都受到了我之前提出的两个限定条件的严格制约。(1)这些陈情书实际上只代表了瓦尔和索米卢瓦地区一小部分人的意见。如果我们在离索米尔更近的地方找到当地刊发的陈情书,这些陈情书是否会表现出同样的改革倾向?(2)我们无法确定地方精英究竟以何种方式对不同的社会人群产生了哪些不同的影响,绍莱区在贵族财产问题上的沉默寡言究竟在多大程度上是庄园官吏直接影响的结果?第一个限定条件并没有让我感到非常困扰,因为法国大革命后的一年内,索米卢瓦地区并没有发生削弱"它的提议是广泛的改良主义"这一猜测的事情。第二个限定条件则相当严厉,并且在所有对 1789

年陈情书的分析中都要将这一条件牢记于心。如果我们愿意把这些陈
情书的内容看作诸多地方力量的结果,从而将其视作反映一个社区政
治立场——它由一系列地方权力和观念所促成——的有用标志,那么
这个结论就成立了:瓦尔和索米卢瓦地区更愿意接受大革命带来的各
种变革。当然,如果有人像加博里或波尔那样,将陈情书的内容作为
1789 年人们一直呼吁进行全面改革的证据,那么得出的研究结果只能
聊以自慰。莱昂·迪布勒伊曾提出这样一个问题:"为什么有许多农
民,他们坦率地表达自己关注法国大革命的成功,但旋即又反对他们在
其陈情书中极力呼吁的宪法制度?"(Léon Dubreuil,1929—1930:I,
53)这个问题深深地困扰着迪布勒伊。他最终试图这样解决这个问题,
他认为大革命迅速地满足了农民的所有需要和欲望,因此他们与大革
命后续的成功没有任何利害关系。这是一种诡辩!这种表述以及它的
前提都是错误的。因为陈情书的内容绝非简单意义上的"农民的呼
声",它们也没有一致提出根本性的改革建议。作为一个群体的农民从
未对法国大革命的成功抱有强烈的信念,就像他们从来没有真正对它
(作为一场政治革命)的失败抱有任何的立场。很难看出,直到 1791 年
的法国大革命的进程满足了莫日地区农民意识到的许多需要,尽管其
改革可能有可取之处。最后,迪布勒伊的解释通过将注意力集中在农
民情绪的迅速逆转上来掩盖整个问题。

兵役

回到对法国大革命本身的"态度"这个问题,我们或许可以调查一
下公民参加国家兵役的意愿。法国人有一系列机会去服兵役:当大革

命第一波的消息从巴黎传出时，一些城市就组建了民兵部队；后来，他们更广泛地组织了各种形式的国民自卫军；然后是 1791 年革命军队的征募；再后来则是对 1793 年征兵的回应（这是旺代地区公然发动内战的开始），然后就是全民应征入伍（levée en masse），这是为发动欧洲战争而进行的大规模强制征兵的尝试。总的来说，无论是对法兰西民族还是安茹地区而言，平民对这些征兵的反应仍有待历史学家的研究。当这些记录被写下来时，对它们感兴趣的肯定不仅是军事史学家。自愿入伍的热情在某种程度上肯定受到了革命爱国主义的影响，而对征兵的反应则应该成为衡量公民权原则是否具有力量的标尺。

关于 1789 年和 1790 年——也就是支持大革命的与反对大革命的党派之间的斗争变得公开化和全面化，以至于改变了"志愿为祖国效力"的全部含义之前的那些年——的信息，我所能收集到的证据相当有限，而 1791 年及其后的证据则要全面得多。就目前的情况而言，这些证据没有显示出（安茹南部对征兵抱有）一致或广泛的热情。相反，它预告了本书最后几章的内容，强调了在反法国大革命运动爆发之前，安茹南部地区的不同阶层、子区域和党派对此存在深刻的分歧。

在 1791 年之前，组建民兵或国民自卫军几乎完全是城市的事务。昂热率先打了个样，在 1789 年就组织了民兵。到了第二年，布里萨克、蒙特勒伊贝莱、博普雷欧、勒皮诺特尔达姆、绍莱、舍米耶，以及其他大多数规模相当的城市拥有了自己的国民自卫军。这些队伍中的高级职位是市民们趋之若鹜的重要对象。有时，围绕这些职位的争夺带有强烈的阶级、政党或派系冲突的色彩。例如，1790 年 2 月在索米尔城，住在"桥梁和城堡区"（districts des ponts et chateau）的公民就抱怨称，"贵族"扭曲了民兵组织的宗旨，他们组成了一个特殊的特权团体，穿着与众不同的制服，"将其他公民视为渣滓"（A. N. D IV 10）。大约同一时间，蒙特勒伊贝莱也有类似的满怀怒火的报告（A. N. D XXIX 58）。

有迹象表明,绍莱城中有大量公民想要将队伍中仅有的一些农民排除出他们的国民自卫军(A. N. D IV 40)。虽然令人惋惜,但这些"茶壶里的风暴"并不令人意外。它们唯一的价值在于告诉我们,在安茹南部地区的许多城市中,人们热衷于参加法国大革命早期的活动,从而将自己与他人区分开来。有一些蛛丝马迹表明,并非所有城市都同等地参与了这些表现自己的革命爱国的行为,而这些城市中心很快就出现了"革命爱国主义"的持续渐变。例如,在 1790 年底,有报道称圣弗洛朗和博普雷欧的国民自卫军事实上已经不复存在(我承认消息的来源有失偏颇,因为这个消息来自它们的敌对城市——绍莱),而绍莱、舍米耶和维耶的国民自卫军依然在发展壮大(A. N. D IV bis 67)。在 1791 年和 1792 年,绍莱、舍米耶和维耶获得了"革命爱国"城市的美誉,而圣弗洛朗和博普雷欧的地位则一落千丈。

后面这些观察并不能得出任何关于"各子区域对法国大革命早期的反应存在差异"的结论,但它们确实说明了城市比农村更为积极地参与了全新的、革命爱国的组织生活。不过,即使是这一点也值得我们进一步研究,因为 1789 年或 1790 年在圣朗贝尔-迪拉泰或布济耶(Bouzillé)等地偶然出现了军事部队的踪迹,让人不由怀疑,这些部队是否只具有仪仗职能,从而使得现存记录对它们只是一带而过,甚至几乎从未提及。但是,即便是这种情况也最终会支持同样的结论:组织化的革命活动在城市比在农村多得多。

1791 年按照国民议会的指示所组建的国民自卫军则是另一回事。至少在名义上,每个市镇都有自己的自卫军。这些部队被广泛地组建了起来。不过,他们能否长期存在,取决于当地支持革命的人数以及这些部队各自的决心。在讨论清楚地方上支持大革命与反对大革命的党派如何形成之前,我无法充分描述 1791 年以来国民自卫军的发展情况,这个问题我将在后续章节中进行讨论。在此,我只能概述一些最重要的事实。在 1791 年以后,各城市的国民自卫军依然保持着旺盛的战斗力,成为大革命法律的有力执行者。常备的国民自卫军在瓦尔和索米卢瓦地区要比在莫日地区更为常见。在莫日地区的农村,只有在沃赞、莱加尔德、圣马凯尔和拉泰苏阿勒等革命爱国的乡镇,国民自卫军的建制才一直持续到了 1792 年,而这些乡镇主要是商业贸易活动和纺织业的中心。此外,农民很少是国民自卫军中的积极分子,因为它主要是一个由资产者和一些类型的工匠构成的组织。1790 年之后,莫日地区国民自卫军的历史与日益减少的法国大革命的支持者们的历史密不可分。

有关自愿入伍的历史其实并没有什么不同。从自愿入伍的情况来看,我们对在法国大革命初期人们对它的反应知之甚少,因为征募主要发生在 1791 年和 1792 年,当时安茹南部地区的党派界限已经非常分明了。就这一时期而言,自愿入伍的历史记录还是提供了一些相当有趣的信息。到 1793 年年初,曼恩和卢瓦尔省从不到 50 万的人口中征募了 2 700 人,组成了三个志愿兵营(A. D. M-et-L 1 L 551)。卢瓦尔河下游区域的人口略低于曼恩和卢瓦尔省的一半,但也招募了 900 人左右的新兵。表 9.6 列出了各行政区的志愿兵人数原始数据和每千人中自愿入伍人数的分布情况。一个行政区的革命热情与其征募的频率之间存在很大的相关性。对安茹南部地区而言,考虑到昂热区的数据已经包含了昂热这座大城市本身,这种相关性几乎是完美的。同样,旺代省大部分的志愿兵也是由莱萨布勒-多洛讷、维河畔圣吉勒(Saint-Gilles-sur-Vie)和丰特奈这样的革命爱国城市提供的(Chassin 1892:II,155—156)。

研究一下绍莱区 126 名志愿兵的来源是非常有趣的。其中仅绍莱城就有 67 人,舍米耶则有 32 人。如果算上来自沃赞的 7 人、莱加尔德的 4 人以及勒迈的 3 人,那么该行政区所有其他社区中只有 13 人自愿

表 9.6   1791—1793 年各行政区的征兵情况

行政区	志愿兵人数	每千人中自愿入伍的人数
博热(Baugé)区	304	4.2
瑟格雷(Segré)区	121	3.6
新堡(Châteauneuf)区	91	2.6
昂热区	1 236	11.1
索米尔区	581	7.0
维耶区	183	4.2
绍莱区	126	2.6
圣弗洛朗区	71	1.4
总计	2 731	5.6

入伍。换言之,几乎所有招募的新兵都来自城市和主要从事纺织业的乡镇,这些地方也是传播革命热情的中心。由此可见,革命热情与自愿入伍的人数之间的相关性是成立的。

在绍莱区以外的地方,城镇也占据了(提供志愿兵)的主导地位。志愿兵的第一营,该营在绍莱区招募的 38 人中,有 28 人来自绍莱,9 人来自舍米耶,1 人来自莱加尔德;在圣弗洛朗区招募的 14 人中,有 8 人来自蒙特勒沃和圣弗洛朗;在昂热区招募的 31 人中,有 6 人来自沙洛讷;在索米尔区招募的 94 人中,有 85 人来自索米尔(编译自 Grille,1851—1852:I,184—202)。只有维耶区不符合这一模式,其中茹埃、圣朗贝尔、沙瓦涅、吕涅(Luigné)、法耶、拉布莱、布里萨克和维耶这些城镇共计 15 人应征。

按照我们的逻辑,下一个问题是研究这些新招募士兵的身份。就 1792 年 1 月至 10 月新征募的第二营(A. D. M-et-L 1 L 598 bis)而言,我们可以详细地回答这个问题。他们的登记册保存完好,而且对新兵的描述非常详尽,甚至包括了他们眉毛的颜色,有时还记录了他们革命爱国主义的底色。绝大多数第二营的新兵是年轻人,而且是单身。在安茹南部地区入营的这 268 人中,有 221 人登记了他们的职业信息。

表 9.7 按照各行政区列出了新兵们的职业分布情况。考虑到这些职业类别在总人口的实际分布情况,工匠,以及特别是资产者对征兵的贡献远超其职业人口在总人口中的占比,而农民的比例则大大偏低。这不失为一种对支持大革命的各种人群的描述。

表 9.7　1792 年新招募士兵的职业分布情况

行政区	自愿入伍的总人数	新招募士兵的职业占比 *			
		资产者	工匠	农民	其他
圣弗洛朗区	30	5.9%	94.1%	0.0	0.0
绍莱区	52	35.7%	54.8%	7.1%	2.4%
维耶区	11	25.0%	50.0%	0.0	25.0%
昂热区	0	—	—	—	—
索米尔区	175	29.9%	55.8%	4.6%	9.7%
安茹南部地区总计	268	29.0%	58.4%	4.5%	8.1%

注:* 按照能确定职业身份的 221 名新兵进行计算。

针对表 9.7 的数据以及从中得出的结论,我们需要提出两点异议。第一,我们没有必要机械地夸大以下做法的准确性,即按照阶层或区域将法国大革命的忠实信徒与其他人群区分开来。现有资料所揭示的趋势已经足够令人印象深刻了,无需不加批判地加以夸大。在莱永河两岸,无论是在开放的农村还是在城市中,都有支持革命的爱国者。当然,也有一些资产者是狂热的反法国大革命分子,还有一些资产者迟迟无法下定决心,而有一些农民则选择支持法国大革命。前几章对社区组织的分析——例如对婚姻模式的调查——反映了许多特点。这些分析表明,还有其他变量无疑会影响个体之间以及政党之间的联盟。对我们所掌握的有关安茹南部社区政治的最微观的信息,不能仅仅将其归入阶层或区域的范畴,还需要从亲属关系、家庭友谊、累世宿怨等因素中寻找相关的蛛丝马迹。1792 年 6 月,舍米耶组建了一支规模很小的骑兵卫队(A. D. M-et-L 1 L 567),当时所有的志愿兵的确都是工匠和资产者,但同样确凿的是,其中四名成员来自革命爱国的布里奥多(Briaudeau)家族,而其余大多数人恰恰来自那些在前几年的当地政治中与布里奥多家族关系最为密切的家族。所以我们得出的经验教训是,阶层、所在地和党派的分类可以解释很多问题,但它们不能解释一切。

第二个异议与大革命的支持者们的特征有关。人们很容易把他们想象成目光凶狠、无所畏惧的"积极分子"(毕竟他们在帮助发动一场重大的革命)。而事实上,与其他所有政治团体一样,他们也表现出了极大的热情、信念和自信。关于服兵役的问题,1793 年 3 月最早的一批反法国大革命分子的不满之一就是,许多革命公职人员通过任职来巧妙地避免自己真正去服兵役。1792 年 8 月,当绍莱区的书记巴尔比耶(Barbier)担心自己被征召入伍服役时,他写了一封信,插科打诨式地表达了许多审慎的革命爱国者所面临的双重压力:

> 我无比热爱自由和宪法。我全心全意地誓死捍卫它。但是,当我想到自己时运不济、身无分文,如果我上前线,回来时很可能一无所有。面对这种风险,我不得不说,国家的拯救并不取决于我的武器。而如果我不与外敌作战,我就会与国家内部的敌人作战。(A. D. M-et-L 1 L 567)

巴尔比耶的这种情况并非普遍现象,因为从为数众多的年轻革命爱国者毅然奔赴前线这一现象就可以看出来。所以,我们更有理由不将只属于某一类人的强烈的动机贸然投射到绝大部分人身上。

那么,各种形式的参军情况是否能告诉我们,安茹南部地区对早期法国大革命的反应究竟是什么？对 1791 年之前的阶段，所能说明的只是每个主要地区都有一些革命的热情，而且城市中的正式参与要比城市外广泛得多。1790 年以后，军事爱国主义（military patriotism）与其他公开效忠新政权的方式并驾齐驱。这种方式在瓦尔和索米卢瓦地区更受欢迎，在城市更受欢迎，在工匠和资产者聚集的商业和工业乡镇中更受欢迎，以及在安茹南部社会的城市部门中更受欢迎。

流亡

在本章的讨论中，还有一类证据也占据一席之地。除了许多教士被驱逐以及偶尔有一些安茹的贵族并未伴随流亡分子出逃，而是回到其封地之外，关于旺代地区的流亡现象讨论得并不多。很难对其大致的流亡率进行解释。它们究竟反映了该地区对法国大革命的反感，还是反映了该地区内部冲突的剧烈程度？

我更倾向于第二种解释。唐纳德·格里尔（Donald Greer，1951）毫无疑义地证明了法国大革命期间的政治动荡与各省流亡率之间的一般关系。像波尔多、里昂和土伦这样的革命风暴中心有很多流亡者，而像马耶讷这样的反法国大革命的省份也有许多人出逃。这种相关性值得关注。这些人逃离地方冲突的冲动似乎丝毫不亚于他们逃离法国大革命的冲动。

法国西部的省份是一块流亡率特别高的地方。不过，由于流亡教士的人数特别多，加之许多反法国大革命分子并没有逃出国境，而只是逃离家园、躲藏起来或战死沙场，因此这块地区的流亡名单中有不少水分。所以，我们不禁要问，这些省份的流亡分子名单中所列出的，是否都是反法国大革命的那部分人？对安茹南部地区而言，答案是：否。

为了找到这个答案，我将格里尔的分析应用在了安茹南部地区的各行政区和县这一较小的范围。也就是说，我采用的是 1793 年 10 月之前曼恩和卢瓦尔省的流亡分子总名单（A. D. M-et-L 15 Q 271—280，1 L 398 bis），并将名单上的人对应到了行政区和县。我剔除了 1793 年那些因在反法国大革命委员会中任职而被列入名单的人员。这份名单上可能还有很多这种其实没有流亡出境的人。将他们都包括在内可能会夸大莫日地区各县的流亡分子总数，因为叛乱分子在那里到处都能组织反法国大革命委员会。但是，名单中的绝大多数人肯定是真正的流亡分子，因为绝大多数人是教士和贵族。在这方面，安茹南部地区似乎更接近其附近的旺代省和德塞夫勒省的模式（约 4/5 登记在册的流亡分子是教士或贵族），而非整个曼恩和卢瓦尔省的模式（约 2/3 的流亡分子是教士或贵族）。

只有 80 名流亡分子可以被确定属于安茹南部的县。而与估算的 21 万人口相比，这一数字表明流亡率为万分之三点八。这一数据要低于格里尔对曼恩和卢瓦尔省（万分之四点四）和法国西部各省（例如旺代是万分之四点七，德塞夫勒省是万分之五，下卢瓦尔省是万分之四点七）粗略估算出的数据。我的这个数据是基于对名单（其中不仅包括反革命委员会成员，还包括大量从巴黎、南特和安茹附近各省逃亡过来的居民）进行相应缩减而得出的，而且不包括 1793 年之后流亡的那些人。因此，得出这一结论——安茹南部地区的流亡率要低于曼恩和卢瓦尔省的其他地区——还为时尚早。无论如何，值得注意的是，大量流亡分子并不来自反对法国大革命的那个区域，而是来自革命的中心——昂热。

由于涉及的案例数量较少（80 个流亡分子分布在 47 个县/镇），所以想要以此分析各个县之间的所有差异无异于痴人说梦。以下是流亡率(以每万人计)最高的 10 个县,括号内为各县所在的区:蒙特勒伊贝莱(索米尔)为 18.8;库尔尚(Courchamps)(索米尔)为 14.8;索米尔(索米尔)为 13.2;圣乔治-德塞特瓦(Saint-Georges-des-Sept-Voies)(索米尔)为 10.3;勒皮诺特尔达姆(索米尔)为 9.9;绍莱(绍莱)为 9.5;图阿赛(维耶)为 8.7;圣欧班-德吕涅(Saint-Aubin-de-Luigné)(昂热)为 7.6;沃赞(绍莱)为 7.3;蓬德塞(昂热)为 6.8。

　　这个清单非常有趣。请注意,前五个县都来自革命爱国的索米尔区,而没有一个县来自反法国大革命的圣弗洛朗区。所有这些县(库尔尚可能是个例外)都有异常活跃的革命中心。在 1789 年至 1793 年间,几乎所有这些地方都曾爆发过派系斗争,而蒙特勒伊贝莱、索米尔、勒皮诺特尔达姆、绍莱和沃赞都是其中典型的代表。换言之,名单上的这些流亡者主要来自安茹南部的这些地区:(1)具有支持法国大革命的活跃群体;(2)具有不同寻常的政治骚乱。这个观点一旦被提出,似乎就是显而易见的,然而,它与"流亡者整体上都出自敌视大革命的地方"这一同样貌似有理的命题大相径庭。表 9.8 中的"总计"部分证实了我们的想法。稍后我们还会发现,从莫日地区流亡或被驱逐的教士,比从安茹南部其他地区流亡或被驱逐的教士更多。这就使得表格中的"总计"部分更加引人注目。不过,由于这些数据与之前计算出的各行政区中贵族居民的比例大致相符,因此有人可能会反驳说,这些数据只表明了通常索米尔区流亡的人要比莫日地区的更多。但是这一点并不能推翻我的主要结论:这些流亡分子离开这些地区,极有可能是因为他们的观点或社会立场与当地政治官员中的一些有权势的群体不和。然而,由于样本的数量不多,因此这个结论也是暂时性的。所以,我只能说它暂时证实了在 1793 年叛乱之前的很长一段时间内,安茹南部地区各子区域对法国大革命反应的差异。

　　总之,没有任何一种传统形式的证据——教堂地产的拍卖、公共

表 9.8　各行政区中的流亡分子

行政区	流亡分子人数	每万人中的流亡率
圣弗洛朗区	2	0.5
绍莱区	23	4.1
维耶区	13	3.2
昂热区	8	3.3
索米尔区	34	7.1
总计	80	3.8

仪式、陈情书的内容、自愿入伍和国民自卫军的成员身份——能够真正证明安茹南部地区一致地支持法国大革命一开始的运动。事实恰恰相反。这些证据都更近于表明，政治立场上的主要分歧从大革命开始的时候就已经在那里萌生。我并不是说从 1789 年到 1793 年的情况没有发生变化。在法国大革命刚爆发的时候，像莫日地区的农民这种群体，与其说他们是反对派，倒不如说他们完全不了解政治。伴随着大革命的进程，地方生活变得越来越公开化和政治化。大约在 1790 年底，随着地方上实行重大宗教改革，这种地方生活公开化和政治化的步伐更为迅速。大革命的反对派开始形成并发展壮大，派系的立场也更加强硬。那些之前未表态的人发现不可能继续不做出政治上的表态。大革命的支持者与反对者之间的冲突也变得公开化和普遍化。归根结底，这就是"从三级会议开始一直到旺代之乱，安茹南部地区人民对大革命的态度发生了深刻变化"这一说法的真正含义。

大革命的第一年

在探讨"态度"问题时，我不得不超出法国大革命第一年的范围，而现在不妨回头去看看，大革命的第一年究竟发生了什么。在巴士底狱陷落后的那一年，安茹的情况如何？为了纪念攻占巴士底狱，1790 年 7 月举行了联盟节，来自法国各地的代表汇聚在巴黎，参加了他们的第一场大型现代政治集会。安茹南部地区的代表也位列其中——他们的实力如何值得我们好好了解。有些事情的确值得安茹人好好庆祝：盐税消失了，什一税消失了（不过这一变化带来的经济利益主要流向了那些地产所有者），传统贵族特权的零星残余被一扫而空，一些更令人恼火的消费税也被废除了，尽管总体税收负担远没有减轻。

还有其他一些变化，虽然并不一定被视作纯然有利的事，但让大多数人意识到，他们正生活在一个非比寻常的政治变革时代。1787 年市政当局的重组，三级会议的召开，市镇的革命性再重组，1790 年地方选举以及新的省、行政区和县区划的形成，这些事件构成了法国人有史以来最剧烈、最彻底、最迅速的行政改革。1790 年年中时，安茹南部地区的官方特派员已经开始叙述"这场大革命"了，尽管有时他们采用的叙述时态是过去式。一支全新的公职人员队伍（从小官吏到大官员）也在开展相关工作。当然，这支队伍中有许多人曾协助管理旧政权，但其中还包含了许多在旧传统之下绝无可能被选举担任公职的人。村民们现在能发现，他们的地方公证人或乡镇的富商可以成为该行政区日益强大的行政机构中的一员了。市镇中的地方领主和堂区神甫已经被赶下了台，不再是社区中当然的权威人士，取而代之的是发达的布匹商或富有的农民，外来者和新来者也纷纷走马上任。此外，那些地方政治官员必须与之打交道的行政机构也在人事、观念和正式结构上发生了转变。在这个行政机构中，由地方领主和堂区神甫进行调停的传统方式变得越来越难以奏效，而当地资产阶级已经万事俱备，他们试图通过品位、技巧和人际交往去解决地方行政中的问题。换言之，市镇，也就是社区的政治方面，正朝着这一过程进发：它在从形式上与社区的其他方面进一步区分开来,它的正式职位也变得更加专业化,它更多地参与了遍及整个法国社会的政治运动,它构成了一个新的精英阶层。

法国大革命第一年发生的事件对地方领主地位的冲击,可能超过了它对安茹南部社区大部分其他角色的冲击。这些事件似乎摧毁了使地方领主在社区之外享有特殊待遇或特权的那些社会安排。大革命还削弱了领主作为社区内外联络人的作用,因为他们对达官显贵、国王和宫廷的影响力很快就变得无足轻重了,而那些漂亮的传统头衔很快也变成了累赘。大多数贵族的反应是急流勇退。对许多贵族来说,他们最终只能狼狈地退缩到一些地方——在那里,旧制度的社会安排仓促且狼狈地再度集结。例如位于科布伦茨(Coblentz)的"流亡贵族宫廷",在 1790 年中期,贵族们向那里流亡的势头就已经很迅猛了。至于其他地方的贵族,他们只能躲在自己的宅邸或庄园之中,过着隐居生活。当他们有机会再次作为领导者参与超出了地方政治平庸与狭隘的范围的活动时,贵族们也准备好了卷土重来,而与此同时,社区中的政治精英也会发生变化。

国家教会与个别教区同样发生了变化。在攻占巴士底狱的周年纪念时,教会地产已经"交由国家处置",清点造册完毕,并处于当地革命行政机构的监管之下。这些财产的拍卖准备工作正在如火如荼地进行。国民议会解除了修士们的誓约,他们纷纷离开了修道院,而留下来的修士们发现,地方官员有权以闻所未闻的自由去调查宗教机构的运作状况。就堂区神甫的社会地位而言,最大的变数尚未到来。在下一章中,我会趁此机会分析迪布勒伊提到的"下层神职人员与大革命的决裂"。法国大革命爆发一年之后,什一税在原则上已经被废除了,即便在事实上它还没有被彻底废除。大革命的权威在取代了堂区神甫之后,对后者承诺的报酬却语焉不详。而堂区神甫不得不在礼拜天的弥撒上宣读政府的法令——这与他们在大革命前的发布消息职能并无太大差异，当时他们就经常宣布拍卖会即将举行、宣读法令以及宣布喜事。虽然堂区神甫不再是社区委员会的当然成员，但他们仍在许多社区中担任镇长或选举大会主席。他们的小额地产也已经被清点和安置，至少在技术上，也处于政府的控制之下。此外，还有一些人，尤其是当地的资产者、野心家、后起之秀和外来者，他们妄图监管堂区神甫的行动，而这也足以使堂区神甫充分认识到国家政治改革的范围。然而，法国大革命对他们实际行使的职能施加最严重的干预，以及对他们的社会地位构成最严重的威胁，这些要到1790年晚些时候才开始。

如果说法国大革命早期对教区的直接影响要小于对市镇的影响，那么它直接引起的地方经济的变化就更小了。可以肯定的是，从长远来看，税收的变化、国内贸易的放宽、教会地产被没收以及"封建"义务的消失都将改变法国每个社区的经济生活。不过到1790年年中的时候，这些因素还没来得及发挥作用。我并不是说在这一时期没有值得关注的经济形势。塞莱斯坦·波尔是一位敏锐的观察家，虽然他的解释原则经常与他对文献证据的深刻理解相抵触，但他很早就注意到了1790年在莫日地区蔓延的动荡且危险的失业现象（例如Célestin Port，1888：I，99—100）。这个问题非常重要，我将在下一章中花大量篇幅进行讨论。现在只需要指出，当时纺织品的生产遇到了严重的困难，工人们焦躁不安，而面包、谷物、价格和工作的问题比以往任何时候都令人担忧。虽然这种情况并不是法国大革命的直接后果，但它对安茹南部地区支持与反对法国大革命运动的发展产生了巨大影响。

注　释

1. 另一种观点见Dorsey，1960。

2. 在此可以和萨尔特地区的情况进行对照。布瓦（Bois，1960b：182）发现受庄园官吏影响的市镇主要位于该地区的西部，而这一区域对反大革命运动的支持最为坚决。

3.在维耶区,对高级神职人员的批评几乎都来自位于莱永河畔和索米卢瓦地区的社区,而对堂区神甫及副堂区神甫表示关心的则主要是位于莫日地区一侧的社区。因此,一个粗略的套话——瓦尔和索米卢瓦地区反对教权,而莫日地区支持教区教士——比表9.5所示的结论更为合适。尽管如此,在绍莱区,尤其是对庄园制度表达意见最少的那些社区,人们对宗教改革的要求还是不能概括得过于简单。

第十章 法国大革命时期的经济

　　阿方斯·奥拉尔是最后一代敢于在不认真考虑18世纪的经济状况的情况下，就论述法国大革命的历史学家中的一员。在奥拉尔的时代，马克思在自己的历史研究框架中对法国大革命的论述，已经成为一个需要研究者们表示支持或反对的智力挑战。而现在，即便是最不教条的历史学家，也必须以某种方式处理1789年之前法国经济增长的影响，并意识到从那时起发生的事件并没有平等地为法国所有社会阶级的利益服务。我所谓的"法国西部地区城市化的不同影响"，在很大程度上其实就是指经济影响。从长远来看，安茹南部地区各子区域和各阶层之间的经济差异，对法国大革命期间各种联盟和仇怨的形成具有重要意义。在瓦尔和索米卢瓦地区，人们普遍持有被"化整为零"的小型土地，他们在上面种植经济作物，上层神职人员的财富"毫无用处"，贵族则处于相对弱势的地位。上述因素都有助于形成一种新的局面，即支持新政权的资产者和农民可以自由地、积极大胆地行动。在莫日地区，自给自足的农业（农民耕种从显贵那里租佃，并由资产者作为中介进行管理的土地）与充满活力但难以预测的纺织业之间的对立，以及农村地区和日益增长的工商业中心之间的对立，无疑是最重要的问题。福舍认为，在旺代的沿海地带，1793年与大革命齐头并进的那些区域一般是高级神职人员拥有巨大经济利益的地区；而一些地区之所以加入反法国大革命运动,很大程度上要归因于当地的教区教士。因此,福舍总结道:"……一个物质秩序方面的事实,即教会与民间的税收问题,在各阶层的人民中都引发了巨大的利益冲突……它对(反法国大革命运动的)发展所起的作用比我们迄今为止所提到的还要大。"(Faucheux,1953:85)从长远来看,神职人员在不同地区经济地位上的差异在安茹南部地区与旺代沿海地带一样重要;而从短期来看,我们会发现这些经济因素既促成了法国西部地区政治力量的结盟,也导致了该地区在大革命初期的剧烈动荡。

有关法国大革命对地方经济影响的分析,将与后面关于教区和市镇的讨论涉及同一个时间跨度。讨论顺序不是按照时间顺序排列的,而是按照分析的顺序排列的。我希望这种对我研究主题内容的必要安排不会掩盖两个基本要点。(1)社区中每个部分所发生的事件会不断影响其他部分。比如经济、邻里和教区关系究竟如何对市镇产生了重大影响,如何成为政治问题并促进了权力斗争,这些问题都是本书特别关注的问题。(2)在反法国大革命运动爆发之前,莫日地区内部的紧张关系和矛盾冲突经历了长期和持续的发展,尽管它们并不稳定,但笼罩了社会关系的方方面面。因此,我们在此要讨论的问题是经济分工和经济压力对旺代地区政治斗争产生的影响。

经济政策的变化

当然,法国经济的每一个阶段都受到了大革命到来的影响,正如大革命的每一个阶段都受到了法国经济状况的影响一样(尤其参见 Garaud,1959;Godechot,1951;Lefebvre,1947,1951,1952;Sagnac,

1898；Sée，1951；Soboul，1962）。不过，我们可以将大革命的（经济）政策所带来的主要变化归在四个条目之下：(1)巩固了资产者的地产，既减少了对通常涉及某一小块地产的多次使用和征税权，又加强了对地产的保障；(2)统一税收的出现，无视传统的特权；(3)减少对工商业的传统控制和经济障碍；(4)大规模转让从教会和流亡贵族手中征用的土地，加上变更其他土地转让的法律条款。然而，并非所有这些变化都对安茹南部地区的各个社区产生了强烈的、直接的和同样的影响（参见Sée，1927）。

废除什一税、取消领主特权（比如对磨坊、烤炉和酿酒坊的垄断权，或是庄园产出的葡萄酒优先在地方市场上出售的权利），以及授权分期清偿庄园地租，这些做法都主要有利于那些拥有土地的平民，也就是说，这些做法在瓦尔和索米卢瓦地区比在莫日地区更为重要。事实上，正式地分期偿还地租和其他庄园领地税的做法，在索米尔地区要比在绍莱区和圣弗洛朗区更为普遍（A. D. M-et-L 1 Q 56—57）。此外，1791 年莫日地区的地主们通常会按照被取消的什一税的数额来提高佃农的租金，因此那里的农民并没有省下多少钱。

由此看来，这些地产改革对瓦尔和索米卢瓦地区的农民来说是轻微有利的，而对莫日地区的农民来说却是无关痛痒的。几乎可以肯定，这些改革对瓦尔和索米卢瓦地区的土地所有者（无论是否为农民）来说意味着更多实际上的变化。而各地区的教区教士也被新政权赶下了台。总体而言，对教区教士来说，出售教会的地产不如废除教会的地租和什一税，或者设立薪金来得重要。这些教区教士从食利者突然变成了领取薪俸的官员。相比于任何其他群体（除了那些选择流亡的贵族，以及那些过于轻率地千方百计想要保住土地的人），这些教士的经济地位受到法国大革命初期经济改革的影响是最深的。

直到 1791 年，法国的基本税种才真正得到全面改革。不过，盐税在 1789 年底的时候就已经不复存在了,其他许多附带税种也随之消亡。免税特权和特殊津贴也有所减少,即便这并没有减轻农民的总体负担,但至少减轻了他们肩上承担的一些税赋。

这种在社区内部重新分配税收的做法,再加上社区越来越容易接触到做出这方面关键决策的外部官员,使得税收变为一个越来越突出的政治问题,但这似乎并没有对莱永河两岸的经济状况产生太大的影响。无论如何,新的政府剥夺了农民所获得的大部分利益:首先在 1790 年继续按照旧制度畸形的行政区划进行税收分摊,然后在 1791 年和 1792 年实际上提高了税率。绍莱、科龙(Coron)和尚特卢(Chanteloup)发出的一些言辞激烈的信件,表达了对 1790 年的沉重赋税以及对政府在纳税问题上"偏爱"昂热纳税人的不满(A. D. M-et-L C 198)。到 1792 年,绍莱区声称,当地仅地产税一项就被过度征收了 21 万里弗赫(Port,1888:II,44—45)。不过到了 1792 年,政府向绍莱区索要多少税款已经不重要了,因为当地公民并没有缴税。1791 年 11 月,圣莱热、塞尔克德莫莱夫里耶、克里卢瓦尔(Crilloire)和泰苏阿勒市镇的官员们甚至没有准备好 1789 年下半年的补充税册(A. N. F1C III Maine-et-Loire 5)。而在此稍早之前,舍米耶的市政府也抱怨道:"我们的分种田佃农不愿意缴税,借口是农村没有收税员。"(A. D. M-et-L 1 L 203)在随后的几年里,拒缴税款的现象在莫日地区变得相当普遍(参见 Port,1888:II,Ch. 2)。就这样,不缴税变成了骚扰大革命的行政官员的另一种方式,而且是一种非常轻松的方式。可以肯定的是,虽然曼恩和卢瓦尔省的官员们在其境内的任何地方都很难收缴 1791 年的税款,但在莫日地区,对政府的抵制从各方面来说都是最为激烈的,而行政官员迫使公民缴税的力量也是最薄弱的。总之,税制改革在政治方面的影响可能远大于其对生产或消费的影响。

至于解除对生产、消费和商业的限制,很难发现这些做法对安茹南部地区的经济生活能有什么直接的、短期的影响。我想，有人可能会先验地认为，消除国内贸易壁垒（比如位于安格朗德的海关关卡）和生产管制（比如位于绍莱、维耶和莫莱夫里耶的纺织品检查站）对参与市场最多的区域影响最大，但并没有确凿的证据。也许缺乏这些证据这一点本身就表明了，这些改革的直接影响并不大。

教会地产的出售

　　征用和出售教会地产（对安茹南部地区经济）的直接影响要（比解除对生产、消费和商业的限制）大得多。法国历史学家们对他们所谓的"国有财产"的出售进行的大部分研究是为了弄清楚究竟是谁得到了这些地产，或者说："究竟是谁从这些地产的出售中获利了呢？"（Lefebvre，1954:224；参见 Marion，1908）在关于法国大革命的终极事业的争论中，这个问题至关重要。议会是否从暴殄天物的贵族和教会手中夺走了土地，并将其交到了勤劳的农民和工匠手中？大革命究竟是确立了民主的基础——小产权，还是使财富从旧富人的手中流向新富人的手中？这些问题当然很重要，但还有其他一些问题也同样重要：教会地产的出售是如何进行的，以及它们的出现具有什么政治意义？

　　由于布瓦（Bois，1960b）在分析萨尔特的政治时强调了这些问题，因此近年来这些问题具有了新的意义。在布瓦看来，萨尔特河西面的农民生活富裕，他们渴望获得土地，并且已经对城里资产阶级的政治野心产生了怀疑。他认为，在这一点上，同质化的农民社区经历了一种团结意识的觉醒（*prise de conscience*）——类似于马克思所设想的，被压迫阶级突然认识到了自己在生产方式中的劣势地位及其独立身份时所发生的意识上的转变。这些社区转而反对大革命在城市中的代理人，支持反抗大革命的朱安党叛乱，并在整个 19 世纪的政治中都保持反动的立场。布瓦的这个假设固然非常难以验证。这个模式——同质化的"农民"社区对其外部威胁做出反应——对安茹南部地区来说似乎并不合适。但是，他对城乡冲突的强调是极为重要的。而本书恰恰就是要提醒人们注意，教会地产的出售促进了该地区的党派斗争。

教会地产的出售对安茹南部的社区究竟意味着什么？教士们拥有多达 1/4 的当地土地的情况极少出现。因此，短期的经济影响只在极少的地方是革命性的，更不用说大宗地产的买家往往会保留土地的原本用途、原使用权制度，甚至保留原来土地上的佃农。其直接影响可能更多是意识形态和政治方面的，它们在很大程度上也取决于堂区神甫是否，以及在何时宣布反对没收教会的土地。尽管莫日地区的神职人员从大革命开始时就对这一操作持冷淡的态度，但当教会地产开始出售之后，有确凿的证据表明，他们是第一批站出来咒骂那些购买教会地产的人。从那时起，或许在此之前，大多数参与购买教会地产的农村人事实上已经脱离了他们堂区神甫的影响，在日益分化的社区之中，这个行为意味着他们实际上与支持法国大革命、反对堂区神甫的人结成了盟友。

至于堂区神甫为什么会谴责拍卖教会地产，这是另一个问题。并不是所有的堂区神甫都会这样做。在瓦尔和索米卢瓦地区，就很少有堂区神甫会谴责拍卖教会地产的行为。造成这些子区域之间差异的一个因素，可能是教会地产的性质和范围。1790 年的税收申报单（A. D. M-et-L 16 Q 80—125）显示，莫日地区的堂区神甫们的收入在很大程度上依赖于什一税，而瓦尔和索米卢瓦地区的堂区神甫们则更多拥有自己的土地。这些档案还显示了，高级神职人员在瓦尔和索米卢瓦地区拥有更多的土地（参见 Denecheau，1958：9）。对处在莫日地区之外的社区来说，教会地产的出售虽然是一件更为严重的事情，但这些社区的教士们却更容易接受这件事。这是悖论吗？倒不如说更像是一种警告，提醒人们不要用简单的利益理论去解释这些情况。

更有意义的做法是去研究教会地产的出售对堂区神甫的地位所构成的象征性挑战。这是国民议会管理宗教事务的抽象主张首次具体地影响到了地方教区。此外，新上任的革命官员，也就是那些争夺堂区神甫超然地位的人，必须对地方性事务进行管理。当结果表明，他们依旧是那些由于突然可以获得所有地产而获利最多的人时，这个循环就完成了。教会地产的出售宣告了资产阶级革命爱国者（bourgeois-patriot）的上台。无论是对农村社区中的革命爱国者，还是对他们在城市和主要乡镇的盟友们（他们通常是整个出售教会地产行动的指挥者）来说，情况都是如此。而这些情况，对于那些无法获得土地、忠诚于堂区神甫并且对地方资产阶级的统治地位感到不安的社区成员来说，其重要性不言而喻。尤其是在那些堂区神甫的声望较高，而当地资产阶级几乎垄断了教会地产的地方，它们产生的影响最大。莫日地区最容易满足这些条件。总而言之，"国家地产"的转让本身并没有严重影响社区的经济生活。只有将其放在政治变革和宗教改革的大背景之下，教会地产的出售才具有重要的意义。

然而，这种分析方式可能会过度忽略两个问题。第一个问题是，是否存在一大群农民和工匠，他们本身对获得地产非常感兴趣（以及至少在某种程度上，对新政权是友好的），但由于存在更富有的竞拍者与之竞争，或受到反法国大革命的宣传者的劝说，因而放弃了他们的目标（参见 Dubreuil，1912：3）？我们会发现，在早期教会土地的竞拍者中，确实有一群普通人，尽管他们很快就放弃了这些耕地而使它们落入资产者手中。第二个问题是，土地业主的更替本身是否常常会威胁到农民？新地主们会更为积极地监督农民在土地上劳作，或者使农民对自身土地的所有权岌岌可危。资产者作为"刻薄的地主"可谓名声在外，但这个名声是否会吓到他们那些潜在的佃农？

安茹南部地区的教会地产出售工作开始于 1790 年 5 月或 6 月。当时，各个行政区都开始安排专家对即将要拍卖的地产进行评估，并开始接受个人和市政当局的初步出价（soumission）。与最终的购买价相比，初步出价可能更能说明人们对教会地产的拍卖抱有多大的兴趣。毕竟，一旦竞拍开始，往往就是纯粹凭财富胜出了。但遗憾的是，很少有人对初步的竞标出价进行系统的研究，而初步竞拍者的范围似乎也比最终获得土地的那些人的范围要大得多（A. D. M-et-L 12 Q 52—56）。虽然在整个安茹南部地区都是如此，但我认为，瓦尔和索米卢瓦地区的初步竞拍人群要比莫日地区的范围更广。在瓦尔和索米卢瓦地区的竞拍者中，工匠、非熟练工和小农的人数更多。在莫日地区，教士们明显缺席了，而在瓦尔和索米卢瓦地区，有不少教士参与了竞拍，主要是为了获得他们已经控制的那些地产。[1]另一方面，各区域的大农户们也参与了竞拍，他们则通常想要购买自己已经租赁了的地产。考虑到竞拍开始后这些大农户们很少能够竞标成功，这一反映出他们愿望的证据就很耐人寻味了。

尽管参加初始竞拍的人员范围很广，但商人、公证人、律师和其他资产者依然是这些竞拍者中的佼佼者。他们还帮助说服自己所在市镇的当局去参与竞拍，目的是先获得这些地产，再转卖给那些对直接购买教会地产感到胆怯的人。附在市镇当局出价文件上的递交函也表明，地方领导人认为他们是在提供一项公共服务和展现自己的革命爱国信仰（尤其参见 A. D. M-et-L 12 Q 53）。总体而言，那些拥有坚定革命爱国领袖的社区（比如绍莱、蒙让、蒙特勒伊贝莱或索米尔）比其他社区更有可能递交这种一揽子出价文件（A. N. Q 2 96）。事实上，索米尔区投出的市镇当局出价文件比绍莱区多得多。看来，一开始对出售教会地产支持力度上的差异，在某种程度上预示着1791年即将出现的重大政治分歧。

截至1791年4月底，维耶区已经收到了近千份对其所掌握的地产的出价文件（Denecheau，1958：25）。早期的拍卖非常顺利。在4月之前，该区已经拍了362份地产，平均价格高出估价的65%。而在绍莱区，4月中旬的价格虽然略低，但依旧十分可观：116份被分成小块的土地售价比标价高出约45%（Denecheau，1958：29；A. D. M-et-L 12 Q 281）。在圣弗洛朗区，1791年记录在册的地产出售量超过了前40年的总和（A. D. M-et-L XV C：Bureau de St. Florent）。不过，拍卖出售的高峰来得太早，到了1791年年中时，拍卖出售量已经在迅速减少。在绍莱区，1月到4月的月平均销售额为38.6万里弗赫，5月达到了近100万里弗赫，但随即出现陡降，6月的销售额为29.2万里弗赫，7月是17.2万里弗赫，8月是9.6万里弗赫（A. D. M-et-L 12 Q 281）。随着宗教危机的加剧，购买量也下降了。

当我们对这些购买者的身份进行研究时，就会发现他们在竞拍教会地产中脱颖而出的一些原因。起初，无论是在莫日地区还是在瓦尔和索米卢瓦地区，许多农民参加了拍卖竞价，其中一些农民还成功地赢得了他们竞拍的土地。在维耶区（可能还有其他区），大部分拥有大块土地的农民也想买下自己已经租佃的地产，但是他们的竞价被其他资本雄厚的竞标者超越（Denecheau，1958：42），这肯定会让他们当中的很多人对整个事业感到失望。还有许多贵族也参加了购买，其中科尔贝·德莫莱夫里耶（Colbert de Maulèvrier）就是一个突出的例子。不过，在安茹南部地区教会地产的出售中，日益占据主导地位的是资产阶级。

迄今为止对安茹地区教会地产出售情况的唯一、全面的研究，是约瑟夫·德内绍对维耶区情况发展的分析。他提供了截至1793年反法国大革命运动爆发之前的所有购买数字，其中还包括了按百分比计算的竞拍所得财产占拍卖总价值的比例：贵族 2.6%，神职人员 4.3%，职业人员 5.4%，商人 31.5%，小商人 20%，工匠 11.4%，种植者 18.6%，葡萄酒酿造者 6.2%。按此计算的话，资产者拿走了一半以上的土地。当然，因为维耶区有一半属于莫日地区，另一半属于索米卢瓦地区，因此这些百分比并不能说明这些子区域之间的差异。不过，德内绍的其余分析可以说明这一点。他提到，在第一轮出售的盛况结束后，并且伴随着宗教冲突愈演愈烈，参与竞拍的莫日地区的代表逐渐减少，只剩下一些强硬的革命爱国者，他们几乎都是资产者。在索米尔这边的莱永河畔，则有更多人继续参与竞拍。我们有理由推断，莫日地区资产者所占的比例要大于上述数据。

　　由于缺乏对其他行政区的系统性研究，对这些行政区中的社区进行一些简要的概述可能有所帮助。在舍米耶附近的默莱，可出售的教会地产其实并不多。舍米耶的修士和教会参事有一些农场和小块土地，而默莱的堂区神甫拥有的还要更多一些。[2] 直到 1792 年 12 月，这个地方才有相应的估价记录，而不久之后，教会地产的拍卖会终于开始了。第一位买家是特里斯坦·布里奥多（Tristan Briaudeau），他是来自舍米耶的商人，一位著名的革命爱国者，也是整个地区最勤快的地产买家。他在默莱的第一个选择是以 400 里弗赫、8 只阉鸡、186 蒲式耳黑麦和 3 生丁的价格从圣莱昂纳-德舍米耶（Saint-Léonard-de-Chemillé）的教堂那里租来的一个农场，这是当时出售的最富饶的财产之一。显然没有人能与布里奥多先生竞价，因为这份地产的估值是 16 100 里弗赫，而这也是他最终支付的成交价格。

　　第一次购买标志着后续的购买模式：由来自该地区制造业中心的那些重要的资产者以相对较小的竞争进行购买。没有任何来自默莱社区的人购买任何一处地产。在 1791 年出售的 9 块地皮中，有 4 块被舍米耶的居民买走，2 块被沃赞的居民买走，来自绍莱、罗什福尔和巴黎的居民则分别买走 1 块。默莱的这第一笔交易还有一个有趣的地方。一方面，买主布里奥多先生是莫日地区革命爱国者的主要领袖之一，他也是省政府的成员，还是圣皮埃尔-德舍米耶纺织业的重要人物。另一方面，租下布里奥多先生农场的分种田佃农是路易·克莱莫（Louis Clémot）["据耶利米（Jeremie）说"]，他后来成为该县反法国大革命运动的主要积极分子，也是对默莱那位立宪派堂区神甫（Consitutional curé）* 进行摧残的人之一。而这位立宪派堂区神甫是舍米耶的公证人蒂贝尔的儿子，也是布里奥多先生的亲密盟友。给这个别开生面的故事再添一个插曲：正是蒂贝尔和布里奥多不断向省里递交了大量有关默莱反法国大革命倾向的报告，并且他们在 1792 年年初使克莱莫被送入监狱的调查中起了重要作用。至少可以确定，克莱莫对地主的更迭是不太高兴的，而他的不满无疑给他反对法国大革命代理人的其他理由"火上浇油"。这种类型的案例到底有多少？

靠近绍莱的圣马凯尔（St. Macaire），它所拥有的教会地产比默莱的更多。它的修道院院长是该社区的领主，那里的堂区神甫拥有两块小小的"封地"。贝尔方丹修道院（Bellefontaine abbey）和其他外界的教会机构在圣马凯尔拥有一些农场和零星的土地。那里的教堂代售的地产总价是默莱的两倍之多。圣马凯尔还是一个比默莱更活跃的制造业中心，这一点也反映在当地的出售情况中。

在圣马凯尔，不但当地的土地买卖活动明显比默莱多，而且至少有一个农民出价购买了自己耕种的土地。然而，资产者最终垄断了出售的土地。其中购买量最大的一位是来自绍莱的商人，但圣马凯尔的商人也确实从中分到了一杯羹。在 1790 年 9 月，由资产者构成的市政当

---

* 即宣誓效忠国家的堂区神甫。——译者注

局提出一个价格,希望打包购买大部分待售的地产。1791 年 3 月,当这些土地开始出售时,有不少市政厅的官员成为买家。事实上,圣马凯尔教会地产的本土买家名单可以被视作当地最重要的革命爱国者清单。

讷维(Neuvy)的经验与默莱相似,它是圣弗洛朗区一个宁静的小镇,人口不足千人。当地的堂区神甫只有零星几块土地,以从黑麦、稻草到柴草等各种实物税来贴补他的收入。而许多修道院、小修道院和教士分会在当地拥有农场和小块的土地。事实上,在 18 世纪,讷维的堂区神甫与这些外来宗教团体的代表之间曾多次就各种捐税问题发生过争执。然而,这些长期的争执似乎并没有让讷维的居民们急于买下这些宗教建筑,因为当这些地产被拿出来拍卖时,社区里面没有一个人去购买它们。1791 年 3 月,当这些地产开始出售时,其附近的拉波姆赖的革命爱国者马蒂兰·加拉尔(Mathurin Gallard)首先以 4 300 里弗赫的价格买下了一个小型农场(同年 11 月他又来买了一大块地)。紧跟着的一场拍卖是当地规模最大的一次:昂热的大资产者、德马齐埃(Desmazières)家族的一名成员以 25 600 里弗赫的价格买下了一片面积可观的分种田。这两场拍卖形成了一种模式,而之后的买家也主要是附近城市和乡镇的资产者。从 1791 年 11 月到那场反法国大革命运动爆发之前,那里再没有任何教会土地的拍卖出售。

现在我们可以转向索米尔区看看。沃代尔奈(Vaudelenay)靠近普瓦图的边界,位于种植谷物的平原地区。那里有各种各样的教会地产,蒙特勒伊贝莱和勒皮诺特尔达姆的教士分会也在那里坐拥农场和大片田地。1790 年 9 月,那里就已经开始了激烈的初步叫价,而正式的拍卖要到 1791 年 3 月才开始。阿让通莱格利斯(Argenton-l'Église)的一个食利者派沃代尔奈当地的一个公证人作为代表,以 19 000 里弗赫的价格买下了当地堂区神甫所有的土地。在此之后,其余的教会地产也出现了激烈的竞争,这些地产都规模较小,而且大多属于修道院、教士分会或小修道院。11 名购买者全部来自沃代尔奈(4 名)或其紧邻的社区。除了这位来自阿让通莱格利斯的资产者和 5 名身份不明的买家之外,其他的购买者中包含 1 名政府官员、1 名公证人、2 名执达吏、1 名磨坊主和 1 名农夫。

迪斯特雷紧挨着索米尔的南部,拥有比沃代尔奈更为丰富的教会地产。最令人印象深刻的是两座小修道院,每座小教堂的估值都超过 2.5 万里弗赫,而售价则远超 5 万里弗赫。不过,其他大部分地产的拍卖成交价格在 1 000 里弗赫以内。然而,即便是在这些较小的地产拍卖会上,几位买家联合出资、出力的情况也十分常见。即便路易·阿沙尔(Louis Archard,索米尔的橱柜匠)和西蒙·芒丹(Simon Mandin,同样来自索米尔的锁匠)各参与了其中的三四场拍卖会,25 场拍卖会中也有 27 名不同的买家。在这 27 人中,有六七人来自迪斯特雷,其余几乎都来自距离迪斯特雷 5 千米以内的地方。少数能找到其身份记录的买家为 1 名包税商、1 名车夫、1 名农夫、2 名厨师、2 名妇女、1 名制陶商,还有上面提到的橱柜匠和锁匠。我们第一次在买家中看到了工匠的队伍。然而,农民的人数是否如这份清单所显示的那么少,我们还无法确定,因为他们有可能隐藏在许多没有被标记职业身份的买家里面。从其他方面来说,买家普遍踊跃地参与其中:竞拍十分激烈,从 1791 年 1 月底开始工作的拍卖商们显然在 10 月份之前就已经处理完了所有东西。

最后是昂比卢(Ambillon),它位于索米尔和莱永河之间。1791 年,那里的教会地产价值至少 20 万里弗赫(相比之下,默莱的只值 4 万里弗赫)。该社区的教会收入每年约为 1.3 万里弗赫,而堂区神甫每年也能净得 2 700 里弗赫的收入。尽管有 16 个不同的教会地主在昂比卢收取地租,但格雷齐莱的地方教士分会(那里的教会参事和堂区神甫一直在争夺它的控制权)截至教会财产出售之前一直占据着最大的份额。

昂比卢是索米尔区少有的堂区神甫和副堂区神甫都拒绝支持
1790—1791 年的宗教改革,因而被撤换的社区之一。不过,这场争执并
没有影响教会地产的拍卖。从 1790 年 7 月开始,初步的开价就纷至沓
来。提出购买被没收的教会土地的人,包括布瓦塞罗尔特(Boisairualt)
的前领主、立宪派堂区神甫、一些农民以及当地的资产者。其中一些人
(包括地方领主和堂区神甫)成功买下了他们最初竞拍的地产,但最终
的买家中也出现了许多新名字。在 1791 年的大部分时间里,这些拍卖
会的特点是人们广泛的参与和激烈的竞争。最大的买家是一位来自昂
比卢的商人,其他买家包括 2 名教士、1 名公证人、一些工匠和小农场
主。24 名买家中有 11 名来自昂比卢本地,其余则来自邻近区域。总
之,昂比卢的拍卖情况与迪斯特雷的情况非常相似。

如果有分析者能够对绍莱、圣弗洛朗、昂热和索米尔这几个行政区
进行更为详细的研究,那我再欢迎不过。与此同时,一些暂时性的结论
似乎也是合理的。在安茹南部的所有地方,资产者都是教会财产出售
的主要受益者,不过在莫日地区,他们具有压倒性的优势。城市里的商
人、制造商和职业人员在拍卖会中尤其活跃。一些农民参与了早期的
出价和购买,但他们很快就退出了竞争(或者被排挤出局)。在修道院
财富丰裕的索米卢瓦地区,有更多人员以及更广泛的职业人群参与竞
购各种规模的地块。当然,还有最终成为反革命分子的一些人,比如埃
尔贝、塞斯布龙・达阿尔戈纳(Cesbron d'Argonne)、米什兰(Michelin)
和卡迪(Cady),也都参与了 1791 年的土地拍卖(Port,1888:I,108—
111;Marion,1908:90—92)。不过,在第一轮参与结束之后,购买教会
地产逐渐被视为忠于法国大革命的标志(参见 Chassin,1892:I,149)。
儒勒・米什莱说:"雅各宾派成了买主,而这些地产的买主也成了雅各
宾派。"这句话用在法国西部地区同样合适。

把米什莱的论断应用在安茹南部地区,那就是在说瓦尔和索米卢

瓦地区的雅各宾派在人数上多于莫日地区的雅各宾派。这个说法没错,而我觉得这一点可以说得再宽泛一些。如果说法国大革命初期的重大经济改革本身就是支持新政权的力量源泉的话,那么这些改革对那些人们广泛拥有地产、商业发达、资产者具有影响力和农民具有独立性的地区来说是最有效的。也就是说,这些改革的性质注定了它们在瓦尔和索米卢瓦地区比在莫日地区能够吸引更多的人加入法国大革命的队伍。如果假设农民具有足够的资本并且有能力主导拍卖,那么有人可能会说,这些国有化地产的出售本可以更多地改变莫日地区的情况,并且本可以有助于塑造那些不愿意反抗法国大革命的农民。但是,从实际结果来看,这一改革的后果是分裂,而法国大革命这一经济规划的其他后果则可以说是微不足道的。

对两种经济复合体的影响

许多历史学家认为,解释旺代之乱的方法就在于确定农民对法国大革命的态度(或者他们在态度上的转变),而那些主要从经济动机出发的历史学家往往也会得出农民"本来应该"支持大革命的结论。迪布勒伊在他分析的结尾处明显十分失望:

> 一个基于同意产生的政府,其所仰仗的东西是它所能够给人们带来的希望,而非它所给予的利益。最受这个政府青睐的那些人,当他们想要巩固自己的利益,而不想要赢得新的利益时,他们就会转而反对政府。这种情况并不罕见。这正是发生在法国西部各处的情况,那里的农民通过取消封建的捐税,获得了他们想要的

一切。(Dubreuil，1929—1930：I，61)

迪布勒伊断言"并非经济困难使得农民反对法国大革命"，这一点是对的。但是他认为法国西部反大革命的农民通过大革命初期的改革获得了巨大的经济利益，这种看法却是错的。因为他忽略了一种可能性，即这些短期收益主要出现在那些农民早就拥有地产且农业贸易早就建立起来的地方。最后，他还忽视了农民与其他农村人员之间的区别。

鉴于这一区别的重要性，我们有必要分别研究安茹南部社区内农业复合体和工业复合体的状况。接下来对农业和工业的考察将会超出法国大革命的直接影响，并且更广泛地考虑 1789 年至 1793 年的经济发展。

总的来说，安茹南部地区的谷物种植者在法国大革命最初的几年里没有经受太多苦难，但葡萄酒酿造者在大革命开始时却备受煎熬。埃内斯特·拉布鲁斯指出了旧制度末期葡萄酒贸易的衰落(Ernest Labrousse，1944)。在昂热，1781 年至 1789 年间葡萄酒的均价(每品脱 2 苏)远低于 18 世纪 70 年代(每品脱 3 苏)(Hauser，1936：283)。而1788 年的葡萄酒价格又上升到了以往的水平，1789 年的价格也不低。在大革命之前的几年里，谷物价格的涨幅远远超过了葡萄酒的价格。在这种情况下，售卖葡萄酒以换取粮食的农民可能负担最重。莱永河畔的葡萄酒酿造者"并无不满地看着三级会议的召开"(Wagret and Le Theule，1954：178)。酿酒葡萄种植区的居民受主食价格上涨的影响尤为严重，因为他们必须购买这些日用品，而且他们对市场的依赖严重。与纺织中心一样，这些葡萄酒中心也总是挤满了日工，他们抱怨物价和失业率都太高(A. D. M-et-L 1 L 402)。在很大程度上，这是长期存在的问题。1788 年至 1789 年的寒冬导致瓦尔和索米卢瓦地区大部分的葡萄藤被冻死,这更是加剧了长期存在的抱怨(Port,1888:I,17)。1790 年葡萄酒产量过低,以至于曼恩和卢瓦尔省的行政部门试图以现金形式收取他们从教会财产中继承的什一税(Gerbaux and Schmidt,1906:I,36)。1790 年年底的时候,瓦雷讷-苏蒙索罗(Varennes-sous-Montsoreau)的一个官员抱怨:"这个地方并不富裕,几乎无法为居民们提供足够的粮食。它过去依靠生产葡萄酒积累财富,而其财富在 1789 年冬天损失惨重,因为所有的葡萄藤都冻死了,这场寒冬剥夺了这些土地所有者唯一的生存资源。"(A. N. D IV 40)鉴于直到 1791 年,瓦尔和索米卢瓦地区的代表们还在谈论这场灾难(A. D. M-et-L 1 L 445),我们可以推断这些葡萄酒酿造者花了好一段时间才缓过气来。不过,这第一个严冬似乎并没有带来新的危机。

虽然 1788 年的谷物收成不好,但第二年谷物迎来了大丰收(A. D. Indre-et-Loire C 99)。1790 年又是一个丰收年,讷维的堂区神甫称这一年的收成是他"这辈子见过的最好的"(A. D. M-et-L 16 Q 101)。直到 1791 年,收成方面才真正出现了问题。当时,莫日地区的行政区都曾上报,雾气毁掉了当地一半的主要作物——黑麦,尽管其他的谷物在天气情况好转之后活了下来(A. D. M-et-L 1 L 455)。但即便是这一困难阶段,也很难被称为"危机"。总之,葡萄酒酿造者有理由发牢骚,但谷物生产者所经历的只不过是正常的年际波动。

鉴于法国大革命时期出现了许多有关"饥荒"的生动报道(比如 Port,1888:I,96—97),"粮食供应正常"这个结论的确有些令人惊讶。也许是粮食生产正常,而粮食的供应出现了短缺。有三个相关现象有助于解释这一矛盾:(1)农村中存在大量的穷人,他们穷得根本买不起面包,但又有足够的能力示威;(2)耕种区的当地居民经常阻止粮食从本地运出;(3)在充满不确定性以及币值剧烈波动的时期,城市的粮食供应难以为继。穷人的存在是一个非常重要的问题,必须留待后面进行详细讨论。另外两个问题在大革命初期的法国非常普遍。

查桑注意到当时有许多农民反对将谷物运出当地社区的事件（Chassin，1892：I，100—102）。他将这些事件归咎于反法国大革命的阴谋，就像 1791 年或 1792 年许多城里人所做的那样。但是在莫日地区，在勒迈、圣雷米-昂莫日（Saint-Rémy-en-Mauges）或默莱，村民们与运粮车夫、磨坊主或者那些设法运出谷物以便售卖的农民之间所爆发的冲突，似乎很难说是有组织性的（A. D. M-et-L C 197，C 198，1 L 204）。其中一些冲突肯定是村民们担惊受怕的结果，因为他们担心粮食被运走之后，家里人会吃不上饭（Port，1888：I，99）。

粮食运输被阻拦的次数越多，城里人在养活自己的方面遇到的问题就越多。到了 1791 年，农村中的谷物种植者不愿意接受新发行的纸币——指券（*assignat*）*，这使得城市的情况雪上加霜。例如，博普雷欧就报告称，除了硬通货之外，分种田佃农们绝对不会用他们的谷物换取其他东西（A. D. M-et-L 1 L 364）。蒙特勒伊贝莱、索米尔、昂热以及大大小小的城市的粮食供应都难以为继。大多数城市一度爆发过针对囤积者和高价面包的游行示威。正如乔治·鲁德所指出的，这种游行示威在 18 世纪的法国可谓司空见惯（George Rudé，1959）。如果说蒙特勒伊贝莱的市民一直担心城中有人囤积居奇，索米尔的妇女也因谷物的价格而暴跳如雷（Charier，1913；Uzureau，1901），那么这似乎只能够说明，这些城市与法国大多数城市一样处在动荡不安之中。一方面是粮食停运，另一方面是粮食暴动，二者也许都反映了城市与农村之间的敌意在不断加剧。但是，这两件事都没有造成农作物的歉收，甚至没有给农业生产带来困难。

---

* 1789—1797 年流通于法国的一种以国家财产为担保的证券，后被当作通货使用。——译者注

纺织业的困境

我们应该在工业复合体中寻找那些特别困难的情况。勒穆瓦称：
"1789 年前夕,安茹地区所有的工业都在衰落。"(Le Moy, 1915：xvii)这显
然是错的,但他或许在无意中道出了某种真相。因为尽管在法国大革命
前夕,莫日地区的亚麻布产业达到了顶峰,但从 1789 年到 1791 年,该地
区的亚麻布产业出现了严重衰退。对于研究该地区的历史学家来说,绍
莱的纺织业在法国大革命期间毁于一旦已经不是什么新闻了(参见 Gel-
lusseau, 1862：vol.II)。然而,虽然他们认为 1792 年的对外战争和 1793 年
的叛乱摧毁了绍莱的纺织业,但令人惊讶的是,几乎没有人意识到这个产
业在此之前就已经出现了混乱,也没有人去阐明这些混乱的政治含义。

在法国大革命之前的 15 年间,绍莱的纺织业正蓬勃发展。1811
年,绍莱的市长认为,1775 年至 1790 年是该城市制造业"最重要的时
期"(A. D. M-et-L 67 M 5)。1786 年,绍莱的司法总管也曾提到过"我
们的工业的繁荣状况"(A. D. Indre-et-Loire C 129)。1787 年可能是
绍莱商人有史以来过得最好的一年,但 1787 年之后,情况就不那么乐
观了。我必须承认,现有的统计数据还有待完善,部分原因是这些档案
报告中存在漏洞,还有部分原因是有产量未知的产品逃过了官方的检
测。然而,不断新增的证据表明,法国西部其他地区的纺织品生产也在
大革命前夕陷入了危机(参见 Kaplow, 1962：131—146),这或许可以
抵消我们现有统计数据的缺陷。

表 10.1 提供了 1786 年至 1790 年间绍莱附近的三个商标局检测的
商品总价值。

表 10.1　1786—1790 年纺织品的总价值(里弗赫)

年份	绍莱	维耶	莫莱夫里耶
1786	2 812 631	87 222	50 868
1787	3 472 464	?	89 510
1788	3 412 415	149 880	98 808
1789	2 568 164	?	49 220
1790	1 226 500*	20 179*	39 390*

注：* 基于纺织品数量估算。

数据来源:A. D. M-et-L 1 L 546; A. D. Indre-et-Loire C 134—136; Dornic，1955。

这些数据表明,自 1788 年之后,虽然纺织品的产量急剧萎缩,但绝没有到崩溃的程度。根据 1791 年——也就是商标被废除的那一年——全年的数据推断,当时的产量与 1790 年基本持平。鉴于绍莱的纺织品产量依赖于外部贸易,如果它的产量在爆发了战争的 1792 年有所增加,那将是令人诧异的。因此,这些统计报告可以说明,在法国大革命爆发之后的四年中,绍莱附近的布匹和方巾生产陷入了严重的萧条。

最有资格了解该行业状况的人的证词也证实了上述结论。图尔财政大区的监察长（Inspector General）于埃·德伏多尔（Heut de Vaudor)在 1786 年和 1787 年对纺织业发展情况的年终报告中评价,绍莱的纺织业正逐渐取代诺曼底省和贝阿恩（Béarn)地区的高价产品(A. D. Indre-et-Loire C 134)。然而,他在 1789 年提交的报告中却发出了这样的预警:

> 绍莱的商人抱怨,由于与英格兰签订的商业条约产生了不良影响,他们的商业贸易正在衰落。他们的仓库里堆满了纺织商品,但他们无法将其运走。生意是如此糟糕,以至于他们无法信任任何商人,无论是来自法兰西王国还是海外的商人。从去年以来,他

们已经破产并且损失超过了 60 万里弗赫,绍莱的几家工场也因此破产倒闭了。这些不幸的事件也对布匹制造商造成了伤害,他们同样损失惨重,许多人不堪重负、倾家荡产。这几家倒闭的工场曾经外包了不少活计出去,从而养活了许多劳工和他们的家庭。而今天,结果就是许多穷人没有活干,也没有任何的生存资源。(A. D. Indre-et-Loire C 135)

这位监察长并没有明确说明衰落始于何时,但应该不会早于 1789 年年初。无论如何,在 1789 年,随着大革命的步伐加快,衰落也变得更加严重了。于埃在当年的年终报告中指出:

今年各类商品的产量都大幅下降,尤其是在 7 月前后。此后,每周都能发现有明显的下降趋势,这既体现在产量上,又体现在布匹制造商在销售商品时遇到了重重困难,现在他们的商品已经供过于求了。法国、西班牙和英美的殖民地已经几乎不再从绍莱进货了,在法兰西王国内部,贸易量也相当有限。人们将这个问题归咎于资金短缺和时局不景气。由于面包和其他所有生活必需品非常昂贵,每个人都在厉行节约。(A. D. Indre-et-Loire C 134)

他进而指出,打着绍莱的商标进行分销的劣质商品,也在这场危机中起到了推波助澜的效果。他的观点一言蔽之:纺织业陷入了困境。

并非只有专家们注意到了这个问题。1789 年蒙福孔的报告中也提到,"所有的工匠都失业了"(A. D. M-et-L C 211)。在 1790 年年初,特雷芒蒂讷(Trémentines)的市政当局也对失业劳动者所带来的危机战战兢兢(A. D. M-et-L C 187)。在同年晚些时候,维耶区的办事主管也在其"1790 年第一季度"的报告中进行了如下评述:

通过对维耶的制造业和商业现状的了解,您可以发现它们已经衰落并将继续衰落下去。这一失败打击了最贫困的阶层,即农村的劳动者,他们既没有工作,又缺乏养家糊口的资源。(A. D. M-et-L 1 L 546)

几天之后,他又提交了一份与维耶的市政官员们谈话的报告:

他们发现,商业已经死气沉沉了。每周只生产 10 匹到 15 匹布,全部供当地进行消费……和我一样,他们也对穷人们表示同情,可以说,我们悲惨的商业现状使他们不得不以乞讨为生。(A. D. M-et-L 1 L 546)

当时的局势有三个方面的问题:(1)商业衰落;(2)纺织工人失业;(3)乞讨。我们很想知道,安茹南部地区究竟有多少地方存在这些问题。

这一次我们很幸运。因为 1790 年底,安茹省的市政官员必须为制宪会议设立的援助委员会准备关于贫困人口的统计报告(A. D. M-et-L 1 L 402;参见 Bloch and Tuetey,1911)。在此过程中,他们被要求对其所在地区出现的乞讨情况进行原因分析,并就减少贫困的方法提出建议。令人遗憾的是,档案中并没有维耶区的答复。根据其他行政区的报告,绍莱区的"贫困"人口为 20.7%,而昂热区则为 18.4%,索米尔区为 15.8%,圣弗洛朗区为 12.8%。总体而言,生产纺织品的县的贫困率要高于其他县。舍米耶宣称其 53% 的人口处于"贫困"状态,绍莱和圣马凯尔为 24%,勒迈为 23%。但是,"贫困"这一标签的含义相当宽泛,可以对其进行大量的补充修饰。所以描述性的回答可能会比这些统计数据更为可靠。

这些报告揭示了遍布"亚麻之乡"的危机感。来自舍米耶的报告称："我们唯一有利可图的工作形式，就是为绍莱生产方巾，但这一行业在两年前就彻底衰落了，导致了2 000多名劳动者失业。"昂德勒泽（Andrezé）的市政官员恳切地说："绍莱的布匹和方巾交易，曾经养活了我们乡镇的所有人，但现在已经衰落了。他们中的大部分人已经失业两年了，不得不靠乞讨为生，这一现实导致了许多与粮食流通有关的叛乱爆发。"来自沃赞的报告称："本地区的工业包含亚麻布、方巾和暹罗印花布的制造，而由于其他制造业中心的竞争和殖民地销售额的缩减，这些工业已经衰落了。"事实上，除了蒙福孔和拉罗马涅（La Romagne）两个县（它们都抱怨"缺乏商业"）外，绍莱区的每一个县都明确描述了纺织生产的衰退。在圣弗洛朗区，圣弗洛朗、博普雷欧、蒙特勒沃这些县也是如此，而其他所有与纺织业有关的县也都提到了"缺乏商业"。除了上述两个行政区（绍莱区和圣弗洛朗区）之外，当然还要除掉没有相关信息的维耶区，莫日地区只有沙洛讷（它本来就为纺织业提供亚麻纤维）和蓬德塞这两个县抱怨商业不景气是贫困的根源。换言之，(1)报告出现商业危机的地区与(2)制造亚麻布的农村区域在地理上几乎完全吻合。

人们认识到纺织业出现了问题，而这给1790年及其后混乱的政治骚动带来了一点秩序。波尔（Port，1888：I，96—98）发现了"病症"，却忽略了"病灶"。他准确描述了如下情况："在特雷芒蒂讷，人们的愤怒已经到达了顶点。大批失业的劳动者正在布匹商、批发商和富裕居民的家边游荡，而这些商人和居民的生存资源已经被危机耗尽。"但是他将一场威胁到勒迈的暴动归咎于农民，因为他们的口号是"死于枪弹并不比死于饥饿更糟糕"。波尔将所有"病灶"都归结于粮食短缺，并且悲观地暗示有人密谋暗中运走或囤积粮食。事实上，1790年几乎所有这种不祥的事件都发生在纺织中心。正如维耶的监察官在谈到他自己与纺织工的纠纷时说："这些可怜人来到市场时,家中箪瓢屡空。他们卖货时遇到的困难使他们的心情糟糕透顶,并且在回答问题时愤怒不已。"(A. D. M-et-L 1 L 546)

1790 年,舍米耶市政府报告说,有 1/3 的人口处于"贫困"状态。同年 8 月,有人在集市上架起了绞刑架,以此警示市政官员们,指控后者想要出口谷物(A. D. M-et-L 1 L 349)。在对其周围的农村人进行了一轮例行控诉之后,1791 年 1 月,这些官员们写道:

> 我们所畏惧的并非公民利益之敌,而是两百多名劳动者和纺织工。我们尽了最大的努力,用一些公共工程去帮助他们,但现在他们即将失去工作和面包。他们是我们所畏惧的最粗暴的敌人,因为他们可能会因为没有工作而感到绝望,进而疯狂地犯罪。(A. D. M-et-L 1 L 349)

从那时起,舍米耶的领导人就面临着"人民"的强烈反抗。此外,这些反对派还经常关注宗教和经济问题。他们的带头人要求重新开放圣母教堂和圣吉尔教堂。1791 年 10 月,据说他们曾计划强行打开这两座教堂的大门。在 1791 年 6 月的县选举期间,也发生了明显带有反法国大革命色彩的民众示威游行。城里的官员们一方面继续写着绝望的信件,另一方面也采取了更为直接的行动——在集市上架起大炮(A. D. M-et-L 1 L 349,1 L 367;Mercerolle n.d.)。

要想知道那些在舍米耶令市政官员忧心忡忡的劳动者们是否就是 1791 年示威抗议市政官员的那些人,这并非易事。但他们似乎很有可能就是同一群人。因为在别的地方,不满的失业劳动者加入,甚至领导了对资产阶级行政官员的抗争行动。1791 年年初,在莫莱夫里耶的一场小规模起义中,那些曾经在地方道路上为工程进度管理局的部门工作,但在当时已经失业了的劳动者们率先向当地的堂区神甫发难,并反对当地的资产者(A. D. M-et-L 1 L 357)。而工匠们也和他们的妻子们一道(无论如何他们肯定比农民更有可能住在乡镇中或乡镇附近),经常参与袭击支持大革命的教士及其辩护者的行动。我们发现,1793 年,绍莱的工匠们是第一批示威抗议征兵的人。从法国大革命的爆发到1793 年,这种骚乱和敌意对城市的资产者领导人构成了严重的威胁,甚至对他们的忠实追随者——商业乡镇的资产者们——构成了更为直接的威胁。

纺织业的危机可能有助于解释安茹南部地区在法国大革命初期对"乞丐和盗贼"问题的担忧。即便在较为繁荣的时期,对"乞丐们"的投诉也主要来自那些有许多劳动者从事季节性纺织业的乡镇。请注意维勒迪约-拉布卢埃尔(Villedieu-la-Blouère)这两个姊妹镇的案例,报告中提到的许多穷人都来自维勒迪约这个商业中心(A. D. M-et-L C 191)。与此同时,拉普瓦特维尼耶尔(La Poitevinière)也宣称当地有许多穷人,因为有许多工匠依赖于绍莱的商业(A. D. M-et-L C 191)。鲁塞(Roussay)则更明确地指出,在经济不景气的时候,那里的纺织工被迫去乞讨(A. D. M-et-L C 192)。这些例子可能有些冗余,因为前面讨论的所有关于纺织业衰落的不幸评论,都是对"乞讨的原因"这一问题的回答。

工业衰落这一情况产生了大量乞丐,这一点已经得到了证实,但它是否也导致了安茹南部地区经常报告的"有身份不明的土匪出没"的情况,则是另一个问题(A. N. F[1C] III;A. D. M-et-L 1 L 566[16];Duhamonay,1942:101)。一些"土匪"很可能是因为盐税消失而失业的走私犯,但他们中大部分人也可能只是单纯的失业者,焦躁不安,四处游荡,寻找食物,偶然加入截停谷物运输或者向政府游行示威的行列。

在安茹地区绍莱的纺织业区,革命派与反革命派的激烈斗争最为尖锐。1791 年和 1792 年发生这些冲突的地方主要有：绍莱、舍米耶、贝格罗勒（Bégrolles）、热斯泰（Gesté）、戈诺尔、勒迈、蒙福孔、莫莱夫里耶、圣乔治-迪皮德拉加尔德、拉泰苏阿勒、蒂利埃、图尔朗德里、特雷芒蒂讷。这些辖区中都有大量的纺织工。而（同属）莫日地区的圣弗洛朗、尚托索、蒙让以及其他没有亚麻布制造业的城镇则相对平静。关于1793 年旺代之乱的传统说法以 1793 年 3 月圣弗洛朗的一场暴乱为起始，这一事实混淆了我们对这场反法国大革命运动爆发地的理解。即便是在这场关键事件中，也有一些来自城外的参与者——勒潘-昂莫日的小伙子们说他们是去"解除绍莱区的武装"（A. D. M-et-L 1 L 1028）。而这场反法国大革命运动的其他始发事件，大多发生在离绍莱更近的地方。

在莫日地区，很明显，绍莱的工业萧条与 1790 年及其后的大动荡之间存在联系。因此，旺代省和德塞夫勒省中骚乱最严重的地区是那些从事纺织业的地区，这一点就显得更重要了。迪穆里埃（Dumoriez）在调查 1791 年 8 月法国西部的动乱地区时，在日记中写道，"狂热的中心位于沙蒂永及其附近的蒙太居地区"，也就是说，刚好处在绍莱的影响范围之内（Chassin 1892：27—28）。而记载着作为绍莱工场的那些公社的目录册，实际上就是对旺代省、德塞夫勒省和曼恩和卢瓦尔省中最令人担忧的地区的一一列举。

在共和七年（1799 年），即在 1793 年反革命的大火燃烧之后很久而1799 年最后一场反法国大革命运动爆发不久前，旺代省的议员沙普兰（Chapelain）对该省的政治状况发表了一些深刻的评论。除了其他事情之外，他还提到：

　　在这个以前发生过叛乱的地区，产业工人阶级人数众多。工场难以恢复……然而，如果商业不能恢复，我担心，悲惨的状况会让一些作坊山穷水尽,并使土匪的队伍发展壮大。因为这些工匠对和平的爱好比农民还小,他们的土地里没有粮食,也没有牧群这类财产来确保他们遵守法律。在食品价格低廉的时候,产业工人的回报还能说得过去,而如果到了冬天,粮食因为运输困难而变得昂贵(这种情况极有可能发生),我担心这个阶级会为叛军提供一些新兵。(A. N. F^7 3695^1)

这些不满的纺织工和纺织生产困难的地区,似乎构成了严重的政治威胁。

政治后果

我不想夸大上述对应关系,但也不想让读者相信自己已经完全明白了旺代之乱的"原因"。因为在安茹南部地区,1791 年出现的几个重要的骚乱中心,例如圣朗贝尔-迪拉泰、尚佐、蒂涅、圣索沃尔-德朗德蒙(Saint-Sauveur-de-Landemont),几乎没有受到纺织业的影响。远在绍莱影响范围之外的旺代沿海地区,比如在沙朗一带,很早就出现了反法国大革命的活动。在卢瓦尔河以北的萨尔特地区,纺织工的存在与朱安党的活动范围则具有负相关性(Bois,1960b:545—570)。此外,当地各纺织中心也是法国大革命的前哨站。这个悖论是显而易见的,因为(正如我在后面会不厌其烦地再次说明那样)反法国大革命分子的特点并不是一致地反对法国大革命,而是在法国大革命积极的支持者和同样积极的敌人之间,存在激烈的分歧。这种新的说法(即"纺织工在挨饿,因此旺代地区造反了")并不会比旧的说法("农民虔信宗教,因此旺代地区起义了")更有用处。因为这两种说法都没有告诉我们,各种模糊的不满情绪究竟是如何汇聚到异常激烈的政治行动中去的。

机敏的读者们无疑已经注意到了,这些观察结果与"工业型工匠在大革命的爱国军事组织中发挥重要作用"这一事实之间,可能存在不一致的地方。事实上,革命爱国者中有大量的纺织工,而他们的对手中也有大量的纺织工。因此,简单的利益理论无法解释这些纺织工的政治行为。当中似乎发生了两件事情。第一件事与纺织工有关。他们总处于弱势,现在又处在一种岌岌可危、无所事事的状态,他们被卷入政治的程度超过了人群中的其他任何群体。这些纺织工成了积极分子。第二件事与地方派系有关。在城市中,许多工匠都敌视他们的资产者老板,但也有许多工匠在这些资产者的领导下积极投身于革命爱国主义事业。对后面这些工匠来说,服兵役可能还有一个好处,那就是可以从游手好闲、单调乏味和经济困难的生活中解脱出来。在农村,革命爱国主义运动会带来许多风险和巨大的孤独感,因此纺织工倾向于加入反对派的阵营。也有可能是因为,纺织业的危机对分散在乡间的劳动者所造成的伤害,要比对他们在城市或大乡镇中更具组织性的兄弟们的伤害更大。但这只不过是一种在直觉上似是而非的说法。无论如何,这些农村工匠给农村松散的政治力量增添了一种对资产者本身的敌意。也就是说,经济困难促使工匠们参与政治行动,但无法决定他们究竟会站在哪一边。如果真是这样的话,我们可以说,纺织业的危机促使莫日地区的冲突和骚动不断升级,这个冲突和骚乱的激烈程度远高于法国西部其他地区,但纺织业危机本身并没有引发这场反法国大革命的运动。

在法国大革命初期,与经济发展相伴而来的一个问题是出现了各种各样的阶级冲突,并且它们正逐渐转变为政治冲突。但既不应僵化地定义"阶级冲突",也不应假设这些冲突完全具有一致性。我的意思是,在财富和/或生产地位方面明显不同的群体之间出现了利益冲突,并且这些冲突在政治上变得逐渐重要起来,但它们本身其实并不必然是经济上的冲突。

在瓦尔和索米卢瓦地区,金钱和市场地位是衡量各地区重要性的共同基准,因此普遍的贫富分化现象并不罕见。然而,我们已经从索米尔和蒙特勒伊贝莱的国民自卫军组织,以及 1790 年关于重新分配税收的争论中,发现了这种贫富分化的端倪。在卢瓦尔河与莱永河、沙洛讷和蓬德塞之间的楔形地带尤其值得关注,因为这是瓦尔和索米卢瓦地区少数几个有可能一致发起反法国大革命运动的地区之一。与莫日地区形成鲜明对比的是,莫泽、罗什福尔、圣欧班-德吕涅、沃克雷蒂安、绍德丰(Chaudefonds)以及该楔形地带的其他四五个社区都致力于种植葡萄并酿酒,以及发展蔬菜栽培。它们非常重视市场。农业贸易给当地的一些居民带来了可观的财产,但也正如圣欧班-德吕涅的市政官员评论的,"大量的葡萄藤……吸引了许多穷人"(A. D. M-et-L 1 L 402)。甚至在法国大革命爆发之前,圣欧班-德吕涅就有报告称,那些最富有的市民"篡夺"了市镇议会(A. D. M-et-L C 192)。而在圣欧班-德吕涅和莫泽,"激进"的国民自卫军和"温和"的市政当局之间的政治竞争,可能也体现了这种贫富分化。

在许多类似的社区中,少数富裕的公民与大多数人(包括堂区神甫)处在对立状态。沃克雷蒂安就是一个典型的例子,这个社区在 1790年的选举中出现了分裂。市政官员在详细介绍该社区的选举情况时,首先指控了该社区少数最富有的居民:

> 我们今天向您提到的这些公民,总是给我们的会议带来麻烦,他们总是无理取闹,只图反驳他人的快感。他们的财富令他们膨胀,而由于我们中的许多人财运一般,他们鄙视我们,每时每刻都

在反复辱骂我们只不过是垃圾。但我们的精神不会被吓到,我们不会屈服。(A. D. M-et-L 1 L 349)

尤其是这个富人小派系还反对任命当地的堂区神甫为选举大会主席。图桑·弗朗索瓦·塞里西耶(Toussaint François Serisier)愤怒地喊道:"我们不要他(指堂区神甫),他管理这个教区的时间已经够长了!"市政官员们报告说,他们告诫这些"捣乱分子":"你们总是给我们的议会找麻烦,因为你们是这个教区最富有的人,你们想要管理它,但是你们永远不会成为它的主人,所以你们最好保持沉默。"在下一场会议的记录中,当地的堂区神甫和他教区的居民们进行了如下具有教育意义的对话:

> "先生们,今年是我有幸担任本教区负责人的第 39 个年头。难道我不是一直在为本教区的整体福利而努力吗?"
> 所有人的回答都是肯定的。
> "先生们,你们是否听说过我曾试图压迫任何一个人?"
> 所有人的回答都是否定的。(A. D. M-et-L 1 L 349)

在沃克雷蒂安以及这个地区的其他社区中,有三个要素汇集在了一起:富人与穷人之间互相不信任、支持或反对当地堂区神甫的联盟,以及争夺政治控制权。

沃克雷蒂安周边的一些社区和莫日地区,以及其他一些博卡日地形区的社区,都是这三个要素的聚集地。博卡日地形区的特性是,狭义的资产者——商人、制造商和官员——经常与社区中的其他成员区分开来,不过这种区分并非按照更普遍的贫富界线撕裂了整个社区。在纺织业萧条的社区中,情况就是如此。然而,最明确地反对资产者的骚

乱,并不发生在莫日地区,而是发生在旺代的沙朗附近。在那里,1791
年 3 月和 4 月,组织涣散的起义者们经常进入教堂,拖出、砸碎和烧毁
资产者们的座椅,并公开表示要对这些座椅的主人们如法炮制。圣克
里斯托夫-拉库普里的雅克·罗康(Jacques Rocquand)宣称:"如果他
们虐待这些资产者,那是因为这些资产者想要改变宗教。"(Chassin,
1892:I,276)阿普勒蒙(Apremont)的罪魁祸首之一,弗朗索瓦·康坦
(François Cantin)在回答他的审讯人员的意见,即认为宗教只不过是
他们攻击当地资产者的借口时宣称:"他们打算与法国大革命时期的贵
族资产者斗争到底,因为有人告诉他们,这些资产者向农民们开了枪。"
(A. N. D xxix 14)这个例子再次表明,宗教问题上的争论与政治分歧
或阶级冲突密不可分。

这就引出了一个一般性观点。经济发展为安茹南部地区各社区的
政治倾向设置了许多先决条件,而法国大革命期间的经济变化则引发
了新的骚乱和斗争,并赋予对人员的经济分工以政治含义。但我所知
道的任何一种经济人模型都无法解释 1793 年反法国大革命运动的爆
发。毕竟,经济上的不满几乎是普遍存在的现象,贫困无处不在,阶级
冲突司空见惯,但革命却很少见,反革命运动更加稀少。这些问题依然
存在。不满的情绪是如何集中起来的? 经济问题如何与宗教问题交织
在一起? 它们又是如何变成了涉及政治的问题? 我们不妨揣测一下德
塞夫勒省的行政长官在 1791 年 9 月写给内政部长的信件的深意。行
政长官写道:"先生,我恳请您支持我们向陆军部长提出的请求,向我们
这派遣一个骑兵团,而它可以根据需要调往我们省的各个地区以及旺
代省的各个地区。这些地区的狂热主义和粮食短缺使我们有理由担
心,只有靠武力才能镇压这些叛乱。"(A. N. F[7] 3690[1])"狂热主义"和
"粮食短缺"! 我们已经知道如何解释这个模棱两可的"粮食短缺"问题
了,但对于"狂热主义"以及这两个词之间的关系,我们还有更多东西需

要了解。因此,我们需要对法国大革命中的宗教改革进行全面的考察。

注　释

1. 限定条件:瓦尔和索米卢瓦地区的土地更为分散,它们更多来自高级神职人员所占有的地产,而以市场为导向的社区更容易获得现金,并且该子区域也有更多的非熟练工和小农户。

2. 我详细研究了索米尔区的 7 个社区——昂比卢(Ambillou)、昂图瓦涅(Antoigné)、库尔尚、迪斯特雷、格雷齐莱、沃代尔奈(Vaudelnay)和莱永河畔莱韦尔谢尔(Les Verchers-sur-Layon),以及绍莱区和圣弗洛朗区的 8 个社区——舍米耶、莱加尔德、勒马里莱(Le Marilais)、默莱、讷维(Neuvy)、圣乔治-迪皮德加尔德、圣皮埃尔-德舍米耶(Saint-Pierre-de-Chemillé)和圣马凯尔-昂莫日(Saint-Macaire-en-Mauges)的教会地产出售情况。此处讨论的 6 个案例反映了这些社区中教会地产出售的主要特点,但我并不声称这些案例具有代表性。这些描述的来源如下。默莱的情况出自 A. D. M-et-L 1 Q 47, 6 Q 1, 12 Q 14, 12 Q 54, 12 Q 281, 13 Q 114, 16 Q 86。圣马凯尔-昂莫日的情况出自 Déniau, 1908; Spal, 1887; A. D. M-et-L 1 Q 47, 6 Q 1, 12 Q 14, 12 Q 52, 12 Q 53, 12 Q 54, 12 Q 281, 16 Q 86。讷维的情况出自 A. D. M-et-L 170 G 2, 9 Q 1, 12 Q 14, 12 Q 289, 16 Q 101。沃代尔奈的情况出自 A. D. M-et-L 7 Q 5, 12 Q 55, 12 Q 56, 12 Q 282, 12 Q 283, 12 Q 284, 13 Q 148, 16 Q 125。迪斯特雷的情况出自 A. D. M-et-L 12 Q 282, 12 Q 283, 12 Q 284。昂比卢的情况出自 A. D. M-et-L 7 Q 1, 7 Q 6, 12 Q 55, 12 Q 56, 12 Q 282, 12 Q 283, 12 Q 284, 16 Q 107。

第十一章　法国大革命时期的宗教

　　"旺代的这场叛乱是由一些反对现存政权的阴谋和反动的骚乱引发的吗？它难道不是由现存政权对整个民族宗教自由的反复侵扰和日益暴虐的迫害所造成的？这个民族在通过各种法律手段试图伸张正义之后，终于厌倦地发现它所要求的正义被践踏，并且相信了从刽子手那里学来的获得正义的方法，那就是用武力夺取它。"这是夏马尔大师（Dom Chamard，1898：7）提出的问题。希望没有读者不知道这位出色的大师在他提出的两个选项中做出了何种抉择。成千上万的旺代之乱的阐释者——包括如今在礼拜天传道的宗教领袖——都把这场巨大的反法国大革命运动说成是愤怒而正直的人民对蒙受不白之冤的宗教的捍卫，而夏马尔大师只是其中之一。不过这种解释过于简单，而揭露真相的人宣称宗教信仰与此无关的说法同样泛泛。事实上，在法国大革命初期，宗教信仰、组织和归属关系都已成为安茹南部地区政治生活备受关注的焦点。宗教方面的问题很大程度上促成了主要党派的形成以及它们之间的冲突。虽然1793年的叛乱可以说是具有明确的目标和意识形态，但这些目标和意识形态主要是从宗教范畴出发的。鉴于世界各地的农民都几乎不熟悉任何非宗教的系统性世界观或修辞，难道这很令人惊讶吗？本章最重要的任务就是说明，对法国大革命中宗教改革的反应，如何帮助支持法国大革命的派系与反对法国大革命的派系——革命爱国派与贵族派——明确各自的立场，并使更多人加入相应的派系。[1]

教会中的政治与政治化的教士

神职人员花了很长一段时间才对他们选择究竟支持还是反对法国大革命做出了板上钉钉的决定。有种观点认为，安茹南部地区抽象的公共舆论从对改革的天真热情转变为对改革者的强烈敌意，这种看法是错误的。还有一种观点认为，下层神职人员中的大部分人从愿意与新政权合作，转变为固执己见地反对这个新政权的所有工作及其人员，这种想法则是正确的。从一开始，教士们就扮演着重要的政治角色。

在安茹南部的莱永河两岸，许多教士认为法国大革命是一个纠正一些长期存在的错误的契机，还有更多教士认为对法国的统治方式进行一些变革恰逢其时。一些堂区神甫及副堂区神甫（虽然理论上他们不能参与第三等级的事务）在 1789 年起草了他们社区的陈情书。在大革命的第一年，他们中的许多人还积极宣扬革命爱国主义（参见 Port 1888：I，102—107）。作为神职人员的代表，绍莱的堂区神甫拉班（Rabin）和马蒂涅布里扬（Martigné-Briand）的堂区神甫梅纳尔（Mesnard）都是早期从神职人员大会（Assembly of the Clergy）进入国民议会的人员。还有其他许多教士也成了社区的行政长官、市长，甚至省级领导层的成员。简而言之，有充分的证据表明，在大革命的第一年，神职人员并没有统一地或有组织地抵抗大革命。[2]

在安茹南部地区，修士们组成了神职人员中最"先进"的派系。丰泰夫罗、索米尔和其他修道院中心都曾洋溢过革命的热情。后来，许多修士放弃了他们的天职,还俗结婚,加入了共和政府;还有许多修士成了立宪派的神职人员,不过最终还是和他们的同僚一样,回归了市民生活。其他高级神职人员、教会参事和行政官员们的立场则不尽相同。总的来说,教会参事很可能是最抵制法国大革命的一群人,尽管我不知道这个群体是从何时开始公开反对大革命的(参见 Dubreuil,1929—1930:I,66—67)。法国西部的主教们最终都选择了流亡以及反对大革命。不过在 1790 年年中,昂热的主教库埃·迪维维耶·德洛里(Couët du Vivier de Lorry)下令为省级行政长官的选举举行感谢上帝的仪式(*Te Deum*),并且嘱咐父母要教导他们的子女尊敬上帝、兄弟和国家(Couët,1790)。事实上,昂热的这位主教从未大张旗鼓地反对过教会改革,即便他在个人层面是拒绝这些改革的。

不过,即便这些大大小小的神职人员都配合了大革命的第一步,他们内部也绝非完全一致或和谐共处的。多年的积怨在 1789 年安茹神职人员大会上爆发,将当地教区的教士置于其他所有神职人员的对立面。不过,该省的"激进派"是索米卢瓦地区的堂区神甫,而非莫日地区的堂区神甫(参见 McManners,1960;Gallard,1960)。苏莱讷(Sou-laines)的查蒂塞尔神甫(abbé Chatisel)在回忆录中抱怨道:"那些曾视(这些堂区神甫)为信仰之父,敬他们为教会牧长的人,现在都起来反对他们了。正是这些修会教士(regular)和教会参事合谋反对堂区神甫们。"(Proust,n.d.:A,I,24)虽然这不过是夸夸其谈,但当这些发言人针对安逸的修士、教会参事和修道院院长提出具体的要求时,利害关系就变得明显了。后面这些人从教区抽取什一税,但给予堂区神甫的却是不充分的荣誉和远低于适当水平的工资。教区教士们希望三级会议能够解决上述问题中的一部分。他们把他们的回忆录的作者而非任何高级神职人员票选进三级会议,以此来强调他们的主要想法。这就是安茹司法总辖区的神职人员的情况,他们最终采用了一份温和的陈情书。索米尔司法总辖区的大会也尽量避免选举高级神职人员担任其成员，而它则向巴黎递交了一份强烈要求改革的陈情书（Desmé de Chavigny，1892：9—10；Chassin，1882：244—245；Gallard，1960：122—124）。

从三级会议开始，宗教问题日益成为政治问题。法国大革命的革命性之一就在于它把宗教组织问题变成了公共政策问题。我所指的并不是没收教会地产，虽然这是一个激烈的举动，但它并不比两个半世纪前亨利八世剥夺英国小型修道院的财产更具革命性。正如宗教战争所充分说明的那样，相互竞争的政治派系在宗教问题上采取对立的立场也不是什么新鲜的事情。制宪会议当时的新设想是为教会从上至下的内部组织和实践做法进行立法，以适应新的政治体制。这个新设想的后果是，市政权威当局必须监督教会在各个层面的改革。结果就是，宗教改革成为一个根本性的政治问题。

议会为确定教会在新政权中的地位而采取的第一个严厉措施就是没收它的地产（1789 年 11 月）。这些地产的出售始于约一年之后，作为两个相关事态发展开始的标志，其一是安茹南部地区大部分神职人员公开脱离法国大革命；其二是在安茹南部地区出现了对支持法国大革命与反对法国大革命的明确界定。

我们已经发现，教会地产的出售在整个安茹南部地区都取得了商业上的成功。我们还发现，在瓦尔和索米卢瓦地区，教会地产的出售意味着更多的地产被转让，其利益也遍及更广泛的人员群体，而在莫日地区，教会地产的体量不仅相对较小，还几乎被垄断。最后，我们还发现了一个（并非完全确凿的）证据，它们反映了在莫日地区，教会地产的出售引起了一些农民对进行这些土地买卖的资产者的不满和谴责。因为参与这些买卖的资产者认为，这样做是既为国家，又为自己服务的最佳方式。

资产者认为自己的这些购买行为是一种革命爱国义务,尤其是他们还从这些教会地产的出售中获得了好处。基于这两个事实,我们很难将舍米耶或绍莱的商人与法国其他地方的资产者区分开来。不过,这些地方的商人不仅比其他地方的商人获利更多,还比瓦尔和索米卢瓦地区的获利更多。此外,他们还面临越来越多的反对,教区教士在其中发挥了重要的作用。

这种对出售教会地产的宗教抵制现象甚至不是莫日地区所特有的,因为各地神职人员中的一些发言人都谴责这种出售是非法和不道德的(Lefebvre,1954:230;Sagnac,1898:168)。这种抵制活动的特殊性在于它的活跃度、一致性和有效性。更为关键的是要认识到,神职人员对出售的公开谴责是在其他宗教改革措施初步实施之后才开始的。

神职人员的选择

1791 年 1 月是一个决定性的月份,因为在这个月中,莫日地区大部分地区的教会地产开始被出售,《教士的公民组织法》(以下简称《公民组织法》)也在那里颁布施行了。与此同时,当地的教区教士开始公开宣扬反对法国大革命政府的政策。圣弗洛朗区的一位官员在 1 月 29 日写道:"人们担心神职人员的宣誓会(给教会地产的出售)带来麻烦。乡村居民们似乎被他们的堂区神甫煽动了。"(A. D. M-et-L 2 Q 63)几个月之后,在莫莱夫里耶附近,一些特派员报道称,农村人组成了一个"联盟"以反对教会地产的出售,抵制对那些不遵守新法律的教士的驱逐,并且支持贵族(A. D. M-et-L 1 L 357)。

　　莫日地区的神职人员迅速一致地谴责那些教会地产的购买者。《宪法之友报》(*Journal des amis de la consitution*)的报道称,农村的教士们已经宣布要将这些购买者逐出教门。只要人们继续去教士那里进行忏悔告解,那么堂区神甫们就依然有所依仗。1791 年年中,曼恩和卢瓦尔省派出的巡回专员报告说,尚特卢市镇组织涣散,其市政当局缺乏必要的成员,而且"由于拒绝宣誓效忠的教士们(Refractory priests)下达了秘密指令,威胁将国有地产的购买者和《公民组织法》的支持者逐出教会并拒绝赦免其罪行,填补这些空缺的职位可谓是困难重重"(A. D. M-et-L 1 L 357 bis)。莫日地区的许多其他地方也有同样的报告。而早在 2 月中旬,曼恩和卢瓦尔的省政府(Directory of Maine-et-Loire)就以其特有的夸大其词的方式,描述了该地区的相关形势:

　　　　即将消亡的狂热主义正在发出自己的呐喊。这是意料之中的事,因为地产正迅速地从旧的神职人员手中流失,狂热主义不再拥有武器。我们从各方听到的都是要把出售和购买这些教会地产的人逐出教会的声音,而按照"教权派"(ecclesiastical party)的说法,宗教将随着这些人消失。尤其是在乡下,这些天理难容的预测让人信以为真,刺激着无知迷信的心灵。他们斥责这些不断向人们(尤其是在圣坛面前)灌输的不虔敬、亵渎的内容,比如宣扬教会人员宣誓效忠的法律以及如果这些教士们不宣誓就会被取代的法律,并将其视作对圣所的可恶的侵犯。如果复仇之火没有从圣殿中喷涌而出,吞没所有亵渎宗教的人,那么他们将带着怒火让前面这些幸存者陷入毁灭的境地,而他们这样做一点也不为过。(A. N. D xxix bis 21)

　　当此之时,不仅教会财产的出售显然已经成为一个迫在眉睫的政治问题,还出现了一个反对法国大革命支持者的"教权派"(此言真实不虚),而革命爱国者、宗教变革的支持者以及教会地产购买者的身份也得到了确认。

在1793年的那场叛乱之初,莫日地区的人民和其他地方一样,往往采用这种方式去抵制强制征兵,即要求那些拥有教会地产的人先行为国家服役。毫无疑问,革命爱国者、资产者、反宗教者以及大革命中的投机者,他们的想法汇聚成了一个百味杂陈的大杂烩。毫无疑问,瓦尔和索米卢瓦地区所有社会阶层都广泛参与了教会地产的出售,而与之相反,在莫日地区,从教会地产的出售中渔利的资产者和革命爱国者具有排他性。在这方面,保罗·布瓦对萨尔特地区教会地产处理的论述对我们理解那场反法国大革命运动做出了巨大贡献。不过,必须指出的是,1791年和1792年的大量买家并非外来者,而恰恰是当地的商人、公证人和官员,他们肩负着将大革命普遍而抽象的改革转化为他们农村社区中具体变革的责任。否则,就很难理解为什么这些农村的革命爱国者在1793年会被频繁地追究责任。除此之外,对这些买卖教会地产的行为的谴责,从一开始就属于对更为普遍的宗教改革的谴责中的一部分。从公开的公共问题的角度来看,《公民组织法》要重要得多。

《教士的公民组织法》

当出售教会地产的国家机器轰隆隆地运转起来的时候,巴黎的设计者们正在为全法国的宗教运作设置一个新的规则,即《教士的公民组织法》。在法国大革命的第一年,新的立法者通过一系列的举措摇了

教会过去的地位,如废除什一税、削减其他财政特权、用《人权宣言》保
障宗教信仰自由、废除宗教团体,以及没收教会土地。要求神职人员在
主弥撒日中颁布新法律,这一做法已经在提醒这些神职人员在新秩序
中的地位了。不过,1790年春夏之交颁布的一系列法律,即《公民组织
法》,才是第一次全面、彻底确定神职人员在新秩序中地位的尝试(参见
de la Gorce,1909—1911:vol.I;Mathiez,1910;Latreille,1946—
1950:vol.I)。

这些法律最重要的特点是:(1)重组了法国教会的地域划分,使之
与新的民事司法辖区的划分相一致;(2)主教和堂区神甫由其服务地区
的登记选民选举产生;(3)由政府支付神职人员的固定薪资;(4)教会代
表大会(church assembly)的组织发生了巨大的变化。《公民组织法》废
除了教皇在法国的世俗权力,同时削弱了法国教会等级制度的独立性。
事实上,它使教会成为一个国家机构,而教士则成为被选举出来的公
务员。

全法国宗教界发生的这些翻天覆地的变化,在地方性的教区中也
有相应的体现。这些选举不会威胁到现任堂区神甫的任期,因为只有
在该职位出现空缺的时候才会进行选举。然而,这些选举确实将未来
的任命权交到了积极公民的手中。这些新安排让地方上的民选官员负
责监督宗教事务。西卡尔神父对此厌恶地评论道,他们使堂区神甫沦
为"纯粹的工薪族"(abbé Sicard,1927:II,3)。

1791年年初,教区教士的固定工资制即刻生效。首先,这些工资普
遍低于安茹南部地区堂区神甫们惯常的净收入。虽然小教区的堂区神
甫们摆脱了看管土地和收取租金的麻烦事,但他们也失去了一半的净
收入(之前是超过1 200里弗赫)。它使默莱的雅克·加尔平神甫的收
入从2 500里弗赫降至1 850里弗赫,使圣马凯尔的德拉克洛瓦神甫的
收入从3 400里弗赫降至2 300里弗赫(A. D. M-et-L 16 Q 86)。然而,

这是否意味着这些堂区神甫是出于单纯的利己主义而背弃了法国大革命? 如果是这样的话,那么莫日地区的这种利己主义肯定要比瓦尔和索米卢瓦地区更为强烈,因为在收入的变化幅度上,这两个子区域之间并没有太大的区别。表 11.1(汇编自 A. D. M-et-L 16 Q 80—156)就说明了这一点。索米尔的堂区神甫中,接受新政权的人员比例略高,但与实际反应的巨大差异相比,这种细微的人员比例差距是微不足道的。

表 11.1 受《公民组织法》影响而出现收入变化的堂区神甫人数

行政区	损失 100 里弗赫及以上	收入变化在 100 里弗赫以内	获益 100 里弗赫及以上	总计
绍莱区	23	6	11	40
圣弗洛朗区	17	8	11	36
维耶区	25	5	10	40
索米尔区	24	5	16	45
总计	89	24	48	161

这些统计结果在某种程度上可能低估了所申报的薪金的实际利益,因为审查这些收入申报的官员们想不到这些堂区神甫支付给副堂区神甫的报酬超过了法定最低标准多少,或者堂区神甫将多少薪水用来从事私人的慈善工作。

后者可能是一个比较重要的问题。《公民组织法》将慈善工作从堂区神甫那里转移到了民政部门。穷人可能会发现,承担他们福利工作的负责人变成了一个比以前更为严厉的群体;而没那么贫穷的人则会发现,一个预算严格的市政当局在为穷人提供服务方面会比以前的堂区神甫更为艰难。而在纺织工匠普遍面临失业的时候,这会是一个极为严重的问题。作为绍莱工业的一个重要前哨,莫日地区圣马凯尔就在法国大革命前夕向临时委员会提交了一份报告,(有些夸张地)概述了这一问题在繁荣时期的性质:"这个乡镇里约有 40 户人家被迫乞讨,还有三个村庄中约有 30 户人家在乞讨……这些家庭从堂区神甫先生和其他人那里得到的救济,并不足以让他们不去乞讨。"(A. D. M-et-L C 191)鉴于 1790 年和 1791 年圣马凯尔爆发了动乱,我们不难理解,纺织业的衰落使这个关于乞讨人数的报告从"善意的谎言"变成了一个确凿的事实。

无论如何,对这些新的宗教安排的抗议,通常都强调这些安排对穷人的有害影响。拉普兰的市民问道:"如果有人将那些长期供养穷人的人——我们的堂区神甫——赶走,那么我们教区的穷人会变得怎么样?"(A. N. D xxix bis 21)在回复 1790 年关于流浪原因和救济措施(这一背景非常重要)的调查问卷时,圣洛朗-德拉普兰和拉波姆赖县的发言人就建议,允许堂区神甫保留他们的财产,以此"缓解穷人的困境"(A. D. M-et-L 1 L 402)。地方慈善事业的这一基础面临着消失的威胁,这可能是反对出售教会地产以及抵制《公民组织法》的另一个因素。1791 年 1 月,圣欧班-德博比涅(Saint-Aubin-de-Baubigné)——它是活跃的亚麻纺织中心,也是著名的反革命分子拉罗什雅克兰(La Rochejacquelein)家族的所在地,这里的人们怒气冲冲地"造访"了沙蒂永区,而这次"造访"的主题就可以解释上述假设:

> "如果你不给我们的堂区神甫发薪水,穷鬼(f. gueux,他们的法语太过尖酸刻薄而无法翻译),如果你夺走了我们领主的一切,我们将靠什么工作? 我们又靠什么生活?"(在官员们试图安抚他们的情绪但徒劳无功之后,根据这些官员的报告)他们继续说道,他们的堂区神甫不会宣誓,也不再有教士来为他们进行忏悔告解。之后谣言愈演愈烈,有人说要把那些行政官员砍成两段,把他们的肠子掏出来缠绕在他们的棍棒上。还有人喊道:"别指望卖掉堂区神甫们的财产!"(A. N. F[7] 3690[1])

不妨思考一下这些被搅成一团的问题：堂区神甫的亏损、地方领主的贫困化、慈善事业的终结以及教会地产的出售。

在法国其他许多地方，这些变化无论是真实存在还是暗流涌动，大多与莫日地区一样迫在眉睫；而莫日地区地方社区的特点更使这些变化朝着不好的方向发展。教士在教区中占主导地位，在市镇内部运作中也处于重要地位。新政权在这两方面都冲击了教士的地位。新政权不仅限制了他们的宗教权力，将他们的工资交由政府官员掌管——后者有权对长期擅离职守或存在其他过失的教士进行处分，还剥夺了教士对福利活动和慈善事业的控制权，使他们成为地区政府职员。它禁止教士担任镇长、市政官员或地区官员，将他们的大部分行政职能移交给新成立的、日益资产阶级化的市政当局，有效地削弱了教区委员会的地位，集中和强化了新的行政体系，从而削弱了教士的政治权力。它还取消了教士之前能够收取的租金、什一税和捐献布施，从而甚至打压了教士的经济权力。从各方面看，教士在地方社区赖以行使权力的（无论世俗还是教会的）等级制度都受到了法国大革命变革的威胁。而教士之所失，恰是其最有野心的对手，即人口中最反对教权的那部分人，也即资产阶级之所得。简而言之，《公民组织法》是对教区教士权力的直接威胁。教区教士的权力越大，《公民组织法》对它的威胁就越大。

有一项措施尤其使抵制《公民组织法》的行动得以具象化，那就是勒令领薪的神职人员必须宣誓效忠。公民宣誓是1790年新法国的所有公务员都必须执行的标准做法，要求新当选的宗教官员在其就职仪式上进行宣誓也不足为奇。但是，当时的立法者们担心人们由于对《公民组织法》缺乏热情（甚至更糟），而对它感到越来越不耐烦，甚至恐惧，因此立法者们决定，当时所有在任的主教、堂区神甫及副堂区神甫都必须进行宣誓，否则将失去职位（参见 Godechot，1951：228）。立法者们想要毕其功于一役，却最终导致了教会的分裂。

　　这一宣誓其实非常简单:"我宣誓忠于国家、法律和国王,竭尽全力支持国民议会颁布并为国王所接受的宪法。"措辞似乎并不具有威胁性,情绪也绝非狂热亢奋。但誓词要求神职人员公开表示支持大革命政府及其改革,尤其是支持《公民组织法》本身。而在安茹南部地区,这就意味着与革命爱国者保持一致,并继续对他们的革命目标报以热忱。堂区神甫被要求既要公开认可正在损害其在社区内的地位的改革,又要承认其竞争对手刚获得的显赫地位。

　　1791年1月初,《公民组织法》在卢瓦尔河畔的曼恩和卢瓦尔省正式颁布。在此之前,它已经遭到了法国大多数主教的猛烈抨击,而此时它又遭到了法国西部地区大多数人的强烈谴责。当教皇于4月13日颁布谕令将《公民组织法》判定为"异端和分裂教会"时,反对《公民组织法》的活动已经出现了很长一段时间了。

　　新法律的颁布给博卡日地形区带来了骚乱。1月24日,60名来自圣欧班-德吕涅的人闯入了塞夫勒河畔沙蒂永区的市政厅,因即将失去堂区神甫而进行抗议(A. N. F⁷ 3690¹)。当月晚些时候,在莫莱夫里耶,群众宣布他们不会让市政官员强迫当地的堂区神甫进行宣誓,并由此开始了为期三天的骚乱(A. D. M-et-L 1 L 357)。在勒迈,在喧闹的游行示威和直接威胁的联合作用下,一些地方官员认为,出于谨慎起见,最好立刻辞职(A. D. M-et-L 1 L 364)。一封落款时间为2月6日"大弥撒结束时"的拉普兰地区的信件(前文引用过该信件)也使我们得以了解农村人如何理解当时的局势:

　　　　拉普兰教区的市政官员和该教区其他所有居民都很荣幸地告诉您,我们得知有一项法令要求法国所有的堂区神甫及副堂区神甫都必须宣誓,否则他们就会失去薪水,并被赶出他们所在的教区而由其他人取而代之。不仅是我们的教区,所有邻近的教区也都决定,除了当前在我们教区的这些堂区神甫或者其法定继任者之外,我们绝不会承认其他的堂区神甫或副堂区神甫。至于从其他地方来到我们教区的人(他们无疑已经宣过誓了),我们决不允许他出现在我们的教区。(A. N. D xxix bis 21)

这个问题可以被很好地简化为:法令判定村民们将失去其堂区神甫及副堂区神甫,并让他们接受一个闯入者。我不禁怀疑,拉普兰的这些村民是否刚听过关于这个问题的布道。

在许多地方,这项新法令从未被正式宣读过,因为老的堂区神甫拒绝按规定向他的教众们宣读这项新法令(虽然他应该这样做),而示威者们也使公社中的革命爱国者无法公开宣读这项新法令(参见 Walter,1953:7ff.)。然而,这只不过是一种例行公事,因为早在这项法令的正本送达之前,其内容就已经广为流传了。

在整个安茹南部地区,教士们在 1791 年 1 月底之前就已经做出了决定并将其公开。从一开始,革命政府就努力说服那些摇摆不定的人,并为那些加入宣誓效忠队伍的神职人员举行了隆重的公开就任仪式。莫日地区的所有党派都认识到,教士的宣誓就是公开支持革命爱国派。革命派的领袖尤其这么认为(参见 Gruget,1902)。所以,瓦尔和索米卢瓦地区的领袖对此表示满意,而莫日地区的领袖则对此大失所望,因为前一个地区的教士们普遍接受了宣誓,而后一个地区的教士们则大规模地拒绝宣誓。

通过对各县地图的研究,我们可以清楚地看到安茹南部地区接受和拒绝宣誓的情况。[3]图 11.1 重点强调了那些拒绝宣誓的地方。拒绝宣誓的情况在索米尔区很少见,在昂热区和维耶区较为普遍,而在莫日地区的绝大多数县中则是压倒性的。即便以莱永河为界粗略地确定这些子区域的边界,我们也会发现这样的差异:在莫日地区有 8% 的神职人

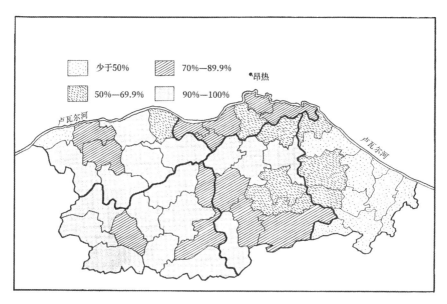

图 11.1　各县中所有拒绝 1791 年宣誓的神职人员比例

员进行宣誓，在莱永河地区有 35% 的神职人员进行宣誓，而在瓦尔和索米卢瓦地区有 53% 的神职人员进行宣誓。

如表 11.2 所示，每种不同类型的神职人员内部也存在差异。这些数据不仅反映了地区之间的差异，也反映了在其他研究中经常会提到的情况，即修士对法国大革命改革的接受程度更高，教会参事则一致持反对态度。如果重新划分子区域的界限，将参与 1793 年反叛的社区与未参加反叛的社区区分开来，那么差异会更加明显：毗邻布列塔尼和普瓦图的莫日地区的社区中只有一个人进行宣誓，而索米尔附近的卢瓦尔河沿岸的社区几乎所有人进行宣誓；丰泰夫罗修道院完全接受宣誓，而博普雷欧学院（Collège Beaupréau）完全拒绝宣誓。

根据第二张反映拒绝宣誓效忠的地图（即图 11.2）显示，反法国大革命运动与拒绝宣誓之间存在相关性的范围，远远超过了安茹南部地区。在下卢瓦尔省、旺代省以及曼恩和卢瓦尔省的行政区中，宣誓教士

表 11.2　宣誓效忠的神职人员比例

区　域	修士	教会参事	堂区神甫	其他	总计
瓦尔和索米卢瓦地区	77%	22%	54%	47%	53%
莱永河地区	—	43%	40%	29%	35%
莫日地区	12%	5%	10%	7%	8%
总计	69%	17%	33%	25%	32%
案例数量	65	52	213	261	591

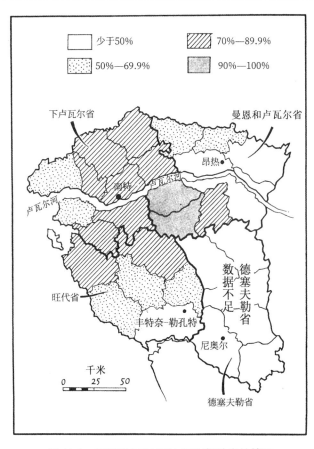

图 11.2　反叛地区在 1791 年宣誓效忠的情况
（行政区中所有拒绝宣誓的神职人员比例）

最多的地方(即地图上空白或有斑点的区域)一般都支持法国大革命。总体而言,拒绝宣誓的情况越普遍,反法国大革命的活动就越密集。莫日地区是反叛的温床,也是法国西部拒绝宣誓比例最高的地区之一。在萨尔特地区,拒绝宣誓也与反法国大革命的运动之间存在惊人的相关性(Bois,1960b:597)。此外,考虑到 160 年过去了,我们所绘制的法国西部地区宣誓效忠的神职人员的地图,与尊敬的布拉尔教士(Reverend Boulard)所绘制的现代宗教实践的地图,二者依然惊人得吻合(Le Bras,1955:I,325)。宣誓效忠的神职人员的这种地理分布绝非一时的偶然现象。

　　我们不妨暂停一下,对这种引人注目的一致性进行一点反思。波尔虽然深刻意识到了神职人员的抉择所带来的重大后果,但他觉得这些决定的地理分布是最难以理解的:"谁能描述这些不安的灵魂内心的折磨或推理过程……谁又能解释为什么守法和独立对莱永河此岸有良知的人来说是如此理所当然,而对莱永河彼岸有良知的人来说却如此轻易地变成了无法解释的错误和叛逆?"(Port,1888:I,138)如果世事只是如此简单,那么我们或许可以解释反对《公民组织法》与参与反法国大革命运动之间的对应关系,比如我们可以说一个地区的神职人员拒绝接受《公民组织法》,从而导致了当地人民反对法国大革命;或者说教士的决定只不过是反映了其周围群众对法国大革命已经形成的态度。但是我担心,其中的因果关系并没有那么简单。[4]毋庸置疑的是,堂区神甫拒绝宣誓的决定,加之他因此被免职的威胁,迫使社区中的其他成员做出了戏剧性的政治选择。同样毋庸置疑的是,堂区神甫的抉择既受到当地政治气候的影响,又受到他与其社区之间关系的影响。仅就安茹南部地区而言,在旧制度中占统治地位的堂区神甫,其所在社区中大部分人员没有受到主要的革命爱国者影响的堂区神甫,其权力已经受到那些革命爱国者极力削弱的堂区神甫,他们倾向于反对《公民组织法》。他们拒绝宣誓是为了打击新近崛起的、难以满足的精英阶层。按照伟大法国的传统,他们拒绝宣誓,是对自己失去影响力这一事实,以及对那些努力使自己失去影响力的人投下反对票。其结果是,大部分莫日地区的神职人员正式拒绝了大革命,而大部分瓦尔和索米卢瓦地区的神职人员正式接受了大革命。

新的神职人员

自1791年1月要求宣誓的法令施行之后,实际上产生了两种神职人员,即"立宪派"(Constitutional)和"抗命派"(Refractory),也就是接受宣誓和拒绝宣誓的神职人员。抗命派表达了他们对新宗教秩序的抵制,而立宪派则尽可能快地取代了抗命派。立宪派与法国大革命休戚与共,他们保住了自己的职位或者获得了更好的职位。事实上,立宪派中的大部分人从很早以前就是法国大革命的积极支持者。莱加尔德的立宪派堂区神甫马蒂诺(Martineau)是当地一位革命爱国者领袖的儿子,默莱的蒂贝尔也是如此。

当然,莫日地区的立宪派神职人员数量明显较少。在我能够收集到相关信息的110名立宪派堂区神甫中,接替了同一行政区的前任的人数比例分别是索米尔区86%、昂热区19%、维耶区40%、圣弗洛朗区27%、绍莱区22%,总计37%。昂热区的数字是不真实的,因为它仅包含卢瓦尔河以南的一小部分地区。除此之外,很明显瓦尔和索米卢瓦地区的接替者多来自本地区,而莫日地区的接替者们则通常是外来者。另外,瓦尔和索米卢瓦地区有更多的堂区神甫在宣誓效忠之后依然待在他们的职位上。结果就是,如何接纳国家指派的外来堂区神甫,这几乎是专属于莫日地区的问题。

立宪派神职人员之后的职业生涯与抗命派神职人员截然不同。立宪派中的许多人，比如蒂涅的立宪派神职人员布鲁瓦尔·达尔让泰（Brouard d'Argenté），后来背弃了他们的神圣誓言，并成了公职人员。有些人，比如沃代尔奈（Vaudelenay）的帕泰尔讷（Paterne），后来还俗并结了婚。还有很多人，比如蒙特勒沃的勒瓦谢（Levacher），不久就加入抗命派并正式撤回了支持立宪派的宣誓。至于抗命派，大部分人不久之后消失了。他们或东躲西藏，或流亡出逃，其中一些人还参加了反法国大革命运动，而许多人则在拿破仑时期官复原职。接受还是拒绝，这是当时安茹南部地区许多神职人员有生以来所做的最重要的抉择。

许多地方官员都对这一选择有不祥的预感。1791 年 2 月，默莱的镇长写道：

> 我们怀着无比悲痛的心情递交这份声明，唯恐失去我们热心的宗教使者的指引。虽然这次拒绝已经过去了几个星期，但如果可以的话，我们还是宁愿向您隐瞒这件事。因为我们考虑到，38 年来，同一群信众一直由同一位牧师进行管理和领导，而且他还得到了一位值得尊敬的协助者——他的副堂区神甫——的辅佐，（这两位）给我们谆谆教诲，其身教更甚于言传。先生们，请不要对我们如此深切的情感无动于衷。还请你们体恤我们，让同一群信众由同一位牧师和他值得尊敬的协助者一起进行管理。（A. D. M-et-L 1 L 963）

然而，他们得到的这种慰藉并没有持续太长时间。

曼恩和卢瓦尔省的行政官员很快就意识到了他们所面临的这个问题。从 1791 年年初开始，抗命派神职人员成为该省与绍莱区通信中讨论的主要话题。一位省政府官员在 3 月写道："在贵区有职位的教会人士中，一个联盟已经形成……他们正在幻想着用反革命运动去巩固自身的地位。"（A. D. M-et-L 1 L 202）"联盟"这个词在两个月前昂热的《宪法之友报》中就已经出现了，而它在之后将反复出现，这意味着莫日地区发生了广泛的动乱与反抗。

第一场重要的骚乱发生在莫莱夫里耶。[5]这座小城靠近普瓦图的边界，在绍莱的东南方。莫莱夫里耶是纺织业的副中心，1790 年，那里的失业劳动者人满为患。这座小城曾有一位尊贵的外居贵族——莫莱夫里耶伯爵——的府邸，它也是一座重要的城堡。1791 年年初，这位地方领主早已流亡在外，他将地方事务交由一名监督员打理。在他离开之前，这位领主与市政官员发生了一些争执，而城堡中一些生锈的大炮——它们是贵族的象征——在很长一段时间里是当地的热门话题。绍莱区的领导人曾希望把这些大炮运到绍莱城中"以作防御之用"，但最终不了了之。1789 年，莫莱夫里耶和绍莱在谷物运输的问题上也发生了一些小摩擦，但真正的骚乱还是在《公民组织法》颁布之后发生的。

1791 年 1 月 28 日，负责修缮通往沃赞地区道路的失业劳动者中出现了骚乱。根据当地市政官员的说法，"这些失业者公开表示，他们会试图阻止市政当局逼迫堂区神甫进行宣誓，并计划在下一个礼拜天为此进行集会……大多数人因为害怕失去他们的牧师而感到恐慌，许多人说他们不会让任何人取代他"（A. D. M-et-L 1 L 357）。巧合的是，就在他们提到的这个礼拜天，市政官员收到了一份来自绍莱区的官方指令，要求他们交出那门著名的大炮。人们很快就把这件事与前一件事混为一谈了。在市政议会讨论时，市民们组织了示威游行，反对交出大炮，然后转而讨论起了宗教问题："本市镇的一名纺织工让·德维（Jean Devis），他热切地演说，称人们不应该听市政官员的话，因为这些市政官员之前已经非常高兴地摆脱了旧法官的影响，并且取代了后者的位置，而现在他们想要摧毁宗教。"(A. D. M-et-L 1 L 357)在他的听众中，许多人也在讨论"捍卫宗教和那位好教士"。

与此同时，为了进一步把水搅浑，有谣传说莫莱夫里耶伯爵已经致信给他的佃农，说他要结束流亡，从外地回来了，他还希望那些大炮能够继续保留在原地，并且他拒绝进行《公民组织法》所要求的宣誓。

1791 年 1 月 31 日，莫莱夫里耶和绍莱进行了一番斡旋，但都没有采取决定性的行动。但在 2 月 1 日，有消息传出，绍莱区正从绍莱城中派出一支部队来取大炮。虽然消息是假的，但足以使莫莱夫里耶地区的警钟被敲响。乡亲们手持长矛、镰刀和棍棒，从周边的社区成群结队地赶到莫莱夫里耶城。他们排出阵列保卫大炮，但由于没有遇到任何敌人，最终在城中散开。他们从革命爱国者那里收缴了一些枪炮，对绍莱区和莫莱夫里耶的市政当局发出了许多威胁，最后回家了。没过多久，这些大炮就被藏起来，再也找不到了，而这件事也不了了之。但是，据报道称，在此之后很长一段时间里，莫莱夫里耶都是一个严重分裂的骚乱中心。1791 年年初，其附近的拉泰苏阿勒、蒂利埃和圣欧班-德博比涅的社区中都突发了与之类似但规模较小的冲突(A. D. M-et-L 1 L 356—358)。

该省的地方行政长官德劳内(Delaunay)的分析直截了当：

> 这些教士无恶不作，他们当中存在一个最可怕的联盟。他们滥用其地位和名声赋予他们的对那些弱者和怯懦者的优势。造成麻烦的不是大炮，而是他们为了某个党派的利益滥用那至高存在的圣名。(A. D. M-et-L 1 L 357)

虽然这场为期数日的争执并未酿成大祸，但莫莱夫里耶事件的重要性在于，它是 1791 年及其后反法国大革命运动的缩影。在骚乱的早期,对革命爱国派行政官员的敌视与对抗命派神职人员的支持,这两种态度结合在了一起;当地作为少数派的革命爱国者明显依赖于他们在绍莱的强大盟友的支持;工匠和失业者参与了骚乱,他们显然特别敌视当地的资产者官员;至于不在领地的地方领主,其地位是旧制度捍卫者的象征;以及农村人员全副武装,以备在警钟大作时随时响应。所有这些内容都将再次出现,而且是带有报复性的。同时,与安茹其他地区相比,莫日地区更加具备上述所有特征。

面对这些动荡和抵抗活动,省级行政官员必须完成四项艰巨的任务:(1)招募立宪派神职人员;(2)安排和管理对空缺职位的选举;(3)安排各教区中新当选的堂区神甫的就职仪式;(4)支持这些新当选的堂区神甫去对抗教区中心怀不满的人。招募的结果是这些省级行政官员几乎都是在莫日地区之外寻找候选人。由于对选举本身的顾虑,以及对要求选举人宣誓的普遍拒绝,除了革命爱国者之外,其他人都缺席或弃权,这反而使选举变得更加容易(A. D. M-et-L 1 L 364)。不过安排新当选的堂区神甫的就职仪式从一开始就是一个微妙的问题,而且难以实施。立宪派神职人员通过取代旧的堂区神甫,使新政权渗透进了社区。那些退休的堂区神甫无法避免地使当地人意识到了冲突的存在。所有人都认为《公民组织法》及其附带的誓言是无法容忍的,并对它们加以谴责。相应地,所有人也谴责它们的支持者。事实上,很少有人不把这些替代者视作异端分子、分裂者或篡位者。当时,一位即将离任的堂区神甫——勒迈市镇的库朗尼耶,宣扬接替其职位的立宪派神职人员的头衔无效并且玷污了圣礼的执行,而他只是众多这样做的人之一(A. D. M-et-L 1 L 357)。人们敦促年轻人在立宪派神职人员到来之前赶紧结婚,因为他们认为此后结婚还不如不结。莫日地区的立宪派神职人员,因为其前任在布道说教,而他自身的动机又值得怀疑,他的盟友也不得人心,他的到来还对他所在的这个新社区构成了威胁,所以除了麻烦不断,这些倒霉的人想不出还会遇到什么其他事情。民众给莫日地区这两类神职人员贴的惯用标签也反映了民众的情绪。他们称立宪派神职人员为"入侵者"和"不速之客",而称抗命派神职人员为"好教士"。这是一场入侵者与好教士之间的战争。

立宪派神职人员没过多久就明白了自身的处境,甚至在他们动身履新之前,有些人就收到了来自其将要管辖的教区居民的恐吓信,比如利雷(Liré)就发生了这样的事(A. D. M-et-L 1 L 364)。不过,真正的考验还是他们在公众面前的首次亮相。在勒迈,这些新来者遭到了谩骂、诅咒、威胁、驱赶,最后还被扔石头。而在他们离开之后,当地居民发誓要与任何试图帮助他们返回的军队作战。松卢瓦尔(Somloire)的候选人也遭到了痛击。对于许多立宪派神职人员来说,这一次逗留足以说服他们去别处应聘。

对于许多新上任的堂区神甫来说,正式的就职仪式同样令他们心痛不已,不过军队的频繁出现减少了直接暴力的危险。当杜雷神甫(abbé Duret)来到莱塞尔克德莫莱夫里耶时,乡镇上已经聚集了两三百号人,他们拒绝告诉他,谁是当地的市政官员或者哪里可以找到他们。群众叫嚣着让他从哪里来滚回哪里去,并威胁要给他及其随行官员来个下马威。群众对他履职的说教不屑一顾,其中一个无赖还回应道:"我们才不管呢! 当那些人把我们的国王关到监狱里时,你们这些大老爷估计很开心,觉得可以为所欲为了,但他们其实应该把你们这些人关在那里面,甚至毁掉你们。"(A. D. M-et-L 1 L 364)从一开始,对这些"入侵者"的敌意就与对那些试图将大革命的工作强加于农村教区的人——无论他来自社区之内还是之外——的敌意密不可分。

新任堂区神甫的就职仪式只不过是第一步。这些行政官员还要开始深入参与各个社区的事务,捍卫立宪派神职人员并为其争取支持。省政府通过散布消息、派出代表,偶尔还派遣军队,以示对这些新的神职人员的支持。乍看之下,参加立宪派神职人员所进行的弥撒可被视为革命爱国主义的表现,而在革命爱国的行政官员与普通公民眼中,这只不过是又一个立宪派与新政权紧密结合的例子(参见 A. D. M-et-L 1 L 749,1 L 1018,1 L 1162)。事实上,正如两位调查员——加卢瓦(Gallois)与让索内(Gensonné)——向国民议会汇报的那样,"革命爱国派"成了那些参加立宪神职人员弥撒的人的一般代称,而贵族派则成了那些不参加这种弥撒的人的一般代称(*Réimpression De L'ancien Moniteur*,12 Nov.,1791)。简而言之,宗教问题立即变成政治问题,并在全民范围内制造了分裂。

在立宪派神职人员走马上任时,许多地方政府依然试图用权力在革命爱国派与非革命爱国派之间维持平衡。尽管这些新任的堂区神甫们可以获得革命爱国派的支持,然而在许多社区中,这意味着他们只有屈指可数的朋友,却要面对一大群敌人。虽然在阵营界限划分清楚之后,只有少数神职人员从一个阵营转移到了另一个阵营,但地方政府的构成发生了很大的变化,而这对立宪派来说有利。这一变化是伴随着一大批抗命派神职人员辞职而发生的,有一份报告称,曼恩和卢瓦尔省有 2/3 的市政当局成员宣布卸任(de la Gorce,1909—1911:II,355)。一些辞职的人是温和派和革命爱国派,他们在面对威胁时选择战略性撤退,而大多数辞职的人则是公民中的重要人物,他们单纯是拒绝与这些"入侵者"的就职典礼扯上任何关系。令人惊讶的是,许多人递交辞呈的原因集中在"市政官员必须进行公民宣誓"这一貌似微不足道的问题上,他们所拒绝的宣誓与抗命派神职人员所拒绝的宣誓如出一辙。正如我们将会发现的那样,在 1791 年,贵族正式退出政治舞台的一个重要因素是,他们不愿意在没有明确表示拒斥《公民组织法》的情况下进行公开宣誓。

当这些辞职行为无法导致社区政府垮台时,非革命爱国派的官员们往往会蓄意破坏立宪派的努力成果。科基耶（Coquille）被选为博普雷欧的堂区神甫，由于他在与省领导大量的书信往来中，留下了诙谐地描述自己这段艰苦岁月的文字，因此最为人熟知。他当时买不到特定的宗教仪式所需的装饰品，也找不到侍从帮助他进行弥撒，甚至拿不到工资。在赴任一段时间后，科基耶在信中写道："在圣主日和复活节三天假期中的经历使我得以向你们表明，博普雷欧市政当局可能是法兰西王国中最为反对立宪派堂区神甫的。"（A. D. M-et-L 1 L 364；参见Port，1888：I，416—421）当然，他是错的。因为在其附近，其他市政当局甚至把教堂的钥匙藏了起来，或者把立宪派神职人员从他的牧师住宅中赶了出去。

这些活动大多只是消极抵抗，许多行为甚至打着合法的幌子。不过也有许多地方官员刻意地直接妨碍这项法令实施的例子。1792 年的新年夜，在特雷芒蒂讷上演了滑稽的一幕。当地的堂区神甫在信中对此事做了如下描述：

> 今天，即 1792 年 1 月 1 日，我动身去履行作为堂区神甫的职责。晚祷颂唱得很顺利。结束后，我回到家，上了楼。当我出现在窗前时，广场上的每个人都在朝我喊"*trut，truts*"（"入侵者"的简称）。在这些呼喊声中，我仓促离开，逃到了自己的地窖里。就在这时，客厅的窗户被人开了两枪，有三块玻璃窗被打碎了。我的侍从和前镇长勒鲁瓦先生（Mr. Le Roy）的侄女从客厅死里逃生。我来到通往法庭的门口，向民众询问究竟是谁开的枪。他们回答说没有人知道。我的随行人员中一位名叫奥利维耶（Olivier）的人拉着人群中一个人的胳膊，把他带进了牧师住宅，并且说道："哈哈！你要赔偿这些窗户！是你开的枪！"（那人）回答说他什么也不知道，然后溜走了。除了忍受所有这些罪行，自担任特雷芒蒂讷的堂

区神甫以来，我还受到了污辱甚至虐待。然而出于心中的善意，我一直忍辱负重。尤其是上周四在特雷芒蒂讷的郊外，当我动身前往绍莱时，有人向我投掷石块。还有两个特雷芒蒂讷的本地人，一个名叫库埃（Couet），一个叫作布鲁阿（Broua），我在每周三都会听到他们在我住所的花园门口叫骂。（这些事件）充分说明了这个教区的所有居民都对我报以犯罪的意图，而市政当局也没有什么意向去反对他们。因此，我请求绍莱的行政长官们现在对我进行保护。我请求他们利用他们的权威，并派出一支武装力量和一名特派专员，让这个处在反叛的、完全与宪法为敌的教区恢复良好秩序。（A. D. M-et-L 1 L 364）

这件事还没完。国民自卫军被派了过来。几天之后，当地的治安法官（Justice of Peace）就此案举行了听证会。犯人承认他开了枪，但声称他是在"打一只鹅"。而且他还说，枪里几乎没有子弹。基于这些供词，法官驳回了指控，并认为这位堂区神甫根本没有必要把部队带来，还要求他支付劳师动众的费用（A. D. M-et-L 1 L 364，1 L 472 bis）。

以此观之，很少有比这更严重的、围绕立宪派神职人员所发生的动乱。它们一般都是小规模冲突，而非公开的战争。一般来说，地方官员即便存在明显的偏袒行为，也希望能够维持和平。此外，立宪派神职人员能够在当地出现，通常意味着他至少得到了几个有权势的地方革命爱国者的支持，并且在绍莱或舍米耶有一些具有影响力的盟友。1791年5月，该省派出的调查队伍得出的结论是：大部分非革命爱国派市政当局应对立宪派神职人员的政策是，不抵制但也不合作（A. D. M-et-L 1 L 357 bis）。

这种温和的政策将地方官员夹在了堂区神甫的诉求与民众的情绪之间，因为民众对新任堂区神甫的反应总体来说是过激的。自从新任堂区神甫就职开始，教区居民与这位立宪派神职人员的关系就一直在回避与攻击之间来回交替。有组织的抵抗在某种程度上是一种主动回避。堂区神甫会发现人们不仅不愿与他交流，而且不愿为他工作或者卖东西给他。即便有些地方没有发生这种有组织的抵抗行为，立宪派神职人员被孤立——或者说他只能囿于当地革命爱国者的小圈子——这种说法也是完全成立的，因为他的教堂几乎没有人去。

最常见的攻击方式是叫嚣、讥讽、咒骂、挥拳和扔石子等传统形式。妇女和儿童是这场游戏的参与者，而男人们则会参与更为严重的威胁或直接冲突。攻击的标准做法是，在立宪派神职人员举行弥撒时进行抗议，在外头大声喧哗，以及把垃圾、废弃物扔进教堂。在圣康坦-昂莫日，有人在教堂前面涂满了动物内脏（A. D. M-et-L 1 L 364）。就连安葬仪式也会被打扰。拉塞吉尼耶尔的立宪派神职人员加诺（Gasnault）就报告说，当地的护柩者拒绝进入教堂，带着遗体从教堂的台阶一路小跑到墓地，又跑出墓地，留立宪派神职人员一个人在那里，任由一群小孩子嘲笑（A. D. M-et-L 1 L 364）。而在圣朗贝尔-迪拉泰，教区居民不仅在没有任何提醒或受到允许的情况下将死者埋入墓地，还偷偷溜进教堂敲响进行这些临终圣事的钟声（A. D. M-et-L 1 L 364）。

全方位干扰堂区神甫的圣职工作的下一步是对他们进行公开的示威和威胁。如我们所见，在新的堂区神甫抵达并就职之前，这些游行示威活动就已经开始了，而这些活动持续不断，并在选举活动和节假日等特殊场合愈演愈烈。那些恶毒的"笔杆子"往他们的新牧师住处的门缝里塞满了言辞粗鲁的警告信。例如，圣欧班-德吕涅市镇的立宪派神甫贝纳尔（Besnard）在给省政府的信中就附上了两张在当地居民中流传的小条子。其中一张是一幅简笔画，上面画着一个脖子上套着绞索的人，并附以标注："把贝尔纳绞死，上帝也会同意的。"另一张写着：

你们都知道贝尔纳不是圣欧班-德吕涅的堂区神甫,只有布蒂克先生(M. Boutiqui)才是我们唯一的神甫,所以贝尔纳只不过是入侵者、强盗、小偷、分裂者和叛教者。而我们,先生们,我们当中谁要是相信他,就会犯下和他一样的错误。有一首曲调悠扬的新歌以贝尔纳为主题,其词曰:

真正的基督徒们,哭泣着看他来到你们中间;

我们必须相信一位假牧师;

但他没有权力,也不会被我们真正的主教接受。

要问是谁给了他这个位置?

那是一位和他一样的入侵者。(A. D. M-et-L 1 L 364)

这些攻击行为除了语言暴力之外,还伴随着身体暴力的威胁。圣伊莱尔-迪布瓦(Saint-Hilaire-du-Bois)的堂区神甫别无他法,只能在报告中说,他的教堂司事被告知要在两周内离开这个镇子,否则就会被杀死;而蒂涅的堂区神甫也报告称自己有性命之危,他与他的随从从来不敢手无寸铁地出门。

然而,人们为什么要在这个事情上纠缠不休呢? 长话短说就是,莫日地区的农村人给予了立宪派神职人员以充分的、历史悠久的"待遇",就像当地农村社区对待不速之客那样。面对这些无休止的纠缠,立宪派神职人员几乎无计可施。一些人写信给政府高层,详细陈述了他们的申诉并寻求帮助;一些人甚至要求国民自卫军到当地"维持秩序"。但总的来说,他们对政府(甚至是对革命爱国派市政当局)无力改变农村人的这些做法而失望透顶。

这些新任堂区神甫尝试了各种办法,但最终无计可施,因为莫日地区有许多抗命派神职人员,立宪派神职人员却很少。因此,没有任何副堂区神甫会去帮助这些新任的堂区神甫。直到1791年末,许多堂区神甫周围依然是那些未被替换的抗命派神职人员,而非对他们友好的立宪派神职人员。由于人手严重不足,省政府只好采取权宜之计,迅速关闭了一些教堂。

教区的重新划分激起了人们的强烈不满。重新划分教区的标准流程是搬走圣物、取下钟楼上的大钟以及正式关闭教堂,并将教区居民的监护权和教堂圣物的保管权移交给临近的立宪派神职人员。这些举动中的每一个都打击了莫日地区人民对地方的忠诚,激起了强烈的抗议。拉福斯德蒂涅花了两个月才召集了一支足够强大的武装,战胜了阻止移走教堂大钟和装饰物的人群(A. D. M-et-L 1 L 360)。在朗德蒙,拉雷维利埃-勒波本人在看到那些聚集起来的人群的规模,听到他们说话的语气之后,对自己第一次尝试领导关闭圣索沃尔(St. Sauveur)的教堂的行动有了更为深刻的认识(A. D. M-et-L 1 L 976)。合并教区这一行政举措,不仅丝毫没有提高立宪派神职人员或革命爱国者在农村中的地位,反而使他们遭到一大群被取代的抗命派神职人员的包围。

抗命派的宗教活动

抗命派神职人员虽然被取代了,但他们并非无所事事。当立宪派神职人员在空无一人的教堂里举行弥撒时,抗命派神职人员却迎来了大批的民众。根据查桑的说法,拉罗谢尔主教曾发布指示,让这些抗命派神职人员在被正式取代后继续传教。当然,他们中有许多人确实把这项工作继续了下去。起初,教区居民只不过是换到了附近尚未更换堂区神甫的教堂,要么去参加与他们相熟的教士所举行的宗教仪式,要么在那个教堂中参加由他们自己的堂区神甫举行的宗教仪式。然而,伴随着立宪派神职人员和被关闭的教堂的数量不断增加,这种做法变得越来越困难。于是,一些抗命派神职人员便在那些被关闭、废弃的教堂或者私人的小教堂中举行弥撒。然而随着革命爱国者的警惕性越来越高,立宪派神职人员的声势越来越大,这种做法也变得愈发困难。虽然直到那场反法国大革命运动爆发时,抗命派神职人员依然在使用这些小教堂或小礼拜堂,但伴随着时间的推移,越来越多的弥撒被放在私人住宅、谷仓、空地等革命爱国者不太可能找到的地方进行。尽管这些宗教仪式并不像教区教堂中的那样会定期、正式地举行,但当地居民对它们的热情反而更高,而且经常有很多人参加。这种秘密弥撒让莫日地区的宗教生活带上了一丝阴谋的味道。大多数人或多或少参加过这些弥撒,因而,大多数人受到了这些被取代的教士的思想启迪。

抗命派神职人员通过地下活动,在正牌教堂的阴影之下建立了一个幽灵教堂。他们不仅进行布道和弥撒,还继续进行施洗、告解,履行正常教士的职能。可以肯定的是,他们将葬礼仪式留给了立宪派神职人员,也很少主持婚礼仪式,不过莫日地区大多数人的宗教服务还是由抗命派神职人员提供的。对于一些人来说,每周在教区教堂碰头一直是一个非常固定和重要的仪式,但这种对常规秩序的破坏不断地提醒他们,他们生活在一个脱节的时代。

洗礼仪式尤其成为新旧教士之间的问题。人们并没有停止生儿育女,而且莫日地区的人民总是不辞辛劳地在孩子出生不久之后就立刻送到教士那里受洗,但是立宪派神职人员没有为任何孩子施洗。因此,立宪派神职人员理所当然地得出了结论:一定有别人在为新生儿施洗。助产士承担了很大一部分的工作,因为他们总是会为那些不大可能存活下来的孩子施洗,而当时这类孩子的数量似乎格外多。不过,当地的抗命派神职人员也会为新生儿举行受洗仪式,同时教导人们,参加立宪派神职人员的洗礼是弥天大罪。由于出生记录和教区记录在过去是一起统计的，这种做法不仅扰乱了官方的记录存档，也抢走了立宪派神职人员的"生意"。立宪派神职人员想出了一个临时的解决办法，那就是召集部队来"感化"群众。1791 年 6 月，在当地革命爱国者的带领下，一小股部队在圣乔治-迪皮德拉加尔德挨家挨户地搜寻新生儿及其父母，并把他们带到教区教堂中进行非自愿的洗礼（A. D. M-et-L 1 L 357 bis）。在类似的搜查中，国民自卫军的成员多次成为这些新生儿的教父。但是，这种方法并没有让立宪派神职人员或国民自卫军受到农村人的欢迎。

随着莫日地区的宗教活动逐渐转入地下，公共和私人的传教活动逐渐增多。塞夫勒河畔圣洛朗的传教士，即"穆罗丹"（Mulotin）*，过去总是在特殊场合才出来传教，但是在 1791 年的大斋节期间，似乎到处都有他们的身影。他们对《公民组织法》及其拥护者的攻击引发了省和行政区政府官员的强烈谴责。正如曼恩和卢瓦尔省的官员后来在给其旺代省的同僚写信时所说的那样：

他们在我们省逗留的这段时间内到底发生了什么？2/3 的市政当局成员递交了辞呈，财产税的前期工作中止了，更换拒绝宣誓效忠的教士以及安排新职员（即堂区神甫和副堂区神甫）就职也变得不可能了。事件在发酵，威胁也更猛烈，人们有理由担心会发生流血事件。我们不想看到你们沙朗地区的麻烦在我们的领地里上演，我们也没有忘记在我们省的蒂利埃、圣克雷斯潘、莫莱夫里耶和沙蒂永等地发生的叛乱。（A. N. F7 3695[7]）

---

* 对法国传教士蒙福尔（Montfort）的圣路易-马里（Saint Louis-Marie，1673—1716 年）的追随者的称呼。——译者注

这些"穆罗丹"在宣扬不与立宪派神职人员合作的同时，还散发自制的通告传单，诋毁被他们称为"入侵者"的那些人的宗教资质，并告诉人们如何在不诉诸后者服务的情况下履行自身的宗教义务（其中一些传单的原件，参见 A. N. D xxix bis 39）。虽然这些传教士很快就被迫转入地下活动，但这场首次由"穆罗丹"引发的骚乱依然使革命爱国者措手不及。

无论革命爱国者采取什么方式抵制这些活动，有一种公开的宗教活动形式在继续发展，那就是朝圣。与上述传教活动类似，这也是一个适应了新形势的来自旧制度的习俗。几个世纪以来，莫日地区的信徒们在一些特定的日子里会隆重地列队行进至某些特定的小教堂、路边的十字架或其他圣所。1791 年，信徒的数量和"特定的日子"的数量开始疯狂增加。据报告称，到了当年年底，几乎每晚都有成千上万的人聚集在那些最受欢迎的场所（A. D. M-et-L 1 L 364，1 L 367）。

报告中提到的一些集会场所就是抗命派神职人员进行秘密弥撒的地方。然而，朝圣却是另一回事。来自特定教区的参与者们聚集在一面旗帜或者十字架下面。传统上，如果立宪派神职人员已经占领了那个教区的教堂，那么人们会在旗帜或十字架上面镶饰黑色的绉纱。人们通常一边点着蜡烛，一边跟着领队吟唱传统的赞美诗，一起穿过乡间小路来到神圣的聚会场所。下面是 1791 年 11 月拉波姆赖的当地革命爱国者看到的场景：

> 两三百名男女老少跪在地上，他们面前摆放着一个木质的十字架，最靠近十字架周围的地方，有三个人手持蜡烛……这些人中间有雅克·加佐（Jacques Gazeau），他是住在拉波姆赖乡镇中的木匠。他吟唱了一首《主啊，请怜悯我》（*Miserere mei，Deus*），而所有聚集的人都应和着他的歌声。（A. D. M-et-L 1 L 364）

随着这种朝圣活动越来越频繁，人们也越来越频繁且有组织地对新政权表露自己的敌意。1791年8月，贝勒丰坦、圣洛朗和莱加尔德举行了一场特别集会，以此作为"祈祷天主教回归"的标志。这些朝圣活动尤其令莫日地区诸城市的领导人感到不安，因为该地区的每个城市附近都有一个大型集会点，而朝圣者的愤怒很多是冲着这些城市及城中的国民自卫军去的。沙洛讷城对距其约5千米的圣洛朗-德拉普兰的集会提心吊胆，而绍莱城则对距其约10千米的贝格罗勒的集会惶惶不安（A. D. M-et-L 1 L 368）。这些担忧并非杞人忧天，因为越来越明显的是，白天举行示威游行反对立宪派神职人员以及干涉地方选举的人，与晚上去参加朝圣的人，其实是同一批人。

在圣洛朗-德拉普兰发生的那场众所周知的故事，可以说概括了在莫日地区发生的大部分事情（参见 Guinhut，1909）。那里的圣母慈恩教堂长期吸引着虔诚的信徒前去膜拜。从1791年6月起，朝圣的人数开始激增，而当地教区的格局也已成型。7月，沙洛讷的雅各宾派谴责圣洛朗地区"充满了狂热主义"，并且特别指出那座小教堂中的集会对法律和秩序构成了威胁。当时，有些晚上去那座教堂集会的人群甚至超过了1 000人。在当地国民自卫军于8月24日驱散了那里的午夜集会之后，圣弗洛朗区又专门派出了一支小分队去拆除那座小教堂。然而不久之后，据说朝圣者瞻仰的圣母玛利亚在附近的一棵橡树上显灵了，朝圣者激增至数千人。于是，圣弗洛朗区开始定期派遣监督者赶赴现场，而此时人们注意到监督者身上开始全副武装。越来越多的围观者从更远的地方赶过来想要一睹圣迹。1791年11月，一批一批的人从普瓦图和布列塔尼来到了圣弗洛朗，瞻仰那棵圣母显灵的树……并振振有词地威胁当地的革命爱国者。1792年3月，拉雷维利埃-勒波和他的朋友们在试图将莫日地区的人们转变为革命爱国者的一趟旅途中，在那里碰到一群对他们充满敌意的人。拉雷维利埃-勒波和朋友们在那里的所见所闻给了他们很大启发，几天之后他们又返回到那里，准备砍掉那棵神圣显灵的橡树。这个行为不可能取得成功，因为圣母玛利亚只是在附近的树上再次显灵，就又有一大群人前赴后继地赶到圣弗洛朗，一边走一边发泄他们对革命爱国者的不满。

1791 年 8 月后，朝圣活动疯狂地增加。到次年 4 月，根据当地人激动的描述，有四五千人定期聚集在尚佐，他们不仅分发弹药，还为抗命派神职人员成立了一支武装卫队（A. D. M-et-L 1 L 365）。我们不需要逐字逐句地在档案中寻找确切的数据就能够认识到，这些朝圣的人群已经开始带有叛乱的色彩。

这些大规模运动的发生离不开抗命派神职人员的合作。他们中有许多人继续宣扬立宪派神职人员的主张是非法的，而信徒们有义务和这些人划清界限。到 1791 年末，反立宪派神职人员的小册子在莫日地区广为流传，助长了抗命派神职人员的气势。此外，抗命派神职人员还以身作则，直接去反抗新政权。

在被取代之前，抗命派神职人员的标准做法是阻挠其临近教区中已经就职的立宪派神职人员所作的一切努力。抗命派神职人员拒绝接受这些临近教区颁布的结婚预告 *，拒不向立宪派教区汇报新生儿的受洗人数，拒不向那些不承诺远离那些新神职人员的民众进行告解和赦罪。这些做法并不奇怪，与"将立宪派神职人员视作罪不可赦的'入侵者'"这一观点并不矛盾。

抗命派神职人员的反抗并不局限于宗教活动。他们针对的是整个新政权的支持者，也就是新政权中的资产阶级行政官员和农村社区中

---

    * 在婚礼前，教堂会公开宣告婚约，以便让公众有机会通过合法的方式提出任何可以阻止这桩婚姻的理由。教会通过这种方式确保婚姻的合法性和透明度。拒绝接受结婚预告，就相当于不让婚礼如期举行。——译者注

人数不多的革命爱国者。抗命派神职人员通常被指控妨碍地方财税的征收。当他们还在职时,他们经常拒绝宣读法国大革命期间颁布的新法令。许多公民即便不是受他们煽动,也会因为他们而选择离职或拒绝担任公职。总而言之,抗命派神职人员不仅在布道时鼓吹煽动,还身体力行地从事颠覆活动。

反抗大革命政府最重要的一项活动就是躲藏在农村。曼恩和卢瓦尔省政府颁布的法律和决议五花八门,但不久之后,抗命派神职人员就被法律禁止待在他们自己的教区中。不过,还是有许多抗命派神职人员留了下来,即便他们已经被勒令驱逐出境。讷维的堂区神甫的公开传教持续到1792年,此后他躲了起来,直到反法国大革命运动爆发(Uzureau,1923)。在整个莫日地区,类似的故事一直在反复上演。事实上,这些抗命派神职人员是从那些对他们没那么友好的地区涌入莫日地区的。据报道称,有大量的教士在布济耶聚集,而1791年,位于圣福瓦(Sainte Foy)的小教堂变成了抗命派神职人员的"大教堂"(A. D. M-et-L 1 L 211,1 L 365;Uzureau,1946;Conin,n.d.)。

从法律规定他们对宪法进行宣誓开始,莫日地区的神职人员就一直持公开反对的立场。从革命爱国者的角度看,这些人的态度是不可容忍的,更不要说他们这样做还是非法的。尽管许多社区恳请保留那些尚未被取代的抗命派神职人员,并试图把抗命派神职人员整体划入与"新教牧师"(Protestant ministers,以颇具迷惑性的"宗教自由"为特点)相同的法定范畴。但是,一方面这种做法希望渺茫,另一方面抗命派神职人员也无意将他们的地位合法化。所以那些蔑视这项法令但依然留下来的神职人员,不久便被剥夺了权力,但他们始终非常活跃。

对抗命派神职人员的控制

　　早在 1791 年,大革命的行政官员就已经开始尝试对这些抗命派神职人员进行控制,其方式是强迫他们进行宣誓。在曼恩和卢瓦尔省,那些反对宣誓的人聚集的地方,往往是骚动最激烈的地方。事实上,在整个安茹地区,拒绝宣誓事件发生的概率、1791 年和 1792 年地方政治动荡的发生率,以及 1793 年公开参与反法国大革命运动的发生率之间,存在引人注目的相关性(参见散落在 A. D. M-et-L 1 L 364—368 档案中的报告)。在 1791 年年中,反法国大革命运动在空间上的分布格局就已经形成,但直到当年 5 月,省政府才采取直接措施对这些抗命派神职人员进行控制。5 月 13 日,省政府派出了两名巡回监察员去调查这些动乱的原因。他们不久后报告说,有必要"迅速采取措施以防止这场威胁整个农村地区的骚乱爆发"(A. D. M-et-L 1 L 357 bis)。在被派出的监察员回来之前,实际上省政府已经明令禁止了抗命派神职人员的活动。只要有几个市民提出申诉,省政府就可以把任何教会人士押送到昂热进行监管。在宣布实施这一行动时,省政府明确表示,抗命派神职人员已经变成了他们的敌人:"这些祖国的叛徒似乎誓要毁灭祖国,他们恐吓市政当局,逼迫行政官员辞职。他们煽动、蛊惑那些容易受影响的人去攻击行政官员,毫不尊重这些行政官员或者他们助手的财产。"(Uzureau,1918:267)接踵而来的是一次对"穆罗丹"的擅自袭击,以及对一位著名的绍莱地区的抗命派神职人员的擅自逮捕。从那时起,被限制在昂热的教士人数不断增加。到 1791 年 8 月,昂热、沙洛讷和绍莱的国民自卫军也不断采取行动,打压抗命派神职人员及他们的支持者。

1791 年 7 月 16 日，当此之时，国民议会越来越关注从法国西部地区传来的充满焦虑的报告，于是派出了两位代表——加卢瓦与让索内——进行调查。虽然他们没有进入莫日地区，但他们在临近的旺代省和德塞夫勒省发现了与曼恩和卢瓦尔省的调查员在安茹南部地区所发现的相同的情况——分裂、怨恨、暴力和潜在的反叛（*Moniteur*，10 Nov.，1971）。加卢瓦与让索内提出了许多温和的建议，但巴黎的议会还收到了许多其他报告，这些报告没有那么沉着与平和，而是对巴黎的代表们发出了警告：法国西部的局势就像一座火山即将喷发。古皮约（Goupilleau）在当年 8 月就将下卢瓦尔省南部发生的事情描述为"内战"（Chassin，1892：II，27）。9 月，德塞夫勒省的官员用我们熟悉的"联盟"一词来形容抗命派神职人员及其盟友的行动（Chassin，1892：II，37—38）。迪穆里埃当时驻扎在旺代，他在与陆军部长的通信中经常提到的一个词是"叛乱"（Chassin，1892：II，*passim*）。德劳内在给曼恩和卢瓦尔省政府的一封信中进行了一点自由发挥，他严肃地警告该省议会："如果国民政府不采取雷厉风行的行动，将导致无法估量的不幸后果。"（*Moniteur*，7 Nov.，1791）

虽然有这些警告，但是国民议会在对待抗命派神职人员的做法上，整体上比法国西部地区的革命爱国者更为巧妙。例如，1791 年 9 月，国民议会颁布了对全国政治犯的大赦令，让那些被扣押在昂热的抗命派神职人员回到他们自己的教区，使他们得以继续从事反对法国大革命的工作。莫日地区城市中的革命爱国者和行政区的行政官员不断恳请省政府采取更为严厉的措施，而省政府则不断呼吁国民议会采取行动。1792 年 2 月，在无视君主否决权的情况下，省政府执行了 1791 年 11 月 29 日颁布的法律，拘留了抗命派神职人员并且没收了他们的财产。抗命派神职人员依然没有热切地回应革命政府控制他们的尝试，莫日地区的骚乱依然在继续。

1792 年 6 月，国民自卫军决定先发制人，把这些被扣押在昂热的教士真正地打入大牢。此时，莫日地区大部分抗命派神职人员为了躲避追捕而东躲西藏。不久之后，该省政府长期致力于驱逐所有抗命派神职人员的计划终于以法律的形式正式落地。9 月，一艘艘载满了教士的船只开始沿着卢瓦尔河顺流而下，向西班牙、荷兰以及欧洲其他地方进发，而其他载满教士的货物的船只则从萨布勒-多洛讷出发。

既然提到了将抗命派神职人员驱逐出境，那就引发了一个有趣的问题：当全面的反法国大革命运动开始时，还剩下了哪些人？根据克鲁奥-拉美里整理的曼恩和卢瓦尔省神职人员名录（E. Queruau-Lamerie, 1899），我们可以对因为被关押或驱逐而不在当地的神职人员数量进行一个最低限度的估算。1793 年年初，从安茹南部地区离开的神职人员占所有在册神职人员数量的百分比如下：圣弗洛朗 25.2%、绍莱 29.8%、维耶 37.2%、昂热 47.6%、索米尔 11.2%，总计 25.1%。也就是说，在 1793 年年初，安茹地区至少有 1/4 的教士（不太可能比这更多）离开了。当然，还在当地的那些教士也足以继续制造麻烦。在索米卢瓦地区，很少有遵守法律的教士被拘禁或流放。然而，在那些不算最能招惹麻烦的地区，不在当地的神职人员数量却最多。要想解释这个现象，似乎要把两个因素组合起来看：当地不仅存在相当数量的抗命派神职人员，还有一群积极且高效的地方革命爱国者。在昂热区和维耶区，革命爱国者与贵族派的力量对比要比莫日地区的更为均衡，因此这两个地区比绍莱区和圣弗洛朗区能够清除更多拒绝宣誓的教士。这一结论与前文有关流亡者的讨论相吻合：在那些抗命派神职人员的捍卫者足够强大的地方，抗命派神职人员显然不会逃离。

这些发现解释了一场有关旺代之乱的古老辩论。许多空想家（ideologues）对这场反法国大革命运动描述是，它只不过是坚定地捍卫

好教士,以反对国民公会的邪恶意图。共和派的历史学家们贬低宗教
在整个事件中的作用。阿尔贝·索布尔追随乔治·勒费弗尔的脚步,
指出旺代地区的农民"在 1792 年没有采取任何行动去拯救他们的好教
士,使后者免于被驱逐"(Albert Soboul,1962:246)。不过有三点值得
注意:(1)在安茹南部反对大革命的地区中,绝大多数堂区神甫没有被
驱逐出境;(2)对教士的拘禁和驱逐事实上的确引发了一些地方性的骚
乱,但这些骚乱并非同时发生,也没有机会联合成一场严重的叛乱;
(3)在1791 年和 1792 年,抗命派和立宪派神职人员的选择无疑是分裂
安茹南部地区人民首要的公共问题。宗教问题确实很重要,好教士也
的确很重要。但是旺代之乱的辩护者所犯下的错误是,他们直接把这
种论述转变成这场反法国大革命运动的原因、动机和理由(参见 Tilly,
1963)。

子区域之间的差异

　　1791 年至 1793 年安茹南部地区爆发宗教问题的地方主要集中在
莫日地区。瓦尔和索米卢瓦地区对这些事件的报告基本上都是否定
的。绍莱区的通信内容主要是对抗命派神职人员的处理非常困难,但
在索米尔区的信件中,这些内容却很少出现(A. D. M-et-L 1 L 206,1
L 211)。这些省级官员完全意识到了这种反差,他们的行政长官在给
绍莱区的信中就曾写道:"贵区存在本省中最为反对立宪的教士,他们
就像凤凰一样,能够在自己的灰烬中浴火重生。"(A. D. M-et-L 1 L
206)最重要的宗教问题涉及以下几种类型:(1)抵制教会地产的出售;
(2)拒绝宣誓效忠宪法;(3)攻击立宪派神职人员;(4)地方政府支持宗

教改革的措施以失败告终;(5)群众对抗命派神职人员的依附;(6)非法的宗教集会。这些在莫日地区都是相当棘手的问题,但未给瓦尔和索米卢瓦地区的革命爱国者带来烦恼。因为总体而言,在瓦尔和索米卢瓦地区,他们的立宪派神职人员得到了其所需要的支援(参见 Gallard,1960)。

当然,一个最基本的事实是,瓦尔和索米卢瓦地区相对来说没有那么多抗命派神职人员。一方面,在莱永河附近的地区之外,只有少数几个堂区神甫需要被替换,其余的堂区神甫都还留在他们的教区中。另一方面,那里的抗命派神职人员可以轻易地被孤立、围攻和替换。

安茹南部地区各子区域之间的差异如下。在莫日地区,从 1791 年年初开始,围绕宗教问题的紧张局势就在不断加剧,危机也接踵而至;在瓦尔和索米卢瓦地区,在宗教方面遇到的困难很少,由它们引发的冲突分歧也没有明显增多。在莫日地区,反对派的声势在稳步壮大;在瓦尔和索米卢瓦地区,抵抗运动却没有取得成功。

在瓦尔和索米卢瓦地区,爆发教士和宗教问题的地方几乎都集中在莱永河与卢瓦尔河的顽固角落:莫泽、索尔热洛皮塔勒(Saulgé-l'Hôpital)、圣欧班-德吕涅、沃克雷蒂安、马蒂涅、瑞涅(Juigné)以及格雷齐莱(参见 A. D. M-et-L 1 L 364—368)。但即便是在这些地方,局势也更多是划分明确的、势均力敌的派系之间的冲突,而非一大群宪法之敌把少数立宪派神职人员及其辩护者们吞没。

我们没有理由认为,安茹南部地区的子区域之间的这种差异是一个简单的“道德”与“不道德”的问题,或是在这条小河某一侧的神职人员天性是否良善的问题(无论读者选择偏向哪边)。我们完全有理由认为,这其实是一个我已经花了大量篇幅描述过的,社会组织差异的问题。

我把这些差异归结为社区组织的问题。在这里,教区,即社区的宗教方面非常重要。1789 年后,莫日地区和瓦尔和索米卢瓦地区在宗教方面的发展历程非常不同,这可以被视为基本相似的外部影响对不同社会组织形式产生影响的重要过程。我们可以清楚地看到,这个外部影响是新政府影响宗教组织的各种行为。这些使莫日地区产生变化的尝试因为以下几个事实而显得至关重要:(1)这些外部影响来自社区之外,其中最重要的是巴黎的立法者和昂热的行政官员的行为;(2)它们得到了当时从法国大革命中似乎获益最多的群体的支持,这个群体垄断了对教会土地的购买,而更进一步的变革则很有可能提升他们的权力;(3)它们在地方革命爱国者的煽动下,在商贸城市的武装力量(国民自卫军)的协助下,由这些城市中的资产者贯彻实施;(4)它们直接挑战了教士在社区中的地位;(5)教区教士对这个挑战的反应可能会直接危及社区,并导致社区出现明显的分裂。问题的关键在于,一方面,莫日地区的神职人员尽管受到了严重的挑战,但有能力对此做出回应,而他们社区中支持法国大革命的那些人没有足够的能力去镇压他们。另一方面,这也是大多数关于旺代之乱的历史研究会忽略的一点,即在农村,有足够多的法国大革命的支持者使关于宗教问题的讨论保持在狂热状态。

立宪派教士之所以是"入侵者",是因为他与其他来势汹汹的外来者结盟,并试图改变旧有的秩序。立宪派教士立即变成了宗教改革的外因,变成了这些宗教变革的根源,变成了对旧堂区神甫的威胁以及地方革命爱国者胜利的化身。难怪后来叛军在绍莱附近俘获了两位立宪派神职人员——特雷芒蒂讷的罗宾(Robin)与绍莱的拉克罗勒(La Crolle)——之后对他们说,他们两位是一切麻烦的根源,因为他们进行了宣誓(A. D. M-et-L 1 L 103)。

问题的另一方面在于,抗命派神职人员被视作一种生活方式的捍卫者,并最终被视作殉道者。人们对这些好教士的支持与他们对大革命、大革命的工作及其代理人的普遍拒斥密不可分。因此，在那场反法国大革命运动初期被捕的许多人都说，他们猜测自己之所以被捕，是因为对待抗命派神职人员非常友好。

正是在这种由宗教问题引发的骚乱的背景之下，从 1791 年开始，对莫日地区的管制变得越发严密。这并非一蹴而就的。党派的形成是一个稳步持续的过程，到 1791 年中旬，不同党派的成员身份才得以明确。而在此期间，不同党派之间的敌意一直在持续增加，他们的组织也在持续发展，直到爆发了那场反法国大革命运动。人们在 1791 年采取的立场相当持久，一直延续到 1793 年叛乱后的很长一段时间。我们可以根据这份富有启发性的文件——共和七年《旺代省在公共安宁方面的政治状况》(*État politique du département de la Vendée sous le rapport de la tranquillité publique*)（A. N. F⁷ 3695⁷）——绘制一份关于叛乱激烈程度的地图。人们所采取的这些立场不仅划分了支持和反对法国大革命的区域界限，还标志着几乎每个社区内部都会出现的分歧，也正是这种内部分裂使这场反法国大革命运动的发展历尽艰辛。

当然，本章所讨论的内容已经超出了狭义的教区的范围，它还涉及了邻里关系、地方经济和市镇问题。这是因为困扰安茹南部地区的公共问题在很大程度上与宗教改革有关，而且退一步说，无论从社区的哪个角度开始进行分析，对社区组织的其他方面进行考察都不可避免。不过，关于宗教问题的讨论还远没有把旺代之乱的起源问题彻底交代清楚。我们还不清楚这些支持或反对法国大革命的党派是如何招募或组织起来的，也不清楚还有哪些其他的恩怨情仇可能加剧了莫日地区中的冲突，更不清楚这些权力斗争究竟采用了何种形式，以及旺代人民又是如何叫嚣着不满走向公开叛乱的。总之，所有这些混乱究竟如何演变成了一场政治危机？

注 释

1. 本章中的大部分材料摘自 Tilly，1958：Ch. 7；Tilly，1959。

2. 读者可能会对这个史学问题感兴趣，即考虑如何厘清反映神职人员情绪转变的相关证据。读者无论如何都必须考虑到 1790 年下半年省级政府和地方政府在制度和人员方面都发生了巨大变化，而这恰恰是神职人员从大革命中抽身的时候。这些"变化"的意思如下。(1)一个比临时委员会更具革命性的政府上台了，而它肯定对神职人员的任何不忠的嫌疑都更为敏感。(2)一个更加全面和高效的政府组织建立了从新当选的市政官员到国民议会的牢固的沟通和代表渠道。这通常意味着堂区神甫作为地方政治的主要传达者的角色终结了，并可能使那些对改革并不感兴趣的堂区神甫更难以用华丽的辞藻去代替革命的行动。(3)政治报道的数量(通过留存下来并最终被分类保存到档案中的文件来体现)大幅增加，各省档案馆中 C 系列(旧制度的档案)与 L 系列(革命政权的档案)之间的对比清晰地说明了这一点。上述任何一个变化都有助于营造一种在 1790 年下半年发生了巨变的假相。难道是这些档案跟历史学家们开了个玩笑？

3. 这些数据描述了对要求宣誓的第一反应，但有两个限定条件：(1)在宣誓之后一两天之内收回誓言的神职人员被记为"拒绝宣誓"；(2)最初并未表明立场，但在 1791 年某个时候正式接受或拒绝宣誓的人，按照后一次决定进行分类。资料来源：A. D. M-et-L，series L and Q；Queruau-Lamerie，1899；Gruget，1902；Uzureau，1915；Uzureau，1923；Uzureau，1925。参见 Tilly，1959：183。加拉尔对 1791 年 5 月底整个索米尔区的估计(Gallard，1960：148)显示，各类神职人员中"未被要求"因而未下决定的那部分人的比例实际上要高得多，而决定接受宣誓的比例也要高得多。如果这些估计正确的话，那么各子区域之间的差异甚至可能比我所指出的还要大。

4. 这与政权更迭之后收入的增减没有明显关联：在可获得相关必要信息的 157 名堂区神甫中，1790 年收入在 200 里弗赫以下的人中，有 36%的人宣誓效忠，而收入在 2 000 里弗赫及以上的人中，有 32%的人进行宣誓。这个细微差异完全是由索米尔区收入较高的堂区神甫们拒绝宣誓的倾向所造成的，其他地方则没有这种趋势。汇编自 A. D. M-et-L 16 Q 80—156。

5. 资料来源：A. D. M-et-L II F 1，1 L 357；Port，1878：II，619—623；Port，1888：I，121—123；Uzureau，1924；Savary，1824：I，32—33；Walter，1953：8—9。

第十二章　政　治　危　机

法国大革命初期的动荡深深影响了安茹南部地区每个社区中的教区关系、邻里关系和地方经济。不过，这些冲突和变革的焦点，还是在市镇。经济上的不满、个体间的恩怨、地方上的争斗以及宗教上的分歧，最终都汇聚到了权力斗争上。

我之前已经试图表明在法国大革命初期，经济和宗教的发展如何与政治勾连。不必对邻里关系进行单独的讨论，因为其中很多内容是根据社区生活其他方面的可靠信息推断出来的。虽然亲缘、友谊和私仇无疑在地方派系招募人员的过程中发挥了重要作用，但从本质上说，我们无法有效地追踪它们独立产生的普遍影响。更重要的是要认识到，法国大革命期间，邻里关系并没有像教区、经济或市镇那样产生直接影响，而社区中人们之间的亲疏远近也无法解释我们所关注的、暴力性的政治动乱。

法国大革命的新政策

显然，法国大革命不但"冲击"了市镇，而且往往对市镇产生了深刻影响。然而,法国大革命对地方政治影响的具体程度和形式取决于市镇本身的性质。例如,杰弗里·卡普洛认为,法国大革命并没有在埃尔伯夫(Elbeuf)引发剧烈的政治变革或冲突,因为上层商业资产阶级已经无可争议地取得了在这座制造业城市的控制权(Jeffry Kaplow, 1962)。同样,法国大革命的到来也只是巩固了资产阶级在这些安茹南部城市中的统治地位,在一定程度上,也可以说巩固了他们在瓦尔和索米卢瓦整个地区的优势地位。与此同时,主要是因为法国大革命的号召力与它带来的利益的影响都是不均衡的,法国大革命不仅激起了城市与农村之间的敌意,还激起了参与城市活动最多的人群与其他人之间的敌意。

对于单个社区来说,法国大革命通常意味着权力组织的重大变革。政治生活规范化的程度不断加深,这一进程加速了政治与社区中其他活动的区分,并促进了政治专家(political specialist)的出现。教士、贵族等精英职位的传统基础受到冲击,而这为能够在大革命政府和市镇之间站稳脚跟的新的精英阶层提供了机会。尤其是这些冲击给莫日地区的资产者提供了扩大自身权力的机会。此外,1787 年以来法国社会各阶层发生的大量、剧烈的变化,也让农村人意识到了国家政治与其地方社区活动之间的联系,而这些变化也有助于地方事务的政治化。

从 1791 年到 1793 年,这些变化在莫日地区意味着一场政治危机。

这场政治危机和宗教危机存在许多共同之处。政治危机或许出现得更早一些,但一样经历了地方上的博弈操纵、不同党派的形成以及反法国大革命的群众退出官方组织这几个阶段。支持法国大革命的教会虽然赢得了旧制度中的那些教堂建筑和头衔,但失去了所有的宗教权威。类似的事情也发生在莫日地区的革命政府身上。后者抹去了传统政府的正式痕迹,但也失去了政治权威。

我们之前已经顺便考察了法国大革命对地方和地区政府结构的初

步的重新安排。至少在原则上,这种安排是一套理性的、连贯的、专门的、非传统的制度(参见 Godechot,1951:72—108)。1789 年年底,改造之后的市镇的蓝图已经完成。除了安茹南部地区那些大型的市镇之外,其他市镇都已经成立了市镇委员会,它一般由 1 名镇长、2 名市政官员、6 名"知名人士"(notable)和 1 名没有投票权的市镇行政长官组成。市长和市政官员负责管理市镇,服从行政区、省和国民议会的命令;市镇行政长官则被模糊地寄予捍卫国家和公民利益的期望;而在一些特殊情况下,那些"知名人士"也会被召集到市镇委员会中。

选民范围也被重新定义。事实上,选民被分成了三类:消极公民、初级积极公民(first-degree active citizen)和二级积极公民(second-degree active citizen)。第一类人不能投票;第二类人可以投票,但不能担任公职;第三类人既可以投票,又可以担任公职。在 1787 年之前,所有的家庭户户主都可以参加市镇议会。后来,在临时委员会制度下,担任公职需要符合严格的要求。就三级会议而言,大部分 25 岁以上的纳税人有资格投票。而 1789 年年底的这些新规定比三级会议的要求更为严格,不过比 1787 年的规定宽松一些。1790 年,初级积极公民的主要识别标志是缴纳相当于 3 天及以上工资的赋税;二级积极公民则是缴纳相当于至少 10 天工资的税赋。这里的"1 天工资"是根据当地的日工工资计算的。在安茹南部地区,日工每天的工资从 10 苏到 18 苏不等。这样做的后果就是剥夺了穷人和无产者的投票权。1791 年年末,这些小型市镇中关于二级积极公民的标准又发生了变化:个人必须拥有价值 100 天劳动成果的财产,或其耕种的土地价值超过 400 天劳动成果。最后,在 1792 年秋季的选举中,这一整套的区分都被取消了,大多数 25 岁及以上的成年男性可以进行投票。在此之前,初级积极公民只能投票选举市政官员和选举人。选举人本身必须是二级积极公民,而正是由他们组成议会,定期选出行政区、省和国家的官员。

选举法的烦琐细节反映了一个重要的内涵:直到 1792 年的变革为止,穷人完全被剥夺了选举权;而除了富裕的公民之外,其他所有公民也被剥夺了部分的选举权。根据法律上的定义,积极公民不包括破产者、流浪汉或仆人,而根据财产上的定义,他们也不包含许多日工和工匠。

不过这一结论并非不言自明。布瓦得出的结论是,这些限制几乎没有把萨尔特地区任何符合资格的独立选民排除在外(Bois,1960b:223—245)。他的分析不仅非常细致,而且他所依据的文献也远比我们所获得的安茹南部地区的文献多。尽管如此,我们还是有理由认为,安茹南部地区有相当一部分潜在选民被这些财产要求挡在了投票站外。

之所以这样认为,其中一个理由是安茹南部地区的积极公民人数与总人口(即不是仅有成年男性,而是包括了所有男性、女性和儿童)之比远远低于萨尔特地区。萨尔特地区的这一比例约为 15%,而在我们能获得的 1790—1791 年安茹南部地区 19 个市镇的完整投票名单(A. D. M-et-L 1 L 444)中,这一比例为 11.7%。第二个理由是,1790年安茹南部各行政区报告说有相当多的人缴纳的税款少于 3 天的工资(A. D. M-et-L 1 L 402)。以每一百家庭户为单位计算,各行政区的相关人员比例如下:绍莱区为 46.6%、圣弗洛朗区为 28.4%、昂热区为 25%以及索米尔区为 21.9%。在这一群体中的所有 25 岁及以上的成年男性,肯定是被各行政区报告中所提到的绝大多数,他们都被剥夺了选举权。认为被剥夺了选举权的人数相当多的第三个理由是,与为本书准备的职业人员分布比例的估算(见附录一)相比,上述投票名单上的日工与纺织工的人员比例相对较小。

当然,这些发现并不能真正解释是否有许多人被剥夺了选举权的问题。因为我们所讨论的投票名单大多是 1791 年编制的,当时有大量选民拒绝登记,而这可能已经开始对全体选民产生影响。无论如何,这些证据都是间接的。最好的方法是在直接比较人口统计、纳税名册和投票名单的基础上得出结论。所以,我们只能初步断定,1790—1792年的选举法对穷人不利,而安茹南部地区可能有 1/4 原本符合条件的选民被排除在外。一方面,这些被排除在外的人中有很大一部分可能是日工和工业型工匠。另一方面,只有极少数大型农场或中型农场的农场主——他们通常为其租赁的土地缴纳超过最低标准 5 里弗赫到 10里弗赫的税收——受这种经济门槛限制而被禁止参与投票。这个法律的主要作用似乎是将工薪阶层排除在投票站之外,更不必说,这也就是把他们排除在二级积极公民的选举大会之外了。

不仅选民的范围受到限制,市镇之外的公职也是有限制的——尽管从技术上说,其受限程度不及选举本身。就三级会议而言,所有选民都有资格参加。1790 年的法律规定,只有缴纳相当于当地至少 10 天工资的税赋的公民才有资格担任大部分的公职,而只有缴纳至少 50 里弗赫的税赋并拥有一定财产的公民,才有资格担任国民议会的议员。1791 年选举法的变更使所有积极公民都有资格参与选举(尽管县以上的投票实际上依然局限在二级积极公民中),而 1792 年的改革则废除了积极公民和消极公民的区别,使大多数男性无论贫富,都有资格参选公职。

上述选举法对担任省级公职的人数和类型都有严格的限制,而在实践中,可选举的人员范围更是无法避免地受到限制。正如所有从曼恩和卢瓦尔省派去巴黎的代表都是资产者一样,几乎所有的省议会成员和省检察官也都是资产者(Bodinier,1888;Uzureau,1902)。此外,这些省级官员一般都出身于曼恩和卢瓦尔省的大城市,而且是出身于这个环境中最杰出、最富有的那一群资产者。简而言之,他们通常都是城市资产阶级中的佼佼者。

在三级会议期间,安茹第三等级选派的 10 位代表都是这个城市资产者圈子中的成员，他们在行政管理方面经验丰富，雄心勃勃，热衷于改革，而且嫉恨贵族。这群人是行政队伍的核心，他们几乎立刻就接管了省政府，并将重要职位牢牢地掌握在自己人手中，在法国大革命初期，他们多次变更职位，但几乎没有发生什么重大变动，他们一直占据着省里的高级职位。

在行政区一级，职位的变动可能更多一些，但资产阶级成员的集聚现象也一样多。这些职位的竞选者与省级和国家级职位的竞选者一样，也就是说，在行政区这一级，他们还是从自己人中选择公职人员，而且始终选择那些富人。除了 1790 年当选的一名教士和一位著名的叛逃贵族之外，1790 年至 1793 年期间，绍莱区的行政官员队伍是清一色的资产者。绍莱区的官员主要来自商人和公证人，索米尔区则更倾向于从律师和行政人员中选取官员（Uzureau，1945，1947）。

省级和区级行政官员的人员构成，是曼恩和卢瓦尔省政治史中的一个重要现实。一方面，这些官员都是"老手"。他们中的大多数担任过行政职务，其中许多人还曾经在王家政府部门的地方分支机构中任职。另一方面，他们又是"新人"。他们现在担任的职务，在过去一直都是贵族的"禁脔"，但现在这些职位不再对宫廷，而是对巴黎最重要的资产者团体负责。也就是说，这个资产阶级，在长期与贵族和神职人员的争斗中，通过他们的启蒙运动和教育，借助他们新近获得的权力，肩负起引导曼恩和卢瓦尔省进行法国大革命变革的职责。对于该省来说，这就意味着实施《公民组织法》、分配税务，并最终组建军队和维持秩序。对于其下辖各行政区来说，这尤其意味着教会地产的出售、征收税赋、让革命爱国者担任公职以及镇压那些不合作的市镇。

县一级的选举并不直接由任何行政机构组织，而是由选举人负责相应的工作，并由这些选举人去推选行政区和省的官员。这一级的选举非常有趣，因为它们有足够多的人员参与，而且足够"接地气"，能够反映日常政治的一些实质性内容。

　　大多数县有四五个市镇,这些市镇虽然规模很小,但足以充分体现地方上的团结或竞争。虽然在更高级别的议会选举中也会出现大量的操纵选举和竞选拉票活动,但是在各县和市镇的选举中,这些党派更早形成,并发生了极为激烈的争斗。1790年的选举没有引发大规模的骚乱,而1791年和1792年的选举则经常引起愤怒和混乱。例如,在1791年6月舍米耶的选举中,革命爱国者(以城市为大本营)和他们的对手(主要来自舍米耶周边的农村)之间的争吵持续了整整两天,双方都威胁要蓄意捣乱(A. D. M-et-L 1 L 321)。来自圣索沃尔的无选举资格的选民强行闯入了在朗德蒙召开的选举大会,绍德丰的国民自卫军驱散了从圣欧班-德吕涅赶来参加县选举的"不被接纳的选民"(A. D. M-et-L 1 L 349)。

　　类似的驱逐事件也发生在旺代省的圣拉德贡德小堂(Chapelle Sainte-Radegonde)。一大群勒布瓦德瑟内(Le Bois-de-Céné)的居民蜂拥而至,闯进了在这个小教堂中举办的选举会议。他们中许多人没有资格投票,因为他们交的税太少,也因为他们没有报名参加国民自卫军。这群人袭击了一支被派来维持会议秩序的战斗部队,并解除了后者的武装。对一位勒布瓦德瑟内的日工——让·普佩(Jean Poupet)——的审讯记录如下:

　　　　他被问到,他和上述教区的其他居民是否决定不去参加这个会议。

　　　　他回答说,很多人告诉他每个人都必须去,但他本来并不打算去。

　　　　他被问到,在圣拉德贡德小堂的门口是否遇到了一些麻烦。

　　　　他回答说,是的。

他被问到,是什么引起了麻烦。

他回答说,之所以会遇到麻烦,是因为他们没有召集教区中所有的公民,甚至那些富裕的居民也没有来,他们不愿意在小教堂举行会议的时候让公民们进去。(A. D. Vendée L 1726)

事实上,他们之所以被拒之门外,是因为他们是革命爱国者的敌人,此事尽人皆知。自 1790 年底以来,他们一直在圣拉德贡德小堂附近挑起有关宗教重组的争端和反对资产者的暴力性事件。(参见 Chassin,1892:I,215ff.)

后面这些案例所涉及的一些问题,反映了 1791 年和 1792 年政治操纵的一些特点。来自圣索沃尔和布瓦德瑟内的公民都被视为没有选举资格,原因之一是他们没有报名参加国民自卫军,这在莫日地区是个通病。来自圣欧班-德吕涅的"不被接纳的选民"拒绝按标准流程进行公民宣誓,对宗教问题也没有明确的保留意见。宣誓变成了一个棘手的问题(参见 de la Gorce 1909—1911:II,386)。从形式上看,宣誓不过是对民族-国家效忠的简单声明,但人们普遍认为它等同于神职人员决定自身命运的誓言。在 1791 年的选举中,雅莱县的选举团体就因为拒绝宣誓而丧失了资格。后来,该团体的领导人抱怨说:"有人用阴险的手段让他们相信,在提名其选举人之前进行(官方)所要求的宣誓,这就等同于放弃了他们的宗教信仰,(因此)他们中的绝大多数人拒绝宣誓。"(A. D. M-et-L 1 L 323)在后一年雅莱县的选举中,这个问题再次出现,导致除了少数革命爱国者之外,其他所有人都退出了议会(A. D. M-et-L 1 L 324)。贵族派逃避宣誓的这种企图是 1792 年勒迈县选举期间争论的主要焦点(A. D. M-et-L 1 L 324)。无论是在雅莱还是在勒迈,革命爱国派都试图利用贵族派拒绝宣誓这一点来剥夺他们的投票资格。在反革命分子明显掌控局势的地方,比如 1792 年的克利松,常见的反击手段就是"假定"在场的所有人都已经宣过誓了。不过,总体而言,这两个要求——宣誓和登记参入国民自卫军——的后果是让那些最不可能投票支持"好革命爱国者"(good Patriot)的积极公民心灰意冷。

我们不妨看看这些县级选举到底选出了哪些人。我从各种资料来源(尤其是 A. D. M-et-L 1 L 321—324;Uzureau,1903,1915,1930,1945,1947)中整理出了三级会议中的市镇代表名单和县议会选出的选举人名单,并尽可能地注明了他们的职业身份。通过对投票名单、人口普查、教区登记簿和其他一些资料的搜索,我们可以确定这些名单上大约 80% 的人的身份。表12.1列出了每年在每个行政区中,那些能够被识别出的人员的职业分布情况。这些市镇代表和县级选举人在一定程度上代表了安茹南部地区的地方政治活动家。不过就后面几年而言,许多地方的名单似乎更像是杰出革命爱国者的名册。所以,这个表格提供了有关三个问题的信息:(1)在安茹南部地区正式的政治活动中最活跃的那一群人的身份;(2)政治参与的变化;(3)各行政区之间的差异。

关于这些政治活动家最显著的一个事实是,他们当中究竟有多少人是资产者? 在每个行政区以及每个时段,占当地总人口不到 1/10 的资产者拥有超过半数(有时甚至超过了 3/4)的代表席位。在其他群体中,唯一拥有大量代表席位的是大农户,但他们存在的时间并不长。在拥有众多商人和制造商的绍莱区,商业资产者占据了主导地位,但在其他区中,律师、医生、公证人和官员则胜过这些商业资产者。

从 1789 年到 1793 年的变化同样值得关注。在原则上,我们应该忽略任何细微的百分比差异,因为这些差异是基于过小的数据量以及对职业身份信息的不完整识别得出的。尽管存在这些限制,这个表格依然给我们留下了一些重要的发现。1789 年,贵族和教士几乎没有资格代表自己的市镇。在此之后,贵族们也几乎不再正式参与政治活动。

表 12.1　1789—1792 年县级代表的职业分布

行政区	明确职业身份的代表所占的比例															
	绍莱区				圣弗洛朗区				维耶区				索米尔区			
年份	1789	1790	1791	1792	1789	1790	1791	1792	1789	1790	1791	1792	1789	1790	1791	1792
贵族	—	1.6%	3.6%	1.7%	—	1.7%	0	0	—	0	0	0	—	0	0	0
教士	—	6.4%	1.8%	5.0%	—	13.3%	3.4%	14.6%	—	2.0%	2.0%	5.3%	—	0	4.4%	5.6%
大农户	39.2%	14.3%	3.6%	8.3%	31.0%	18.3%	8.6%	0	11.3%	4.1%	5.9%	13.2%	23.3%	11.4%	1.5%	7.7%
其他农民	0	0	0	5.0%	0	0	0	0	3.8%	2.0%	1.9%	0	4.6%	0	0	1.9%
商业资产者*	32.4%	44.5%	44.7%	50.0%	21.4%	13.3%	24.1%	9.8%	41.5%	34.7%	35.5%	34.2%	32.6%	25.0%	33.8%	26.9%
其他资产者	19.6%	25.4%	25.4%	28.3%	31.0%	40.0%	43.1%	43.9%	29.3%	36.7%	43.1%	39.4%	24.0%	56.8%	53.0%	48.1%
工业型工匠	2.0%	4.8%	4.8%	0	1.2%	6.7%	5.2%	7.3%	5.7%	2.0%	2.0%	0	2.3%	2.3%	2.9%	1.9%
其他工匠	2.9%	1.6%	1.6%	1.7%	7.1%	3.3%	12.0%	19.5%	4.6%	12.3%	9.8%	7.9%	6.2%	2.3%	2.9%	3.9%
其他职业人员	3.9%	1.4%	1.4%	0	8.3%	3.4%	3.6%	4.9%	3.8%	6.2%	0	0	7.0%	2.2%	1.5%	4.0%
确认身份的人员总计	102	63	56	60	84	60	58	41	106	49	51	38	129	44	68	52
未确认身份的人员总计	13	7	7	9	21	14	8	25	12	15	8	19	22	45	32	46

注：*含客栈老板。

与此相反,教士(1791年和1792年他们都是立宪派)的作用却日益增加。工匠群体的代表人数(他们从未掌握过大量职位)则保持相对稳定。

最重要的变化出在农民和资产者这两个群体。在参与三级会议的市镇代表中,农民占有重要地位,但他们的人数在1790年迅速下滑,1791年再次下降,直到1792年才恢复了一些席位。农民因为退出或被排斥出议会而失去席位的现象并不奇怪,但他们在1792年部分地恢复了席位,这个现象就很难解释了。这也许和当年投票限制的放宽有关。无论如何,农民退出了公职队伍,而资产者则加入其中。资产者担任公职的人数比例从一开始就大大超过了其人数占总人口的比例,而且随着法国大革命的进展,他们所占的比例实际上还在增加,尽管在1792年他们确实遭遇了挫折。

表12.1中的这些行政区之间的差异既不明显,也不一致。或许这样说比较稳妥:(1)整个瓦尔和索米卢瓦地区的资产者在法国大革命中掌控公职的时间要早于莫日地区的资产者;(2)农民代表权的丧失在莫日地区比在瓦尔和索米卢瓦地区更为显著。到1792年,安茹南部近3/4的选举人和更高比例的公职人员是资产者。只有圣弗洛朗区是个特例,那里的立宪派教士和工匠在选举人中的占比不同寻常得高,但即便在那里,大革命政府的主人也是资产者。

在市镇,尤其是莫日地区的市镇中,资产者的统治地位就没有那么稳固了。此外,当我们深入单个市镇层面时,我们开始意识到,“资产者=革命爱国者”这个大致有效的等式其实并不完全准确。诚然,革命爱国者的力量是由资产阶级主导的,大部分的农村革命爱国者也是资产者。但有一小部分资产者是反革命的积极分子,而还有另一群人则尽可能扮演“温和派”的角色,这也是事实。不过,我们还是有理由继续从社会阶级的角度讨论社区内部党派分类,这主要基于以下事实:地方上的革命爱国者经常由农村商人和官员打头阵,他们当中很少有农民或贵族,而他们积极的反对派则经常由大量农民、教区教士和部分地方工匠汇聚而成。

市镇之内

省、行政区和县,这些行政区划都是新鲜事物,而市镇则是被翻新过的古老机构。法国大革命市镇的第一批官员于 1790 年年初的选举中产生。积极公民参与了投票,并应该在二级积极公民中选出相应的官员。但事实上,这一规则经常被忽视,主要原因是农村市镇中缺乏二级积极公民。在莫日地区,这种既有资格又有能力当选的人物十分少见。在积极公民中,只有极少数人能够写自己的名字;而即便在前面分析过的投票名单中,也只有 1/3 的人会写自己的名字(A. D. M-et-L 1 L 444)。几乎没有人具有保管记录和解释政府技术性指令的经验。此外,足以成为积极公民的农民都在经营农场,他们没有闲暇和精力去抄写法条、参加会议和审议地方的税收。例如,据说伊泽尔奈(Yzernay)的所有积极公民都活得像秘书:"作为一个经营农场的耕作者,他必须像老板一样对他的工人们发号施令,并且把所有的时间都花在他自己的营生上。"(A. D. M-et-L C 187)那些有资格担任公职的工匠情况也是如此。这样一来,剩下的就只有资产者、贵族和教士了。

资产者从一开始就在到处谋求,并且最终获得了市镇官员的职务,尽管通常只有在商业活动最活跃的地方,他们才最为成功。在莫日地区,几乎没有一个地方出现过贵族担任市镇官员的情况(这多少有点辱没门楣了),尤其是在 1790 年以后。不过在许多地方,教士们会出任当地的市长或检察官,而且在农村地区,他们是 1790 年各地的市镇委员会的成员。博普雷欧区的退休官员曾怀疑,是否还有其他人能够胜任市镇的技术性工作(A. D. M-et-L C 186)。

这就是 1790 年的情况。不过,市镇委员会的人员组成并不像省或行政区议会那样稳定。到 1791 年,教士已经不再担任公职了。到 1792 年,凡是革命爱国者具有影响力的地方,非革命爱国者都销声匿迹了。在资产者出没的地方,资产者的控制权越来越大;而在革命爱国者出没的地方,革命爱国者越来越多地将公职把持在自己手上。

这种成员变化绝非不易察觉、渐进或平静的。它是激烈的冲突、不断的明争暗斗以及最终许多非革命爱国者退出这一系列事件的结果。革命爱国者较早在城市中取得了胜利,但即便是在城市中,他们同样面临着市镇内部这种争权夺位的斗争。

正如我们所看到的,1790 年不仅出现了一些派系斗争,还出现了一些后来的选举斗争的先兆,但直到 1791 年,党派之间公开的竞争才变成了地方选举的规则。1791 年 11 月,宗教问题爆发之后的第一轮常规市镇选举举行。这些选举充满了火药味。圣索沃尔-德朗德蒙的贵族派心怀不满,他们与抗命派堂区神甫结盟,试图通过破坏由朗德蒙的革命爱国派所控制的市镇选举,重演他们在之前的县级选举中取得的成功(A. D. M-et-L 1 L 204)。在县议会中被讨论得沸沸扬扬的那些法规细节,即登记参与国民自卫军和接受公民宣誓,在市镇中同样引发了激烈的讨论。在拉普兰,一大群人听到了一名裁缝和一位客栈老板发表了反对"民主派"的煽动性言论,然后他们愤怒地包围了镇长的住宅,因为镇长在选举前的最后一刻拒绝让他们报名参加国民自卫军。这些群众自己进行了非法的选举,而且就是选举那个客栈老板为镇长,然而区里拒绝接受性质如此恶劣的选举(A. D. M-et-L 1 L 349)。在莫泽,人数占优的革命爱国者试图让一个省代表出席他们的选举,以此迫使被选举人宣誓,从而排除反对派。他们说,只有这样才能挫败只选举贵族派的阴谋。但事实上,在他们的要求被无视之后,当选者是一个"以其毫无爱国之心而闻名的"叫巴塔尔(Bâtard)的人。在拉普瓦特维尼耶尔——那里几乎没听说过有什么革命爱国主义精神,当地的市政官员坦率地报告说,他们不愿意执行宣誓仪式。理由解释起来也很简单:

> 如果我们要求进行法律规定的宣誓仪式,那么我们不可能在本教区中找到一个在没有任何限制的情况下自愿宣誓的公民。这不是为了逃避法律——所有拉普瓦特维尼耶尔的公民都声称自己遵守法律——而是为了避免因市政长期荒废而引发骚乱,所以我们开展了新一轮的提名。(A. D. M-et-L 1 L 204)

1792 年底,新的"自由与平等"宣誓(oath of Liberty and Euqality)再度引发骚动和分裂,许多市政当局成员辞职(Port,1888:II,38—39)。就像早先神职人员不得不做出决定一样,公开宣誓的要求甚至迫使那些骑墙派明确了自己的立场,从而加速了全体民众分裂成为对立的两派。这个宣誓使地方的党派冲突具象化了。

立宪派教士的任职,迫使人们不得不关注并投身于地方政治。这些立宪派神职人员刚到任,就虔诚地参与地方选举。于是,这些选举就变成了反对宗教改革和控诉当地革命爱国者的场合。1791 年 11 月,在拉波姆赖,夜间游行大规模地频繁出现,这表明了当地人对新政权的强烈不满。在当月的市镇选举中,终于爆发了混乱。一群不守规矩的市民对立宪派教士大喊大叫,抗议后者列席会议。据当地的革命爱国者称,其中领头的叫嚣者正是那些夜间游行活动的带领人(A. D. M-et-L 1 L 349,1 L 364)。当时,宗教问题和政治问题已经变得密不可分。一个人对其中一个问题的选择也就决定了他对另一个问题的选择。

我们可以看看勒迈进行市镇选举时的动荡背景。勒迈这个乡镇是一个重要的纺织业中心,是众多纺织工、商人和制造商的家园。在他们当中有一群坚定的革命爱国者。不过,勒迈也有很多积极的贵族派。1790年年初的纺织业危机给这个社区带来了沉重打击,许多工人已经开始嘀咕要威胁政府(A. D. M-et-L C 187)。1791年年初,勒迈的镇长勒布勒东(Lebreton)在试图宣读《公民组织法》时,遭到了人们的嘲笑,还有人向他投掷石块。在接下来几天的骚乱中,有一半的市政官员辞职,而这位镇长也开始受到生命威胁(Port,1888:I,119—120)。该省的巡回调查员很快就听到了当地革命爱国者(主要是资产者和工匠)的申诉,他们说抗命派教士在煽动勒迈的居民。他们的堂区神甫——库朗尼耶神甫——公开宣扬反对宗教改革,反对这些改革者(A. D. M-et-L 1 L 357)。到了年中,根据另一组巡回调查员的说法,整个社区被分成了两个势力不相称的阵营,一边是堂区神甫的支持者,另一边则是革命爱国者(A. D. M-et-L 1 L 357 bis)。那年夏天,赶赴距离勒迈乡镇不到4千米的贝勒丰坦修道院的朝圣之旅变得异常火爆,据说,在8月20日的那一周,有整整12 000人去了那里(A. D. M-et-L 1 L 367)。到了年终选举的时候,竞选双方主要是革命爱国者对阵占据压倒性多数的贵族派。勒努(Renou)作为当地屈指可数的革命爱国者,讲述了自己对这场选举大会的印象:

> 革命爱国者不得不把这次大会看作一群违反《公民组织法》的宗派暴徒的集会,后者在大厅的每个角落都重复着:"不宣誓! 不宣誓! 没有公民会去登记报名,没有人会加入国民自卫军! 我们不需要这样做,是的,我们会为了保护国王和法律而拿起武器。"当

然,他们指的是旧制度和旧宗教,因为他们是这样宣誓的:"我发誓
会忠于这个法律,忠于法律和国王。"这就是这场大会的主席像一
个慕道友(catechumen)一样所作的宣誓。他也不可能在宣誓中念
到"国家"之名,因为他们对它充满恐惧。这就是我们不屑一顾的
对手的狡黠、谨慎之处。在这个所谓的"市政当局"中,您会发现,
有许多人是那些差不多半年前从上一任市政当局中辞职的人。在
这里,您会发现它具有所有彻头彻尾的贵族或无政府主义的特征。
(A. D. M-et-L 1 L 203)

这些人数占优的贵族派不仅成功地在投票时没有进行可怕的宣
誓,还选出了他们自己的候选人。革命爱国者宣称,这场选举的会议记
录被(据他们说可能是堂区神甫)篡改了,其目的是让人觉得一切井然
有序。

这是贵族派的一次短期胜利,但这些早先辞职,现在又回到市政当
局的官员又要重新面对他们当初面临的那些问题。如果勒迈和莫日地
区其他地方的选民都致力于解决这些问题,那么这些有资格担任公职
的人也必须如此。他们越发不得不在以下三个选项中做出抉择:(1)忠
实地执行法国大革命的法律,但这会招致当地人民的愤怒;(2)颠覆或
抵制这些法律,但这会招致该地区革命爱国者和上层官员的愤怒;
(3)不担任公职或退出公职队伍。他们寻求折中的机会越来越少。
1791 年间,一些市政官员通过辞职解决了他们的问题。还有许多有可
能当选为市政官员的人则避开选举大会,拒绝参选。起初,曼恩和卢瓦
尔省将市政官员配置方面的困难归咎于农民缺乏能力、害怕承担责任
(A. N. F¹ᶜ III M-et-L)。如果他们真的这么想过,那么也很快就会打
消这个念头,因为一个又一个的市镇接连报告说他们的官员辞职了。
正如旺代省政府在 1790 年 10 月的报告中指出的:

> 一般来说,(辞职或退选)是为了不去任命由人民选举产生的教士……是为了无须被迫在他们的同胞中发表意见,因为他们在表达或者争辩自己的观点时,往往同样会头脑发热。这样做也是为了与那些被不恰当地称为"宗教"争论的事件撇清关系……这些和平但软弱的公民为了避免担任市政公职,放下了公众托付给他们的光荣的责任。(Chassin,1892:II,120)

1792 年底,精力充沛的立宪派堂区神甫科基耶不得不为他自己被选举为市政官员进行辩护,他的理由是报名的选民太少,没有其他候选人(A. N. F.[1C] III M-et-L 10)。因为除了革命爱国者的核心成员之外,其他人都退出了竞选。

这种退选并非普遍现象。在一些地方,比如勒迈或拉普瓦特维尼耶尔,贵族派得以继续留任,而这阻碍了法国大革命的事业。还有一些地方,比如蒂涅和圣朗贝尔-迪拉泰,革命爱国派和贵族派一直在争夺当地的正式控制权。犹豫不决和反复辞职的最终结果是,当地的革命爱国派把持了越来越多的公共职位。

一般而言,资产者在当地越集中,革命爱国者就越能率先控制当地的市镇。极端的案例是城市,因为许多城市根本就没有发生过这种变化。在绍莱,资产者在 1788 年就开始将农民排除出城市的行政机构,法国大革命只不过是加快了这一进程。在舍米耶,资产者一开始就在当地占据着尊贵的地位。

在对莫日地区历次地方选举的研究中,市镇正式组织控制权的这种转移是一个相当显著的事实。我不想夸大这种变化的规律性、不可逆性或共时性。然而,这些变化还是发生了,而且大多数重要的变化发生在 1791 年,这一年也是宗教变革的关键之年。此外,立宪派神职人员的公开支持也是这些变革中最突出的一个问题。社区官员的集体辞职和关于公民宣誓的争论都体现了这一点。但是,地方党派的形成并不仅仅是因为这个问题。早在1790年,资产者的党派就已经开始努力从堂区神甫的手中夺取对市镇的控制权了。无论如何,立宪派神职人员的支持并非随意为之,而是遵循着资产者与教士-农民-贵族之间长期存在的分歧。立宪派神职人员登上地方政治的舞台是一个调动多方利益的关键点,它当然包含宗教利益,但也有政治和经济利益,而这些利益将资产者和市镇的其余成员区分了开来。这还是头一回,资产者获得了市镇之外的政府支持这一优势。即便是1792年选举权的扩大也没有严重影响他们的地位,因为越来越多的贵族派没有行使他们的选举权。

我们回顾法国大革命期间莫日地区的这些选举有两个目的:(1)说明各级政府人员构成的变化趋势;(2)阐明推动这些选举的问题和冲突。如今看下来,政府的级别越高,转变发生得越早。但随着法国大革命的进展,在省、行政区、县和市镇中,政府人员中出现了越来越多的资产者和革命爱国者。此外,政府的级别越高,政府人员从一开始也就越一致,党派斗争也出现得越少。市镇内部围绕上述宗教和政治问题结成了不同的派系,并发展出了最激烈的斗争。

就本书当前的目标而言,市镇和其他的行政机构可以分别作为"内部"和"外部"处理。行政区、省和国民议会为安茹南部地区的市镇塑造了一种政治环境,它使人不断趋向法国大革命,最终走向共和主义。莫日地区的市镇始终没有赶上这种变化,而瓦尔和索米卢瓦地区的市镇在跟随国家政治脚步方面则迅速得多。在莫日地区,在"内部",市镇在不断地应对"外部",这个"外部"为了推进法国大革命的变革而不断向市镇施加压力。

按阶层划分

在市镇内部,阶层划分非常重要。工匠、神职人员、贵族、农民和资产者都是相对独立的群体,有着各自不同的政治史。

有关莫日地区工匠的政治活动的信息很难找到。他们当中有许多人被剥夺了选举权,也很少有工匠担任公职。然而,他们中的许多人领导了伴随地方选举而来的反革命爱国者的游行示威,其他一些工匠则加入了国民自卫军和志愿兵营的队伍。显然,工匠阶层的分裂要比其他阶层更为明显。无论他们支持还是反对法国大革命,工匠们可能都提供了超越其人员占总人口比例的政治活动家。

神职人员在市镇和教区中都占据着精英地位。我们已经充分了解到,法国大革命挑战了他们的精英地位。《公民组织法》干脆禁止教区教士担任行政公职。抗命派的神职人员也自然被禁止担任代表职务。这就意味着,1791 年 1 月之后,莫日地区的教士在法律上不可能担任任何政治职务。其直接后果是,1789 年和 1790 年通常担任社区职务的堂区神甫们在 1791 年彻底销声匿迹了。于是出现了一个"幽灵教会",一个有组织的、企图颠覆政府官方工作的教会。堂区神甫们在一个政府中保住了他们的位置,但是在另一个政府中失去了他们的位置。

对那些选举记录和选举结果的研究很难揭示出贵族所扮演的角色。他们也曾在市镇中拥有精英的地位,尤其是在国家政府的高级官员面前担任市镇的辩护人。这些贵族高级官员的消失,以及一个致力于打击贵族的政府的出现,使地方领主作为社区的内与外、市镇和宫廷之间的中间人职能荡然无存。

从法律上说，贵族本可以在他们自己的市镇中，甚至在其市镇之外谋求职位，他们在 19 世纪就成功地做到了这一点。但事实上，他们并没有这样去做。查桑认为，旺代的一些地方领主们同流合污，"夺取能保持其原有影响力的职位"（Chassin，1892：I，119—120），但几乎没有证据表明他们在莫日地区有这种行动。埃尔贝在博普雷欧能拥有这样突出的政治地位完全是个例外，而且无论如何，安茹贵族身份的捍卫者们都对他的贵族头衔抱有疑义。有一些贵族的确曾经担任国民自卫军的指挥官，但早在国民自卫军成为革命爱国者的政策的执行者之前，他们就辞官离去了。1789 年和 1790 年发生的那些事件废除了贵族所有的法定特权，无论是他们获得公职的特权还是他们在服兵役上的特权。这就迫使贵族去和普通民众争夺仅存的那些特殊职位，但大多数贵族其实并不想参与竞争。当增加了进行公民宣誓的要求后，绝大多数贵族辞去了他们仍在担任的职务（参见 Gabory，1925：I，191ff.）。诚然，有一些大贵族（其中许多人在后来的反法国大革命运动中声名鹊起）直到 1792 年年中被解职之前，一直待在国王的宪法卫队（Constitutional Guard）之中，有些人甚至陪国王走到了更晚一些时候，但更多的贵族则是干脆完全退出了公共生活。

对于许多退出公职的贵族来说，逃回他们的城堡只不过是逃离法国的前奏。曼恩和卢瓦尔省的贵族们很早就流亡了，而且人数还不少（Greer，1951）。对他们来说，流亡有两个好处：一是让他们摆脱了难以忍受的处境，二是让他们直接为反法国大革命事业服务。正如吉博（Gibot）这一贵族家族的官方编年纪所记载的那样：

《教士的公民组织法》和要求神职人员宣誓，给地方带来了一些动乱，而这些动乱正是两年后爆发的旺代之乱的前兆。1791 年 1 月，莫莱夫里耶和蒂利埃爆发了煽动性的运动。人们奔走相告：

> 蒙福孔和圣日耳曼（St. Germain）即将爆发叛乱。那时，吕克-勒
> 内·德吉博（Luc-René-de-Gibot）已不再感到安全。对他来说，流
> 亡的时刻已经来临。（Duhamonay，1942:97）

在大部分的骚乱（它们最终导致了那场反法国大革命的叛乱）期间，莫日地区的许多贵族已离开法国。他们无法直接参与这些撼动了许多市镇的"政治事务"。

即便是那些留守的贵族也很少参与乡村政治。在许多关于莫日地区骚乱的报道中，贵族们最引人注目的地方便是他们的缺席。但这并不意味着他们完全无所作为。像布济耶默莱这样的城堡是抗命派神职人员最喜欢的集会场所（A. D. M-et-L 1 L 364）。而像贝里托·德萨尔博夫（Béritault de Salboeuf）或德拉海耶·德霍姆（de la Haye des Hommes）这样的贵族无疑在谋划反法国大革命的阴谋，以及做着反叛的春秋大梦（A. D. M-et-L 1 L 353）。毫无疑问，鲁埃里侯爵（Marquis de Rouairie）当时正在布列塔尼集结反法国大革命的武装阴谋集团（参见 Goodwin，1957）。德拉勒扎尔蒂埃尔男爵（Baron de la Lézardière）的反法国大革命联络网也很可能从他的城堡拉普斯蒂埃（La Proustière）延伸到了莫日地区。真正的问题在于，这些行动是否与 1791 年和 1792 年无处不在的政治骚乱或 1793 年的那场反叛存在关联。

迄今为止，还没有学者能够发现其中的联系。不是因为没有学者进行尝试。塞莱斯坦·波尔认为，贵族的巨大阴谋制造了这场反法国大革命运动，但这种看法不过是他的一厢情愿。贵族们更多是在白日做梦，而没有谋划什么阴谋诡计。在 1793 年之前，革命爱国者和贵族派两方都曾讨论过反法国大革命运动的问题，甚至当时已经有了一些准备工作：据说，莫莱夫里耶及其附近地区的军事首领斯托夫莱（Stoff-let）在 1793 年旺代之乱之前的几个月就已经囤积了弹药。在叛乱中从

圣皮埃尔-德舍米耶逃出来的两名革命爱国者热内托（Geneteau）和索夏尔（Sochard）也宣称："人们早就能够发现这群强盗土匪为这场运动所作的准备……这群强盗甚至曾多次告诉他们，所有的革命爱国者都将在3月14日被屠杀。"（A. D. M-et-L 1 L 1018）这确实是一个耐人寻味的说法，但没有迹象表明反叛运动具有总体性的统筹协调，即便是当地贵族也没有出面协调。更笼统地说，就我们目前讨论的市镇而言，莫日地区的贵族在反法国大革命党派组织中发挥的作用微乎其微。

对农民而言，情况却并非如此。他们深度参与了这场反法国大革命运动。从大革命一开始，他们就对资产者夺取市镇控制权的努力感到反感和抵触。这些资产阶级行政官员的报告中经常抱怨"乡下人"（*gens de la compagne*）问题。虽然1790年和1791年的法律阻止了部分农村人参加选举，而最富有的农民有时候也会站在资产者一边，但在围绕地方大选的争端中，那些积极的农民却与反法国大革命运动站在了一起。随着对革命爱国者的敌意不断加深，以及担任市镇职务和支持抗命派神职人员这两个行为变得越发水火不容，越来越多的农民退出了对市镇事务的一切正式参与。

农民离开后的空缺往往由资产者进行填补。后者在法国大革命爆发之初就兴高采烈地投身于政治活动了，而新的政府形式也非常适合加强他们在市镇之中的权力，特别是以牺牲堂区神甫为代价。法律赋予了资产者作为选民和公职候选人的身份。在意识形态上，相比于市镇中的其他阶层，资产者与外部的政府改革更加合拍。资产者必须与之打交道的行政官员也是他们的同类。因此，资产者是市镇中最有可能获得外界支持的阶层，而他们在市镇中的行动也最有可能得到外界的支持。他们利用这一优势，不仅使自己登上政治舞台，还加速了他们竞争对手的退出。

党派冲突的模式

当然,政治的内涵远不只是选举和公职。安茹南部地区的党派之争远远超出了偶尔举行的选举大会。各党派的成员实际上是围绕着宗教问题,或者更具体地说,是围绕着究竟支持立宪派还是抗命派神职人员而形成的。党派之间的斗争吸收并且助长了乡镇与其腹地或与临近乡镇之间的竞争,这种教区之间的嫉恨也加剧了朗德蒙与圣索沃尔、莱加尔德与圣乔治-迪皮德拉加尔德、维莱迪厄与拉布卢埃尔、博普雷欧与圣马丁-德博普雷欧(Saint-Martin-de-Beaupréau)的革命爱国者与贵族派之间的敌意(参见 Tilly,1961,1962)。同样,城市与乡村之间自古以来的相互猜忌也滋养了绍莱、舍米耶、莫莱夫里耶、蒙太居或布雷叙尔的革命爱国者与不安分的农村人员之间的敌意。党派之间的分裂也从纺织业失业者的不满中汲取了养分。最重要的是,贵族派与革命爱国者之间的竞争激活甚至激化了所有这些旧有的紧张关系,并且把这些矛盾集中在了这一点上:哪一派能够获胜? 两派之间的分歧越来越大,而其成员身份也变得越来越明确。

1789 年之后,革命爱国者在大量现成的法国大革命象征符号——徽章、歌曲、出版物、口号、自由树——中找到了确认自己身份的标志。尽管缺少欢呼雀跃的观众,农村的革命爱国者依然沿袭了法国大革命的仪式,进行布道、宣讲和庆祝活动。在一定程度上,他们以雅各宾派和科德利埃俱乐部为榜样,通过组建革命俱乐部来表达自己的激情。当然,这主要是城市中的革命爱国者的追求,因为只有像绍莱、蒙让和沙洛讷这样的城市,才有足够的地盘、稳定的治安和充足的人员来组建俱乐部。国民自卫军也是在城市中才能最为有效地组织起来，不过在农村革命爱国者力所能及的地方，他们也组建起了自己的国民自卫军。例如，他们在莱加尔德、沃赞、圣马凯尔、拉泰苏阿勒等地都组建了国民自卫军，这些中心城镇都聚集了相当数量的革命爱国者。在瓦尔和索米卢瓦地区也有许多规模虽小，但忠心耿耿的自卫军。

国民自卫军是一种大革命的、爱国的产物，但有时也会脱离其创造者的控制。在安茹南部地区，法国大革命的支持者通常分为市镇委员会这一温和派与国民自卫军这一激进派。大约从 1791 年年中开始，安茹省国民自卫军的各个部队——尤其是昂热、沙洛讷和绍莱的部队——对贵族派的中心进行了一系列未经授权的袭击，这使得相关市镇、行政区和省政府相当难堪。绍莱的自卫军从旺代省圣洛朗塞夫勒的传教士之家带回了"两个肥头大耳的'穆罗丹'和一沓厚厚的煽动性文件"，从而引发了一次跨省事件（A. D. M-et-L 1 L 366）。在另一个案例中，维耶的国民自卫军在因其不检点的行为而受到行政区的公开指责之后，闷闷不乐地宣布不再服役。他们说："自卫军的职责是制定法律，而非受法律支配。"（Port，1888：I，228—229）1791 年 11 月，莫泽有 2/3 的革命爱国者写信控诉市政当局组建了专属于当局的国民自卫军，并由当局的自己人担任上校，而现在他们正在试图废除革命爱国者的部队（A. D. M-et-L 1 L 566[16]）。1792 年 7 月，戈诺尔的官员坦白，"由于对其他公民产生了威胁"，他们不知道自己的自卫军是否应该在集结时携带武器（A. D. M-et-L 1 L 566[16]）。这些自卫军经常急于逮捕、清洗和打压那些不愿意明确表露革命爱国主义的人。这在法国大革命的这些拥护者中引发了战略上的冲突，但也赋予了他们一个非常重要的控制手段。

正是这些特征使革命爱国者控制了地方政府，并使他们能够成为大革命法律的支持者和受益者，但也使他们在作为行政官员时面临的问题倍增。革命爱国者作为市政公职人员,其主要任务是征收税赋、监督公共工程、管理宗教事务、维持秩序。在这些工作中,他们必须面对顽强反抗、充满敌意的民众。这也就导致革命爱国者很少能在不使用武力的情况下推行命令。革命爱国者奉行积极投身大革命而非妥协的政策原则,这进一步降低了他们不使用武力的可能性。在处理抗命派神职人员和其他"大革命的敌人"等问题上,曼恩和卢瓦尔省在法国大革命期间的政治有一个不同寻常的特征,那就是行政区政府比省政府更不容易妥协,市镇的革命爱国者官员比行政区革命爱国者官员更不容易妥协。这很奇怪,但并非无法解释。因为行政区级官员比省级官员更容易接触到他们的敌人,而市镇中的官员则更是永远无法摆脱他们的敌人。不过更令人困惑的是,这些毫不妥协的市镇官员在他们必须打交道的那些民众面前却最没有权威,也最不可能运用武力去推行他们的命令。不过,在能够动用武力的时候,他们还是调动了国民自卫军和驻扎在莫日地区的小股常规部队。1792年,绍莱区政府明确规定,地方自卫军的职能是"约束坏人,遵守法律"(A. D. M-et-L 1 L 567)。这些部队干预地方政治的通常后果是,当地人民暂时服从,但等部队开拔之后,麻烦反而更大了。

革命爱国者唯一可以利用的说服工具就是他们偶尔派出的法国大革命的特派员或演说家。这些人很少能取得成功。这些使者中最著名的要属拉雷维利埃-勒波,他曾多次出访莫日地区。他最值得关注的任务是1792年4月他和其所属的莫日地区巡回俱乐部(*Club Ambulant des Mauges*)一起执行的。他和他的同伴们身着革命爱国者的盛装,迅速穿过蜂拥而至的反法国大革命的朝圣者群体,然后继续在博普雷欧宣讲法国大革命的信条(La Révellière-Lépeaux,1895:I,93—104;Port,1888:I,322—331)。后来,他们又转移到了舍米耶,并且至少当时"改变"了这座城市。不过这种道德说教的效果并没有持续多少时间,甚至可能使那些已经反对法国大革命的人产生了比以前更强烈的抵触情绪。

我之前强调了革命爱国者对安茹南部地区政府机构的控制日益增强。不过对莫日地区来说,还必须加上另一个因素,那就是虽然控制在增强,但权威在削弱。革命爱国者作为市镇或行政区的行政官员从事相应工作的能力,在其他民众的敌视和消极抵抗中化为乌有。他们哀叹自己孤立无援,对此却毫无办法。他们对这些迹象有着先见之明,在反法国大革命运动真正爆发之前,就已经正确地喊出了它的名字。

这些农村的革命爱国者小团体与其在省、行政区里的盟友之间的通信,颇有一种四面楚歌之感。在蒂涅的通信中,这些革命爱国者抱怨道:"占统治地位的是贵族派,他们强硬地反对五六个革命爱国者。"(A. D. M-et-L 1 L 360)在贝格罗勒的上千居民中,只有 11 个人自称是革命爱国者(A. D. M-et-L 1 L 361)。圣朗贝尔-迪拉泰的少数派也在信中写道:"先生们,我们想问问你们,12 个革命爱国者能够抵挡住 800 个贵族派吗?"(A. D. M-et-L 1 L 349)

在整个农村地区,革命爱国者风声鹤唳,感到厄运即将到来。他们毫不犹疑地谈起叛乱、反叛和反法国大革命运动。1791 年 5 月,蒙福孔周边地区已经成为"叛乱的温床"(A. D. M-et-L 1 L 357 bis),与此同时,革命爱国者还担心"农村地区会立刻爆发一场来势汹汹的叛乱"(A. D. M-et-L 1 L 357 bis)。到了 7 月,该省已经明确接收到了这种信号,其代表写道:"看来他们并没有放弃反法国大革命的计划,他们正在利用你们这个行政区的人民的情绪。"(A. D. M-et-L 1 L 202)革命爱国者听到了战鼓声越来越响,但他们对此束手无策。除了掩耳盗铃之外,他们什么也做不了。

在莫日地区,农村中的革命爱国者身处敌人的包围之中,与之相反,城市中的革命爱国者包围了他们的敌人。正是因为后者,才产生了最初的法国大革命热情,也才使得这种热情延续下去。虽然在这些城市的高墙之内有许多不和谐的声音,甚至有反革命的骚动,但革命爱国者几乎在所有城市中都保持着毫无疑问的控制权。

在他们派往农村的使者中,国民自卫军是最不受欢迎的。沙洛讷的国民自卫军一直致力于维护农村革命爱国者的权利,"但是,他们在莫日地区穿行,导致了所有在沙洛讷正常做生意的人对他们避之不及。我们后来为国民自卫军引起的这种恐慌付出了高昂的代价,因为旺代人对我们的城市深恶痛绝"(Forestier,1900:12)。

绍莱的国民自卫军也行动了。1792 年年中,他们的支援在反法国大革命的农村中遭到了激烈的抵抗。1792 年 6 月,莫日地区的军事勤务兵,布瓦萨尔中尉(Lieutenant Boisard)不得不报告:

> 在本月 24 日星期日,本市(即绍莱)的五名国民自卫军成员出现在勒皮圣博内(Le Puy-Saint-Bonnet)的乡镇,来自该教区和临近教区的约四十人立刻对他们发起了进攻和追击。这些人在距离乡镇约 1/4 里格的地方追上了这五名自卫军,并用棍棒和石头制服了他们。有两名自卫军佩带着刀,这些人夺走了他们的佩刀,并用它们来攻击这些自卫军。直到看见其中两人昏迷不醒,浑身是血,农民们才放弃殴打他们。另外两名自卫军身负重伤,被迫下跪求饶。此外,这些自卫军还被迫退出了革命爱国者的阵营。这些罪犯扯下了自卫军身上佩戴的三色徽,扔在地上肆意践踏,并叫嚣说他们会尽可能地屠杀革命爱国者。(Port,1888:I,437)

鉴于勒皮圣博内是绍莱郊区的一个纺织工场,所以布瓦萨尔中尉提到的"农民"很有可能是纺织工。无论如何,这次对绍莱派出的人员的袭击,只是农村抵抗城市向其输出法国大革命的又一个案例。

莫日地区城市与农村之间的这种不稳定关系由来已久,但直到1789 年之后才迅速加剧。农民与国民自卫军之间典型的争吵打斗以及阻止粮食运往城市,只是农村与城市不断激怒彼此的众多案例中的两个而已。沙洛讷又一次提供了最好的例证之一。

> 1791 年 7 月 4 日,当我路过圣莱赞的乡镇时,在当地的铁匠兼客栈老板普雷沃先生(M. Prévost)的店里停了下来,我发现有四五个年轻人,都是纺织工。他们一边喝酒一边讨论贵族制度。我向客栈老板要了一杯酒,并邀请他和我一起喝。在喝杯酒的时间里,其中一个年轻人说道,要是他碰到哪个民主派,他会用刀刺穿那个人的肚子……我和这个客栈老板聊了一会之后,他问我:"你不害怕吗?我们沙洛讷有五六个教区的居民反对你。"我回答说不害怕,我没听说过这回事,并且就算他们教区中有一万个人反对,沙洛讷的国民自卫军只要派来一百人就能轻松击退他们。就在这时,其中一个年轻人来到我喝酒的桌前,手里拿着刀,嘴里念叨着说,要是他认出哪个民主派,他就要把刀子插进那个人的肚子。于是,我劝这个小伙子赶紧离开,我跟他井水不犯河水,而就在这时,他的朋友们把他拉走去玩草地滚球了。我立刻牵马离开,并告诉客栈老板不要再让任何人说这种话了。(A. D. M-et-L 1 L 365)

要不是这种事件在莫日地区的每个城市附近反复上演,而且越来越频繁,直至反法国大革命运动爆发,上述事件可能不过是发生在圣莱赞的一次喝酒经历而已。

我之所以没有讨论革命爱国者的内部组织,是因为这方面的资料太少了。在每个有人明确表明自己是革命爱国者的市镇里,都有一些个体把这些革命爱国者团结在一起,领导他们制定计划,并激励不坚定的人。这些个体通常负责与其临近市镇的革命爱国者以及莫日地区高级领导人之间的联络。城市革命爱国者根深蒂固的地位使他们对农村的革命爱国者具有很大的影响力。例如，舍米耶的革命爱国者在道义和军事上支持他们在周边市镇——圣乔治-迪皮德拉加尔德、默莱、圣莱赞-多邦斯、拉沙佩勒-鲁斯兰——的盟友，而这些盟友也持续地向他们寻求指导。然而，除了这些一般性的特征外，我们很难拼凑出莫日地区革命爱国者的组织结构。

贵族派的情况也是如此。在每个市镇内部，在革命初期担任公职，但后来辞职的这些人通常都是反对派领袖，其中也包括了堂区神甫本人。同样，这些地方领导人彼此之间也有联系，但是否存在一个与革命爱国派网络中的城市相对应的核心，这是一个有待研究的好问题。无论是革命爱国者还是贵族派，认为他们是一个高度协调、合理有序的组织，都不准确。

不过，缺乏严密的组织并不意味着非革命爱国者比革命爱国者会更缺乏党派的身份认同。首先，"审慎中立"在莫日地区是绝不可能的，虽然据说其他地方的大多数人都是如此（Lefebvre，1924：778）。温和派当时被挤压在革命爱国者与贵族派的夹缝之中。在一个几乎全民都参加教会活动的国家里，人们无法避免在参加或不参加立宪派神职人员的宗教仪式之间做出选择，这使得摇摆不定的人被迫置身于其中的某一个阵营。而在做出决定之后，每个阵营中的那些极端派都要求自己阵营中的人进一步证明自己的信仰，以和另一边阵营划清界限。反法国大革命分子证明自己的形式包括参加秘密宗教仪式、拒绝与大革命权威当局合作，以及极力避免任何与革命爱国主义有关的物品。

有一个迹象能够表明地方贵族派之间的交流日益频繁，那就是"拉普瓦特维尼耶尔的阴谋集团"（A. D. M-et-L 1 L 353）。

1792 年 5 月初，舍米耶市政当局写信给省里说，几天前拉普瓦特维尼耶尔的乡镇上举行了一次不祥的集会,很可能与舍米耶的一个贵族——德萨尔博夫骑士(Chevalier de Salboeuf)从巴黎回来有关。他们说人们还计划在 5 月 7 日举行另一场集会。

这场集会实际在 5 月 8 日于拉普瓦特维尼耶尔的科贝尔咖啡馆(Courbet's café)举行。行政区事先得到警告,派出了一支部队去驱散这场集会。部队及时赶到了会场,发现那里已经摆好了宴席,约有 20 位尊贵的市民在场,包括一些由贵族派控制的市镇官员。有十几人逃跑了,还有一些迟到的人及时离开以避免被捕。剩下的那部分在场的人则被带走审问,但他们坚称只是在那里偶遇,并不知晓这次集会的目的。不过,有一些拉普瓦特维尼耶尔的革命爱国者参与了审问,他们宣称这场集会有三个目的:(1)准备提请驱逐立宪派神职人员和召回抗命派神职人员;(2)摧毁支持法国大革命的俱乐部;(3)在上述目的无法达成的情况下,制定计划以掀起一场反法国大革命运动。此外,这份证词还指出,在这些人第一次的集会上,勒潘-昂莫日的抗命派神职人员就受托起草了一份宣言,该宣言拟于 5 月 8 日表决通过,而德萨尔博夫确实就是幕后的策划者,尽管相应的组织工作是由咖啡馆老板科尔贝做的。最起码,这些集会的参与者计划公开呼吁反对新的宗教体制,甚至可能在考虑大规模地使用武力。拉普瓦特维尼耶尔的这个插曲揭示了在 1792 年中期,莫日地区的反革命爱国者党派已经具备了一定的凝聚力、决心和共同的目标。

虽然反革命爱国者党派越来越趋向于一致,但革命爱国者对政治机构的控制也变得越来越容易,相应地增加了反革命爱国者活动的难度。随着冲突深化,担任公职的非革命爱国者不得不越来越多地无视甚至破坏来自高层的命令。当立宪派神职人员向区里申诉他在市镇中所受到的待遇时,市镇的官员们不得不暗中破坏经常随之而来的调查(参见 A. D. M-et-L 1 L 364—367)。这类行动在铁板一块的市镇中是切实可行的,但当市镇中存在一个声势浩大的革命小团体时,这种破坏活动就变得越来越困难。

省、行政区和市镇中的革命爱国者与非革命爱国者互相对峙,双方都要求市镇官员与其合作的态度也越来越坚决。随着政府对资金需求的增加,不交税的默契也在人群之中蔓延。行政官员因为收不上税而被上级记过,又因为试图收税而被同胞记恨。无论参加还是不参加国家节日的庆典、展示还是不展示大革命的象征物,这些行政官员都面临来自两方的、相互冲突的压力。这些事情虽然无关紧要,但反映出的矛盾同样尖锐。对行政官员来说,执行管理神职人员的法律是重中之重。我们已经看到,许多市镇委员会为了避免安排立宪派神职人员的就职仪式而集体辞职。由于抗命派神职人员逐渐成为省政府的心腹大患,而处理抗命派神职人员的法律也通常变得越来越强硬,因而上层控制抗命派神职人员活动的压力也越来越大,下层维护抗命派神职人员的决心也越来越坚定。对于那些能够掌控立宪派堂区神甫的市镇官员来说,另一个难题是如何在维护法律和秩序的同时,又不显得他们与"入侵者"站在一边。所有农村市镇的官员们都或多或少陷入了这种冲突。革命爱国者一般通过与法国大革命的权威当局打成一片来解决这个问题,少数温和派则处在动摇之中,非革命爱国派则是先尽可能地抵抗,然后辞去他们的职位。

作为少数派的革命爱国者,他们与外来者的结盟本身非常重要。革命爱国者疏远他们昔日的朋友的方式正是他们用来巩固自身在市镇中的地位的手段,而其中最重要的方式是调用国民自卫军和常备军来解决地方争端并镇压他们的敌人。拉泰苏阿勒的国民自卫军在事态危急时,就会要求调用外部的武装力量,以"保护我们勇敢的公民们的安全,他们正以最大的热情维护良好的秩序和宪法"(A. D. M-et-L 1 L 566[16])。蒂涅的革命爱国者在情况更为危急的时候,即在 1791 年和

1792 年,曾经三四次要求从外部调来军队(Sausseau,1900—1901)。部
队的到来是为了使这些地方的立宪派堂区神甫顺利就职,是为了护卫
选举大会、驱散游行队伍、逮捕抗命派神职人员、审问嫌疑人,或者仅仅
是为了震慑民众。仅在 1791 年 8 月,尚佐、博略、茹埃、埃蒂奥、戈诺
尔、德内(Denée)、罗什福尔、圣欧班-德吕涅、圣福瓦、圣朗贝尔-迪拉
泰、舍米耶、贝格罗勒、勒迈、雅莱和其他许多地方都被派驻了士兵
(A. D. M-et-L 1 L 202)。毫无疑问,这些强有力的外部干预加强了农
村革命爱国者与他们在大革命政府部门中的朋友们的团结,但同时,这
些行动也使地方革命爱国者更加声名狼藉,他们被视为"外来者"、干涉
者和城镇居民的盟友。革命爱国派的这种短期利益导致他们陷入与贵
族派斗争的长期苦战。

　　正是这一系列的情势促使我讨论安茹南部地区的"政治危机"。农
村中出现了两个充满活力的、愤怒的、不平等的党派。在瓦尔和索米卢
瓦地区,贵族派一般是不起作用的少数派,但在莫日地区,他们通常是
强大的多数派。在莫日地区,有一大批人与大革命政府的法律、人员和
虚位以待的职务格格不入,这个团体形成了一股合力,试图反对政府代
表在市镇中开展他们的工作。政府失去了权威,而这也就意味着政府
在当地执行其决策时束手无策。

一些地方性案例

　　到目前为止,我对地方政治发展的这些叙述只是泛泛而谈,而且并
没有按照时间顺序排列。因此,仔细回顾一下在莫日地区某个县里发
生的一系列事件,将有助于把这些政治变革放在具体的时空语境中进

行分析。[1]在法国大革命初期,舍米耶约有 1 700 名居民。在与舍米耶相邻的圣皮埃尔-德舍米耶、圣乔治-迪皮德拉加尔德和默莱等农村市镇,还有大约 4 800 名居民。舍米耶这座城市及其周边的一些乡镇是纺织业的二级中心。圣皮埃尔乡镇是其中商业最活跃的地方;圣乔治乡镇的工业和贸易中心则是位于一个名叫莱加尔德的聚居地;默莱则是最偏远的农村地区,虽然它的乡镇里也有一些纺织业,但是很少有商人去那里,而且约有 60% 的成年男性是农民。

舍米耶、圣皮埃尔和圣乔治等地居民活动的差异,体现在 1791 年这些市镇中积极公民的职业分布上(表 12.2; A. D. M-et-L 1 L 444)。

表 12.2 舍米耶各县中积极公民的职业分布

职业类型	舍米耶	圣皮埃尔	圣乔治
资产者			
(1)布匹商和批发商	40	14	11
(2)其他	17	3	0
工匠	71	33	28
农民	46	134	87
教士	3	1	0
其他	17	16	3
未确认身份者	0	1	1
总计	194	202	130

很明显,与其他地方相比,舍米耶的人口更加"城市化"。城市的商业和工业活动促进了农村人员的流动,推动了他们与外界的联系,以及至少在一定程度上提升了他们的受教育程度。舍米耶具有旺代其他贸易城市的许多特征,但其腹地依然是与世隔绝的农业区。

在法国大革命期间,舍米耶是该县革命爱国者活动的中心枢纽,也是指导和鼓励其邻近市镇中陷入围攻的小型革命爱国者党派的源头。舍米耶城中的主要革命爱国者都是资产者,比如蒂贝尔和普雷沃这样的公证人,以及布里奥多这样的批发商。他们从法国大革命之初就非常活跃,并且在当地占主导地位。比如蒂贝尔,他不仅在1789年担任了省三级会议的代表,在市政府中担任要职,后来还担任过省政府议员等职务,而且对舍米耶附近至少六个市镇的陈情书的形式和基调都产生了重要影响(Le Moy,1915:II,32—82)。

舍米耶城中的这些商人和公证人,还有他们在县里其他地方的少数盟友,迅速地占据了大革命机构中的职务,而且几乎形成了垄断地位。舍米耶、圣皮埃尔、圣乔治和默莱的三级会议代表由8名资产者(3名商人加上5名公证人和官员)、5名农民以及1名磨坊主组成。1790年,同样来自这些市镇的县级选举人中,有3名商人、1名公证人和3名农民。到了1791年,则是4名商人、2名非商业的其他资产者、1名帽匠和1名客栈老板。到了1792年,则是4名商人、2名非商业的其他资产者、同一位客栈老板,还有舍米耶的立宪派堂区神甫。在这些年的变化过程中,农民消失了,资产者则变得越来越突出。不过这种模式在上述提及的另外几个市镇的公职中出现了更多变化。默莱是四个市镇中反革命呼声最高的市镇,也是资产者人数最少的市镇(当地的资产者也是最少的)。

身为革命爱国者的资产者获得了这些空缺的职位,但这并不意味着他们的控制范围变得更为广泛,也并不意味着他们在舍米耶城中没有遭遇任何的反对。正如我们所见,1789年,在纺织工匠的活计被断绝之后,该市的方巾和布匹生产一蹶不振,工匠们将自己生活上的困难怪罪于那些布匹批发商和制造商。当地官员在1790年的报告中说:"唯一能赚钱的工作就是为绍莱生产方巾,但两年前,这一行业彻底没落了,导致两千多名劳动者失业。"(A. D. M-et-L 1 L 402)1792年1月初,舍米耶的市政官员表示,他们担心这些失业者会"犯罪无度"(A. D. M-et-L 1 L 349)。因为在此之前的数月间,他们已经目睹了许多暴力的游行示威，而在当年晚些时候，他们又面临一场反对关闭当地两座教堂的群众示威运动。这场群众运动很有可能吸纳了上述穷人和失业者，并给他们提供了一个绝佳的机会去猛烈抨击资产阶级政权。然而一方面，在城市中，革命爱国者以城市主人的姿态去应对这些威胁；另一方面，在偏僻的乡下，革命爱国者只是简单地试图维持他们在乡镇中的同僚们的信仰，并仅试图平息最强烈的反叛之声。

舍米耶的革命爱国者应对农村人员的绝大部分处理方式表明了，革命爱国者与农民这两个团体彼此孤立，而且他们的目标相互冲突。当然，革命爱国者在农村中也有一些坦率的盟友，比如圣皮埃尔的乡镇中就有一些，在莱加尔德还有一个充满活力的革命小团体。相比于他们那些反法国大革命的对手们，这些城市和农村的革命爱国者更清楚地了解他们的共同目标以及保持沟通的必要性。然而当他们试图把法国大革命带到农村中去时，麻烦就来了。

首先，当地的资产者是该县教堂地产最大的买家，而几乎没有农民参与竞标。该县教堂地产的购买者名单中最显眼的几位——布里奥多、普雷沃、波马尔（Paumard）、戴勒和马蒂诺——都是该县革命爱国者的中坚力量（A. D. M-et-L 12 Q 280—281）。除了购买教会地产外，舍米耶的革命爱国者还深入农村，试图让大革命的一系列工作继续进行，但最终无功而返。他们努力确保征收税赋，招募并声援立宪派神职人员。蒂贝尔和马蒂诺安排了自己的儿子担任堂区神甫，为这个地区服务。勒迈的立宪派神职人员在第一次进入该城镇时，被教区居民投掷了石块，而普雷沃和蒂贝尔试图劝说他不要离开，并鼓励说当他再度回到勒迈的时候，一定能够赢得教区居民的拥戴（A. D. M-et-L 1 L 353）。同时，这些革命爱国者还向省里汇报市镇中不合作的官员和出现的可疑事件，比如正是他们向省里汇报了发生在拉普瓦特维尼耶尔的那场秘密集会。此外，舍米耶的国民自卫军以及其他不时驻扎在城里的部队,经常会应苦不堪言的农村革命爱国者之请来到乡下。然而,这些舍米耶的武装力量并不足以维持农村的和平和大革命的秩序。舍米耶的革命爱国者频繁地要求省里和区里派遣军队,这既说明了他们的焦虑之深,也说明了他们所面临的问题的严重性。

革命爱国者尤其关注把那些最明显的反对大革命政权的人——贵族和神职人员——给控制起来。虽然舍米耶县里的三个最显赫的贵族——德拉贝罗迪埃、贝里托·德萨尔博夫以及德拉莱索里尼耶尔(De la Sorinière),其家族成员在 1791 年和 1792 年间曾不止一次受到严密监视,但他们并没有成为革命爱国者的心腹大患,更何况他们中的大多数人在 1792 年的时候流亡了。抗命派神职人员才是最令革命爱国者担忧的那群人。在 1791 年 6 月末,当地的革命爱国者申诉道:"农村里充斥着抗命派教士和其他贵族派……我们几乎是以一敌三十——我们需要一切武器、弹药以及批准使用它们的指令,因为我们已经发现,四面八方的敌人正在为损害公共利益的行为而欢欣鼓舞。"(A. N. F[19] 445)

舍米耶的领导者对其附近默莱的局势有着超乎寻常的关注,因为在默莱,最有名的革命爱国者的儿子——小蒂贝尔——是当地的立宪派堂区神甫。默莱对这位新牧师并不怎么友好。教区居民们向这位蒂贝尔叫骂,用石头扔他,踢打他,对他的侍从动手动脚,把无人照看的尸体扔在教堂门口的台阶上,让他去埋葬,"不分昼夜"地敲打他的宅邸和教堂的大门。小蒂贝尔给了老教堂司事一把教堂的钥匙,让他去给村里的大钟上发条。然而,小蒂贝尔悲伤地报告说:"虽然他原谅这个人错过了弥撒,但无法原谅这个人在钟楼上污辱他这个堂区神甫,并且朝他的院子里扔石头、袭击他。"(A. D. M-et-L 1 L 364)与此同时,默莱的市民们将他们所有的宗教事务都托付给了抗命派堂区神甫及副堂区神甫。尽管旧的神职人员已被小蒂贝尔正式取代,但他们仍留在乡镇中。

在小蒂贝尔的鼓动下，在他实际居住在默莱的五六个月的时间里，舍米耶至少两次派了军队过去。

虽然这位小蒂贝尔在他遇到的所有麻烦中都得了舍米耶革命爱国者的坚定支持，但他并没有得到默莱人民的支持，相反，默莱人民对他避之不及或尽可能地刁难他。1792 年，当蒂贝尔就他的处境正式提出申诉时，勒迈的市政厅同样正式地予以驳回，并声称这位新的堂区神甫自己才是麻烦的制造者。

小蒂贝尔对默莱当地情况的长篇累牍的描述，展现了这位在城市长大的革命爱国派教士与他所在教区居民之间的隔阂。他恳求省政府注意，"他的教区不过是彻头彻尾的农村，到处都是耕作的农民，其中二十户为一村或三十户为一镇，住着一些纺织工、铁匠和日工，其中大部分只能靠堂区神甫的施舍维持生计"（A. D. M-et-L 1 L 364）。他的意思很明显，对于这样一个教区不能有任何指望，除了报以恶意。

默莱的情况只有一点是例外的：那里几乎没有几个直率的革命爱国者。在舍米耶附近的其他市镇中，有一些革命爱国者的小团伙，他们大多与纺织业有关，而且呈现出同样的模式：这些革命爱国者认同当地的立宪派教士并与之联盟，但绝大多数人则敌视当地的堂区神甫和革命爱国者，而舍米耶的领导者则代表立宪派教士及其支持者继续对地方政治进行干预。

1791 年 6 月，舍米耶的县级选举记录反映了旺代地方政治斗争留下的蛛丝马迹，这场斗争从《公民组织法》的颁布一直持续到 1793 年那场反法国大革命运动的爆发（A. D. M-et-L 1 L 321）。6 月 19 日，当第一支来自默莱农村的选举小分队抵达时，舍米耶城市里的选民和他们来自该县其他市镇的一些盟友已经完成了预选，并匆匆结束了选举大会主席团的选举。来自默莱的这些抗议者说："二三十名来自舍米耶的选民已经开始开会了，他们正急于迅速结束会议，但其他选民的到来让他们的这种热情消退了,他们在当天剩下的时间里几乎什么也没做。"
确切地说是除了争执外,几乎什么也没做。因为默莱的农村选民在到
达之后,立刻就围绕会议召开的时间与舍米耶的选民发生了争执。争
论一直持续到了午饭时间。午饭之后,舍米耶集团试图取消这些农村
选民的资格,方式是对那些登记加入国民自卫军的人员构成提出抗议。
然后,舍米耶集团又以年龄或纳税情况为由,对许多到场选民的资格提
出了质疑。接下来就是关于公民宣誓的激烈讨论,在讨论过程中,这些
农村人试图在他们的宣誓中加入一些限定条款(很有可能是豁免《公民
组织法》的相关条款)。场面一度发展到了十分混乱的地步,以至于那
些待命的巡逻部队和国民自卫军成员被要求过去平息骚乱,而后者也
兴致勃勃地应邀前去平乱。有两三名示威者被逮捕,然后被送往昂热。
此时已经到了休会的时候,然而从默莱人早上抵达时就开始的工作流
程——选举计票人——依然尚未完成。

　　会议结束后,当天在舍米耶发生的骚乱并没有就此告一段落。当
天晚上,镇上聚起了喧嚣的人群,他们高喊着反对当地革命爱国者的口
号。一位农民宣称他之所以更喜欢旧制度,是因为新政权取消了"宗教
自由",而他的言论博得了阵阵掌声。同一天晚上,在舍米耶附近出现
的一大帮人的头领也被抓获,因为他头戴象征反法国大革命的白色
帽徽。

　　第二天,农村的代表团早早就到了,但当他们发现教堂里面一个人
也没有的时候,就跑出去吃早饭了。而当他们回来的时候,选举工作已
经开始了。于是,前一天的对骂再度上演。随后,又是一个多小时的互
相指责、威胁和混乱,部队再次介入。最终,计票员的选票总算是统计
出来了。下一步就是选出选举人,但又到了中午,该去吃午饭了。当天
下午,所有农村选民(除了一开始就属于革命爱国者的那些人)的资格
再次受到了这样或那样的有力质疑,以至于他们虽然大声叫唤着,但还

是退到了教堂的后面。由于他们未能正式发表他们的抗议并且引起官方的注意,在城里人的大肆鼓动下,这些农村人最终离开了会场。随后,选举大会的流程顺利进行。

　　这场会议的官方记录有意识地对农村选民和城市居民进行了明确区分,并毫无疑义地表达了舍米耶对此事的看法:(除他们外,)其他人都是贵族和教士的工具。圣乔治地区的报告结论也包含了农村人对此事的看法:

　　　　先生们,你们都知道,农村市镇的公民在舍米耶县的基层议会中根本没有自由,因为他们花了两天的时间都没有被获准投票,因为当他们要求执行法律的时候,其他人都虐待他们。他们有时被强迫留在会议上(自然,当需要他们出去的时候,其他人就会让士兵抓着他们大衣的领子,把他们拎出门口),有时又被要求离开(因为没有人需要他们),有时还被指控在酝酿阴谋。但要求那些指控者拿出证据的时候,后者又无法证明。(A. D. M-et-L 1 L 321)

　　农村人的这种反抗态度,在绍莱区的官员报告所附的评论里也有所体现:

　　　　在审查了圣乔治市政当局的申诉和获得省政府的认可之后,绍莱区的行政官员们……在了解了圣乔治市镇大部分公民的意愿后认为,这些公民的计划是提名那些遵守他们的原则的选举人,因此没有理由考虑这些公民的申诉。(A. D. M-et-L 1 L 321)

　　显然,"他们的原则"并不是法国大革命的原则。绍莱区更倾向于支持舍米耶的革命爱国者以及他们来自圣乔治的少数同僚。在 1792

年的选举中,也几乎只有这些人出席了当地的县议会(A. D. M-et-L 1 L 324)。

随着法国大革命的推进,舍米耶的革命爱国者群体与他们本应该管理的当地人越来越疏远,一些传教士也流失到了农村,但这些革命爱国者从未停止举办革命节日的庆典、种植自由树和进行宣誓仪式。到1791 年底,他们的成员已经明确意识到周边的市镇已经和他们离心离德,甚至可能出现武装叛乱。在 11 月,他们报告说:"我们县内的圣皮埃尔和默莱教区,以及临近的雅莱教区,都想要攻陷舍米耶以粉碎它的市政当局及其中为数不多的革命爱国者。"(A. D. M-et-L 1 L 349)

这个分析是准确的,而且只过了 15 个月就证实了这一点。1793 年 3 月 13 日,一支来自圣皮埃尔、默莱和圣乔治市镇的青年小分队——他们因为那些在旺代各地随处发生的反抗征兵的活动而聚集在一起——加入了首先攻占雅莱的队伍,并在同一天攻陷了舍米耶。舍米耶"战役"是这场大规模反法国大革命运动的首场胜利。这些入侵者俘获了舍米耶的革命爱国派公证人蒂贝尔和普雷沃,并将他们作为人质。入侵者宣称,如果不释放一年前因为"招呼"蒂贝尔的儿子——舍米耶的堂区神甫——而被捕入狱的默莱公民,他们会在三天之内处死这两个人质。来自昂热的部队在当天午夜进行了一场大胆的突袭,从叛军手中解救了人质。即使这些受害者逃脱了厄运,默莱叛军的要求和他们选择处理人质的方式也表明了,对他们来说,他们反抗的法国大革命在多大程度上体现在舍米耶的革命爱国者及其对默莱事务的控制和操纵上。

事实上,我们可以更笼统地来陈述这个案例:在整个旺代地区,叛军在 1793 年 3 月发起的第一次进攻是针对城市和大型乡镇的(这些地方一直是革命爱国者的中心),是针对革命派的地方领袖的,是针对农村人两年多以来一直与之进行没有那么激烈的斗争的敌人的。圣皮埃尔一位著名革命爱国者商人的女儿(她的家被叛军所占领)说,"他们的计划是屠杀所有的革命爱国者",并且这些叛军"宣布要让所有背离旧法律的人为此赎罪"(A. D. M-et-L 1 L 1018)。被他们单独拎出来的革命爱国者最直接的"赎罪"就是个人财产被剥夺,因为当反法国大革命的部队逼近这座城市时,大多数人逃到了比舍米耶更安全的城市。

法国大革命初期在舍米耶发生的这些事件既展现了城市资产者从事大革命活动的某些特征,也展现了城市、乡镇与农村之间不稳定的关系。我们不妨再深入到乡村中,看看革命爱国派与贵族派之间的恩怨是如何使农村市镇生活变成一团乱麻的。圣乔治-迪皮德拉加尔德的记录提供了有关这方面大量的信息,舍米耶其他县的记录也是如此。

圣乔治就在舍米耶的南边。法国大革命时期,圣乔治有两个中心,确切地说是有两个乡镇。一个就是圣乔治本身,另一个则是拉加尔德,后者是纺织工和布匹批发商的集聚地,其周边有一个人烟稀少的奥古斯丁修道院(Augustine monastry)。我把前一个乡镇称为圣乔治,后一个称为拉加尔德,而对它们合在一起的整个市镇则冠之以一个冗长的称呼,叫作圣乔治-迪皮德拉加尔德。圣乔治是一个古老的农村人员中心,而莱加尔德的纺织业则是18世纪发展起来的,是舍米耶工业繁荣的一个衍生物。莱加尔德的杰出公民都是资产者,他们与舍米耶的资产者保持着密切的联系,后者既是前者的商业伙伴,也是他们的朋友。1789年,资产者的这种影响力足以让舍米耶的蒂贝尔在起草圣乔治-迪皮德拉加尔德的地方陈情书时发挥决定性的作用。

当地没有关于1790年发生的骚乱的重要记录。当地的那座修道院没怎么费力就被关闭了,而它的地产也被没收了。在这一年里,莱加尔德的人民似乎制定了一个将他们合法独立出来,单独组建一个市镇的计划。此时,圣乔治的农民与莱加尔德的资产者虽然是对手,但还算和气。因为无论如何,较富裕的农民在市镇中的地位还是很稳固的。1791年年初,圣乔治-迪皮德拉加尔德的市政当局由15名农民(中农和小农)、2 名布匹商和 1 名纺织工组成,而莱加尔德的大商人则被排除在外。

然而有迹象表明,斗争即将到来。这两派最重要的领导人已经浮出水面:圣乔治的是伊莱尔(Hilaire),一个富裕的农民,兼职布匹制造商;莱加尔德的则是马蒂诺,一位重要的纺织品批发商,也是一个革命资产者大家族的发言人,与舍米耶和圣皮埃尔的商人家族关系密切。

真正的骚乱开始于《公民组织法》的颁布。当时的堂区神甫及副堂区神甫都拒绝该法律所要求的宣誓。而在 1791 年 4 月,马蒂诺先生安排他的儿子当选为当地的立宪派堂区神甫。整个市政当局集体辞职,其理由有三:(1)他们必须执行的几乎所有的法令都违背了他们的市民同胞的意愿;(2)市镇的选区所在地即将迁往莱加尔德(而他们大多是圣乔治的居民);(3)他们不希望与这位堂区神甫的选举有任何瓜葛。尽管如此,至少在名义上,他们在相当长的一段时间还在履行自己的职能。大约在同一时间,莱加尔德的杰出公民向行政区申诉说,那位旧的堂区神甫在他任期结束时,经常抵制莱加尔德的革命爱国劳动者,不让他们工作以迫使他们继续参加他的宗教仪式。他们评论道:"市政当局与担任其顾问的堂区神甫一样是贵族派,他们拒绝履行其职能并宣布辞职。"(A. D. M-ct-L 1 L 365)

在小马蒂诺就任堂区神甫之后,显然没有得到那些旧的市镇官员的帮助,莱加尔德也不断传来对其附近抗命派神职人员和贵族派的申诉。没过多久,这位新上任的立宪派堂区神甫就召集军队来巩固他的地位,而结果就是,1791 年 5 月成为该社区历史上最动荡的一个月份。

这支部队由一些常规军和绍莱的国民自卫军的一个连队组成。他们从 5 月 15 日开始行动,威胁让·皮舍里(Jean Picherit)说,如果他不参加马蒂诺教士的弥撒,他们就"给他的肚子来上三颗子弹"。第二天,士兵们殴打了雅克·比罗(Jacques Bureau),显然是因为他在那位立宪派堂区神甫进行弥撒的时候在教堂外闲逛。他们还抓住并威胁雅克·勒盖(Jacques Legay),马蒂诺家族指认他曾是一名煽动叛乱的修士,而这支部队也给雅克·勒盖的兄弟奉上他们最喜欢的威胁:肚子上来三颗子弹。两天之后,马蒂诺先生带着部队去巡视最近有孩子出生的那些房子。在剑拔弩张的气氛下,这支传教士分队花了一天时间聚集了新生儿、他们的父母还有见证人,并把他们带到了教区的教堂中举行相应的受洗仪式。

就在洗礼的同一天,圣乔治举行了一次选举。市政当局只是简单地进行了改选,并没有要求选民进行他们不愿接受的例行公事——公民宣誓。然而,5月22日,当省政府派出一些代理官员前来调查(大概是为了确保宣誓的执行)时,市政官员们再一次集体辞职了。

省里派到当地的代理官员询问了一些市民,试图找出这个问题的根源。来自圣乔治的人群将责任简单地归咎于“马蒂诺家族的许多粗暴行为”(A. D. M-et-L 1 L 357 bis)。但是,当舍米耶的布里奥多先生在评论当地事务时,他将其归咎于圣乔治的镇长企图包庇抗命派神职人员、破坏国民自卫军的组织,以及以各种方式妨碍莱加尔德的事业(A. D. M-et-L 1 L 365)。有鉴于此,这些代理官员的结论可以说相当温和:“我们确信在这个教区中存在两个党派,一派以圣乔治居民普遍追随的旧堂区神甫为代表,另一派则以莱加尔德居民支持的新堂区神甫为代表。”(A. D. M-et-L 1 L 357 bis)然而他们没有给出任何解决办法,于是麻烦接连不断。

尽管对抗命派神职人员的申诉与日俱增,但圣乔治的领导人们不知何故又重新上台,他们否认了所有指控,并拒绝采取任何行动。1791年6月,莱加尔德的国民自卫军主动出击,搜查了勒古先生(M. Le Goust)在圣乔治的住宅,发现里面备有一个祭坛,许多人聚集在一起,似乎在准备某种宗教仪式。但他们没有找到前任副堂区神甫巴博坦

(Barbotin)，而他肯定就在不远处。就在这时，马蒂诺先生报告说，圣乔治正在成立一个"贵族派俱乐部"，它明显具有从事颠覆性活动的企图。

在法国大革命的这一阶段，导致圣乔治-迪皮德拉加尔德两派分歧的最明显的问题是《公民组织法》，或者用个人化的术语表达，究竟应该拥戴这两位年轻教士——被废除的副堂区神甫以及被安排的堂区神甫——当中的哪一位的问题。这两位敌对的教士进行了言辞激烈的通信，各自都声称对方在非法从事堂区神甫的职业。巴博坦写信给马蒂诺说：

> 不知从哪儿来的堂区神甫先生，尽管我在这里，您还是自封为圣乔治教区的堂区神甫。您在信中责令我三天之内离开这个教区。不知从哪儿来的神甫先生，我不接受您的命令，而是接受曼恩和卢瓦尔省行政官员先生们的命令，我希望能够从他们那里发现更多的宽容、公正、礼貌、正直和诚实。我不是违法者，我是按照奥坦(Autun)主教赋予我的权利这么说的。既然国民议会下令保护宗教观点自由和信奉任何宗教的自由，我不过是选择了我自己的信仰，而让其他人也有选择他们宗教信仰的自由。(A. D. M-et-L 1 L 970)

但是，对于省里和行政区里对抗命派教士的容忍程度，巴博坦想得过于乐观了。1791 年晚些时候，省和行政区的警察就采取强制措施，迫使他在圣乔治附近某处东躲西藏。直到 1793 年，他才作为反法国大革命军队中一名声名狼藉的战士兼神甫出现在公众的视野中。

1791 年 6 月，也就是舍米耶县级选举的日子，在前文提到的那场选举中，我们已经描述了圣乔治和其他农村市镇，与舍米耶和来自莱加尔德的马蒂诺集团的对立。后者在选举中获胜,而且开始在地方政治的舞台中接连获胜。在莱加尔德和舍米耶的国民自卫军的协助下,莱加尔德的革命爱国者得以在圣乔治抵挡住他们的敌人,但从未争取到后者在法国大革命事业上的合作。虽然圣乔治的集团提出了强烈抗议,但无人理睬,革命爱国者还是把作为当地宗教中心的教区教堂迁到了莱加尔德,并且夺走了旧教堂所有的物品。

在 1791 年底,革命爱国者接管了市镇的职位,并一直持续到那场反法国大革命运动。年轻的马蒂诺成为镇长兼堂区神甫,并且招募了四名为国民而战的志愿军战士,以及一支规模虽小但非常活跃的国民自卫军。革命爱国派的控制力如此强大,以至于市镇中的贵族派没有一个人出现在 1792 年的县级选举中。然而,这种控制主要局限于市镇的正式政治。法国大革命的反对派虽然退出了政治舞台,但并没有停止抵制革命爱国派试图进行的宗教和经济改革。

争吵持续不断,怨恨不断加深。一封来自莱加尔德国民自卫军的、未注明日期的信中这样写道:"正如他们对我们所做的那样,我们也要举起手臂去诅咒我们临近社区——圣乔治、拉图尔朗德里、特雷芒蒂讷和默莱——中的亵渎行为,它们是宪法的死敌。"(A. D. M-et-L 1 L 567)

这些诅咒者与被诅咒者的战斗很快就打响了。就在那场反法国大革命运动开始的前几天,一群来自圣乔治、圣皮埃尔和默莱的年轻人聚集在一起抗议强制征兵,他们在离莱加尔德不远的地方徘徊。莱加尔德的革命爱国者鲁莽地派出国民自卫军去保卫绍莱,导致他们自己很快就被这群年轻人击溃了。

当地叛军由前任镇长伊莱尔领导,他们的首要目标是马蒂诺家族及其盟友。据当时这位莱加尔德的镇长兼堂区神甫所言:

　　他们特别想要抓捕我的家人。有人悬赏要我们的脑袋。我冒着千难万险回到了我的岗位上,看到有五百个豺狼虎狈一天来回巡视二十七次,他们说,这是为了报复我的父亲、我的家族以及我本人对宗教的亵渎。"马蒂诺家族和舍米耶的布里奥多家族颠覆了天主教的信仰,我们要他们人头落地!"这些野人不停地在街上这样叫喊着,并且不停地在乡镇及其附近半里格的田野里搜寻我们的踪迹。(A. D. M-et-L 1 L 1018)

这位堂区神甫的父亲和堂兄在被发现之后当即就被处死了。他本人也被绑在了大炮前面,仿佛将要被炸成碎片,但后来他被释放了——因为他(不仅是镇长,还依旧)是一位教士——条件是他需要签署一份声明,承诺重新开放圣乔治教堂,而费用由他的家族承担。圣乔治-迪皮德拉加尔德叛军的第一步就是洗刷当地革命爱国者在过去两年使他们蒙受的冤屈。

这些叛军是谁?"在我们市镇,"马蒂诺回答道,"除了两人之外,其他所有的分种田佃农都是有罪的。"(A. D. M-et-L 1 L 1018)他忘记了一些纺织工和几个布匹商。叛军的首领是伊莱尔、皮诺、贝尔纳和巴博坦,他们都曾是主要由农民组成的那个党派的领导人,该党派总部就设在圣乔治(A. D. M-et-L 1 L 1018)。事实上,这些叛军大部分是过去两年来一直反对莱加尔德的革命爱国者的人。

舍米耶县的这个案例值得深入研究。它表明了党派分歧在农村地区有多么严重;在那场反法国大革命运动爆发之前,各派之间的争斗有多么漫长和激烈;以及1791—1792年的政治危机与反法国大革命运动的第一次行动之间的联系有多么密切。从1790年到这场反法国大革命运动的爆发之间,所有的重要事件都反映了这两个党派之间的对立。而且几乎所有这些事件都涉及革命爱国者试图执行大革命的各种法律的问题,比如立宪派神职人员的任职、关闭多余的教堂、整顿宗教朝圣活动、组建国民自卫军的地方部队、举行地方选举、为国家征募士兵，所有这些事件都使这两派陷入了激烈的分歧。在 1791 年和 1792 年间，正是最常爆发这些类型事件的地区——蒙太居、沙朗、克利松、马什库勒、圣弗洛朗、绍莱、沙蒂永——首先爆发了反法国大革命运动，而且反革命的力量也最为强大。这并不奇怪，因为 1793 年的反法国大革命运动只不过是这一系列事件中最后的，也是最灾难性的一次呈现。

瓦尔和索米卢瓦地区，正如处于支持法国大革命阵营中的法国西部其他地区一样，关于那里的政治情况报告基本上都是负面的。然而，报告里几乎没有什么不寻常的事件、骚乱或公开的冲突。虽然一些导致莫日地区市镇四分五裂的对抗在其他的子区域中同样存在，但在后面这些子区域中，更常见的是不同革命爱国者之间的竞争。虽然那里肯定也有非革命爱国者和抗命派神职人员的支持者，但他们几乎从未掌控他们的市镇，也从未成为多数派。在这些子区域中，原本就有政治控制权的党派变成了革命爱国派，而它继续控制着长期由它运作的政府机构，他们将反对派视作疥癣之疾而非心腹大患。虽然那里也有大量狂热的革命爱国派和一些好斗的贵族派，但在这两派之间还夹着一大群人。这一时期，莫日地区的市镇生活的标志性特征——整个人群急剧分裂为两个党派以及政治控制权的转移，并没有出现在安茹南部的其他地方。所以，在给某一部分人贴上"支持法国大革命"的标签，给另一部分人贴上"反法国大革命"的标签时，最好记住后面这一点。

注　释

1. 下面的叙述与蒂利在 1961 年的叙述略有不同。

第十三章　反法国大革命运动

　　对旺代之乱感兴趣的人应该不难找到对该地区 1793 年 3 月至 12 月这段历史的可靠记载,因为这一时期发生了那场"大战"(参见 Clémanceau,1909;Dubreuil,1929—1930;Gabory,1925;Godechot, 1961;de la Gorce,1909—1911;vol.II;de Malleray,1924;Paret, 1961;Port,1888)。与之前发生的事件相比,在这场战争中发生的事件更富有戏剧性,更激动人心,也是传统历史学更关心的问题。本书忽略了 1793 年的那些英雄人物,而更多关注 1792 年以及之前的普通人,因为只有基于对在此之前发生的那些事件的了解,才能讲明白这场反法国大革命运动的意义。

　　早在 1793 年战斗打响之前,不同的党派就已经形成,而且各党派是按照阶层划分的。资产者革命派遭到了其他大多数人的反对。党派之间最明显的分歧就是选择支持立宪派还是抗命派教士,而其他各种冲突也导致了这些党派基本的政治分歧。革命爱国者的党派虽然占据了绝大部分正式的政治公职,但他们失去了政治权威,并在试图强制执行法国大革命的法律时遇到了重重阻力。这一过程一直延续到 1793 年他们试图推行当年的征兵法,其结果是他们完全丧失了权威并遭到了武力抵抗。所有这一切几乎同时发生在许多地方,而各地爆发这些事件的理由是地方性的、分散性的。无论是在酝酿这场战争的那些年里，还是在战争爆发之后的几个星期中，贵族派都几乎没有尝试进行任何协调。最终，叛军形成了一个相对紧凑的领导机构，但其军事组织杂乱无章。除了最高的领导层之外，这个叛军组织其实是一个临时的、不断变化的联盟，它由一些规模较小但性质类似的地方武装组成。人们聚集在一起、采取短期的军事行动，但首先关注的是各自社区的状况。本章的目的就是将这些概述性内容与前面所有分析的基础结合起来。

山雨欲来

如果只专注于 1793 年发生的事件，我们会很容易忽略那些在此前的几年中，旺代地区爆发反法国大革命活动的频繁程度。毕竟，沙朗区早在 1790 年年底就发生了一系列近乎叛乱的事件，包括聚集农村人员，威胁、殴打和砸毁革命派教堂的座椅等（Chassin 1892：I，220—296）。我们已经清楚地知晓，1791 年年初在莫莱夫里耶、蒂利埃、沙蒂永和其他地方爆发了严重的骚乱；1792 年在莱萨布勒-多洛讷、永河畔拉罗什和约岛（Île d'Yeu）附近，更不用说曼恩省和布列塔尼大区，都发生了小规模的叛乱。与此同时，夜间的宗教集会活动的规模也在不断扩大，而且越来越具有危险的预兆。据报告称，1792 年 8 月有三四千人定期在圣克雷斯畔附近聚集（A. D. M-et-L 1 L 364），而最恶劣的事件是 1792 年 8 月在布雷叙尔和沙蒂永附近发生的动乱（参见 A. D. M-et-L 1 L 368[3]，A. N. F[7] 3690[1] Deux-Sèvres；Port 1888：II，3—25）。很少有人记得这场动乱，因为它很快就土崩瓦解了，但它是反法国大革命运动发展过程中的一个重要组成部分。它是首次导致战斗和大量的流血牺牲的革命爱国派与贵族派的冲突。

虽然这场动乱发生在紧贴在莫日地区南侧的地方,但把莫日地区的人民深深地卷入其中。从 1790 年到 1792 年,沙蒂永区动荡的历史与绍莱区非常相似。1792 年年中,沙蒂永政府开展了一项针对贵族派的运动,开始强制羁押抗命派神职人员,并公布新的征兵法,同时对那些没有报名参加国民自卫军的人进行新一轮的镇压。同一时间,布雷叙尔一座小城的市政当局也发生了分裂,当地的革命爱国派市长被赶出了市政厅。最后,沙蒂永区的一些贵族当时刚从巴黎返回。

1792 年 8 月 19 日礼拜天,一群人聚集在蒙库唐(Moncoutant),抗议国民自卫军计划在当天举行的征兵登记活动,然后对革命爱国者的整体行动表示抗议。他们高喊着"把三色徽踩在脚下",然后高唱着"国王万岁,贵族万岁!"(A. N. F[7] 3690[1])。这群人洗劫了一名省政府官员的住宅,然后作鸟兽散。两天之后,又有一群暴徒组建了一支队伍,他们配备了几支抢,拿着许多拼凑出来的武器,开始朝沙蒂永进发,并在途中酗酒和抢劫。他们的队伍从几百人开始,人数成倍增加。许多志愿者从莫日地区南部以及其他地方奔来,在扎营过夜之后,他们在第二天(22 日)早晨出发前往沙蒂永——当时沙蒂永已经由其前任市长和一些当地贵族领导。

尽管绍莱派出的军队正在赶来拯救沙蒂永城的路上,但沙蒂永城并没有对这群混乱的叛军进行任何抵抗。在司空见惯的喧哗、酗酒和对革命爱国者家庭的洗劫掠夺中,这群反叛者唯一的一致行动就是将该区所有的文件堆起来,付之一炬。清晨时分,在从绍莱出发的军队抵达前不久,这些入侵者已经分散开来,前往布雷叙尔了。从沙蒂永出发的"蓝军"——当时所有支持大革命的军队都被称为"蓝军",无论他们的制服颜色究竟如何——用一门小炮向最后的叛军开火,打死了两名叛军。由此引发了一场小规模的战斗,一些革命爱国者被杀,一些贵族派被俘。

到了傍晚,这支叛军队伍已经壮大到了五六千人,并且抵达了布雷叙尔。这座城市围有城墙,并且周边的国民自卫军还不断对其进行增援。叛军们试图攻下这座城市,但他们被轻而易举地击溃了,然后隐匿在乡下。第二天他们再度攻城,不仅依然徒劳无功,还损兵折将。他们再次化整为零,消失在夜色中。他们在24日又聚集在一起,在布雷叙尔附近与国民自卫军展开激战。最终,叛军惨遭蹂躏,而这场暴乱也就此结束。总共有几百号人在这几天的战斗中丧生,国民自卫军还数次突袭了农村地区,其间约有10名革命爱国者被杀。

随即,逮捕、调查和处决开始了。不过,在几天的恐怖过去之后,当局却变得异常宽容。大部分嫌疑犯被释放,少数人被监禁,而只有极少数人被处决。但是,在整个法国西部地区,针对抗命派神职人员的行动——抓捕和驱逐——卷土重来。德塞夫勒省政府了解到,许多尸体上有很多宗教物品,而政府官员也从囚犯那里得知,这些武器在战斗之前都曾被祝福过,因此政府官员准备将这场反叛归咎于抗命派神职人员。此外,曼恩和卢瓦尔省的官员们还发起了一场解除贵族派武装的运动。沙洛讷和其他地方的国民自卫军在莫日地区巡视,在拉瑞默利耶尔(La Jumellière)、讷维-拉普兰(Neuvy-La Plaine)和拉普瓦特维尼耶尔以及其他一些煽动反法国大革命叛乱的中心收缴了他们所能找到的所有武器。

虽然沙蒂永的叛乱胎死腹中,但它预示着未来即将发生的事情。不成熟的反叛军队、贵族领导者、对革命爱国者家庭进行洗劫、将区政府的文件付之一炬、叛军势力的起起落落等情况在半年之后的大型反法国大革命运动的初期阶段再度出现(参见 Gabory,1925:I,104)。此外,沙蒂永的这场叛乱显然也在博卡日地形区的其他地方引起了叛乱的二次爆发,例如8月26日在科龙(Coron)附近发生的武装袭击大革命使者的事件。同时,沙蒂永这个叛乱之地本身也一直处于骚乱之中。12月,沙蒂永区的集市和市场上流传着这样的谣言:圣诞节前将发生另一场组织更加严密的叛乱。在接下来的几个月里,类似的谣言不胫而走,可能传遍了整个博卡日地形区。

1793年年初还发生了多起小规模的起义,其中大部分与各省为保卫法国而开展的日益繁重的征兵直接相关。2月,丰特奈附近的圣让-德蒙(Saint-Jean-de-Monts)以及朗德龙德(Landeronde)发生了骚乱。3月初,在博略和旺代省其他地方爆发了由征兵问题引发的战斗。同一时期,在卢瓦尔河以北的曼恩和布列塔尼大区也发生了多起农村人与共和军的冲突。换言之,从沙蒂永和布雷叙尔受袭,到那场大型叛乱爆发之间,法国西部的反大革命地区不断爆发暴力事件。随着新兵征募工作的强势推进,暴力冲突的爆发也越来越频繁。

强制征兵及其后

1793年的战争始于反抗服兵役。出于这个原因,许多作家不仅推测旺代的"农民"对征兵异常厌恶,还将对强制征兵的反感作为反法国大革命运动的原因和动机。米什莱就曾这样说:"无论这些农民在宗教上有多么狂热,起决定性作用的不是这种狂热主义,而是他们的私利和拒绝牺牲。我赞同他们想要维护王座和圣坛,也认可他们想要维护上帝和我们的好教士,但他们的真正目的是不上前线。"(Michelet,1879:VI,388)米什莱和他的后学们究竟是如何知道这一点的,这始终是个谜。当然,经常被援引的陈情书(正如我们在第九章中见到的那些)的内容并不能证明莫日地区的人民异常反对服兵役。

直到1793年,法国的新兵都是从国民自卫军中的志愿者中挑选出来的。后来，由于法国与欧洲列强中的大多数开战，有必要在全法国范围内征募30万士兵。在全法国2 500万人口中，这次征兵并没有像在当年晚些时候颁布的普遍征兵那样产生巨大影响。

整个安茹南部地区需要征召约3 000人，也就是说要从绍莱征召92人，从默莱征召19人，从莱加尔德征召18人，从勒迈征召50人，从昂德勒泽征召18人，从特雷芒蒂讷征召26人，从雅莱征召43人，而从科赛这个小市镇中只需征召8人（A. D. M-et-L 1 L 551）。只有20岁至40岁单身或者丧偶的男性才有资格应征。公职人员总体上免服兵役，当地的国民自卫军则"原地待命"。但就算把这些例外人员都算上，有资格应征入伍的人员所占的人口比例依然很小。

有人认为，服兵役者是被"挑选"入伍的，这种说法并不准确；因为每个市镇可以在三种方式中进行选择：（1）用志愿者填补配额；（2）通过民众选举的方式挑选士兵；（3）抽签。所谓"选择"，其实是个小问题，因为安茹南部地区的每个人从一开始就知道，这是一个抽签的问题。

但是为什么征兵在旺代地区比在其他地方更容易激起当地民众的暴力反抗？许多地方也发生过暴乱、斗殴和示威游行，但它们并没有导向公开的反法国大革命运动。旺代的例外因素是，由征兵引发的小小不满立刻被广泛存在于党派之间的冲突所迅速吸纳。

第一个冲突的焦点在于豁免问题。法律豁免公职人员应征入伍，而当时这些公职人员其实就是革命爱国者。国民自卫军和革命爱国者一样，被要求"原地待命"，所以也留在了家乡。没有什么比这种情况更能刺激其他人员的了。当然，革命爱国者也有一个很好的理由：如果他们走了，就没有人管理政府了。绍莱地区传来了这样的信息：

> 受狂热主义感染的年轻人纷纷逃离家乡。劳动者放弃了店铺，农民的雇工和儿子们也放弃了田间的劳动。只有一家之主还

留在家里。因此,如果不把商人和制造商也征召入伍,那么我们这里的征兵工作就无法开展。即便如此,他们的人数也依然少于我们的配额。但是,也只有这些市民一直以来表现良好,值得我们依靠。如果他们不得不离开,那么谁来保卫我们的农村? 在农村,国家的敌人们从未停止过反抗和抵制法律精神。要知道,被狂热的反法国大革命市镇所包围的绍莱一直在孤军奋战,维护这里的大革命。(A. D. M-et-L 1 L 757,1793 年 3 月 7 日)

这些法国大革命中坚力量的离开会让留守的贵族派非常高兴。事实上,坊间盛传,如果要通过选举方式选出那些应征入伍的人,那么占据多数的贵族派就准备只选革命爱国者去参军。革命爱国者中的众多在职官员得以免服兵役,这对他们的敌人来说是奇耻大辱。

从前,许多农村人对为法国大革命服务而参与公职这件事望而却步,现在,莫日地区的年轻人也对为法国大革命效力而投身行伍这件事避之不及。毫无疑问,"为好的事业还是为坏的事业服务",这个抽象的问题是有意义的,但它最常表现为地方革命爱国者究竟是胜利还是失败的问题。在莱永河畔,一帮年轻人"到科坎(Coqin)的客栈喝酒,他们认为,如果让征兵活动继续下去,那么革命爱国者就会占据上风,贵族派就完蛋了。如果革命爱国者今天弄走 35 人,那么他们下个月还会弄走同样多的人"(A. D. M-et-L 1 L 1018:Tigné)。他们决定不让革命爱国者控制局面。就在卢瓦尔河以北,"一群手持大棒的人"打断了征兵名单的编制工作,并宣布:"除了国王的法律,他们不了解其他任何法律。如果必须为国王服役,那么他们随时准备效劳。如果不得不为此发动战争,那么他们当天就能做好发动战争的准备。"(A. D. Loire-Atlantique L 1504)为了贯彻他们的豪言壮语,他们解除了当地爱国者的武装,并掠夺了后者的财产。

　　强制征兵与各党派之间长期存在的冲突的另一个联系是要求教会地产的购买者先参军，而这种要求在安茹南部地区显然不会像在萨尔特地区那么普遍（Bois，1960b：640—641）。博略的反叛者们就提出了质疑："他们并不打算抽签参军入伍，除非教区内所有购买了国家地产的公民以及其他公民都和他们一起去，在这种情况下，他们才都愿意去抽签。然而我们，也就是市政官员，对此一口回绝。"（A. D. M-et-L 1 L 1018）维耶附近也有类似的"最后通牒"（Port，1888：II，76—77）。这些声明无论在语气上还是在内容上都更频繁地要求革命爱国者首先被征召入伍。

　　当然，早在这场招募 30 万人的征兵活动之前，政府就采取了一些不得人心的行动措施。一般来说，这些行动都是零敲碎打地进行的，它取决于地方事务的变化。即便是对神职人员的拘禁和驱逐活动，也只是局部的和偶发的。因此，对这些行动的抵抗也只是零星的。然而，强制征兵是新政权首次尝试在整个安茹南部地区同时施行的一项激进的、不得人心的措施。它使碎片化的党派得以凝聚成一个整体。所以从一开始，真正的问题就在于哪个党派最终能够胜出。

　　不过，瓦尔和索米卢瓦地区没有发生类似的冲突。强制征兵顺利进行，几乎没有出现任何突发事件（A. D. M-et-L 1 L 206 bis）。

　　1793 年 2 月 24 日的征兵令于 3 月 2 日传到了莫日地区的绝大部分区域。在接下来的两周，旺代省一个接一个的地方从严重骚动走向了公开叛乱。3 月 3 日周日这天，绍莱的五六百个年轻人聚集在一起，相互抱怨着他们对新法律的不满，但并没有什么大事发生。当晚，博普雷欧的城墙上神秘地出现了这样的海报，上面写着："那些宣布强制征兵的人要大祸临头了！"第二天，绍莱的劳动者（显然主要来自纺织业，也许还包括失业者）和临近地区的一些农村人一起参加了集会。在例行的饮酒和讨论之后，人群变得比前一天更加暴躁。一名家具木匠提议举行一个拒绝强制征兵的集体宣誓。当地的国民自卫军司令官和五名士兵闻讯赶来平息暴徒们的情绪，但他们被人群揪着不放，遭到殴打，还被缴了械，其中两人被砍杀和刺伤。司令官和士兵们呼叫支援，于是有更多的军队赶了过来。增援部队向人群开枪，直接打死了三个人，重伤了数人。增援部队驱散了示威者，但也把后者逼到了逃往勒迈的路上。在那里，这群人洗劫了当地立宪派神职人员和治安法官的宅邸，从革命爱国者手中抢走了所有的武器，并杀死了其中一名反抗的革命爱国者。

第二天，莫日南部地区叛乱四起。虽然解除革命爱国者武装的行动迅速在周边所有的乡镇中展开，但绍莱依然是最引人注目和受到谩骂最多的地方。据报道，当时集中在勒迈的叛军提出了三大要求：(1)释放前一天在绍莱被捕入狱的俘虏；(2)不进行抽签；(3)交出该区的所有武器。他们甚至还威胁要进攻绍莱区，然而当天和第二天(3月6日)都无事发生，这些起义者们只是在绍莱周围从一个乡镇到另一个乡镇缓慢、吃力地前进，边走边夺取革命爱国者的武器。7日，一群农村人杀害了克利松附近泰博堡(Château-Thébaud)的立宪派堂区神甫。当天是周四。接下来的三天里，没有集合，没有威胁，也没有宣言。但是，随着周末的到来，骚乱又开始了，而且是前所未有的骚乱。

3月12日是莫日地区大部分地方安排征兵入伍的日子，而在10日(周日)和11日(周一)，一周前消散的暴民重振军心，再整旗鼓。然而这一次，这场骚乱波及的范围就远不止绍莱附近了。在卢瓦尔河附近、莫日地区中部、莱永河畔以及布列塔尼附近都出现了"煽动性的集会"，更不用说旺代省的其他地区和卢瓦尔河以北了。通常，一些来自相邻市镇的年轻人聚集在一起，他们四处游荡，喝着酒挥舞着武器，嘟囔着不愿意应征入伍。戈诺尔市镇的官员惊恐地报告说，来自其周边地区的一支七八百人的部队正威胁要取他们的性命。周日，在圣索沃尔-德朗德蒙市镇正式宣布征兵法之后，有人开枪击中了省代表的肩膀，另一名省代表在讷维和圣克里斯丁（St. Christine）受到了威胁，幸好安然无恙。

如果需要指出 1793 年大型反法国大革命运动的确切的起始日期，那么 3 月 11 日周一这天将是一个合乎情理的日子。这一天，聚集在莫日地区中部的反叛分子只是在态度上变得更加气势汹汹，而在最靠近它的布列塔尼地区，则有大批的入侵者涌入马什库勒，他们屠杀了当地的立宪派神职人员。另外一大批入侵者袭击了位于旺代海岸线上的布尔讷夫湾（Bourgneuf），还有小股入侵者袭击了蒙太居附近的革命爱国者。卢瓦尔河附近的叛军云集到了朗德蒙、利雷以及与圣弗洛朗隔河相望的瓦拉德（Varades）。但是，为了避免把这些"入侵者"看成外国大军，而忘记了其中有多少是愤怒的当地群众，也许我们应该分析一下利雷市镇的证言：

> 3 月 11 日周一，利雷的居民雅克·库法尔（Jacuqes Coueffard）、木匠让·茹安（Jean Jouin）、车夫埃蒂安·樊尚（Ethienne Vincent）、老勒内·比雅尔（René Bigeard senior）和他们的儿子及雇工们聚集在乡镇客栈老板奥古丁坦·雅弗莱（Augustin Javelet）的店里，商议如何阻止征兵以及发动一场反法国大革命运动。同一天，他们去了布济耶，带回了 25 名年轻人，并让人敲响教堂的大钟以召集贵族派。老库法尔派出信使到布瓦西耶尔（Boissière）打探消息，这些人回来之后说，他们看到正直的贵族派聚集起来了，革命爱国者要完蛋了。听到这个消息，库法尔说："很好，我的孩子们！我们会抓住那些混蛋的！"周二，库法尔的儿子、上面提到的樊尚和他的雇工、比雅尔的儿子们和乡镇裁缝让·马尔托（Jean Marteau）的儿子们、箍桶匠弗朗索瓦·图伊坦（Francois Thuitins）

还有小韦鲁（Verrous junior）在他们的父辈库法尔和比雅尔鼓励下，前去攻打圣弗洛朗。（A. D. Loire-Atlantique L 1504）

这场对圣弗洛朗——该行政区的首府——的袭击是莫日地区反叛历史的传统叙述起点。

12 日周二清晨，与利雷的那支分遣队一样，大约有 2 000 名壮士从该行政区的各个地方向圣弗洛朗集结。圣弗洛朗当地武装起来的革命爱国者只有 100 多人。这些入侵者选出了三个发言人，他们给圣弗洛朗的革命爱国者提供了两个选择：(1)取消抽签并交出武器，或者(2)战斗。然而还没来得及进行谈判，就有人开枪打死了一名圣弗洛朗城的官员。这迫使双方做出了决断。在这一·场半是骚乱、半是战斗的短暂冲突中，有四名叛军被打死，但革命爱国者也已经溃不成军。随后就是庆祝活动——成堆焚烧官方文件，将圣弗洛朗区的钱柜洗劫一空，劫掠革命爱国者的住宅，以及开怀痛饮。

在同一天，同样的一幕也在其他地方以同样的规模上演，比如莫日地区的外围而在尚佐、拉罗马涅、热斯特、科赛等地，则以较小的规模上演。反法国大革命运动开始了。然而，我们应该避免一种经常会犯的错觉，即认为这一切都开始于同一时刻。我们发现，从 1792 年 8 月底开始，就已经出现了一系列的骚乱，但它们并非这场反法国大革命运动的开端。从 3 月 3 日开始，旺代地区有记载的混战、谋杀、袭击或示威游行几乎每天都在发生。当叛军在 11 日蹂躏马什库勒，在 12 日劫掠圣弗洛朗时，沙蒂永周边却一片寂静，只有莱永河流域才甚嚣尘上。然而在这条小河沿岸，甚至连那些最初的标志性事件——贵族派聚集在乡镇，饮酒作乐，威胁革命爱国者并解除他们的武装——也一直到 13 日才普遍发生。

正如其中一位参与者所证实的那样：

　　在圣乔治-尚贝里松(St. George Chambelaison)(原文如此)
市镇抽签的那天,大约有 130 名像他一样来自马蒂涅布里扬、蒂尼
(Tigny)、塞尔努松(Cernuson)、特雷蒙＊教区的男孩,他们来到圣
乔治,告诉当时正在集合抽签入伍的圣乔治教区的男孩们,他们的
意图不是在自己的教区中抽签入伍,而是想要组建一个营,由马蒂
涅的国民自卫军指挥官——公民奥里乌(Aurioux)和迪凯纳(Du-
quesne)——来率领他们。如果奥里乌和迪凯纳拒绝率领他们,那
么他们就不会去抽签。(A. D. M-et-L 1 L 1018)

　　其实,他们抛给奥里乌和迪凯纳的这个难题只不过是借口,因为在
驱散了圣乔治的征兵会议之后:

　　他们去蒂涅乡镇,走入了公民科坎的客栈。他们待在那里饮
酒,并且说,如果其他市镇的男孩们不愿意提供人手入伍,那么他
们也会加入拒绝抽签入伍的行列。除非动用武力,否则别想让他
们加入我们的军队中。当被问及他们是否在客栈待了很长时间
时,他们说在那里待了三个小时,在此期间,他们不断重复说,他们
不会提供人手入伍。(A. D. M-et-L 1 L 1018)

　　这件事就发生在该地区公开叛乱的前几天。
　　同一天,在莫日地区中心地带附近发生了第一场可以被称为"军
事行动"的战斗。一支部队在拉普瓦特维尼耶尔集结,并在向雅莱进
发的途中招募新兵,其中一些首领、工匠和客栈老板都骑着马。他们
中大约有 800 人安然无恙地推进到雅莱,并击溃了一小股国民自卫

＊　原文为 Trémond,疑似应为 Trémont。——译者注

军。这使他们赢得了第一个战利品——一门名为"传教士"号的野战炮。

当天其他地区的行动大多与此类似，因为在莫日地区的中心地带，革命爱国者所剩无几。沃赞和博普雷欧被攻占。攻占雅莱的大军也已增至数千人，并且占领了舍米耶。当天，反法国大革命运动在莫日地区引发的死亡总人数很可能不到 50 人。

13 日，这场反法国大革命运动的第一批重要领导者出现了。莫莱夫里耶的猎场看守人兼退伍军人斯托夫莱攻占了沃赞，老兵兼烟草商佩德里奥（Perdirau）和客栈老板兼马车夫卡特利诺（Cathelineau）也骑马赶到了拉普瓦特维尼耶尔。日落时分，几支叛军已经找到了一些贵族——其中包括邦尚、埃尔贝——担任他们的首领。不过，在接下来的两天里，似乎没有队伍在这些贵族的领导下作战。

14 日，莫日地区东部的联合部队攻占了绍莱。这里依然存在一个击垮少数正规军和一些国民自卫军的问题。虽然反法国大革命的"军队"无疑是杂牌军，而且军纪涣散，但其人数多达 1 万，并由职业军人斯托夫莱指挥。400 人的支持大革命的军队在激烈的战斗中迅速土崩瓦解。斯托夫莱以天主教军的名义接管了这座城市，并开始追捕革命爱国者。当天的伤亡总人数可能达到了 300 人。

到 14 日结束时，莫日地区几乎所有的地方都已落入叛军之手。除了一些边缘城市之外，所有城市也都被叛军攻占。莱永河地区的战火仍在燃烧，但当地的支持大革命的军队已经失去了战斗力。在接下来的几天里，叛军摧枯拉朽般扫荡了莫日地区剩下的城市，并将莱永河地区作为它的军事前哨。15 日，叛军占领了蒙特让。16 日，在反法国大革命士兵与共和国正规军的第一次激战之后，维耶也沦陷了。

3 月 19 日，曼恩和卢瓦尔省的行政长官不得不向陆军大臣发送了一份令人担心的报告，虽然前者已经平定了卢瓦尔河以北的地区，但

　　　　我们在卢瓦尔河左岸的情况更加糟糕。圣弗洛朗、绍莱和维
耶地区已经遭到了劫掠、蹂躏和焚烧，500 多名革命爱国者在这些
地区各城市中被屠杀。由一些经验丰富的人所率领的两支强大的
叛军纵队正浩浩荡荡地向索米尔和昂热进军。我们投入战场的那
小股部队曾试图与这支大军作战，但徒劳无功。为了不被叛军切
断退路，这些小部队被迫迅速撤退到蓬德塞。(A. N. M 669)

　　三天之后，沙洛讷不战而降，屈服于斯托夫莱、埃尔贝和邦尚率领
的大军。至此，这支反法国大革命的叛军已经成为一股令人恐惧的
力量。

地方反叛力量的联合

　　在 3 月的前三周里，法国西部的行政官们十分震惊地目睹了这一
系列独立的反法国大革命运动合并成为一场大型叛乱。各地最初爆发
的反法国大革命运动既有共同的主题，又有浓厚的地方主义色彩。这
种地方主义的突出表现是：每一小撮反叛者都正儿八经地想要报复特
定的革命爱国派敌人；各地立即出现了要求平复完全属于地方的不满
的呼声；而且除了保持这群来自一个或几个社区的叛军内部的平衡之
外，他们显然没有其他任何计划。这些叛军的共同点则在于，大多数地
方武装最初是在无组织化的反征兵示威中形成的。在最早爆发的叛乱
中，未婚的年轻人占据了绝大多数。他们是需要被征召入伍的主要对
象，仅这一点就可以解释为什么在最初的反征兵示威中，雇工、日工和
工匠占据了很大比例。这些人也都是"男孩"，也就是说，通常可以指望

他们去采取行动,而非纯粹纸上谈兵。这些年轻人中还包括了那些在法国大革命初期受物价上涨和经济压力迫害最深的人,他们是最容易向革命爱国者发难的人。

越来越多的人围绕着这些年轻人形成了逐渐明晰的地方叛军队伍。从绍莱的第一次骚乱到第一次入侵圣弗洛朗之间的那一周时间里,没有人能真正搞清楚这些叛军的领导者和组织结构。在随后的几个月里,至少在纸面上,叛军出现了一个由班(squand)、连(company)等组成的系统,其中不仅有上尉和中尉,还有"教区连"。总的来说,叛军中的最高职位,即统帅及其参谋人员,是最后才创立和分配的。

叛军虽然没有统一的制服,没有标准化的装备,也没有小队标志,但还是有一些能够表明他们成员身份的标志。许多叛军都佩戴布制的小圣心、白色帽徽和念珠。年轻的安德烈·福万(André Fauvin)说,把他带走的叛军部队抢走了他的三色帽徽,给他戴上了一个白色帽徽(A. D. M-et-L 1 L 1027)。此外,根据一对来自圣皮埃尔-德舍米耶的难民的叙述,叛军中还出现了这些迹象:他们意识到需要有明确的成员身份、领导阶层和事业目标:

> 3月13日周三下午5点左右,一大群人手持枪支、钩子、叉子、镰刀等武器,全部头戴白色帽徽。他们身佩方形小布章,上面绣有不同的图案,如十字架、长矛穿过的小心形,以及其他类似的标志。所有人都高呼:"国王和我们的好教士万岁! 我们要我们的国王、我们的教士和旧制度!"他们想要杀光所有的革命爱国者,尤其是他们目之所及的那些革命爱国者。这支部队的规模大得吓人,他们向聚集在一起抵抗他们围剿的革命爱国者扑去,杀死了许多人,也俘虏了许多人,而剩下的革命爱国者则被驱散了。(A. D. M-et-L 1 L 1018)

随后，这两名难民（一个是纺织工，一个是牲畜贩子）说出了几个叛军首脑的名字，而这些人都在几个月前骚扰过市镇中的革命爱国者。在公开叛乱的第二天，在圣皮埃尔和其他地方，叛军开始有意识地组织队伍，他们对其事业的认同也正在形成，但这些组织结构和事业目标仍然模糊不清，而且经常变化。

历史总是惊人地相似，当地叛军对革命爱国者采取的第一个行动也是有计划地解除后者的武装。抵制征兵和解除革命爱国者的武装不过是一体两面。此外，这很可能是因为革命爱国者在沙蒂永和布雷叙尔发生叛乱之后大肆解除了贵族派的武装，相关的记忆依然在叛军的心中熊熊燃烧。在茹埃和戈诺尔，一些目击者说男孩们聚在一起是为了抢夺革命爱国者的武器，而另一些人则说他们聚在一起是为了反抗征兵。这两种说法都对，而这个过程也是非常有规律的：突击队去了乡镇中每一个革命爱国者的家中，索要武器和火药，然后将屋子洗劫一空。在动荡的头几天，有些房子被搜查了很多次。在对旺代早期叛乱的记载中多次提到了这一过程，我们不难发现，叛军的武器主要是从这些巡回搜刮中得来的。

圣弗洛朗区的法官奥古斯丁·安德烈（Augustin André）被拉普瓦特维尼耶尔的叛军抓获（A. D. M-et-L 1 L 1028）。叛军从他家抢走了一杆枪、一柄刺刀、一把手枪和一些火药，最后把他也逮捕了。因此，奥古斯丁听到了叛军们第一轮的商议，并报告说："他们的计划是解除雅莱的国民自卫军和市政当局的武装。"在那里，来自勒潘-昂莫日的分队为他们赶来的人数太少而表示歉意，并解释称他们中的许多人去"解除圣弗洛朗区的武装了"。当然，这些解除武装的少数事件是莫日地区公开发动反法国大革命运动的开始。解除革命爱国者武装的这一过程持续了好几天，然后叛军们也开始抓捕这些武器的主人了。叛军们在袭击当地革命爱国者的同时，还洗劫了他们的酒窖，并且兴高采烈地焚烧革命爱国者的官方文件。

　　莫日地区的大部分市镇先各自经历了小型的叛乱，而这些拿起武器的人员迟早会加入更大规模的叛军队伍中，去攻打城市，并与共和国派来的军队作战。圣朗贝尔的男孩们排成纵队出发，几周后又跟着叛军的大部队回来了。来自拉普瓦特维尼耶尔和勒潘-昂莫日的叛军分队成为袭击雅莱、然后袭击舍米耶的人员的核心。我们很可能可以说，在反法国大革命运动爆发的第一周内，几乎所有在莫日地区组建的地方武装都加入了一个更大的联盟。而且很有可能就是在这个时候，叛军的军衔等级和人员名册突然变得更加清晰明确了。但是，即便在所谓的"军队"成立之后，成群结队的战斗人员依然以他们的各个市镇为基本单位，而被召集起来参加某个特定行动的部队，通常在战斗——这些战斗时间太短而无法有效占领任何外地的领土——结束不久之后就会各回各家。

　　安茹南部各地区最早爆发的那些反法国大革命运动之间的共同点支持了这一观点，即旺代之乱是前两年冲突激化的延续。人们对征兵感到强烈的不满，而这种不满立刻就被同化为党派之间的斗争。双方开始只是继续他们的争吵，然后大打出手。然而，旺代之乱的爆发不可能是一个精确而周全的计划中的一部分。因为最初的冲突几乎都是漫无目的的，最初的目标是地方性的，高层也是最后才形成的。众多地区的历史存在如此引人瞩目的相似之处，主要是因为莫日地区众多社区的社会状况基本相似的结果。

　　叛乱蔓延的方式也证实了这一观点。在莫日地区内部，叛乱就像把面糊放进平底锅里：先是许多小块，很快就变成了一个大块。由于"旺代之乱的爆发就像一个人立刻起身一样迅速"这种神话一直存在，我必须再次强调，整个地区加入反法国大革命叛乱所花的时间。即便在莫日地区这种狭小的范围内，各地区之间也存在明显的间隔。3月4

日,当革命爱国派和贵族派在绍莱和勒迈互相残杀时,卢瓦尔河附近的城镇依然保持平静。叛军于 11 日已经攻占德兰(Drain)、利雷和朗德蒙,但直到 11 日,才有叛军来到圣皮埃尔-德舍米耶的乡镇上。在绍莱沦陷之后,特雷蒙、莱塞尔克·德莫莱夫里耶、沃赞和蒙蒂耶的革命爱国者依然能在 15 日和 16 日派兵去保卫维耶。然而在这些事情发生之后,戈诺尔的革命爱国者却依然待在家中,没有遇到叛军并与之战斗。所以,反法国大革命运动的共时性不过如此。

而在圣弗洛朗爆发了那场灾难性的示威游行后,叛乱地区的边界差不多就固定好了,直到共和军最终把他们的敌人赶出家园。这块区域的地图大家都很熟悉。它与 3 月 3 日至 12 日发生骚乱的区域图大致相同,更重要的是,它与 1791 年立宪派与抗命派神职人员争斗的区域图也基本相同。这场反法国大革命运动迅速席卷了这些反抗力量形成已久的地方。

除了夹在莫日地区与卢瓦尔河之间的那块狭长地带之外,瓦尔和索米卢瓦地区的情况与莫日地区的明显不同。瓦尔和索米卢瓦地区在征兵消息传出的时候,没有任何地方警钟大作,在强制进行征兵时,也没有爆发任何骚乱。事实上,当有关旺代之乱的第一则消息传到瓦尔和索米卢瓦地区时,它所激起的反应不是热情,而是恐惧。索米卢瓦地区的人民没有加入叛军,相反,他们的国民自卫军挺身而出与叛军作战。在维耶区,博略、拉布莱、拉萨尔德维耶、拉普兰、维耶、莱塞尔克苏帕萨旺(Les Cerqueux-sous-Passavant)、克莱雷、讷伊苏帕萨旺(Neuil-sous-Passavant)、蒙蒂耶、特雷蒙、孔库尔松(Concourson)、马蒂涅、圣乔治-沙特莱松(Saint-Georges-Châtelaison)、沙瓦涅、索尔热洛皮塔勒、诺特尔达姆达朗松(Notre-Dame D'Alenson)、吕涅、布里涅(Brigné)、法沃赖(Faveraye)、法耶和图阿斯——这些主要是索米卢瓦地区的社区——派兵镇压反法国大革命运动,而只有博略、拉萨尔、拉普兰和蒙蒂耶爆发了严重的反法国大革命运动。支持和反对法国大革命的地区的界限被划分得如此分明。

正如我们所料，城市与城市之间的差异其实并没有这些子区域之间的差异来得大。虽然舍米耶、绍莱和维耶的防御称不上英勇，但在叛军控制这些城市之前，它们还是奋力抵抗了。在叛军撤离时，虽然这些城市还是偶尔会受到叛军的侵扰，但它们并没有站在反法国大革命运动的一边。与此同时，那些仍然自由的城市，它们的态度中混杂了极度亢奋与极度焦虑，甚至可以将之称为"混合式的歇斯底里"。昂热、索米尔、蒙特勒伊贝莱迫切地增派公民军去镇压这伙"强盗"。索米尔的一群人屠杀了一些因提议投降而被捕的维耶市民，就像维耶的一群人屠杀蒂涅的市民那样。被指控叛国的恐惧笼罩在蒙特勒伊贝莱。安茹的所有城市都做好了自卫的准备，许多城市不仅彼此之间，也疯狂向省政府和国民议会*请求派兵增援。它们的担忧是有道理的，因为正是这些城市首当其冲，直面叛军的大举进攻。

1793 年发生的这些暴力事件令人印象最深刻的一点是，它们与前几年发生的事件具有连续性。我刚才讨论了反法国大革命运动及其先前的事件在地理上的连续性。除了这种表面上的巧合之外，安茹南部地区的党派冲突也具有深刻的连续性。1793 年的对立集团基本上与1791 年和 1792 年相同，它们所关注的问题也没有什么区别。1793 年惊天动地的斗争其实是前两年地方风波被强化之后的表现形式。这种连续性在叛乱第一次爆发的时候尤为明显。在圣皮埃尔-德舍米耶、圣乔治-杜皮德拉加尔德、圣马凯尔-昂莫日、圣朗贝尔-迪拉泰，朗德蒙，

---

* 原文为 National Assembly，但国民议会的存续时间是 1789 年 6 月 17 日至 9 月 30 日。随后出现的是立法议会（*Assemblée législative*），存续时间为 1791 年 10 月 1 日至 1792 年 9 月 20 日。而此处所指的组织应为国民公会（*Convention nationale*），存续时间为 1792 年 9 月 21 日至 1795 年 10 月 26 日。后文不再另行标注。——译者注

以及几乎其他所有有足够信息的地方，叛军中第一批发起进攻的人，都是在前几年与革命爱国者进行最顽固的斗争的那些人，他们的进攻目标也是他们曾经试图妨碍的那些地方领袖，他们的诉求也与之前没有什么不同。

谁是敌人？

尽管总体上可以保证这种连续性的存在，但我们应该对那些被叛军标记为"敌人"的人有更多的了解。当然，我们都知道他们属于"革命爱国者"这个大类，但如果能明确了解他们在农村社区结构中的位置——购买了教会地产的人数，担任过公职或隶属于国民自卫军的人数以及他们在农村人口中所占的比例——那对我们的研究来说将是非常有用的。就安茹南部地区而言，叛乱中的难民名单以及引人关注的"好革命爱国者"名单（A. D. M-et-L 1 L 1157—1159，1 L 1310 bis）——我没有充分利用这些名单，因为对它们的分析首先需要进行大量的识别工作——可能包含了许多上述问题的答案。例如，在圣马凯尔，名单中列出了 81 名难民（包括妇女）和 25 名好革命爱国者（仅包括男性），这两份名单有大量重合。两份名单包括大量社区的商人和布匹商、几乎所有 1791 年和 1792 年在任的市政官员、几乎所有当地教会地产的购买者，以及众多来自当地最显赫的革命爱国者家族［如蒙丹（Mondain）、迪佩（Dupé）、吉尔贝（Gilbert）、达维奥（Daviaud）等家族］的个人，但其中还有很多人，我根本无法确认其身份。虽然名单上还有一些来自其他地方的农民和工匠，但资产者在名单中似乎占据了特别突出的位置，而在这些资产者中，商人又尤其引人注目。在拉泰苏阿勒的名

单中（A. D. M-et-L 1 L 1159），能够确认为"好革命爱国者"的资产者
共有 20 人，其中 9 人是布匹商，10 人是商人，只有 1 人是医生。如果事
实证明，商业资产者是反法国大革命运动的主要敌人，而职业人员和行
政官员则更多地同情反法国大革命运动，那么这一趋势将与前面的所
有分析相一致。不过，正是因为这种发现会带来过多便利，所以在有人
能够比我更仔细地列出 1793 年 3 月的革命爱国者名单之前，最好还是
不要先下定论。

　　而在确定叛军身份的问题上，我们是否有更为坚实的基础？对大
多数研究旺代之乱的历史学家来说，谁参加了这场战争似乎显而易见，
所以他们不会问这个问题。但是，其实没有人真正知道确切答案。当
然，那些领导者的名字在法国西部的任何地方都是无法回避的，因为该
地古董商的生活中充斥着这些名字。人们其实普遍认同，许多农村人，
再加上一些贵族和教士加入了叛军的队伍，但除此之外，并无太多一致
的看法。

　　在这场反法国大革命运动期间及其后不久，出现了许多有关叛军
身份的自相矛盾的说法。最早发给国民议会的一份急报中提到："敌人
是由狂热分子、抗命派教士和流亡贵族组成的。"（Aulard，1889—1897：
II，499）在这份急报发出一周之后，对叛军身份的估计已经扩大到"几
乎整个农村地区都在按战斗指令进军"（Aulard，1889—1897：II，
468）。在大多数情况下，"狂热分子"和"强盗"这两个简单的词就足以
用来识别敌人，但这场反法国大革命运动越成功，这些来信者就越愿意
相信整个法国西部地区的所有人都心甘情愿地投身于反法国大革命
运动。

　　早期研究旺代之乱的历史学家，尤其是见证了这场事件的共和派，
通常将这场反法国大革命运动视为农村的群众运动。萨瓦里专门提到
了农民，但他同时代的大多数历史学家也暗示或明确指出，旺代地区只

有少数孤立的城市支持大革命(如 Savary,1824；Choudieu,1889；Le-quinio Year Three；Bénaben Year Three；Berthre de Bourniseaux,1819)。

随着这场反法国大革命运动逐渐尘埃落定,对它的分析也变得越来越细致。历史学家们发现他们难以解释清楚一些无法回避的事实,即旺代地区其实存在革命爱国者中心,因此他们不得不放弃"作为一个整体的旺代地区反对整个法国"的简单观点。然而,就连近来的历史学家们也只满足于将反叛者中的教士、贵族和"农民"区分开来,不再继续讨论这个问题。这也就意味着,工匠、资产阶级中的不同部分以及各类不同农民的具体参与情况从未被深入挖掘。

据我所知,仅有一个人曾经尝试用定量的方式确定在法国西部地区,究竟谁是法国大革命的敌人,这个人就是唐纳德·格里尔(Donald Greer,1935,1951)。他发展出了一些统计方法用来衡量恐怖统治时期和贵族流亡时期 * 的事件。在恐怖统治时期(因此也就是在这场反法国大革命运动时期)被处决的人,应该可以视作分析反对法国大革命的人的一个粗略指标。格里尔提供了曼恩和卢瓦尔省和整个旺代地区的数据(Greer,1935:100—101,Appendix)。各省的数据不仅包括昂热,还包括了卢瓦尔河以北的所有省份,但这些数据用起来没有那么方便。不过,这些百分比是值得信赖的,因为大部分的处决是根据 1793 年 3 月的法律执行的,该法律由旺代地区直接发起,规定对携带武器或佩戴反革命徽章的叛乱分子进行军事审判并立即处决。通过在南特实施革命复仇,下卢瓦尔省的处决率在全法国遥遥领先。当时全法国一半以上的处决发生在西部(Greer,1935:38—40),其中,下卢瓦尔省有 3 548 人被处决,曼恩和卢瓦尔省有 1 886 人被处决,旺代省则有 1 616

---

* 恐怖统治时期为 1793 年至 1794 年,贵族流亡时期为 1789 年至 1795 年。——译者注

370

表 13.1　恐怖统治时期旺代地区被处决的人员比例

人员类型	整个旺代地区	曼恩和卢瓦尔省
贵族	2%	2.5%
神职人员	2%	3.2%
农民	48%	43.3%
"中产阶级"(middle class)	6%	7.6%
"工人阶级"(working class)	41%	43.4%

人被处决。所以格里尔得出的数据并非基于少数几个微不足道的案例。

　　对于任何相信旺代之乱的传统叙述的人来说,格里尔的数据一定显得有些古怪。教士和贵族的比例相当低,尽管二者都高于我估算出的他们在总人口中的比例。"工人阶级"大致相当于本书中使用的"工匠和其他群体"范畴,它的比例相当高。如果说这些处决的数据准确地反映了这场反法国大革命运动的参与者的情况,那么换言之,这些数据表明,相比于人们通常受传统历史叙述影响所认为的那种情况,贵族参与旺代之乱的程度其实要轻微一些,而"非农民"(nonpeasants)的参与程度则要深入得多。当然,这个结论与我们现在所了解的 1793 年叛乱爆发前的党派冲突的发展情况是完全一致的。

　　但遗憾的是,我们有充分的理由怀疑这些被处决的死刑犯是否能真正代表所有的反法国大革命分子。最明显的理由或许是,这些人员中有许多(尤其是在城里的)人从未与叛乱有过真正的联系,而且,另一些参与叛乱的人被抓捕并处决的可能性更大。因此,我们需要检查格里尔的数据的含义。

　　我们需要对叛军进行一次普查。之前是否有过类似的普查? 当然没有。但有两组资料可以让我们了解这种人员普查可能会反映出的情况:第一个是对来自反革命地区的囚犯和难民的审讯记录,审讯员通常会让他们说出自己认识的叛军的名字;第二个是当地反法国大革命运动军事部队的名册。[1]通过这两组资料,我整理出一份包含3 000多名反叛者的档案,其中约2 100人来自审讯记录,900人来自名册。但是,在原始的3 000人名单里,有900多人是因为在反法国大革命的委员会中任职、与敌人沟通消息、同情叛军以及其他非军事罪行而被记录在册的。此外,即便仔细梳理了其他的资料来源(比如投票名单、教区登记簿等),也无法查明名单中800多人的社会身份。因此,这份名单汇报的曾携带武器反抗共和国的人员中,能够确认职业身份的人缩减至1 176人,其中通过审讯确认的有804人,通过叛军名册确认的有372人(两种来源的重叠部分已被剔除)。

总而言之,参加1793年反法国大革命运动的总人数可能在6万到12万之间(Dehergne,1939:333—334)。我认为,在这一年里,安茹南部地区前后有1.5万到2万人拿起了武器。因此,如果是随机抽样的话,那么这份1 100多人的名单足以让我们得出一些关于整个叛军战斗部队人员构成的可靠结论。

当然,这份名单并非随机抽样。这些信息的提供者们很有可能在选择性记忆的基础上,又有选择性地提供他们的证词。根据我从数据中发现的各种蛛丝马迹,由于无法确认一些人的职业,数据中损失了44%的样本,这也就夸大了叛军中的显要人物和高层人员的比例。这些提供消息的人也并非随机抽取的,而他们提到的叛军主要集中在莱永河沿岸以及莫日地区的东北部。仅来自舍米耶、圣朗贝尔-迪拉泰和圣洛朗-德拉普兰这三个县的人员就占了档案人数的1/3以上。这并不是因为这些县中的叛乱分子最多,而是因为共和军审问这些地方的人的概率最高。

尽管存在这些限定条件,但格里尔汇编的这些数据依旧提供了一些有价值的信息。让我们从难民和囚犯在审讯时提到的那些叛军的名字开始。这804人按照职业阶层的分布如下:贵族2.1%,教士0.2%,

雇工 11.3%，其他农民 29.8%，商业资产者 6.2%，其他资产者 5.5%，产业型工匠 13.8%以及其他职业人员 31%。这些比例与格里尔关于处决人员的数据十分相似，但我这里估算的教士和农民的比例较低，而资产者的比例则更高。不过到目前为止，无论用什么方式进行统计，叛军中工匠和农民这两个群体的占比最大，这并不令人惊讶。但是，除神职人员外，还有其他阶层中的许多人也加入了反法国大革命的军队。

如果我们认为这些数据准确地代表了所有叛军，并且认为第四章中呈现的对人员职业分布的估算是准确的，那么我们很有可能得出这样的结论：叛军中工匠的比例超出了他们在职业分布中所占的比例，农民的比例低于他们在职业分布中所占的比例，资产者的比例则稍微高于他们在职业分布中所占的比例。情况也许就是这样。这无疑是一个令人愉悦的新颖的结论。但是，我认为应该这样说，一方面，在 18 世纪有关法国西部地区的文献中，省略农民职业名称的情况往往比省略其他阶级职业名称的情况要多得多。如果这种倾向在这里也发挥作用，那么在档案中标注为"身份不明"的那一群人中，可能有许多是农民。另一方面，来自莫日地区乡镇的难民很有可能一开始会告发他们最熟悉的叛军，即和他们住在同一个乡镇的工匠和资产者。这些偏见则会提高工匠和资产者（也许还有贵族）在叛军名单中的比例，而降低农民的比例。因此，在对叛军的人员构成做出最终判断之前，我们应该再深入了解一下。

叛军人员的名册开辟了另一条路径。这些文档有着类似"天主教王军名册"的标题（例如拉瑞默利耶尔市镇的"天主教王军名册"，见 A. D. M-et-L 1 L 840 bis），通常包含来自同一社区的大量男性成员。表 13.2 显示了三个案例。即便是这三个案例的比较，也值得我们持怀疑的态度仔细研究，因为这个比较研究所基于的名册上的人员信息并没有被全部确认，而且这些社区中的一些人（尤其是贵族）可能在比"教

表 13.2　叛军名册与人口职业分布估算的比较

人员类型	拉普瓦特维尼耶尔		拉沙佩勒-杜热内 (La Chapelle-du-Genêt)		圣洛朗-德拉普兰	
	成年男性中的占比(%)	叛军名册中的占比(%)	成年男性中的占比(%)	叛军名册中的占比(%)	成年男性中的占比(%)	叛军名册中的占比(%)
贵族	0.2	0	0.2	0	0.4	0
教士	1.3	0	3.1	0	1.5	0
农民	59.5	79.7	48.9	46.4	63.8	75.8
资产者	5.7	0	4.2	3.6	4.0	3.3
工匠和其他职业群体	33.3	20.3	42.6	50.0	30.3	20.9
身份确认的叛军人数		59		56		91
身份未确认的人数		87		13		22

区连"更高级别的组织中担任职务。不过,在关于农村社区一级的叛军组织问题上,这些比较确实提供了两个值得信赖的结论:(1)几乎所有当地士兵都是农民或工匠;(2)资产者在叛军中的比例严重低于他们在成年男性中的比例。各个社区的叛军名册上的人员与审讯中得到的人员信息有很大差异,前者中有更多人是普通的劳动者。

现在,我们不妨把所有叛军名册(除了上述讨论的三份名册之外,还有其他四份)与来自支持法国大革命一方的资料放在一起,并对这两套资料进行整体统计。表 13.3 列出了相关数据。

首先,从表中可以看出,这两种不同的资料对反法国大革命力量的描述存在显著差异。叛军名册中没有贵族或教士,也几乎没有资产者,而叛军名册中农民的比例比审讯记录中的高得多,非工业型工匠的比例则略低。我怀疑,叛军名册所反映出的(地方连的所有成员)整体情况比审讯结果所反映出的(所有参加旺代之乱的人)更为准确。但是,

表 13.3　不同类型的资料中被标记为"武装人员"的人的职业分布

人员类型	确认职业身份的人员比例		
	审讯记录	叛军名册	总计
贵　　族	2.1%	0.0%	1.4%
教　　士	0.2%	0.0%	0.2%
雇　　工	11.3%	9.4%	10.7%
其他农民	29.8%	54.0%	37.5%
商业资产者	6.2%	0.8%	4.5%
其他资产者	5.5%	0.8%	4.0%
工业型工匠	13.8%	14.5%	14.0%
其他职业群体	31.0%	20.4%	27.6%
确认身份的人数	804	372	1 176
未确认身份的人数	459	471	930

由于没有任何独立的方法来检验我认为这些资料来源孰优孰劣的直觉,我们别无选择,只能将它们的总数作为对旺代叛乱中武装人员的最佳描述。也就是说,叛军中的农民比例略低于 1/2,工匠略高于 2/5。显然,这与他们在农村人口中的分布情况相差不远。

表 13.4 展现了各行政区的叛军人员构成的差异。其中许多大小不一的变化与总人口的职业分布差异有关。值得注意的是,绍莱区的工业型工匠以及全体工匠所占的比例非常高,这可能是该地区产业危机的另一种反映。除此之外,各行政区的总数据相当一致,在叛军中,农民占 40%—50%,工匠占 40%—50%,资产者占 5%—10%,而教士和贵族的占比非常小。

参加叛军并不是人们参与这场反法国大革命运动的唯一方式。即使是叛军最基本的后勤工作也需要有人提供军需品,即使是他们最基本的情报工作也需要有人进行间谍活动。许多非战斗人员为叛军提供了食品、衣物、弹药和武器,有一些人提供了敌军的兵力评估和动向等情报。还有一些人虽然没有积极参加反法国大革命运动,但共和党人

表 13.4 不同行政区中被标记为"武装人员"的人的职业分布

人员类型	确认职业身份的人员占比					
	圣弗洛朗区	绍莱区	维耶区	昂热区	索米尔区	外部
贵族	0.7%	0.4%	0.3%	8.2%	—	6.4%
教士	0.5%	0.0%	0.0%	0.0%	—	0.0%
雇工	9.6%	6.5%	18.0%	4.1%	—	8.1%
其他农民	42.8%	30.0%	34.3%	55.1%	—	36.3%
商业资产者	4.0%	7.6%	3.5%	6.1%	—	2.4%
其他资产者	6.6%	2.3%	1.6%	2.0%	—	4.0%
工业型工匠	12.9%	25.9%	9.0%	2.0%	—	10.5%
其他职业群体	22.3%	27.4%	33.3%	22.4%	—	32.3%
确认身份的人数	435	263	312	49	0	124
未确认职业的人数	278	286	331	16	00	20

认为他们"缺乏公民意识的态度"或具有"反革命情绪",这也使他们受到了牵连。

除了这些相当明确的协助叛乱的方式外,一些人还在叛军设立的地方委员会中任职,以维持秩序、筹集物资并取代旧政府。虽然社区中最活跃的共和派通常会尽可能地逃离这场叛乱,但往往还会有一些相对温和或在政治上不活跃的杰出公民留在当地。这些公民也经常在地方委员会中任职,但他们的工作决不能说明他们同情反法国大革命运动。因为在叛军的军事控制下,他们几乎别无选择。在沙洛讷,一些最杰出的公民(虽然他们不是最积极的革命爱国者)也在当地的反法国大革命委员会中任职(Uzureau,1941)。在整个维耶区,前任市镇官员都被迫加入了反法国大革命委员会(A. D. M-et-L 9 L 86)。尽管他们并不热衷于这项事业,但他们往往是唯一可以胜任这些工作的有时间、技能和经验的人。

表 13.5 列出了在这场反大国大革命运动中承担各种职责的人员的

表 13.5　反法国大革命运动中不同类型的参与者的职业分布

人员类型	确认职业身份的人员占比						
	一般武装人员	军官	为叛军服务	一般性的反革命情绪	委员会成员	其他	总计
贵族	0.6%	12.4%	3.2%	2.3%	0.7%	17.6%	1.8%
教士	0.2%	0.0%	28.0%	4.2%	0.7%	5.9%	2.9%
农民	50.2%	23.6%	40.8%	47.7%	31.2%	29.4%	46.1%
资产者	7.3%	24.7%	13.6%	10.3%	39.0%	17.6%	11.8%
工匠和其他职业群体	41.8%	39.3%	14.4%	35.3%	28.4%	29.4%	37.5%
确认身份的人数	1 087	89	125	262	141	17	1 721
未确认身份的人数	884	46	92	182	202	61	1 309

信息。此外，表 13.5 还对武装人员进行了粗略的分类。在战士中出现了普通士兵和"首领"（chief）、"指挥官"（commander）、"领袖"（leader）的区分，以及中士（sergeant）、中尉（lieutenant）、上尉（captain）和将军（general）等更为正式的军衔。这张表将拥有上述头衔的人员都视作"军官"。

在这些被分析的文件中，约有 2/3 的被指控人员参加了反法国大革命的武装部队。其中，贵族和资产者在军官中的占比远高于普通士兵。农民（根据此处未显示的表格）在中士和下士（corporal）中的比例也远高于他们在其他任何更高的军衔中的比例，他们充当普通士兵的概率也远高于任何其他阶级的成员。另一方面，工匠在地方部队中担任首领的情况也非常普遍。尽管反法国大革命的军队中存在许多民主甚至无政府的特点，但简而言之，其领导职位并不属于农民，它的最高职位主要由拥有一定财富、影响力和威望的人担任（参见 Paret 1961:30—31）。

平民与叛军合作的情况也大同小异。为叛军提供具体服务的人员主要是教士（他们传教布道，但很少携带武器）和农民。仅仅因为反革命情绪而被传讯的群体是反法国大革命人员中一个粗略的横断面。不过，地方资产者在反法国大革命委员会中占据了很大一部分席位。维耶区的叛乱分子名单中经常包含这些"榜上有名"者曾经担任过的公职信息，这表明早先担任过市政官员的人员经常加入（或被征召进入）当地的委员会（A. D. M-et-L 9 L 84—86）。这些在 1791 年和 1792 年党派之争中离职的人也许是这些委员会的最佳人选，但这只是一种猜测。无论如何，在这场反法国大革命运动的荣誉和职责分配方面，存在许多旧制度的遗存。

　　值得注意的是，任何人都不应该将这些基于对部分样本的鉴别而得出的结果视为定论。虽然与大多数凭着猜测和感觉去描述旺代之乱的研究相比，这些结果是一种进步，但毫无疑问，它们既需要进一步完善，也需要相关的批评。然而，无论这些结果是否完善，它们确实得出了一些相当可靠的结论，有些是正面的，有些是负面的。这些发现证明，给旺代之乱贴上"农民"叛乱这一标签是不准确的。不仅农村的工匠们（他们绝非稍有不同的农民）在反法国大革命运动中扮演了重要角色，其他阶级也参与其中。不过，由于后者参与的程度各不相同，因此个别社区的武装力量会更趋近于由纯粹的农民和工匠组成的普通士兵，而非更高层级的反叛组织。至少有迹象表明，工匠们（由于他们在中间阶层中占据很大比例）是当地的积极分子，而资产者在反叛队伍中的代表性则明显不足。

　　然而，代表性的问题引出了这些研究结论中消极的一面。由于参与这场反法国大革命运动的人员大胆地突破了阶级的界线，因此，任何对这些人员所属阶级进行简单的排列方案都无法充分说明 1793 年的力量分化。有鉴于此，我们应该详细检查任何试图用单一阶级（无论是农民、贵族、教士、资产者还是其他阶级）的问题、态度或行动去解释这场反法国大革命运动的做法。

当然，无论是本书还是其他研究都应该要对这一点保持警觉，即审讯中被点名的资产者人数众多，这使人们对该阶级的革命倾向产生了一些疑问。他们当中至少有一些人的确参加了反法国大革命运动，但是审讯的结果与我所能恢复的社区名册以及社区方志中记载的事实相互矛盾。因此，我们最好还是暂且认为，资产者的中坚力量与法国大革命保持一致，而很少有资产者——尤其是很少有商人和布匹制造商——积极地反对法国大革命。研究结论最重要的一点是不要言过其实。虽然有一些资产者——比如圣弗洛朗-德拉普兰的医生卡迪（Cady）或莫莱夫里耶的总管博迪（Body）——全心全意地投入了反法国大革命运动，还有一些人——比如莫尔塔涅的总管布蒂利耶·德圣安德烈（Boutillier de Saint-André）或沙洛讷的食利者弗勒里——半信半疑地加入了反法国大革命运动，但直到 1793 年之前，安茹南部地区为法国大革命提供最有力支持的是资产者，在大体上对反法国大革命运动表示毫不妥协的也是这些资产者。

这一表述也许可以推而广之。1793 年参与战斗的党派基本上是 1791 年就已经出现的那些党派。革命爱国者基本上是资产者，他们的对手是由农民、神职人员、贵族和相当一部分农村工匠组成的贵族派。1793 年，没有一个革命爱国者党派长时间抵抗住了叛军的进攻。莫日地区的形势如此不利，以至于他们只能逃跑或投降。共和国的部队不得不与反法国大革命的军队展开激战。

叛军将士及其战争

正如许多评论家指出的那样，这场反法国大革命运动的军队几乎不配被称为"军队"。他们征召的兵源注定了他们的组织化水平非常低。持续作战需要许多技能、规范和各项知识,但这些东西在农民之中并不常见。传统的农村生活并不能让这些人适应纪律严明的大规模军事调动、时间表式的例行公事或者工作与家庭的彻底分离,而工业社会的生活方式则可以。由于任何规模的军队想要操练出可实际作战的士兵,都必须具备上述特征,以及其他一些同样令人感到陌生的特征,因此,想要招募和训练一支由农民和农村工匠组成的军队是极其困难的。

莫日地区反法国大革命的"军队"反映了农村社会的组织结构。它其实是一个由各个地方部队组成的不稳定联盟,其成员在每次的远征中都会发生变化。其组织结构主要由一个不规则的通信网络组成,该网络将各个地方领袖与一小部分相对固定的首领联系在一起。各地方部队保卫自己的领地,并在有需要的时候联合起来与敌人进行短期但大规模的交战。正如被旺代人所俘虏的法国大革命官员约瑟夫·克列蒙梭(Joseph Clémenceau)所描述的那样:

> 将领永远无法把旺代人整编成一支人员长期固定的军队,也永远不可能让他们留下来守卫他们攻下的城市,更没有人能让他们据守营地或遵守军纪。旺代人习惯了活跃的生活,无法忍受在军营里无所事事。他们渴望上战场,但同样渴望回家。他们经常勇敢地战斗,但他们从来都不是士兵。(Clémenceau,1909:8)

旺代人将无休止的小规模战斗和偶然进行的大规模进攻结合在一起,这是一种不同于以往的战争形式。这使旺代人在守卫自己的领土时占据了相当大的优势,但也严重妨碍了他们的指挥官实施其费尽心思制定的战略。他们这种单纯的地方主义使叛军变成了一支支小部队,这些部队既能有效地保卫自己的领土,又能处理他们自己的私事,但这种地方主义也使他们无法巩固其对共和军的胜利。

叛军的部队几乎纯粹是他们所谓的"地方教区连"。当听到教堂发出的警报声后,这些士兵放下手中的日常工具,拿起弯刀、火枪、镰刀、棍棒和其他临时武器,聚集在乡镇,"像游行队列一样"出发(A. D. M-et-L 1 L 1030)。正如萨瓦里所描述的那样:

> 这支军队根本不是长期存在的,只有在首领们召集时才会组建起来。各市镇指派的信使随时准备着在接到命令之后立刻出发,迅速地将首领们的指令传达下去。农民们在听到教堂敲响警钟之后就会聚集起来,教区的指挥官向他们下达命令,宣布需要的人数、集合的日期和地点,以及出征的时长——一般不会超过四五天。在队伍组建之后,教士们主持仪式,用布道鼓舞士气,分发赎罪券和赦免令,然后队伍就踏上征途。然而,当约定好的出征时长一过,无论当时战况如何,这些农民都感到可以自行回家,而军队很快就解散了。(Savary,1824:I,24)

这支战斗部队看起来似乎更像一支乡团(home guard),而非一支军队。

叛军的地方性组织几乎在冲突爆发时就出现了。它单纯由一个社区中的步兵连组成,配备一个由选举产生的连长(或指挥官)和一些选举出的中尉。虽然所有身体健康的成年男性都应该服役,但有钱人可以买到豁免权。当将领们需要一定数量的士兵参加某项行动时,他们会把人数分配到各自辖区内的各个社区,每个社区中的指挥官负责完成自己的配额。贵族通常不会是这些连队的成员,但工匠和农民是。正如我说过的,现有的资料表明,农民很少担任地方队伍的领导,而客栈老板、铁匠、贵族的雇员甚至纺织工则经常担任上尉和中尉。

这些地方部队或多或少都是自主行动的,没有直接的纪律约束,只有他们对各自地方的热忱和上尉们的尽忠职守才能让他们坚持战斗。在反法国大革命运动后期,有人曾试图组建一支真正的军事部队,但远未成功。

实际上,在叛乱的新"皮肤"之下,活动着的是旧制度机构的"骨骼"。这种自上而下分配武装人员配额——首先确定一个地区需要出征的人数,然后再将人数配额细分到该地区的各个社区——的方式,模仿了一直以来征收赋税的方式和常年以来征兵的流程。由显要名流组成的反法国大革命委员会则类似于 1787 年的市镇议会,而农村社区传统的整体性在这些地方性单位(包含他们选举出的官员和临时的军队)中依然存在。

这些临时士兵的作战方式令他们的共和派敌人感到惶恐不安,这与英国正规军在美国革命中遇到的麻烦如出一辙。叛军拒绝按部就班地行军。相反,他们躲在树木和房屋后面,在灌木丛中射击,在毫无征兆的情况下悄悄地接近敌人。这些战术非常适合在博卡日地形区使用,它们是如此奇怪,令敌人感到迷惑和愤怒。当时在战场的一位国民议会代表奥吉(Augis)写道:"我军经过的一些村庄发生了一些暴行。敌人从名为莱绍布罗涅(Les Échaubrognes)的地方的房屋窗户中向他们射击。"(Aulard,1889—1897:III,290)尽管这些做法是现代战争的一部分,但对 18 世纪的军人来说,这是一种令人震惊和难以想象的战斗方式。不过,有时叛军还是不得不按部就班地集结,在平原上与共和军展开正面交锋,或者排成队列去进攻一座城市。而在这些情况下,一般来说,叛军的无组织和游击战术对他们大为不利。

旺代人在取得战斗胜利的同时,也必然会抓一些俘虏。他们之前也曾开展过几次血洗行动,主要是在反法国大革命运动的第一轮冲锋中。后来,有人发明了一种野蛮的方法——将俘虏两两绑在一起,押送至阵前,这样俘虏们就会率先迎接其朋友们的炮火。这种做法在叛军进攻舍米耶时得到首次尝试,但很快就被抛弃了。事实是,旺代军并不以残忍著称,反而以其宽待俘虏而闻名。邦尚将军和莱斯屈尔(Lescure)将军最令人难忘的行动都是保护战俘。莫日地区人员参加的军队在当时享有最好的声誉。有两个因素促使叛军对俘虏的态度从暴躁变得温和:一是将军们的坚持;二是叛军发现越来越难处理落入他们手中的大批俘虏。最终的解决办法就是剃光俘虏们的头发,让他们发誓不再打仗,然后把他们打包送走。自不必说,革命爱国者的将领们并不认为这样的誓言具有约束力。

旺代人对待俘虏的宽和并不代表他们普遍软弱可欺。即使在大规模的战役中,旺代人的激情也让他们的敌人印象深刻,甚至胆战心惊。据说,旺代人像疯子、狂热分子一样不顾死活地战斗,至少那些狂热的核心成员就是如此。但也有人说,还有许多人在战斗中袖手旁观,直到战斗胜利后才加入。

叛军在刚起义的时候,武器少而杂。1793年的一个惊人景象是,一支军队携带着古老的火器、各种农具、简易的长矛和简单的棍棒,拖着几件旧的野战用具向前推进。在他们的枪支中,许多初始的武器来自莫日地区的城堡,还有许多武器来自他们在3月初对革命爱国者宅邸和大本营的洗劫。此后,士兵们从敌人那里夺取枪支。尽管有无数的指控,但尚未有人能拿出任何证据表明旺代人使用的武器来自英国、流亡者或其他地方。

在反法国大革命运动的头几个月里,这场战役和这些战士让共和军们大吃一惊。克列蒙梭记录下了他所看到的一切景象:

> 一开始,旺代人之所以令人生畏,是因为他们的作战方式。他

们没有秩序，不以方阵或成群结队的方式作战，而经常是分散开来，一个个化身为狙击手躲在树篱后面，然后再集结。这种方式让他们的敌人大吃一惊，因为后者完全没有准备好应对这些军事技术。有人看到旺代人跑到敌人的大炮前面，从炮手的眼皮子底下偷走大炮，而炮手几乎没有料到他们会如此大胆。旺代人把作战行军称为"奔赴火线"。当他们被教区指挥官，被从他们队伍中挑选出来并由他们任命的首领，即百夫长（centurion），召集时，他们对这些人的信任远甚于将领们偶然会给予他们的信任。在战斗中，就像在周日的教堂门口一样，他们被熟人、亲朋好友包围着，除非在撤退时四散而逃，否则他们是不会分开的。战斗结束后，无论是获胜还是败北，他们都会回家，在田间地头或商店里干着自己的老本行，并随时准备下一场战斗。（Clémenceau，1909：7—8）

这些地方连队的行动虽然远没有达到集中化的程度，但也并非完全率性而为。这些部队单位组成了一些松散的军队，其首领都是著名的反法国大革命领袖。在反叛成功的日子里，有四支军队：普瓦图军、安茹军、中央军和沼泽军。前两支军队从莫日地区征兵，普瓦图军的重镇在沙蒂永，安茹军的枢纽则在博普雷欧附近。

在旺代之乱中作战的贵族大多是上述军队的军官，而非地方连队的军官。虽然也有一些平民跻身贵族的高等职位行列，但随着时间的推移和组织的发展，前职业军人占据了越来越多的高级职位。他们无一不是出身于部队当地的人员，其中少数出身于名门望族。* 他们在军

---

* 在法国大革命之前，军衔系统与贵族身份紧密相连。高级军官通常来自贵族阶层，军官晋升更多基于出身而非才能。1791 年，国民议会通过了对军衔系统的改革。新的规定废除了贵族垄断军官职位的传统，强调军队中士兵的平等权利和晋升机会，尤其是根据个人的能力和军功，而非出身背景。1793 年，由于外敌威胁加剧，法国政府意识到军队的组织效率非常重要，因此推行了更为严格的军官任命制度——译者注

中担任高级领导职位（但并非地方部队的首领），而这与他们长期以来在莫日地区担任的职务非常一致——他们是遥不可及的大人物，几乎很少参与严格意义上的地方事务。

有时，地方军队的首领们会共同策划行动，但更多的时候，嫉妒、目标不一致和竞争扼杀了他们之间的合作。1793 年 6 月初，沙蒂永成立了一个正式组织，这个委员会声称对整个旺代地区拥有某种权威。这个地方性组织意义重大，因为它得到了普瓦图军（其指挥部就在沙蒂永）的大力支持，但遭到了中央军和沼泽军的坚决反对。这个委员会实际上可以分为两个机构——教会机构和公民议会。其中的教会议会毋宁说成了德福勒维尔（de Folleville）和贝尼耶神甫的无用工具。德福勒维尔是个奇人异士，他成功地冒充了阿格拉（Agra）地区的名义主教，而贝尼耶神甫则是个野心勃勃的实干家，后来成为奥尔良主教。而公民议会曾试图在反法国大革命地区推行财政和法律秩序，但它本身都被德福勒维尔和贝尼耶之间的斗争弄得摇摇欲坠，更不用说其他许多机构了。

在理论上，这个公民议会至少凌驾于被叛军占领的城市和乡镇的各种议会和委员会之上。这些城市与乡镇中的委员会的效率参差不齐，而它们与这个公民议会之间的沟通效率也不是很好。事实是，这些城市或乡镇委员会一般都是恰好在叛军即将从他们短暂占领（这已经耗尽了他们的大部分力气）的城市离开时建立的。地方性组织在收集战略物资方面发挥了最大的作用，这一点在叛乱地区而非被叛军占领的地区表现得更为明显。旺代人之所以取得成功，并不是因为他们有天才般的组织能力。他们的组织是多么分散而烦琐！是各个社区的热情参与，才使战斗得以继续下去。

平定叛乱

这场分散的叛乱威胁到了政府的生存,尽管后者早就被外部战争和内部纠纷搞得焦头烂额了。托马斯·卡莱尔以他一贯的生花妙笔,描述了旺代之乱的第一手资讯:

> 在 3 月初的那几天,南特的邮报还没有邮寄到,取而代之的是漫天纷飞的谣言,这些谣言充斥着猜测、焦虑和不祥之兆。这些不祥之兆应验了。旺代地区狂热的人民再也按捺不住了。他们的叛乱之火好不容易才消散,但在国王死后,又重新燃烧成一团熊熊烈火。这不是暴乱,而是内战。你们的那些凯瑟琳诺们、斯托夫莱们和沙雷特们比想象中的要厉害得多。看啊! 他们的农民,只穿着土褐色的粗呢,拿着粗制滥造的武器,列着粗鄙不堪的阵势,带着他们如盖尔人般的暴怒,怒吼着为上帝和国王而战的口号,像一股黑旋风般朝我们袭来,把我们能召集到的最纪律严明的国民军打得惊慌失措,吓得四散而逃。旺代人夺得了一片又一片的战场,人们看不到战场的尽头在哪里。(Carlyle,n. d.; XVI,140)

巴黎当时正因为其他事务忙得不可开交,所以将绍莱首场暴动的消息搁置在一旁。直到这场叛乱切断了巴黎与南特之间的通信,它才引起了一些关注。而到了 3 月 18 日和 19 日,西部省份的请求开始传到巴黎,这才激起了巴黎的愤怒和震荡。辩论开始了,军队被调遣,代理官员被派出,3 月 19 日法案——逮捕武装叛军后,将其在一天之内处决——也通过了,然后这个事件就被遗忘了。旺代之乱爆发的时候,正是吉伦特派与山岳派之间的斗争不断成形而且逐渐走向公开化的时候,这场斗争比反法国大革命运动更加引人瞩目。

在暂时恢复信心之后,国民议会派出的代理官员又开始动摇,继而感到绝望,因为他们既无法镇压叛军,又无法从巴黎获得更多援助。在索米尔沦陷之后,库斯塔尔(Coustard)*向南特呼喊:"如果我们不能立即得到援助,我们就会灭亡,而且很快就会灭亡!"(Aulard,1889—1897:IV,583)在当年夏末,从战区传来的官方以及非官方的报告如雪片般飘到了巴黎,但引发的更多是互相指责和党派纷争,而不是对叛乱采取直接的、决定性的行动。几个月以来,国民议会一直没有意识到这场反法国大革命运动的重要性。

对于所发生的一切,国民议会必须给出相应的解释。而解释也层出不穷,比如,旺代人都是"狂热分子",他们不知道自己在做什么;他们都是教士和流亡者的工具;他们都是英国佬的雇佣兵;这场战争是精心策划、巧妙实施的阴谋的结果;那些法国西部地区自诩"革命爱国者"的人士,和他们在巴黎的盟友一道,都是反法国大革命运动的帮凶。当共和国的军队与叛军作战失利时,无论是作战的将领还是巴黎派出的代理官员都会被认为犯下了叛国罪。乔迪厄(Choudieu)**更是将这种指控推向了极致,他说:"在我看来,我断言,不是这些将领,就是人民代表,而且,说得更直白一些,我认为这些将领和人民代表都犯了叛国罪。"(Aulard,1889—1897:VII,401)

事实上,在导致共和军失利的因素中,叛国只占极小部分,而军队指挥不当则占大头。首先,在反法国大革命运动爆发的前几个月内,迎

＊　共和军的指挥官之一。——译者注
＊＊　雅各宾派成员。——译者注

战旺代人的这些士兵不仅未经过训练,还纪律涣散,更没有为他们不得不迎接的这场战斗做好任何准备。1793 年 3 月,法国西部地区几乎没有任何正规军队(de Malleray,1924:9 ff.)。第一批被派出平叛的是国民自卫军和新加入的志愿军。法国北部的战争以及随后在里昂、土伦和其他地方发生的独立叛乱又把共和国的正规军从旺代地区调拨了出去,而留下来的公民军(citizen-soldier)虽然人数足够多,但他们不是临阵脱逃,就是惊慌失措。

即便是那些久经沙场的老兵,他们在与旺代人作战时也没有做好自己的本职工作。国民议会派遣的代理官员的行动反复无常且自相矛盾,让将领们疲于奔命,而将领们反复无常且自相矛盾的行动则又让这些老兵们束手无策(参见 de Malleray,1924:16)。这些代理官员不仅自己推翻了从巴黎发来的战争计划,还互相指责对方渎职和叛国,并对将领们进行牵制。然后,这些官员开始保护自己喜欢的军事人员,并试图除掉其余人员。战斗失败,加之这些官员的负面报告,让奎蒂诺(Quétineau)、贝吕耶(Berruyer)和比龙(Biron)等将领失去了职位,甚至生命。这一过程的结果就是,官员们在选择将领时,更看重其革命爱国主义和个性品格,而非军事能力。这些代理官员的做法不仅无益于平定旺代之乱,反而是在到处使绊子。对此,巴雷尔是这样诊断的:"代表太多,将领太多,意见分歧太多,军队力量分化太严重,在成功时纪律太涣散,虚假汇报太多,欲望太多,大部分地方首领和行政官员太贪财并且渴望一场长期的战争。"(Walter,1953:225)但是这意味着旺代叛军的胜利就像变戏法一样轻而易举吗?根本不是。到 6 月时,法国西部地区的共和军就已经超过了 3 万人,其中一部分还是老兵。叛军使他们陷入了困境。在 6 月至 10 月期间,这些共和国的精锐部队多次被旺代叛军击溃。图罗将军汇报说:

一种此前从未见过的战斗方式……他们对其所属党派有着神圣的归属感，对他们的首领有着无限的信任，他们对誓言的忠诚坚守足以取代军纪的约束，他们不屈不挠的勇气足以经受各种危险、疲惫和苦难的考验。这些因素使旺代人成为令人生畏的敌人，而且应该把他们作为最优秀的战士载入史册。（Turreau，1924:19）

即便是图罗也无法永远镇压这些叛军。* 从长期来看，在这场反法国大革命运动爆发六年之后，拿破仑才平定了整个农村地区。在反叛者如此众多，而其反对者又如此稀少的农村地区，民事管制和军事管制一样是大问题。旧的地方行政长官逃到了昂热或南特。在确保安全无虞之前，他们中很少有人会返回农村腹地。同时，中央政府也不再确定法国西部地区还有哪些可靠的革命爱国者。于是，革命委员会和国民议会的官员制定了一项法律（Sirich，1943:47—50）。

在旺代地区的边界，刚制定的这项法律充满了压迫和猜忌。对叛徒的搜捕也加快了。在昂热附近，84 岁的沙尔东小姐（Mlle. Chardon）因为"她的宗教观点受到了太多质疑"而被捕入狱（A. D. M-et-L 1 L 1033）。在昂热、索米尔、丰特奈、尼奥尔、拉罗谢尔和南特，断头台也已经准备就绪。国民议会的代理官员们推进了这项任务，但他们的做法总是前后不一，彼此之间也争吵不休。他们的政策各不相同；他们随心所欲地建立和解散地方政府，并围绕着如何维持秩序而互相争斗。

值得一提的是南特的刽子手卡里耶（Carrier），原因只是他是所有

* 图罗全名路易·马里·图罗（Louis Marie Turreau），是旺代战争期间"地狱纵队"（colonne infernale）的组建者。这支"地狱纵队"屠杀了数以万计的旺代人并蹂躏了法国西部地区的农村。国民公会在 1793 年 8 月 1 日和 1793 年 10 月 1 日通过相关法案，为消灭卢瓦尔河以南地区（即旺代）的"强盗"，组建了 12 个纵队并通过旺代派遣以消灭当地的反共和国的人员，下文中提到的法律即这一法案。——译者注

官员中最嗜血的一位。在他抵达南特的第二天,他就写道:"我应该警告你们,南特监狱里面有一些人是作为旺代之乱的拥护者而被捕的。与其让他们接受正式审判以此来供我自己消遣,倒不如把他们送回居住地然后枪决。"(Aulard,1889—1897:VII,288)不久之后,他又想到了一个主意(从而使他出了名):"另一个事件似乎减少了教士的人数。有 90 名我们称为'抗命派'的教士被关在了卢瓦尔河的一艘船上。我刚得知消息,而且这消息确凿无疑,那就是他们都在河中丧生了。"(Aulard,1889—1897:VIII,505)正是由于这些手段,下卢瓦尔省因此获得了一项"殊荣",成为在恐怖统治时期整个法国处决人数最多的省份(Greer,1935:38)。

上述措施控制住了旺代的边界地区,而军事行动最终平息了这些边界内部的叛乱。10 月 21 日,凯旋的布尔博特(Bourbotte)、图罗、乔迪厄和弗朗卡斯泰尔(Francastel)从昂热上奏的捷报说:"国民公会希望旺代之乱在 10 月底之前结束,而我们可以说,今天,旺代之乱已经烟消云散了。"(Aulard,1889—189:VII,549)不过,这种自吹自擂还为时过早,因为叛军在卢瓦尔河以北度过了为期两个月的大逃亡,并在 1794 年、1795 年、1796 年和 1799 年卷土重来。不过,那场大型反法国大革命运动的确已经落幕了。旺代人再也没有威胁摧毁革命。

最后的思考

我的工作到此就结束了。这项工作就是从社会学视角考察旺代之乱。它实际上包含两项略有不同的任务:一项是根据城市化和社区组织的一些广泛概念去定义法国西部地区的社会状况,另一项是利用这种分析去帮助确认引发 1791 年至 1793 年政治动乱的那些条件和过程。结果表明,这两项任务都相当复杂。尽管有关旺代之乱的著作层出不穷,但一些基本的,甚至是显而易见的问题实际上仍未得到深入挖掘,比如旧制度下贵族、农民与庄园官吏之间的关系,18 世纪的地产转移,法国大革命之前资产阶级的政治立场,1789 年和 1790 年地方政治活动的性质,1791 年和 1792 年出售教会地产的条件和影响。考虑到乔治·勒费弗尔及其后继者直到十分晚近的时期才引导历史学家们关注农村革命自身的重要性,以及可用于研究的材料的丰富程度,我想这些空白的存在并不奇怪。如果说本书除此之外还做了些什么,那就是它在上述两个任务中都证实了勒费弗尔的观点。在分析法国的外省对大革命的反应时,人们往往会通过“农民”这一简化到模糊不清的模型,从整个国家的政治演变和巴黎的危机进行推断。它们构成了这些分析的主要内容。但是,这些推论并不能取代对农村社会实际运作的理解。而对于那些有耐心、善于提出问题并关注政治动荡的社会背景的探索者来说,这些档案依然蕴藏着数之不尽的财富。

　　的确,我们很难学到什么东西,但是,这并不意味着我们什么都没学到,而且远非如此。事实上,指导本书中历史研究的社会学问题、构想和方法都被证实是非常有用的。第一,从当前的研究中抽取的关于城市化以及社区组织关系的一般概念,不仅节省了研究的时间和精力,还有助于我们精准确定安茹南部不同地区和不同群体对法国大革命的各种反应。法国西部城市化程度最高的那些区域最为一致地支持法国大革命,而最激烈的冲突则发生在城市与农村生活的交界地带。更具体地说,城市与农村的斗争,贯穿了这场反法国大革命运动的整个发展过程。

　　第二,社会学问题几乎无法避免地会引导研究者进行系统性地比较,而这种比较可以揭示反法国大革命的各子区域、阶层和党派的显著特征。例如，他们已经对 1789 年陈情书的内容、贵族的居住情况、神职人员的收入、农村社区人员的职业构成以及流亡的发生率等提出了一些新鲜的、有趣的看法。更重要的是，这些系统性的比较证实了，农村社区人员在旧制度下的行为、在法国大革命爆发之初的反应，以及是否参与 1793 年的反法国大革命运动，这三者之间具有深刻的连续性。它们还启发了一个水到渠成的观察结论：从 1789 年至 1793 年，与法国大革命保持一致的区域相对风平浪静，而引发反法国大革命运动的那些区域则出现了人群的分裂、党派的形成、不断的骚乱、冲突的加剧等现象。这两种区域形成了鲜明的对比。

第三，社会学视角有助于重新定义传统的历史研究问题。例如，首先，旺代之乱究竟是"自发的"还是"被煽动的"，这两种观点之间的争论由来已久，但无论选择二者中的哪一个作为结论都是错的。几乎所有研究旺代之乱的历史学家都有一种最为强烈的渴望，那就是去评估这些"农民"的动机，但这导致他们都忽视了工匠、农场主与其他类型的农民之间的重要区别，并且犯下了一个不可原谅的错误——简化了动机问题。正因如此，1789 年之后莫日地区纺织业的萧条完全没有引起这些历史学家的注意。其次，这些"农民"对旧制度和贵族地主究竟是满意还是不满意，这是一直以来困扰人们的问题，而现在看来，除非将其置于某种可比较的框架之中，否则这个问题不仅表述不准确，研究起来也徒劳无益。最后，"是什么导致莫日地区的人们反对法国大革命"这个问题依然值得一问，但需要为其附加一个非常重要的限定条件，即没有任何单一的政策、动机或群体等因素可以作为答案。我们必须问清楚，究竟是哪些人，有多少人反对，又是如何反对法国大革命的。而且，只有将这些因素在与没有反对法国大革命的区域进行系统性检验之后，才能得出确切答案。

这个话题言尽于此。因为要回顾社会学对这一问题的理解在哪些方面发挥了作用,可能就要重新开始这本书的写作……而且这也不是我要考虑的问题。只需再说这一句就足够了,即社会学中司空见惯的程序往往能极大地帮助我们厘清历史问题,正如历史学家们的研究工作中也有大量他们信手拈来的知识,如果社会学家忽视它们,后者的研究也会存在巨大的风险。

大家可以从本书对旺代之乱的研究出发对上述问题进行思考,它们在方法论层面为历史学家和社会学家提出了一些更具普遍性的研究建议。一方面,历史学家在对事件进行复杂的重构时,经常会对参与这些事件的主要群体的动机和结构进行相当粗略的评估。当然,他们对大革命中法国外省的分析也是如此。而社会学家的日常问题是:所讨论的群体其社会构成是什么? 群体内部以及不同群体之间的权力安排是什么样的? 这个社会正在经历哪些重要变化? 社会运动是如何形成的? 为什么它在 A 地区而非 B 地区,在 X 阶层而非 Y 阶层获得了支持者? 它们至少可以帮助研究者去评判自己的研究设想,并引导他们去寻找新的信息来源。除了重复的事件序列之外,这些问题还建议历史学家们进行非常有用的比较。从长远来看,它们可以使历史学家们通过系统的、比较的方式去理解政治巨变对复杂社会中的许多部分产生的影响。

另一方面,当代社会学家一般会回避历史材料,或只是以最抽象的方式处理它们。诚然,历史研究者无法像使用问卷调查或社会实验的社会学家们那样自己得出数据,而且历史研究者往往一开始就已经喜忧参半地知道事情的结果如何。但是,与这些缺点相比(事实上,许多当代社会学研究也有这些缺点),历史资料的丰富性是无法衡量的,而且它们对于检验社会学家所珍视的命题具有重大意义。社会学家们忘记了一个显而易见的事实,从而将自身与丰富的遗产割裂开来,而这个事实就是:所有的历史都是过去的社会行为,而所有的档案都充满了关于人们过去如何行事、至今依然如何行事的丰富信息。

注　释

　　1. 资料来源:A. D. M-et-L 1 L 750，835 bis，840 bis，1018，1027，1028，1U29，1038，1094，1125 bis，9 L 84，9 L 86，15 Q 272—273。审讯员们所得到的大多数名字整齐地列在共和军准备的人员登记簿上。

附录一　估算某地区职业分布的程序

　　13 个社区——沃赞、圣洛朗-德拉普兰、特雷蒙、拉普瓦特维尼耶尔、布莱松（Blaison）、格雷齐莱、昂比卢、鲁（Rou）、库尔尚、布罗赛（Broussay）、圣皮耶尔-德韦尔谢（Saint-Pierre-des-Verchers）、昂图瓦涅（Antoigné）、瓦兰（Guinhut，1909，A. D. M-et-L 2 L 49，6 L 19，7 L 97，7 L 98），它们的社区档案中包含了完整的人口普查统计，其中至少列出了大部分社区居民的职业，而这些数据都来自法国大革命初期。此外，档案中还有 24 个社区在 1790 年至 1791 年间的投票名单（A. D. M-et-L 1 L 444）。安德鲁斯（Ardrews，1935：164—165）利用 1780 年至 1790 年的教区登记簿估算了当时莫日地区 20 个社区中成年男性的职业分布情况，这 20 个社区是：博斯、圣弗洛朗、布济耶、尚托索、圣洛朗-德索泰勒、拉普瓦特维尼耶尔、拉沙佩勒-杜热内、勒潘-昂莫日、蒙特勒沃、勒皮塞多雷（Le Puiset-Doré）、拉沙佩勒-鲁斯兰、讷维、圣乔治-迪皮德拉加尔德、绍德丰、拉萨勒·德·维耶、圣马凯尔-昂莫日、拉罗马涅、尼阿耶、勒瓦德（Le Voide）、蒙蒂涅（Montigné）。我利用了以下 23 个地方 1780 年至 1784 年的教区登记簿，对上述资料进行了补充，这 23 个地方是：绍德丰、尚佐、诺特尔达姆德沙洛讷（Notre-Dame-de-Chalonnes）、苏莱讷、沃克雷蒂安、圣朗贝尔-迪拉泰、博略、特雷蒙、拉沙佩勒-苏杜埃（La Chapelle-sous-Doué）、拉沙佩勒-圣弗洛朗（La

Chapelle-Saint-Florent)、沃赞、拉普瓦特维尼耶尔、拉沙佩勒-杜热内、拉罗马涅、圣皮埃尔-德绍莱、拉波姆赖、热斯特、圣皮埃尔-德舍米耶、圣雅克-德蒙福孔(Saint-Jacques-de-Montfaucon)、圣让-德蒙福孔(Saint-Jean-de-Montfaucon)、勒迈、拉泰苏阿勒、尚特卢(A. D. M-et-L, series B)。

麻烦之处在于,需要根据一套固定的职业划分标准,以获得 1790 年这些市镇所在县的职业分布情况。这些资料提供了相当充分的职业信息。一般来说,教区登记簿中至少有 75% 的人有职业名称,在完整的人口普查统计表中超过 90% 的人有职业名称,投票名单中则几乎所有人都有职业名称。

对于完整的人口统计表和投票名单,我的处理流程是在一份详细的核对表上记录所有人员的职业,然后根据附录二中的职业阶层分类,对其中的一些职业进行合并。对记录了受洗、婚姻和葬礼信息的教区登记簿的处理则遇到了另一种麻烦。经过一番试验,最好的处理流程似乎是统计所有新生儿父亲的职业。这一流程假定所有职业群体的生育率相同,虽然这一假定显然是不正确的,但可能还不至于使基于来自同一区域、不同的教区登记簿的比较彻底失效。这一流程还要求用其他资料来得出贵族和教士的统计结果。即便是常住地方的贵族,他们的子女也经常在城市中进行优雅的受洗仪式,因此贵族子女的名单不会出现在农村的教区登记簿上。而教士没有公开承认的子女,所以通过新生儿的受洗名单也难以推测其父亲是否为教士。针对贵族人数的估算来自我为第四章的分析准备的常住贵族名单(from A. D. M-et-L C 192, IV C 3),而对教士的统计数据则来自一份理论上完整的安茹南部地区所有教士的名录(主要来自 Queruau-Lamerie, 1899,但也有各种其他资料的补充)。然后,把其中贵族和教士的人数除以 1790 年该县的家庭户数,从而得出他们的占比(per A. D. M-et-L 1 L 402),其余职业的占比则根据教区登记簿中记载的各职业类别出生人口的分布情况计算得出。例如，如果教士和贵族一共占该县总人口的 2%，而教区登记簿中 50% 的新生儿为农民的妻子所生，那么农民人口最终估算的比例是 50%×(100%－2%)＝49%。如果一个县里面有多个教区登记簿，那么该职业人口在该县的占比估算值，则是基于所有登记簿的加权平均值。

然后就是比较从各种资料来源（教区登记簿、安德鲁斯对其他教区登记簿的分析、投票名单和人口普查统计）得出的估算值是否相等的问题。这些资料来源中有许多重叠的部分，比如许多社区出现在其中两种资料中，而拉普瓦特维尼耶尔出现在三种资料中。所以我们可以比较从这些不同资料来源中得出的四种职业的占比估算值，这四种职业是：(1)农民；(2)资产者；(3)工匠；(4)其他职业类型。安德鲁斯的数据与我分析那些教区登记簿得出的数据非常接近，鉴于我们所使用的资料来源和计算方法基本相同，结果理当如此。至于从教区登记簿中得出的数据与从人口普查统计得出的数据，二者之间的一致性就不那么令人满意了：在对 4 个社区进行的 16 次比较中，有 5 次的差异超过了5%。没有一个社区既有完整的人口普查数据，又有投票名单。我把从投票名单中估算出的数据，与从教区登记簿中估算出的数据和安德鲁斯的数据进行对比之后发现，对应关系很糟糕：在 32 次比较中，有 16次的差异超过了 5%。遗憾的是，这些差异并没有什么规律性，无法对任何资料来源的数据进行持续修正。最终，我决定放弃投票名单，而采用安德鲁斯的计算结果、从教区登记簿中估算的结果，以及从完整的人口普查统计中估算的结果。

由于有神职人员被驱逐或拘禁，以及有贵族流亡外地，因此几乎可以肯定，从完整的人口普查统计中确定的这两个阶层的人数会比实际情况要少。而由于教区登记簿的固有特征，安德鲁斯的统计数据也低估了神职人员和（很有可能）贵族的人数。因此，最好的办法似乎是利用现成的贵族和教士人员名册汇编去修正从人口普查统计和安德鲁斯的计算中得出的数据，以此作为对教区登记簿分析的补充。因此，所有这三项资料来源最终都以同样的方式对资产者、农民、工匠和其他职业类型（以及这些阶层更为精细的划分）的占比进行估算，而贵族和教士人员名册汇编则提供了贵族和教士人口占比的估算值。

我无法确定这种方法是否能够准确反映任何一个社区中的统计情况，但它很可能能适当提供关于不同地区职业分布差异的可靠信息。这也是本书采用这种方法的目的。鉴于不同资料来源之间的巨大差异，更好的做法可能是选取更多教区登记簿——或许在每个县随机选取一个社区的教区登记簿——并放弃这种先对不同类型的档案进行分析，然后把这些结果结合起来的尝试。

附录二 职业阶层分类概览

1.贵族

2.教士

(1) 不隶会籍教士:议事司铎(*chanoine*)、管理小教堂的神甫、堂区神甫、无职衔的神甫(*prêtre habitué*)、修道院院长-堂区神甫(*prieur-curé*)以及副堂区神甫。

(2) 修会教士:修道士(*moine*)以及其他修会教士。

3.农民

(1) 大农场主:不动产占有人(*bien-tenant*)、种植者、耕作者以及分种田佃农。

(2) 小农场主:边角地农民、小佃农以及小种植者。

(3) 葡萄酒酿造者。

(4) 雇工:农场帮工、日工以及赶牛人。

(5) 其他农民:锄地者、纯靠双手耕作的劳动者(*laboureur à bras*)、自耕农(*ménager*)以及牲口贩子。

4.资产者

(1) 行政资产者:土地丈量员、矿山出纳员、高级官吏(*commis*)、文书监察官(*controlleur des actes*)、文员、盐税局职员、测量员、庶务人员(*huissier*)、羊毛检验员、总督、法官、领主的官员(*officier seigneurial*)、税务检察官、税务登记员、税务代理人、财产管理人、司法总管以及执达吏。

（2）专业资产者：建筑师、律师、诉讼代理人、首席律师、外科医生、工程师、校长（*maître d'école*）、医生、兽医、公证人、开业医生或律师、家庭教师以及公证文书誊写人。

（3）商业资产者：药品杂货店主、承包商、制造商、包税人、各种商人、服饰用品商（*mercier*）以及批发商。

（4）其他资产者：有产者、土地所有者、食利者、没有其他称号的"先生"以及靠自己的财产维持生活的人。

5. 工匠

（1）工业型工匠：军械师、羊毛袋制造者、洗衣工、零售小贩、石板铺路工、油鞣工、念珠制造商、学徒、皮革整理工（*corroyeur*）、制呢工、石灰制造者、球类制作商、木材和石板的劈截工（*fendeur*）、丝绸工、纺纱工、滤水工、法兰绒制造商、缩绒呢工、手套匠、雕刻工、印刷工、布料印刷工、矿工、金银匠、织布工、工人、毡帽商、梳子制造商、硝石制造商、哔叽制造商、鞣革工、洗染工、织机挡车工（*tisserand*）、棉花工以及玻璃工。

（2）农业服务型工匠：货运代理人、箍桶匠、蹄铁匠、马具锻造工、鞍具制造工、有刃工具铁匠（*taillandier*）以及制桶匠。

（3）一般服务型工匠：木匠、制造箱子或容器的工匠、屠夫、面包师、马具及皮件工、樵夫、烟囱清扫工、椅匠、蜡烛商、制帽工、烧炭工、熟肉店老板、屋架工（*charpentier*）、锅匠、制蜡工人、制钉工、制绳工、鞋匠、屋面工（*couvreur*）、食品杂货商、别针制造者、制剂工（*faiteur*）、白铁匠、烘焙师、制革工、泥瓦匠、小件金银器工匠、细工木、铺路工、毛皮制品工人、制笔工、假发师、锅匠、陶瓷器工、木鞋工、木材切割工、长木切割工、锁匠、制造或贩卖各种棋子及手工艺品的工匠、裁缝、服装剪裁师、石匠、木工铣削工（*toupier*）、车工、瓦匠、陶瓷等器皿制造工以及玻璃配装工。

6. 客栈老板：小旅馆老板（*aubergiste*）、小酒馆老板（*cabaretier*）以及旅馆老板（*hôte*）。

7. 磨坊主：面粉场主（*meunier*）。

8. 其他：船运工、骑手、搬运工、摆渡人、流动商贩、看门人、厨师、学生、大学生、猎场看守人、物资管理人（*garde-messier*）、宪兵、园丁、中级船员（*marinier*）、乞丐、信使、矿工 *、音乐家、管风琴演奏者、渔夫、哲学家、驿站车夫、教堂圣器室管理人、女佣、士兵、车夫以及志愿军战士。

说明：本书中各表在使用上述分类的组合时，实际都略有不同。如果表格中"纺织工"作为一个单独的类别出现，那么它就包含了织机挡车工和棉花工。如果表格中"客栈老板"不作为一个单独的出现，那么它就被合并进了"资产者"类别。"工匠和其他群体"指的是上述所有工匠、磨坊主和从事其他职业的人。这种分类方案中有一些地方——如盐税局职员、服饰用品商和零售小贩——可能存在争议，但总的来说，本文极少会涉及有关他们的情况。

---

* 原文为 *mineur*，在工业型工匠内出现了一次，此处又出现一次。——译者注

附录三　莫日地区的纺织品产量

对纺织品产量进行连续量化统计的唯一实用的资料来源，是18世纪不同时期在绍莱、维耶和莫莱夫里耶设立的商标局的年度报告或半年度报告。这些报告的目的是对运往外地销售的、按码出售的织物和方巾进行质量检验并盖章。我在曼恩和卢瓦尔省档案馆（A. D. M-et-L 1 L 546）、安德尔和卢瓦尔省档案馆（A. D. Indre-et-Loire C 114，134，135，136）以及法国国家档案馆（A. N. F12 564，650，and 1427）中找到了1752年到1790年中的大部分年份的报告。当然，它们肯定没有涵盖这些地区生产的所有布匹。因为有一些布匹是在拉泰苏阿勒盖章的，而这个办事处的业务被外包了出去，因此没有提供任何详细报告；有些布匹则根本没有经过盖章。不合格的布匹和供当地消费的布匹一般不会被盖章，但它们还是被出售了（参见 A. N. F12 1428）。尽管如此，一方面，绝大部分公开出售的商品大概率是盖章的，另一方面，盖章与未盖章的商品之间的比例可能相对稳定，而各个商标局的记录也大概率是相对准确的，因此这些产量数据是纺织品产量年度波动的可靠指南。

在绘制第七章中的折线图时，我采取了一些保守的估算程序来填补这些报告记录中的空白。档案中1774年和1776年的数据只有半年度的报告。在这种情况下，我分别使用1753—1759年和1771—1773

年这两个阶段中每年两份的半年度报告的平均值去估算缺失的那些半年度产量。至于 1775—1782 年，档案报告中记载了盖章的纺织品件数，但没有标注这些纺织品的总价值。我根据这些物品在其余时期相对固定的价值，按照每 20 码布匹价值 35 利弗赫和每 12 条方巾价值 21 利弗赫的比率估算了它们的总价值。下面提供的表格不包括估算，而是包含了我所查阅的档案中实际记载的数据。

附表 1　莫日地区的纺织品产量

年份	维耶			莫莱夫里耶			绍莱		
	布匹件数	方巾份数(一份12条)	总价值(里弗赫)	布匹件数	方巾份数(一份12条)	总价值(里弗赫)	布匹件数	方巾份数(一份12条)	总价值(里弗赫)
1752*	1 562	1 484	47 123				9 472	34 326	1 152 956
1753	3 527	1 405	126 980				23 979	68 971	2 396 756
1754	3 975	1 615	148 282				24 224	62 710	2 449 566
1755	3 395	1 383	127 867				27 159	58 768	2 229 795
1756	3 683	937	115 274				19 406	44 123	1 572 563
1757	4 206	1 838	145 205				17 070	58 328	1 838 209
1758	3 784	636	106 606				17 425	43 710	1 460 237
1759	2 976	505	94 710				147 840	45 636	1 487 872
1760**	1 480	641	49 489				8 510	30 668	886 708
1771	4 357.5	5 183	249 119				13 533	41 942	1 248 478
1772	3 033.5	3 221	162 821				13 302	53 944	1 615 995
1773	3 769	2 141	184 512				20 445	42 438	1 596 746
1774**	1 933.5	873	80 462				12 349	11 686	709 638
1775							20 096	34 298	
1776							12 291	40 508	
1777							18 300	81 698	
1778							17 982	64 373	
1779							18 852	44 967	
1780							2 534	69 702	
1781	1 500	1 519		1 208	10 179		13 259	94 040	
1782				792	9 971		14 089	125 975	

续表

年份	维 耶			莫莱夫里耶			绍 莱		
	布匹件数	方巾份数（一份 12 条）	总价值（里弗赫）	布匹件数	方巾份数（一份 12 条）	总价值（里弗赫）	布匹件数	方巾份数（一份 12 条）	总价值（里弗赫）
1783	1 174	2 329					29 287	113 090	2 969 794
1784	2 117	1 148		1782 年 8 月至 1785 年 12 月商标局关闭			30 746	92 691	2 605 892
1785	2 171	4 043	137 934				24 745	109 886	2 437 395
1786	1 459	1 966	87 222	1 136	101	50 868	20 789	115 946	2 812 631
1787				1 867	268	89 510	14 892	139 027	3 472 464
1788	1 995	3 001	149 880	2 060	382	98 808	15 412	134 677	3 412 415
1789				1 426	91	49 220	16 272	105 030	2 568 164
1790	161	308		1 212	20				

注：* 代表仅有下半年度报告；** 代表仅有上半年度报告。

参 考 文 献

本书实际引用的文献

说明:此处不包括档案资料,这些资料已经在正文中标注了。

Andrews, R. H. *Les Paysans des Mauges au XVIIIe siècle*. Tours: Arrault, 1935.

Ardouin-Dumazet, ———. *Voyage en France*, 16th series: *De Vendée en Beauce*. Paris and Nancy, 1898.

Arnault, Charles. "Questions vendéennes," *Société de sciences, lettres et beaux-arts de Cholet et de sa région*, (1945–1946–1947, single issue), 121–157.

Aulard, Alphonse. *The French Revolution* (Bernard Miall, tr.), vols. I and II. New York: Scribner's, 1910.

——— ed. *Recueil des actes du comité de salut publique*, vols. II–X. Paris, 1889–1897.

Babeau, Albert. *Le Village sous l'ancien régime*. Paris, 1878.

Baguénier-Desormeaux, H. *Les Origines et les responsabilités de l'insurrection vendéenne*. Fontenay-le-Comte: Lussaud, 1916.

Baudrillart, H. *Les Populations agricoles de la France*. Paris, 1888.

Beauchamp, Alphonse de. *Histoire de la guerre de la Vendée*, 2nd ed., 4 vols. Paris, 1820.

Bellugou, Henri. *La Gabelle dans le Bas-Anjou*. Angers: Siraudeau, 1953.

Bénaben, ———. *Considérations générales sur la guerre de Vendée*. [n.p.], an III.

Berthre de Bourniseaux, P. V. J. *Histoire des guerres de la Vendée et des Chouans*, 3 vols. Paris, 1819.

Blackwell, Gordon W. "Theoretical Framework for Sociological Research in Community Organization," *Social Forces*, XXXIII (1954), 57–64.

Bloch, C. and A. Tuetey. *Procès-verbaux du comité de mendicité de la Constituante*. Paris: Imprimerie Nationale, 1911.

Bloch, Marc. *Les Caractères originaux de l'histoire rurale française*, new ed. Paris: Colin, 1952.

——— *Les Caractères originaux de l'histoire rurale française*. Supplément établi d'après les travaux de l'auteur par Robert Dauvergne. Paris: Colin, 1956.

——— Review of R. H. Andrews, *Les Paysans des Mauges*, *Annales d'histoire économique et sociale*, IX (July 1937), 393–396.

Bodinier, Guillaume. *Les Élections et les représentants de Maine-et-Loire depuis 1789*. Angers, 1888.

Bois, Paul. *Cahier de doléances du tiers état de la sénéchaussée de Château-du-Loir pour les États Généraux de 1789*. Gap: Imprimerie Louis-Jean, 1960a.

——— "Dans l'Ouest, politique et enseignement primaire," *Annales: économies, sociétés, civilisations*, IX (July–September 1954), 356–367.

——— *Paysans de l'Ouest*. Le Mans: Imprimerie M. Vilaire, 1960b.

———— "Réflexions sur les survivances de la Révolution dans l'Ouest," *Annales historiques de la Révolution française*, XXXIII (April–June 1961), 177–186.

Boissonade, P. *Histoire de Poitou*. Paris: Boivin, 1915.

Bonnemère, Eugène. *La Vendée en 1793*. Paris, 1866.

Bonniveau, L. "Manufacture de Cholet en 1751," *Bulletin de la société de sciences, lettres et beaux-arts de Cholet*, 1923, 96–97.

Bouchard, M. A. *L'Influence économique et sociale des voies de communication dans le département de Maine-et-Loire*. Angers, 1884.

Boutillier de Saint-André, Marin-Jacques-Narcisse. *Une Famille vendéenne pendant la grande guerre* (Eugène Bossard, ed.). Paris, 1896.

Brinton, Crane. *A Decade of Revolution*. The Rise of Modern Europe series, New York: Harper, 1934.

Brunhes, Jean and Pierre Deffontaines. *Géographie humaine de la France*, II. Paris: Plon-Nourrit, 1926.

Carlyle, Thomas. *The French Revolution*. New York: Caldwell [n.d.].

Carré de Busserolle, J.-X. *Inventaire de la noblesse d'Anjou et du Saumurois en 1789*. Montsoreau, 1890.

Carte des postes de France divisée en ses 83 départements. Paris, 1791.

Cavaillès, Henri. *La Route française*. Paris: Colin, 1946.

Cavoleau, J.-A. *Statistique ou description générale du département de la Vendée* (A.-D. de la Fontenelle de Vaudoré, ed.). Fontenay-le-Comte, 1844.

Chamard, François. *Les Origines et les responsabilités de l'insurrection vendéenne*. Paris, 1898.

Charier, Camille. *Montreuil-Bellay à travers les âges*. Saumur: Charier, 1913.

Chassin, Ch.-L. *La Préparation de la guerre de Vendée*. 3 vols. Paris, 1892.

Châtelain, Abel. "Évolution des densités de population en Anjou (1806–1936)," *Revue de géographie de Lyon*, XXXI (1956), 43–60.

Chevalier, Louis. *Classes laborieuses et classes dangereuses*. Paris: Plon, 1958.

Chiva, I. *Rural Communities*, Paris: UNESCO Reports and Papers in the Social Sciences, no. 10, 1959.

Chollet, N. *Chalonnes à travers les âges*. Angers: Imprimerie Centrale, 1952.

Choudieu, Pierre-René. *Notes sur la guerre de Vendée* (E. Queruau-Lamerie, ed.). Vannes, 1889.

Cingari, Gaetano. *Giacobini e Sanfedisti in Calabria nel 1799*. Messina: D'Anna, 1957.

Clémenceau, Joseph. *Histoire de la guerre de la Vendée (1793–1815)* (F. Uzureau, ed.). Paris: Nouvelle Librairie Nationale, 1909.

Conin, René. "Recherches historiques sur St. Lambert-du-Lattay, Beaulieu et Ste. Foy," unpub. ms, Archives of the Bishopric of Angers [n.d.].

Couet de Viviers de Lorry, Michel-François. *Mandement de monseigneur l'évêque d'Angers*. Paris, 1790.

Davis, Kingsley and Hilda Hertz Golden. "Urbanization and the Development of Pre-Industrial Areas," *Economic Development and Cultural Change*, III (October 1954), 6–26.

Dehergne, Joseph. *Les Vendéens (1793)*. Shanghai: Imprimerie de T'ou-Sè-Wè, 1939.

Demangeon, Albert. *France économique et humaine*, vol. VI of Géographie universelle (P. Vidal de la Blache and L. Gallois, ed.). Paris: Colin, 1946.

Denecheau, Joseph. "La Vente des biens nationaux dans le district de Vihiers," unpub. Mémoire pour le Diplôme d'Études Supérieures d'Histoire, Université de Poitiers, 1955.

Déniau, Felix. *Précis historique de la paroisse de St. Macaire en Mauges*. Cholet: Gaultier, 1908.

Desmé de Chavigny, O. *Histoire de Saumur pendant la Révolution*. Vannes, 1892.

Dion, Roger. *Essai sur la formation du paysage rural français*. Tours: Arrault, 1934.

———— *Histoire de la vigne et du vin en France des origines au XIXᵉ siècle*. Paris: privately printed, 1959.

———— *Le Val de Loire*. Tours: Arrault, 1934.

Dogan, Mattei and Jacques Narbonne. "L'Absentionnisme électoral en France," *Revue française de science politique*, IV (January–March 1954), 5–26.

Dornic, François. *L'Industrie textile dans le Maine et ses débouchés internationaux*. Le Mans: Éditions Pierre-Belon, 1955.

Dorsey, Deborah Worthington. "An Economic Interpretation of the Cahiers of Anjou," unpub. honors thesis Radcliffe College, 1960.

Dubreuil, Léon. *Histoire des insurrections de l'Ouest*, 2 vols. Paris, 1929–1930.

———— *La Vente des biens nationaux dans le département des Côtes-du-Nord*. Paris: Champion, 1912.

Duhamonay, Georges. *Trois Anciens Fiefs seigneuriaux en Anjou et leurs seigneurs*. Rennes: Lascher, 1942.

Dumas, F. *La Généralité de Tours au XVIIIᵉ siècle*. Paris, 1894.

Duncan, Otis Dudley. "Community Size and the Rural-Urban Continuum," in *Cities and Society* (Paul K. Hatt and Albert J. Reiss, Jr., ed.). Glencoe, Ill.: The Free Press, 1957.

Dupeux, Georges. "Le Problème des abstentions dans le département de Loir-et-Cher au début de la troisième république," *Revue française de science politique*, II (January–March 1952), 71–86.

Dupin, Claude-F.-E. *Mémoire sur la statistique du département des Deux-Sèvres*. Niort, 1801–1802.

Eisenstadt, S. N. "The Place of Elites and Primary Groups in the Absorption of New Immigrants in Israel," *American Journal of Sociology*, 57 (1951), 222–231.

Faucheux, Marcel. *Un Ancien Droit ecclésiastique perçu en Bas-Poitou: le bois-selage*. La Roche-sur-Yon: Potier, 1953.

———— "La Vendée," in *Les Élections de 1869* (Louis Girard, ed.), Bibliothèque de la Révolution de 1848, vol. XXI. Paris: Marcel Rivière, 1960.

Feldman, Arnold. "The Interpenetration of Firm and Society," in *Economic*

Development and its Social Implications (Georges Balandier, ed.). Paris: Presses Universitaires de France, 1962.

Forestier, M. *Histoire de la commune de Chalonnes-sur-Loire pendant la Révolution et la guerre de Vendée.* Angers: Germain & Grassin, 1900.

Forster, Robert. "The Provincial Noble: A Reappraisal," *American Historical Review*, LXVIII (April 1963), 681–691.

Furet, Pierre. *Cholet, Étude de géographie historique.* Cholet: Farré et Freulon, 1950.

Gabory, Émile. *La Révolution et la Vendée*, 3 vols. Paris: Perrin, 1925.

Gallard, Louis. "Le Clergé saumurois de 1789 à 1795," unpub. Mémoire pour le Diplôme d'Études Supérieures, Université de Poitiers, 1960.

Garaud, M. "Le Régime agraire et les paysans de Gâtine au XVIIIᵉ siècle," *Bulletin de la société des antiquaires de l'Ouest*, II, 4ᵉs. (1954), 637–664.

———— *La Révolution et la propriété foncière.* Paris: Sirey, 1959.

Gaugain, F. *Histoire de la Révolution dans la Mayenne.* Laval: Chailland, 1919.

Geertz, Clifford. "The Javanese Kijaji: the Changing Role of a Cultural Broker," *Comparative Studies in Society and History*, II (January 1960), 228–249.

Gellusseau, M. Auguste-Amaury. *Histoire de Cholet et de son industrie.* Paris, Angers, Nantes, and Cholet, 1862.

Gerbaux, Fernand and Charles Schmidt. *Procès-verbaux des comités d'agriculture et de commerce de la Constituante et de la convention.* Paris: Imprimerie Nationale, 1906.

Gerth, Hans and C. Wright Mills, ed. *From Max Weber: Essays in Sociology.* New York: Oxford University Press, 1946.

Godechot, Jacques. *La Contre-révolution.* Paris: Presses Universitaires de France, 1961.

———— *Les Institutions de la France sous la Révolution et l'empire.* Paris: Presses Universitaires de France, 1951.

Goguel, François. *Géographie des élections françaises de 1870 à 1951.* Cahiers de la Fondation Nationale des Sciences Politiques, 27. Paris: Colin, 1951.

Goodwin, A. "Counter-Revolution in Brittany; the Royalist Conspiracy of the Marquis de la Rouérie, 1791-1793," *Bulletin of the John Ryland's Library*, 39 (1957), 326–355.

Gouldner, Alvin. "Cosmopolitans and Locals: Toward an Analysis of Latent Social Roles," *Administrative Science Quarterly*, II (December 1957), 281–306; II (March 1958), 444–480.

Greer, Donald. *The Incidence of the Emigration during the French Revolution.* Cambridge, Mass.: Harvard University Press, 1951.

———— *The Incidence of the Terror during the French Revolution.* Cambridge, Mass.: Harvard University Press, 1935.

Greer, Scott. *The Emerging City.* New York: The Free Press of Glencoe, 1962.

Grille, Fr. *La Vendée en 1793*, 3 vols. Paris, 1851-1852.

Gross, Feliks. *The Seizure of Political Power.* New York: Philosophical Library, 1958.

Gross, Neal. "Cultural variables in rural communities," *American Journal of Sociology*, LIII (1948), 344–350.

Gruget, S. "Histoire de la constitution civile du clergé en Anjou," *Anjou historique* (F. Uzureau, ed.), II (1902), 151–161, 223–242, 337–353.

Guérin, Daniel. *La Lutte des classes sous la première république: bourgeois et "bras nus"* (1793–1797), 3rd ed., vol. I. Paris: Gallimard, 1946.

Guinhut, A. *Notice historique sur Saint-Laurent-de-la-Plaine*, Angers: Siraudeau, 1909.

Hauser, Henri. *Recherches et documents sur l'histoire des prix en France de 1500 à 1800*. Paris: Les Presses Modernes, 1936.

Hawley, Amos. *Human Ecology*. New York: Ronald, 1950.

Heberle, Rudolph. "The Application of Fundamental Concepts in Rural Community Studies," *Rural Sociology*, VI (September 1941), 203–215.

—— *Social Movements*. New York: Appleton-Century-Crofts, 1951.

Hill, Mozell C. and Albert N. Whiting. "Some Theoretical and Methodological Problems in Community Studies," *Social Forces*, XXIX (December 1950), 117–124.

Hiller, E. T. "The Community as a Social Group," *American Sociological Review*, VI (April 1941), 189–202.

Hillery, George A., Jr. "Definitions of Community: Areas of Agreement," *Rural Sociology*, XX (June 1955), 111–123.

Hobsbawm, E. J. *Primitive Rebels*. Manchester, Eng.: Manchester University Press, 1959.

Homans, George C. *English Villagers of the Thirteenth Century*. Cambridge, Mass.: Harvard University Press, 1941.

Hoselitz, Bert F. *Sociological Aspects of Economic Growth*. Glencoe, Ill.: The Free Press, 1960.

Hughes, Everett C. "The Making of a Physician," *Human Organization*, XIV (Winter 1955), 21–25.

Hunter, Floyd. *Community Power Structure*. Chapel Hill: University of North Carolina Press, 1953.

Jaurès, Jean. *Histoire socialiste de la Révolution française*, 8 vols. Paris: Librairie de l'Humanité, 1922–1924.

Jeanneau, Benoît. "Les Élections législatives de novembre 1958 en Maine-et-Loire," *Revue française de science politique*, X (September 1960), 562–607.

Jeanvrot, Victor. *Monseigneur d'Agra*. Paris, 1894.

Kaplow, Jeffry. "The Social Structure of Elbeuf (Seine-Maritime) During the Revolutionary Period, 1770–1815," unpub. diss. Princeton University, 1962.

Kautsky, Karl. *La Lutte des classes en France en 1789* (Edouard Berth, tr.). Paris, 1901.

Kerr, Clark and Abraham Siegel. "The Interindustry Propensity to Strike — An International Comparison," in *Industrial Conflict* (Arthur Kornhauser, et al., ed.). New York: McGraw-Hill, 1954.

Kornhauser, William. *The Politics of Mass Society*. Glencoe, Ill.: The Free Press, 1959.

——— "Social Bases of Political Rebellion," unpub. paper delivered at Princeton University, 1961.

Kroeber, Alfred. *Anthropology.* New York: Harcourt, Brace, 1948.

Labrousse, Ernest. *La Crise de l'économie française à la fin de l'ancien régime et au début de la Révolution,* vol. I. Paris: Presses Universitaires de France, 1944.

La Gorce, Pierre de. *Histoire religieuse de la Révolution française,* vols. I–III. Paris: Plon, 1909–1911.

Lancelot, Alain and Jean Ranger. "Les Abstentions au référendum du 28 septembre 1958: Note sur une carte par cantons," *Revue française de science politique,* XI (March 1961), 138–142.

Larevellière-Lépeaux, L. M. *Mémoires de Larevellière-Lépeaux.* Paris, 1895.

La Rochejaquelein, ——— de. *Mémoires de Madame la Marquise de la Rochejaquelein écrits par elle-même, rédigés par M. le Baron de Barante.* Bordeaux, 1815.

La Roque, Louis de and Édouard de Barthélemy. *Catalogue des gentilshommes d'Anjou et pays Saumurois qui ont pris part ou envoyé leurs procurations aux assemblées de la noblesse pour l'élection des deputés aux États-Généraux de 1789.* Paris, 1864.

La Sicotière, L. de. *Étude historique et critique sur l'ouvrage de M. Port, la Vendée angevine.* Angers, 1889.

Latreille, André. *L'Église catholique et la Révolution française,* 2 vols. Paris: Hachette, 1946–1950.

Le Bras, Gabriel. *Études de sociologie religieuse,* I and II. Paris: Presses Universitaires de France, 1955–1956.

Leclerc-Thouin, O. *L'Agriculture de l'Ouest de la France.* Paris, 1843.

Lefebvre, Georges. *The Coming of the French Revolution* (R. R. Palmer, tr. and ed.). Princeton: Princeton University Press, 1947.

——— *Études sur la Révolution française.* Paris: Presses Universitaires de France, 1954.

——— *La Grande Peur de 1789.* Paris: Colin, 1932.

——— *Les Paysans du Nord pendant la Révolution française.* Lille: Robbe, 1924.

——— *Questions agraires au temps de la terreur,* 2nd ed. La Roche-sur-Yon: Potier, 1952.

——— *La Révolution française,* Peuples et Civilisations, XIII. Paris: Presses Universitaires de France, 1951.

Lefebvre, Henri. "Problèmes de sociologie rurale: la communauté paysanne," *Cahiers internationaux de sociologie,* VI (1949), 78.

Le Lannou, Maurice. *Géographie de la Bretagne,* 2 vols. Rennes: Plihon, 1950.

Le Moy, A. *Cahiers de doléances des corporations de la ville d'Angers et des paroisses de la sénéchaussée particulière d'Angers pour les États Généraux de 1789,* 2 vols. Angers: Burdin, 1915.

Lequinio, ———. *Guerre de la Vendée et des Chouans.* Paris, an III.

Le Theule, Joël. "Le vignoble du Layon, étude de géographie humaine et économique," unpub. thesis for the diploma in geography, Caen [1950].

Lipset, Seymour Martin, Martin A. Trow, and James S. Coleman. *Union Democracy*. Glencoe, Ill.: The Free Press, 1956.

Lockroy, Édouard, ed. *Une mission en Vendée*. Paris, 1893.

Long, Norton. "The Metropolitan Community as an Ecology of Games," *American Journal of Sociology*, LXIV (November 1958), 251–261.

Loomis, Charles P. and J. Allen Beegle. *Rural Social Systems*. Englewood Cliffs, N.J.: Prentice-Hall, 1950.

Lucas de la Championnière, ———. *Mémoires sur la guerre de Vendée (1793–1796)* (Pierre Suzanne, ed.). Paris: Plon-Nourrit, 1904.

McManners, John. *French Ecclesiastical Society Under the Ancien Régime*. Manchester, Eng.: Manchester University Press, 1960.

Maisonneuve, P. *L'Anjou, ses vignes et ses vins*. Angers, 1925.

Malleray, Henri de. *Les Cinq Vendées*. Angers: Siraudeau, and Paris: Plon-Nourrit, 1924.

Marboeuf, L. "L'Administration des voies publiques en Anjou à la fin du dix-huitième siècle," unpub. ms departmental archives of Maine-et-Loire, 1954.

Marchegay, Paul. *Archives d'Anjou*, 2 vols. Angers, 1853.

Marczewski, Jan. "Some Aspects of the Economic Growth of France, 1660–1958," *Economic Development and Cultural Change*, IX (April 1961), 369–386.

Marion, Marcel. *La Vente des biens nationaux pendant la Révolution*. Paris: Champion, 1908.

Marx, Karl and Friedrich Engels. *The German Ideology* (R. Pascal, ed.). New York: International Publishers, 1947.

Mathiez, A. *La Révolution et l'église*. Paris: Colin, 1910.

——— *La Révolution française*, 3 vols. Collection Armand Colin, nos. 17, 52, 93 (vols. I and II, 11th ed.; vol. III, 10th ed.). Paris: Colin, 1951–1954.

Meadows, Paul. "The City, Technology, and History," *Social Forces*, XXXVI (December 1957), 141–147.

Menil, Georges de. "Saint-Lambert-du-Lattay, a Village on the Border of the *Vendée Militaire*, 1789–1793," unpub. honors thesis Harvard College, 1962.

Mercerolle, J. "Notes pouvant servir à l'histoire de Chemillé: guerres de Vendée, " vol. I, unpub. ms communicated by the author [n.d.].

Merle, Louis. *La Métairie et l'évolution agraire de la Gâtine poitevine de la fin du moyen âge à la Révolution*. Paris: S.E.V.P.E.N., 1958.

Merton, Robert K. *Social Theory and Social Structure*, rev. ed. Glencoe, Ill.: The Free Press, 1957.

Meyer, Jean. "Le Commerce négrier nantais (1774–1792)," *Annales: économies, sociétés, civilisations*, 15 (January–February 1960), 120–129.

Meynier, André. *Les paysages agraires*. Paris: Colin, 1958.

Michelet, Jules. *Histoire de la Révolution française*. Paris, 1879.

Millet, P.-A. *État actuel de l'agriculture dans le département de Maine-et-Loire*. Angers, 1856.

Miner, Horace. "The Folk-Urban Continuum," *American Sociological Review*, XVII (1952), 529–537.

Mogey, John M. *Rural Life in Northern Ireland*. London: Oxford University Press, 1947.

Mols, Roger. *Introduction à la démographie historique des villes d'Europe du XIVᵉ au XVIIIᵉ siècle*. Louvain: Publications Universitaires, 1955.

Momoro, A. F. *Rapport sur l'état politique de la Vendée*. Paris, an II.

Mumford, Lewis. *The City in History*. New York: Harcourt, Brace and World, Inc., 1961.

Murphey, Rhoads. "The City as a Center of Change: Western Europe and China," *Annals of the Association of American Geographers*, XLIV (December 1954), 349–362.

Musset, René. *Le Bas-Maine*. Paris: Colin, 1917.

Paret, Peter. *Internal War and Pacification, The Vendée, 1789–1796*. Princeton: Center of International Studies, 1961.

Parsons, Talcott. *The Social System*. London: Tavistock Publications, 1952.

——— *Structure and Process in Modern Societies*. Glencoe, Ill.: The Free Press, 1960.

Pitt-Rivers, Julian. "Social Class in a French Village," *Anthropological Quarterly*, XXXIII (January 1960), 1–13.

Poirier de Beauvais, Bertrand. *Mémoires inédits de Bertrand Poirier de Beauvais* (first pub. 1798). Paris, 1893.

Poirier, Louis. "Bocage et plaine dans le Sud de l'Anjou," *Annales de géographie*, XLIII (1934), 22–31.

Port, Célestin. *Dictionnaire historique, géographique et biographique de Maine-et-Loire*, 3 vols. Paris and Angers, 1878.

——— *La Vendée angevine*, 2 vols. Paris, 1888.

Proust, Antonin, *Archives de l'Ouest*. Paris: Librairie Internationale [n.d.].

Queruau-Lamerie, E. *Le Clergé du département de Maine-et-Loire pendant la Révolution*. Angers, 1899.

Raimbault, Louis. "Extrait d'un manuscrit format in 4º relié en chagrin noir doré sur tranche, au dos duquel est le titre *Chronique de Saint Lambert du Lattai, Sainte Foi et Beaulieu*," unpub. ms departmental archives of Maine-et-Loire [n.d.].

Raveau, Paul. *Essai sur la situation économique et l'état social en Poitou au XVIᵉ siècle*. Paris: Rivière, 1931.

Réau de la Gaignonnière, Jean de. *La Commission intermédiare de l'assemblée provinciale d'Anjou*. Angers: Siraudeau, 1911.

Redfield, Robert. *The Folk Culture of Yucatan*. Chicago: University of Chicago Press, 1941.

——— "The Folk Society," *American Journal of Sociology*, LII (1947), 293–308.

——— *Peasant Society and Culture*. Chicago: University of Chicago Press, 1956.

——— and Milton B. Singer, "The Cultural Role of Cities," *Economic Development and Cultural Change*, 3 (October 1954), 53–73.

Rees, Alwyn D. *Life in a Welsh Countryside*. Cardiff: University of Wales Press, 1950.

Reinhard, Marcel. *Histoire de la population mondiale.* Paris: Éditions Domat-Montchrestien, 1949.

Reiss, Albert J., Jr. "The Sociological Study of Communities," *Rural Sociology*, XXIV (June 1959), 118–130.

Richard, J.-E. and P.-R. Choudieu. *Rapport sur la guerre de la Vendée présenté à la convention nationale.* Paris, 1793.

R[omain], ——— de. *Récit de quelques faits concernant la guerre de la Vendée relatifs seulement aux habitans [sic] de l'Anjou.* Paris [n.d.].

Roupnel, Gaston. *La Ville et la campagne au XVIIᵉ siècle.* Paris: Colin, 1955.

Rudé, George. *The Crowd in the French Revolution.* Oxford: Oxford University Press, 1959.

Sagnac, Philippe. "Les Cahiers de 1789 et leur valeur," *Revue d'histoire moderne et contemporaine*, VIII (1906–1907), 329–349.

——— *La Législation civile de la Révolution française.* Paris, 1898.

Sanders, Irwin T. *Balkan Village.* Lexington: University of Kentucky Press, 1949.

——— *The Community.* New York: Ronald, 1958.

Sausseau, Paul. *Tigné*, 8 brochures. Angers: Hudon, 1900–1901.

[Savary, J.-J.-M.]. "Un Officier supérieur des armées de la république," *Guerres des Vendéens et des Chouans contre la république française*, vol. I. Collection des mémoires relatifs à la Révolution française, no. XVIII. Paris, 1824.

Sée, Henri. "Le commerce des toiles du Bas-Maine," *Mémoires et documents pour servir à l'histoire du commerce et de l'industrie en France* (Julien Hayem, ed.), 10ᵉ s., 1–79. Paris: Hachette, 1926.

——— "L'Économie rurale de l'Anjou dans la première moitié du XIXᵉ siècle," *Revue d'histoire économique et sociale*, XV (1927), 104–122.

——— *Histoire économique de la France*, 2 vols. Paris: Colin, 1948–1951.

Seebohm, Frederic. *The English Village Community.* London, 1896.

Seignobos, Charles. *Études de politique et d'histoire.* Paris: Presses Universitaires de France, 1934.

Sévestre, E. *L'acceptation de la constitution civile du clergé en Normandie.* Paris: Picard, 1922.

Sicard, A. *Le Clergé de France pendant la Révolution*, vol. II. Paris: Lecoffre, 1927.

Siegfried, André. "Le Régime et la division de la propriété dans le Maine et l'Anjou," *Annales du musée social* (1911), 195–215.

——— *Tableau politique de la France de l'Ouest sous la Troisième République.* Paris: Colin, 1913.

——— "En Vendée," *Le Figaro*, 17 July, 1950, 1, 7.

Sirich, John Black. *The Revolutionary Committees in the Departments of France, 1793–1794.* Cambridge, Mass.: Harvard University Press, 1943.

Sjoberg, Gideon. "The Preindustrial City," *American Journal of Sociology*, LX (March 1955), 438–445.

——— "'Folk' and 'Feudal' Societies," *American Journal of Sociology*, LVIII (November 1952), 231–239.

Soboul, Albert. "La Communauté rurale (XVIIIe et XIXe siècles): problèmes de base," *Revue de synthèse* (July–September 1957) 283–307.

——— *Précis d'histoire de la Révolution française.* Paris: Éditions Sociales, 1962.

Spal, Jules. "Étude sur les assemblées des communautés d'habitants en Anjou," *Bulletin de la société des sciences, lettres, et beaux-arts de Cholet et de l'arrondissement* (1886), 223–246.

——— "Monographie de la commune de Saint-Macaire-en-Mauges," *Bulletin de la société des sciences, lettres et beaux-arts de Cholet et de l'arrondissement* (1887), 305–335.

Steward, Julian et al. *The People of Puerto Rico.* Urbana: University of Illinois Press, 1956.

Sutton, Francis X. "Representation and the Nature of Political Systems," *Comparative Studies in Society and History*, II (October 1959), 1–10.

Sutton, Willis A. and Jiri Kolaja. "The Concept of Community," *Rural Sociology*, XXV (June 1960), 177–203.

Sykes, Gresham M. "The Differential Distribution of Community Knowledge," *Social Forces*, XXIX (May 1951), 376–382.

Taine, Hippolyte Adolphe. *The Ancient Regime* (John Durand, tr.). New York, 1876.

Tanguy, Jean. *Le Commerce du port de Nantes au milieu du XVIe siècle.* Paris: Colin, 1956.

Tilly, Charles. "The Analysis of a Counter-Revolution," *History and Theory*, III (no. 1, 1963), 30–58.

——— "Civil Constitution and Counter-Revolution in Southern Anjou," *French Historical Studies*, I (no. 2, 1959), 172–199.

——— "Local Conflicts in the Vendée before the Rebellion of 1793," *French Historical Studies*, II (Fall 1961), 209–231.

——— "Rivalités de bourgs et conflits de partis dans les Mauges de 1789 à 1793," *Revue du Bas-Poitou et des provinces de l'Ouest*, LXXIII (July–August 1962), 268–280.

——— "The Social Background of the Rebellion of 1793 in Southern Anjou," unpub. diss. Harvard University, 1958.

Tocqueville, Alexis de. *The Old Regime and the French Revolution* (Stuart Gilbert, tr.), Anchor Books. New York: Doubleday, 1955.

Trocmé, Etienne and Marcel Delafosse. *Le Commerce rochelais de la fin du XVe siècle au début du XVIIe.* Paris: Colin, 1952.

Turreau, Louis Marie. *Mémoires pour servir à l'histoire de la guerre de la Vendée.* Paris: Baudouin, 1924.

Uzureau, F. "Abbayes, prieurés, et couvents d'hommes en Anjou (1768)," *Anjou historique*, III (1903), 168–172.

——— "Les Administrateurs du district de Saumur (1790–95)," *Anjou historique*, XLVII (1947), 109–111.

——— "L'Application de la constitution civile du clergé dans le district de Vihiers," *Anjou historique*, XV (1915), 484–515.

——— "Le Canton de Nueil-sous-Passavant (1792–1801)," *Anjou historique*, XLVI (1946), 119–121.

——— "Le Clergé de Neuvy-en-Mauges pendant la Révolution," *Anjou historique*, XXIII (1923), 228–233.

——— "La Constitution civile du clergé dans le district de Saint-Florent-le-Vieil," *Anjou historique*, XXV (1925), 226–229.

——— "Le District de Cholet (1790–95)," *Anjou historique*, XLV (1945), 166–168.

——— "Les Élections des administrateurs du district de Cholet (1790)," *Anjou historique*, XXX (1930), 87–90.

——— "Les Administrateurs du département de Maine-et-Loire (1790–93)," *Anjou historique*, II (1902), 547–552.

——— "La Municipalité de St. Martin de Beaupréau (1787–92)," *Anjou historique*, XXXI (1931), 22–29.

——— "Physionomie morale, intellectuelle et politique du département de Maine-et-Loire en 1834," *Anjou historique*, XIX (1919), 81–96.

——— "Pourquoi Beaupréau et Saint-Florent demandaient le tribunal du district (1790)," *Anjou historique*, XVIII (1918), 215–221.

——— "Pourquoi Beaupréau voulait avoir un tribunal (1790)," *Anjou historique*, XXXIII (1933), 206–212.

——— "Pourquoi Cholet voulait être chef-lieu de district (1790)," *Anjou historique*, XXXIV (1934), 91–94.

——— "Pourquoi Montrevault voulait avoir un tribunal (1790)," *Anjou historique*, XL (1940), 159–162.

——— "La Subdélégation de Cholet en 1768," *Anjou historique*, XLI (1941), 141–149.

——— *Tableau de la province d'Anjou (1762–66)*, Angers: Siraudeau, 1901.

——— "Troubles à Maulèvrier (1791)," *Anjou historique*, XXIV (1924), 232–235.

Vidal de la Blache, Paul. *Tableau de la géographie de la France*, vol. 1, p. I of *Histoire de France* (Ernest Lavisse, ed.). Paris: Hachette, 1903.

——— *Principles of Human Geography* (Emmanuel de Martonne, ed., Millicent Todd Bingham, tr.). New York: Holt, 1926.

Vidich, Arthur J. and Joseph Bensman. *Small Town in Mass Society*. Princeton: Princeton University Press, 1958.

Wagret, Paul and Joël le Theule. "Le Vin du 'Layon' " [in] "Deux monographies du vignoble français," *Annales: économies, sociétés, civilisations*, IX (1954), 165–188.

Wagret, Paul, Jacques Boussard, Jacques Levron, and Simone Maillard-Bourdillon. *Visages de l'Anjou*. Paris: Éditions des Horizons de France, 1951.

Walter, Gérard. *La Guerre de Vendée*. Paris: Plon, 1953.

Weber, Max. *The City* (Don Martindale and Gertrude Neuwirth, tr. and ed.). Glencoe, Ill.: The Free Press, 1958.

Wirth, Louis. "Urbanism as a Way of Life," *American Journal of Sociology*, XLIV (July 1938), 1–24.

Wolf, Eric R. "Aspects of Group Relations in a Complex Society: Mexico," *American Anthropologist*, LVIII (December 1956), 1065–1078.

———— "Closed Corporate Peasant Communities in Mesoamerica and Central Java," *Southwestern Journal of Anthropology*, XIII (Spring 1957), 1–18.

———— "Types of Latin American Peasantry: A Preliminary Discussion," *American Anthropologist*, LVII (1955), 452–471.

Wylie, Laurence. "As Chanzeaux Sees the French Crisis," *New York Times Magazine*, September 14, 1958, 26–27, 40, 44, 46.

———— "Revolution in Western France," *The French Review*, XXXII (May 1959), 539–546.

———— *Village in the Vaucluse.* Cambridge, Mass.: Harvard University Press, 1957.

自 1964 年以来的精选参考文献

Accati, L. "Vive le roi sans taille et sans gabelle: una discussione sulle rivolte contadine," *Quaderni Storici*, 7 (September–December, 1972), 1071–1104.

Ardant, Gabriel. *Théorie sociologique de l'impôt.* Paris: SEVPEN, 1965. 2 vols.

Bercé, Yves-Marie. *Histoire des Croquants.* Paris: Droz, 1974. 2 vols.

———— Croquants et Nu-Pieds. Paris: Gallimard/Julliard, 1974. Collection "Archives."

Blok, Anton. *The Mafia of a Sicilian Village.* New York: Harper & Row, 1974.

Calvert, Peter. *A Study of Revolution.* Oxford: Clarendon Press, 1970.

Davis, Natalie Zemon. *Society and Culture in Early Modern France.* Stanford: Stanford University Press, 1975.

Dunn, John. *Modern Revolutions.* Cambridge: Cambridge University Press, 1972.

Fletcher, Anthony. *Tudor Rebellions.* London: Longmans, 1968.

Gratton, Philippe. *Les luttes de classes dans les campagnes.* Paris: Anthropos, 1971.

Hilton, Rodney. *Bond Men Made Free. Medieval Peasant Movements and the English Rising of 1381.* London: Temple Smith, 1973.

Hobsbawm, E. J., and George Rudé. *Captain Swing: A Social History of the Great Agrarian Uprising of 1830.* New York: Pantheon, 1968.

Hoerder, Dirk. *People and Mobs: Crowd Action in Massachusetts during the American Revolution, 1765–1780.* Berlin: privately printed, 1971.

Huizer, Gerrit. *Peasant Rebellion in Latin America.* Harmondsworth: Penguin, 1973.

Landsberger, Henry A., ed. *Rural Protest: Peasant Movements and Social Change.* London: Macmillan, 1974.

LeGoff, T. J. A., and D. M. G. Sutherland. "The Revolution and the Rural

Community in Eighteenth-Century Brittany," *Past and Present*, 62 (1974), 916–119.

Lewis, John Wilson, ed. *Peasant Rebellion and Communist Revolution in Asia*. Stanford: Stanford University Press, 1974.

Lida, Clara E. *Anarquismo y revolución en la España del XIX*. Madrid: Siglo, 1972.

Lucas, Colin. *The Structure of the Terror. The Example of Javogues and the Loire*. London: Oxford University Press, 1973.

Mazauric, Claude. *Sur la Révolution française*. Paris: Editions Sociales, 1970.

Mitchell, Harvey. "The Vendée and Counterrevolution: A Review Essay," *French Historical Studies*, 5 (autumn, 1968), 405–429.

Mollat, Michel and Philippe Wolff. *Ongles bleus, Jacques et Ciompi. Les Révolutions populaires en Europe aux XIVe et XVe siècles*. Paris: Calmann-Levy, 1970.

Moore, Barrington, Jr. *Social Origins of Dictatorship and Democracy. Lord and Peasant in the Making of the Modern World*. Boston: Beacon, 1966.

Mousnier, Roland. *Fureurs paysannes: Les paysans dans les révoltes du XVIIe siècle (France, Russie, Chine)*. Paris: Calmann-Levy, 1967.

Peacock, A. J. *Bread or Blood: The Agrarian Riots in East Anglia, 1816*, London: Gollancz, 1965.

Petitfrère, C. "Les grandes composantes sociales des armées vendéennes d'Anjou," *Annales historiques de la Révolution française*, January–March 1973: 1–20.

Scheiner, Irwin. "The Mindful Peasant: Sketches for a Study of Rebellion," *Journal of Asian Studies*, 32 (August 1973), 579–591.

Shelton, Walter James. *English Hunger and Industrial Disorders*. London: Macmillan, 1973.

Soldani, S. "Contadini, operai e 'popolo' nella rivoluzione del 1848–49 in Italia," *Studi Storici*, no. 3, 1973: 557–613.

Stevenson, J "Food Riots in England, 1792–1818." In R. Quinault and J. Stevenson, eds., *Popular Protest and Public Order*. London: George Allen & Unwin, 1974.

Thompson, E. P. "The Moral Economy of the English Crowd in the Eighteenth Century," *Past and Present*, 50 (1971), 76–136.

———— " 'Rough Music': Le Charivari anglais," *Annales; Economies, Sociétés, Civilisations*, 27 (1972), 285–312.

Tilly, Charles. "Food Supply and Public Order in Modern Europe." In Charles Tilly, ed., *The Formation of National States in Western Europe*. Princeton: Princeton University Press, 1975.

———— "Revolutions and Collective Violence." In Fred I. Greenstein and

Nelson Polsby, eds., *Handbook of Political Science*. Reading, Mass.: Addison-Wesley, 1975. Vol. III.

————— Louise Tilly, and Richard Tilly. *The Rebellious Century, 1830–1930*. Cambridge: Harvard University Press, 1975.

Tilly, Louise A. "The Food Riot as a Form of Political Conflict in France," *Journal of Interdisciplinary History*, 2 (1971), 23–57.

Wallerstein, Immanuel. *The Modern World-System. Capitalist Agriculture and the Origins of the European World-Economy in the Sixteenth Century*. New York: Academic, 1974.

Wolf, Eric. *Peasant Wars of the Twentieth Century*. New York: Harper & Row, 1969.

译　后　记

　　《旺代:1793 年反法国大革命运动的社会学分析》一书源于查尔斯·蒂利的博士论文。1958 年,他在哈佛大学获得博士学位,论文题为《1793 年安茹南部地区叛乱的社会背景》。然而在编辑和出版过程中,蒂利意识到他在论文中对"现代化"这一传统观念过于依赖,将 1793 年的反法国大革命运动视作"一个保守的、停滞的农村社会对现代政治意外入侵的典型反应"。他觉得这一概括过于简单,可能并不适用于旺代省。因此,他耗费六年对论文进行修订,最终于 1964 年出版此书,成为蒂利作品中的开篇之作。

　　本书系统性地比较了大革命前后法国西部(安茹南部)地区的两个区域——瓦尔和索米卢瓦地区(Val-Saumurois)与莫日地区(Mauges)——在政治、经济、宗教和社会关系上的差异与变化,为旺代之乱的进程提供了一个历史情景化的解释,并通过"城市化"这一概念将相应的研究结果进行推广,同时公正地处理了个别特殊的案例。它不仅开辟了从社会学视角研究旺代之乱的先河,而且在很大程度上摆脱了法国以往主流学界对这一历史事件的成见和固有标签。在方法论上,它对历史学和社会学的研究也极具启发意义,堪称一部"隐含事件性与时间性的社会学杰作"。

　　当然,本书的翻译过程充满挑战,因为其中包含了大量有关法国 18

世纪的历史细节及专有术语,就连蒂利本人也不禁在文中调侃起未来的译者。在陈周旺老师的力荐下,我承担了本书的翻译工作。希望译文能配得上这部经典作品的质量,不负师友及读者的期望。谨此感谢陈周旺老师的推荐与鼓励,感谢刘茹编辑及相关工作人员的辛勤付出,感谢挚爱的陪伴与帮助。

蒂利始终认为本书还有待完善,而译文中也必然有错误、疏漏之处,恳请各位学界同仁包涵并批评指正。

熊俊诚

2024 年 10 月 30 日

图书在版编目(CIP)数据

旺代 : 1793 年反法国大革命运动的社会学分析 /
(美) 查尔斯·蒂利著; 熊俊诚译. -- 上海 : 格致出版
社 : 上海人民出版社, 2025. -- (蒂利作品集).
ISBN 978-7-5432-3671-4

Ⅰ. K565.41

中国国家版本馆 CIP 数据核字第 20252AG905 号

责任编辑　刘　茹
封面装帧　尚书堂

本书地图系原书插附地图,审图号:GS(2025)1776 号。

旺代:1793 年反法国大革命运动的社会学分析

[美]查尔斯·蒂利 著

熊俊诚 译

出　　版　格致出版社
　　　　　上海人民出版社
　　　　　(201101　上海市闵行区号景路 159 弄 C 座)
发　　行　上海人民出版社发行中心
印　　刷　上海颛辉印刷厂有限公司
开　　本　890×1240　1/32
印　　张　13.75
插　　页　3
字　　数　340,000
版　　次　2025 年 6 月第 1 版
印　　次　2025 年 6 月第 1 次印刷
ISBN 978 - 7 - 5432 - 3671 - 4/C · 335
定　　价　98.00 元

蒂利作品集